Die Autorin

Lisette Larkins wurde in Südkalifornien geboren und wuchs in Malibu, Kalifornien, auf. Gegenwärtig lebt sie im amerikanischen Bundesstaat Virginia.

Seit ihrem ersten Kontakt mit Außerirdischen im Jahr 1987 wurde sie von den Außerirdischen persönlich angeleitet. Sie hält international Vorträge und ermutigt andere, sich mit dem Gedanken vertraut zu machen, dass wir unsere außerirdischen Nachbarn kennen lernen und die Hilfe in Anspruch nehmen dürfen, die diese erleuchteten Wesen uns anbieten.

Sie hat einen gemeinnützigen Verein gegründet, um die von Außerirdischen geleiteten Projekte und Erfindungen und die Lösungen zu fördern, die die Außerirdischen für die größten Probleme der Menschheit gefunden haben.

Wenn Sie Verbindung mit Lisette aufnehmen und/oder aufrechterhalten möchten, dann schreiben Sie bitte Ihren Namen auf Lisettes E-Mail-Liste auf ihrer Webseite www.talkingtoETs.com. Sie können ihr auch an folgende Adresse schreiben: Lisette Larkins, Hampton Roads Publishing Company, 1125 Stoney Ridge Road, Charlottesville, VA, 22902, USA.

Von Lisette Larkins sind in unserem Hause erschienen:

Gespräche mit Außerirdischen
Begegnungen mit Außerirdischen

Lisette Larkins

Gespräche mit Außerirdischen

Kontakte mit dem kosmischen Bewusstsein

Aus dem Amerikanischen übersetzt
von Sabina Trooger und Vincenzo Benestante

Ullstein

Besuchen Sie uns im Internet:
www.ullstein-taschenbuch.de

Ullstein Esoterik
Herausgegeben von Michael Görden

Übersetzt von Sabina Trooger und Vincenzo Benestante
Titel der Originalausgabe
TALKING TO EXTRATERRESTRIALS
Erschienen bei Hampton Roads Publishing Company, Inc.,
Charlottesville, VA, USA

Umwelthinweis:
Dieses Buch wurde auf chlor- und säurefreiem Papier gedruckt.

Deutsche Erstausgabe im Ullstein Taschenbuch
1. Auflage Oktober 2005
2. Auflage 2005
© der deutschsprachigen Ausgabe Ullstein Buchverlage GmbH,
Berlin 2005
© der Originalausgabe 2002 by Lisette Larkins
Umschlaggestaltung: FranklDesign, München
Titelabbildung: Shivananda Ackermann
Gesetzt aus der Palatino
Satz: Franzis print & media GmbH, München
Druck und Bindearbeiten: Ebner & Spiegel, Ulm
Printed in Germany
ISBN-13: 978-3-548-74271-7
ISBN-10: 3-548-74271-8

Inhaltsverzeichnis

Einführung des Herausgebers
Ein Angebot, das wir nicht ablehnen können 9

Vorwort der Autorin 15

Kapitel 1
Vorbereitung *27*

Kapitel 2
Wer wir sind, warum wir hier sind *40*

Kapitel 3
Aber es macht Spaß! *68*

Kapitel 4
Alles löst sich auf *85*

Kapitel 5
Wer zählt die Sterne, zählt die Schiffe *101*

Kapitel 6
Erstkontakt *132*

Kapitel 7
Magie und Wunder *162*

Kapitel 8
Geld und Manifestationen *189*

Kapitel 9
Kornkreise und andere Kontakte *210*

Kapitel 10
Vertuschungsmethoden *231*

Kapitel 11
Liebe und Sex *248*

Kapitel 12
Tiere und die Misshandlung von Vieh *268*

Kapitel 13
Der neue Mensch *284*

Kapitel 14
Die neue Revolution *309*

Kapitel 15
Videokonferenzen *333*

Kapitel 16
Was kommt als Nächstes? *347*

Nachwort der Autorin *365*

Anhang 1
Eine UFO-Erfahrung aus der Sicht der klinischen
Psychologie *369*

Anhang 2
Die Theorie eines UFO-Forschers zur Natur des
Phänomens der UFO-Begegnungen *382*

Register *398*

Einführung des Herausgebers

Ein Angebot, das wir nicht ablehnen können

So gut wie jeder Mensch glaubt, dass die Menschheit irgendwie in Schwierigkeiten steckt. Welcher Art die Schwierigkeiten sind, hängt vom jeweiligen Standpunkt ab. Umweltschützer konzentrieren sich auf die Schäden, die wir auf dem Planeten anrichten. Biblische Fundamentalisten glauben, dass das Armageddon nah ist und dass Hungersnot, Pest und Krieg bald den größten Teil der Menschheit vernichten werden. Die politische Rechte glaubt, dass die politische Linke uns auf den Pfad des Verderbens führt, und umgekehrt. Andere glauben, dass wir kurz vor einem evolutionären Quantensprung stehen, einem geistigen Erwachen, das uns dazu zwingen wird, unseren Platz im Weltall neu zu definieren und neu zu entdecken, wer wir eigentlich sind.

Tatsache ist, dass unsere Welt so zersplittert und geteilt ist, dass Menschen einander im Namen eines Gottes umbringen, von dem sie glauben, dass er ihnen – und nur ihnen – die richtigen Lebensregeln gegeben hat. Irgendwie haben wir das Prinzip »Liebe deinen Nächsten« verloren. Wir lassen es zu, dass Kinder verhungern und arme Menschen keine medizinische Versorgung haben.

Um festzustellen, was hier geschieht, brauchen wir uns nur umzusehen. Denken Sie nur an die Ozonschicht; an den hohen Prozentsatz der Menschen in der industrialisierten Welt, die an Krebs erkranken; an die Aidsepidemie; die globale Erwärmung; die Zerstörung des Regenwaldes zur Gewinnung von Weideland, damit genügend Rindfleisch für die Schnellimbisse vorhanden ist; die Vergiftung und Ausbeutung unserer Ozeane; und vieles, vieles andere. Es ist leicht, einen anklagenden Finger zu erheben, Feinde anzuklagen und unsere Rohmaterialien zum Bau von Waffen zu vergeuden anstatt dazu, die Schäden zu reparieren.

Gott weiß es: Wir brauchen Hilfe.

Und dieses Buch handelt davon, wie wir Hilfe bekommen können.

Wir haben ein Angebot erhalten, das wir nicht abschlagen können. Ein Angebot unserer Nachbarn. Ein Angebot von Wesen, die nicht auf unserem Planeten leben und alles, was hier geschieht, von einer globalen Perspektive aus betrachten. Sie haben einen ganz ähnlichen Entwicklungsprozess hinter sich. Und sie geben zu, dass auch sie gelegentlich einen Großteil ihrer Zivilisation zerstört haben.

Sie wollen nicht, dass uns dasselbe passiert.

Sie bieten uns Hilfe an, falls wir sie annehmen wollen. Dieses Buch ist eins der Verfahren, mit denen sie diese Information weitergeben wollen. Oh, ich weiß, dass viele von Ihnen glauben, eine solche Kommunikationsmethode sei bestenfalls ein verdrehtes und unerprobtes System des Informationsaustauschs und schlimmstenfalls reiner Betrug. Ich weiß, viele werden sagen: Wenn die uns wirklich helfen wollten, dann würden sie in aller Öffentlichkeit hier landen und ihre Anwesenheit allgemein bekannt geben.

Aber überlegen Sie doch mal.

Was würde tatsächlich passieren, wenn eine Rasse

höher entwickelter Wesen wirklich auf unserem Planeten landen würde? Welchen Einfluss hätte das auf unsere religiösen Glaubenssysteme, unsere Ökonomie, das Militär und die politischen Strukturen? Würde man sie als Boten Gottes behandeln oder würde man sie als außerirdische Eindringlinge, deren »eigentliches Ziel« die Übernahme des Planeten ist, erschießen? Wir sind äußerst primitive Wesen und besitzen eine Technologie, die uns und unseren Planeten zerstören könnte. Und es gibt *in diesem Augenblick* genügend Leute, die glauben, dass der Plan des Gottes, den sie anbeten, genau das für uns vorsieht. Sie werden alles in ihrer Macht Stehende tun, um diesen Plan zu verwirklichen. Es gibt *in diesem Augenblick* Leute, die versuchen, Atomar- oder Nuklearwaffen zu bauen, um Tel Aviv oder New York City auszuradieren. Es gibt *in diesem Augenblick* Leute, die getanzt haben, während ihre Boten Flugzeuge in Gebäude flogen und Tausende von Menschen töteten.

Wenn Sie nicht auf diesem Planeten wohnen würden und wenn Sie keine Waffen hätten und unfähig wären, zu töten – würden Sie dann etwa hier herkommen und sich offen zeigen? Würden Sie etwa eine Radio- oder Fernsehnachricht senden, die von vielen als Trick und Hollywood-Spezialeffekt abgelehnt würde? Sie haben uns gezeigt, dass es sie gibt. Gelegentlich lassen sie zu, dass ihr Raumschiff beobachtet wird, und oft interagieren sie auf verschiedenste Weise mit Menschen. Und was ist nun unter dem Strich das Ergebnis dieser Begegnungen? Zweifel, Ablehnung, Verdrängung, Vertuschungsmethoden der Regierung und die mehrheitliche Meinung, solche Ereignisse seien entweder »unbewiesen« oder aber ein Beweis für Geisteskrankheit. Wer sich um die Freigabe der Information und des Beweismaterials durch die Regierung bemüht, begegnet dem gleichen

Widerstand. (Viele glauben, dass nicht die Regierung *selbst* dahintersteckt, sondern dass Geheimorganisationen, deren Ziel eine Rückentwicklung der Technologie ist, den Zugriff auf diese Informationen kontrollieren.)

Doch unsere Freunde im Weltall werden das Spiel »Helden gegen Bösewichte« nicht mitspielen. Zugegeben, es gibt Geheimorganisationen, die uns Informationen vorenthalten. Zugegeben, es gibt Technologien, die die Richtung der menschlichen Entwicklung verändern würden, wenn sie allgemein zugänglich gemacht würden. Zugegeben, es gibt Leute, die jeglichen Kontakt mit Außerirdischen kontrollieren wollen, die ihre eigene Machtstruktur bewahren wollen und die offenbar das augenblickliche Weltbild der fossilen Brennstoffe aufrechterhalten wollen. Und zugegeben, dieser Weg könnte schließlich den Planeten so gründlich vergiften, dass unsere Entwicklung um Hunderte von Jahren zurückgeworfen würde oder dass wir sogar völlig vernichtet würden. Doch selbst wenn es Machtbesessene gibt und Männer in Schwarz und internationale Großkonzerne, denen ihre Aktionäre wichtiger sind als die Gesundheit des Planeten – sie alle sind nicht die Bösewichte. Sie sind nur Menschen, genau wie wir, die von ihrem eigenen Standpunkt aus agieren. Und zum großen Teil geben sie uns nur, was wir uns wünschen. Glauben Sie wirklich, es gäbe Drogenkartelle, wenn sich nicht Millionen Menschen nach dem Zeug verzehren würden? Mit einem Wort, wir können nicht »Helden gegen Bösewichte« spielen; wir können nicht andere für die Bedingungen verantwortlich machen, unter denen wir leben. Es stimmt, wir sind dem Feind begegnet – und der Feind sind wir selbst. Wir sind wirklich eins, wir sind alle Teile der Energiequelle, aus der das ganze Universum hervorging. Und auf diesem wunderschönen, grünen und blauen Planeten namens Erde kontrollieren wir selbst unser Schicksal. Wir alle, jeder Einzelne von uns, befindet sich an der Quelle des Geschehens. Und deshalb können wir es verändern.

Und sie stehen uns zur Seite und sind bereit, uns zu helfen. Sie möchten uns alle leiten – wenn wir das wünschen. Und was den freien Willen angeht (das universelle Grundgesetz) – könnte es sein, dass erst eine »kritische Masse« von Menschen um Hilfe *bitten* muss, bevor sie bereit sind, herzukommen und diese Hilfe auf direkterem Weg anzubieten?

Dieses Buch wird Ihnen erzählen, was bisher geschehen ist: wer sie sind, warum sie hier sind, was ihre Ziele sind, und wie wir alle in einer der Allgemeinheit zuträglichen Weise daran teilhaben können. Das Buch wird Ihnen Lisette vorstellen, ihre Abenteuer als »Erfahrende« (nicht als »Entführungsopfer«) beschreiben und den schwierigen Entwicklungsprozess schildern, durch den sie lernte, ihre Rolle aus Kommunikantin für physische Wesen von einem anderen Planeten zu akzeptieren. Natürlich können Sie die Informationen prüfen und sie, je nach Ihrer persönlichen Empfindung, annehmen oder zurückweisen. Sie werden Mitgefühl für alle Völker dieser Erde in dem geduldigen Tonfall und dem freundlichen Inhalt dieser Worte entdecken, wie es die meisten unter uns nicht von diesen erleuchteten Wesen erwartet hätten, die von der großen Mehrheit auf unserem Planeten so oft verleumdet, gefürchtet und missverstanden werden.

Was immer Sie auch daraus machen, hier ist es: das Ergebnis der *Gespräche mit Außerirdischen*.

— Robert S. Friedman

Vorwort der Autorin

Normalerweise denkt man beim Einschlafen nicht darüber nach, ob man in dieser Nacht wohl eine persönliche Begegnung mit Außerirdischen erleben wird – die Grauen mit den großen, schwarzen Augen – oder ob man beim Aufwachen in der Luft schweben wird, nachdem man aus einem seltsamen Raumschiff zu weiteren wartenden Außerirdischen hinuntertransportiert wurde. Als ich aufwuchs, habe ich mir solche Gedanken jedenfalls nicht gemacht. Doch 1987 saß ich eines Nachts plötzlich aufrecht im Bett und hatte das unheimliche Gefühl, dass irgendetwas nicht stimmte. Als junge Mutter, deprimiert und im dritten Jahr einer unglücklichen Ehe, hätte ich nicht für möglich gehalten, dass mein Leben noch größere Herausforderungen bereithalten könnte. Doch während mein sieben Monate altes Kind friedlich in seiner Wiege schlief, wurde ich in dieser Nacht von einem weißen Lichttunnel perforiert, der von oben durch die Zimmerdecke schoss und meinen ganzen Körper mit einer elektrischen Schwingung durchbohrte. Meine Haare wogten um mein Gesicht, als stünde ich in einem Windkanal, aber die Gardinen hingen reglos vor der Schlafzimmertapete. Seitdem ist mein Leben nie mehr dasselbe gewesen.

Danach besuchten mich die geheimnisvollen Lichter und Schwingungen fast jeden Abend; doch ich hatte keine Ahnung, was mit mir geschah. Nach jedem Lichtpuls über mir glitt ich innerhalb von Sekunden in den Schlaf. Mich überkam eine solch tiefe und plötzliche Ruhe, dass ich an die Anästhesie beim Zahnziehen erinnert wurde. Dieser Schlaf schien künstlich herbeigeführt zu werden, und zwar aufgrund – oder trotz – des hellen Entsetzens, das mein Bewusstsein erfüllte. Nachdem ich fast zwei Jahre lang in diesem Chaos gelebt hatte, ließ ich mich, ermutigt von meinem damaligen Mann, in eine psychiatrische Klink einliefern. Während meines kurzen Aufenthalts dort verlor ich das Sorgerecht für meinen Sohn, und aufgrund meiner Wut über diese Ungerechtigkeit schwor ich mir, dem, das da durch die Zimmerdecke über meinen Kopf hereinbrach, auf den Grund zu gehen, was es auch sein mochte.

Als mein Aufenthalt in der Klinik drei Wochen später zu Ende war, hatte ich zwar das Gefühl, nicht wahnsinnig zu sein, aber ich wusste, dass ich Hilfe brauchte. Während der nächsten vier Monate bekam ich das volle Sorgerecht für meinen Sohn zurück und fühlte mich verpflichtet, so viel irgend möglich über meine Erfahrungen herauszufinden. Wäre ich während der ersten Erfahrungen geistig und emotional gefestigter gewesen, hätten sie mich wahrscheinlich weniger traumatisiert. Doch inzwischen war ich motiviert, das Rätsel zu ergründen. Während der nächsten paar Jahre konsultierte ich einen wunderbaren Therapeuten, der mir dabei half, meinen anhaltenden Schock durchzuarbeiten. Nach vielen Tests und Untersuchungen versicherte er mir, dass ich psychisch ganz gesund sei.

Schließlich waren meine Emotionen kuriert und ich war entschlossen, eine Erklärung für die übernatürlichen

Phänomene zu finden, die regelmäßig meine Nächte heimgesucht hatten. Mein Gefühl sagte mir, dass dies nicht von dieser Welt war, was immer es auch sein mochte. Dann begannen sich noch andere Dinge zu ereignen: Die elektrischen Wagenfenster hoben und senkten sich von allein, sogar wenn der Motor ausgeschaltet war; Elektrogeräte gingen ständig kaputt, wenn ich sie benutzte; mein Kopf vibrierte stark, als sei ich an eine Steckdose angeschlossen, und was noch schlimmer war: Er bewegte sich spontan von selbst, wenn die Schwingungen sich von oben auf mich herabsenkten.

Während dieser ersten paar Jahre erschien mir das ganze Konzept der Phänomene eines Kontakts mit Außerirdischen fremd und ich zog diese Möglichkeit nicht ernsthaft in Erwägung, bis ich endlich während einer Begegnung »aufwachte« und mich einer Gruppe Außerirdischer von Angesicht zu Angesicht gegenübersah. Mein Herz klopfte so heftig, dass ich dachte, ich würde einen Herzinfarkt bekommen. Mein einziger Gedanke war, wie gern ich nach Hause zurückkehren und jemandem von dem Erlebnis erzählen wollte. Plötzlich begriff ich, warum ich hin und wieder das Phänomen von »verschwundener Zeit« erlebt hatte. Während ich die Wesen, die mich umringten, ungläubig anstarrte, begannen sie mit mir zu sprechen, obwohl sich ihre Münder nicht bewegten und, wie ich glaube, meiner ebenfalls nicht. Diese Kommunikation, die sich bis zum heutigen Tag fortgesetzt hat, ist der Inhalt dieses Buches.

Trotz meines ursprünglichen Entsetzens, Außerirdische vor mir zu sehen, kamen sie mir sonderbar bekannt vor; als würde ich einen geliebten Onkel begrüßen, den ich als Kind gekannt, aber seit Jahren nicht gesehen hatte. Sie sprachen zu mir und ich sprach zu ihnen; und ich kann nicht erklären, warum sie mir so sonderbar vertraut erschienen. Unerklärlicherweise fühlte ich eine heftige Liebe zu ihnen und konnte auch ihre tiefe Liebe zu mir spüren. Während meiner Gespräche mit ihnen, an jenem Abend und während vieler späterer Unterhaltungen, habe ich allmählich verstanden, dass meine Begegnungen – und die Begegnungen vieler anderer Leute auf der ganzen Welt – Teil eines wundervollen, universellen Plans sind.

Von dem Augenblick an veränderte sich mein Verständnis meiner Erfahrungen. Ich selbst veränderte mich und die Erfahrungen wurden transformiert. Ich begann, gewisse neu gewonnene Fähigkeiten weiterzuentwickeln, anstatt sie zu fürchten: Fähigkeiten wie Hellsehen, Telepathie und Materialisation, die, wie ich später herausfand, unweigerlich zu solchen Erfahrungen gehören. Sie begannen damit, mir farbige Lichtimpulse zu senden, die ich allmählich zu entschlüsseln lernte und die mir in Momenten der Verwirrung oder Unklarheit sanfte Führung und Anregungen anboten. Alles in allem veränderte sich meine ganze Welt. Manchmal konnte ich sogar die Gedanken der Tiere »hören«.

Allmählich begriff ich, dass diese Wesen mich nicht »entführt« hatten, denn ich bin nie gekidnappt worden. Ich verstehe, dass dieser Begriff von einer engstirnigen Kultur geprägt wurde, die unsere außerweltlichen Nachbarn sehr fürchtet. Denn als sich meine eigene Auffassung dessen, was mit mir geschehen war, veränderte und ich mich weigerte, mich selbst als Opfer zu begreifen, begann ich, zunächst einem und dann noch einem Menschen von meinen Erfahrungen zu erzählen. Bald hatte ich eine kleine Gruppe um mich gesammelt. Ich gab Anzeigen auf und lud andere dazu ein, über ihre Begegnungen zu sprechen, denn ich erinnerte mich, dass es lange Zeit niemanden gegeben hatte, dem ich mich hatte anvertrauen können. Als immer mehr Menschen zu meiner Gruppe stießen, begriff ich, dass dieses Phänomen von ungeheurer Scham und Verlegenheit begleitet ist. Oft geschah es, dass mich ein neuer Teilnehmer abends nach Beendigung des Treffens beiseite nahm und mit aufgerissenen Augen und zitternder Stimme sagte: »Ich hatte auch solche Erfahrungen, aber ich habe nie jemandem davon erzählt.«

Inzwischen weiß ich, dass es unter uns sehr viele Menschen mit ähnlichen Erfahrungen gibt, doch nur sehr wenigen ist es nicht peinlich, davon zu reden. Ich glaube nun sogar, unsere Kultur verlangt von uns in stillschweigender Übereinkunft, unsere kollektive Stimme nicht zu erheben und nicht über solche Dinge zu sprechen. Falls wir es doch wagen, verbreiten wir die Vorstellung, dass wir weder allein noch von anderen Bewohnern des Universums abgetrennt sind. Trotz dieser vorherrschenden Einstellung der Regierungen und der Gesellschaft spüren die meisten von uns, dass wir in Wirklichkeit universelle Menschen sind und ganz in der Nähe Verwandte haben.

Jetzt verstehe ich auch, dass der ursprüngliche Schock während meiner ersten Begegnungen nicht etwa bedeutete, dass etwas Schlimmes geschehen war. Der Schock war lediglich meine spontane Reaktion, ein Resultat meiner Erziehung und der in meinem Kulturkreis üblichen Meinung, die ich übernommen hatte. Doch nun ziehe ich es vor, nicht mehr mit einem Schock zu reagieren, und sobald sich meine eigene Sichtweise der Erfahrungen änderte, konnte ich dem ganzen Phänomen mit Neugier, Erstaunen und vor allem mit einem wissbegierigen Verstand gegenübertreten. Indem ich meine Auffassung dieser Erfahrungen bewusst veränderte, hatte ich die emotionale Freiheit gewonnen, den nächsten

Schritt zu tun. Ich beschloss, dass es sehr interessant wäre, diese Außerirdischen zu interviewen und mehr über ihre Sicht der Dinge herauszufinden.

Ich möchte einige der Gespräche, die ich mit diesen erleuchteten Wesen führte und noch führe, mitteilen. Sie bezeichnen sich selbst als erleuchtet und genau so habe ich sie auch erlebt. Selbst unter UFO-Experten ist diese Auffassung nicht gerade beliebt. Aber alle ihre Kommunikationen hören sich nach der Wahrheit an. Ich habe wirklich das Gefühl, dass ich ihr Herz und ihre Seele spüren kann und dass sie ihr Echo in mir finden. Auch die Gefährten Jesu spürten, wer er war. Sie spürten sein Licht, und obwohl man mich dieser unbeliebten Auffassung wegen vielleicht auslachen wird, behaupte ich dennoch unerschütterlich, dass ich diese Wesen als erleuchtet erlebe.

Die Außerirdischen erinnern uns daran, dass man den Baum an seinen Früchten erkennt. Ein Resultat meines Kontakts mit ihnen ist ein Gefühl des Friedens und der Hoffnung. Ihre Worte stimmen mit den Aussagen der großen Meister überein, die vor ihnen kamen. Ihre Führung während der letzten fünfzehn Jahre hat mir dabei geholfen, mein Leben zu transformieren, und wenn Sie mich vor 1987 gekannt hätten, würden Sie mich heute nicht mehr als dieselbe Frau wiedererkennen.

Die meisten unter uns brauchen den Glauben, dass für uns, unsere Lieben und unseren Planeten die Möglichkeit des Außergewöhnlichen besteht. Mir sind erstaunliche Dinge geschehen und ich weiß nun, wo man Wunder findet. Man findet sie in unserer Glaubensfähigkeit.

An mir ist nichts Einzigartiges oder Ungewöhnliches. Wenn ich etwas scheinbar Wunderbares erleben kann, kann es jeder. Physischer Kontakt mit Außerirdischen ist vielleicht weiter verbreitet, als Sie denken. Denn wo steht denn geschrieben, dass das Übernatürliche nur tibetischen Mönchen oder den Fischern, die mit Jesus zu tun hatten, geschieht? Ein gewöhnlicher Rotschopf wie ich kann bezeugen, was alles möglich ist, wenn das Universum den Vorhang öffnet und uns einen Blick hinter die Kulissen werfen lässt.

Abgesehen von dieser kleinen Einzelheit meiner Gespräche mit Außerirdischen, bin ich genauso wie Sie. Sie halten sich selbst wahrscheinlich weder für wahnsinnig, noch für einen Lügner und ebenso wenig kann ich solche Eigenschaften in mir finden. Also misstraue ich mir selbst auch nicht, nur weil ich sage, dass ich Freunde habe, die grau sind. Auch ich versuche, mich zu »outen«.

Ich bin auch kein Anhänger des New Age. Sie und ich haben wahrscheinlich so viel gemeinsam, dass es die Unterschiede überwiegt: Wir haben dieselben Hoffnungen und Träume, einen Mikrowellenherd, der geputzt werden muss, und Kinder, die ihren Schuhen schneller als ihren Flegeljahren entwachsen und mehr Fast Food essen, als man es für menschenmöglich halten sollte.

Das Stigma, das jedem anhaftet, der erklärt, er habe Begegnungen der vierten Art erlebt, ist ein Problem. Deshalb habe ich an Sie, liebe/r Leser/in, eine einzige Bitte: Achten Sie beim Lesen dieses Buches darauf, was Sie gewohnheitsmäßig für möglich und was Sie für unmöglich halten. Vielleicht darf ich bescheiden darauf hinweisen, dass meine persönlichen Erlebensmöglichkeiten durch die Einschränkungen, die Sie Ihren persönlichen Erfahrungen auferlegen, in keinster Weise eingegrenzt werden. Vielleicht ist das der Grund dafür, dass ich mit Außerirdischen spreche und Sie (momentan jedenfalls) nicht. Aber ich greife vor.

Ich verstehe, dass all dieses Außerirdischen-Gerede nicht sehr glaubhaft wirkt. Ich kann das nachvollziehen, denn ich mochte früher nicht einmal Science-Fiction – bis meine eigenen Erfahrungen das alles veränderten. Als mein Leben an diesem Abend auf den Kopf gestellt wurde, ahnte ich nicht, wie lange es dauern würde, bis mir die Peinlichkeit, Ihnen die Wahrheit darüber zu erzählen, nichts mehr ausmachte. Und ich würde mir wahrscheinlich nicht einmal jetzt die Mühe machen, wenn ich nicht davon überzeugt wäre, dass es Zehntausende von ansonsten ganz normalen Leuten gibt, die ähnliche Erfahrungen gemacht haben, aber genau wie ich nie jemandem davon erzählt haben. Es war unser kleines Geheimnis. Aber das alles wird sich jetzt ändern.

Ich bin ein Spätentwickler. Ich habe Jahrzehnte gebraucht, um meinen Rhythmus zu finden, und wurde auch emotional nur langsam erwachsen. Mir war das, was Sie über mich denken, so wichtig, dass ich erst erwachsen und älter und gut und sorglos werden musste, bis es mir endlich egal war, ob Sie den Erfahrungen meines Lebens Glauben schenken oder nicht. Na ja, zugegeben, vielleicht habe ich diesen Zeitpunkt auch gewählt, weil mein Sohn inzwischen mit fünfzehn wahrscheinlich so alt ist, dass man mir nicht mehr wegen dieser Sache das Sorgerecht für ihn entziehen kann. Also ließ ich alle Vorsicht fahren, und ich muss zugeben, es ist ein herrliches Gefühl, meine Wahrheit zu verkünden. Wahrscheinlich fordere ich die Wut fast der gesamten UFO-Gemeinde heraus, die darauf besteht, dass die grauen Außerirdischen mit den großen schwarzen Augen in Wirklichkeit Kidnapper sind – oder noch Schlimmeres.

Dieses Buch erklärt, dass Außerirdische erleuchtete Wesen sind – in manchen übernatürlichen Kreisen so etwas wie ein schwarzer Schimmel. Wie Sie sehen, kann ich also nicht einmal auf die Anerkennung der UFO-Gemeinde zählen. Und wenn Sie sich in der aktuellen UFO-Literatur auskennen, wissen Sie, dass solche Behauptungen entweder als blasphemisch gelten oder als Symptom der Gehirnwäsche, die mir die Außerirdischen verpasst haben, vom Tisch gefegt werden.

Ganz abgesehen von der Entfremdung zwischen mir und den »anerkannten« UFO-Gruppen ist es nicht ganz leicht, im eigenen sozialen Umfeld von Außerirdischen zu sprechen. Sie kennen natürlich die allgemeine Meinung über solche Behauptungen längst. Wer glaubt, dass es wahrscheinlich irgendwo Außerirdische gibt, kann dennoch nicht akzeptieren, dass man einem begegnet ist. Oder gar einer ganzen Gruppe. Merken Sie, wie schwierig dieses Terrain ist? Die vereinheitlichte kulturelle Norm arbeitet tief im Inneren unseres Glaubenssystems und diktiert, was möglich ist und was nicht. Wahrscheinlich ist es politisch korrekt, wenn man zugibt, dass man von Weitem ein UFO gesehen hat; doch auf keinen Fall ist es korrekt, mit den Insassen eine persönliche Beziehung eingegangen zu sein. In einer Kinderpfadfindergruppe kann man ohne Weiteres erzählen, dass man beim Campen in Santa Fe am Nachthimmel ein UFO gesehen hat, aber man darf keinesfalls einem der Piloten desselben UFOs persönlich begegnet sein. Wenn man sagt, dass man von Weitem Anzeichen für außerirdisches Leben beobachtet hat, ist das ungefährlich, aber es darf zwischen den verschiedenen Rassen keine Kommunikation geben. Falls es sie doch gibt, dann darf sie eine Horrorerfahrung sein, da man hilflos »entführt« wird. Diese Version einer Begegnung wird in UFO-Zeitschriften und Schundheften zumindest ein, wenn auch trauriges, Nicken hervorrufen.

Und die UFO-Groupies, die einem bereitwillig glauben, dass man kontaktiert worden ist und dass dies sogar möglicherweise mittels telepathischer Kommunikation geschah (einige Ufologen stimmen darin überein, dass Außerirdische wahrscheinlich zum Sprechen nicht ihre Münder benutzen), sind nur dann bereit, telepathische Kommunikation zu akzeptieren, wenn der betreffende Außerirdische dabei einen bestimmten Abstand zum Menschen einhält. Demnach kann man telepathische Kommunikation empfangen, während man in einem Raumschiff auf einem Tisch liegt und seziert wird, wenn das Wesen zwei Meter zwanzig von einem entfernt ist. Das können sie glauben, sagen sie. Aber wenn man am anderen Ende des Zimmers ist oder auf der anderen Straßenseite oder wenn das Raumschiff über meinem Kopf oder über dem Haus schwebt oder gar über der Milchstraße, dann ist es nicht mehr möglich, telepathisch irgendetwas zu »hören«. Niemand denkt sich etwas dabei, wenn Astronauten Geräte benutzen, mit denen sie zur NASA auf der Erde Kontakt halten können, während sie sich weit draußen im Weltraum tummeln. Ihre Urgroßmutter hätte das für ein Wunder gehalten. Offenbar ist es unglaubwürdig, dass Wesen, die in jeder Hinsicht weiter entwickelt sind als wir, eine Möglichkeit gefunden haben, in Kontakt zu bleiben.

Ich habe hier die Widerstände aufgezeigt, mit denen ich zu kämpfen habe, denn diese Aufgabe ist nicht leicht. Bei meiner Arbeit kommt die Menschenwürde entschieden zu kurz. Wahrscheinlich hängen mit dem UFO-Phänomen mehr tief eingeprägte, negative Vorurteile und Stigmata zusammen als mit jedem anderen Fachgebiet; so ist das nun einmal.

Dennoch – diese Arbeit macht zwar manchmal einsam, aber sie schenkt auch reichen Lohn. In meinem Haus herrscht der Pioniergeist und inspiriert all jene, die ihr Geheimnis schon viel zu lange bewahrt haben. Ich wette,

Sie haben akzeptiert, dass die Welt nicht flach ist. Einige unter uns wissen in diesem Augenblick, dass Außerirdische Menschen kontaktieren. Und dieser Kontakt lässt sich nicht nur in eine einzige Kategorie pressen, es gibt unterschiedliche Methoden und Beispiele. Wenn man dennoch darauf besteht, und zwar nur weil man bis dato nie davon gehört hat, dann macht man es dadurch nicht unwahr. Das Spektrum universeller Erfahrung beschränkt sich nicht auf zwei oder siebzehn Möglichkeiten. Es gibt keine vorgegebene Anzahl möglicher Wunder – und außerdem wäre selbst die Aussicht auf ein Wunder schon wunderbar.

Wer sind nun aber diese Außerirdischen und warum sollten sie uns kennen lernen wollen? Oder sind wir in ihren Augen nur Laborratten, die im Irrgarten unserer Autobahnen herumrasen und ab und zu zur Untersuchung »hochgebeamt« werden?

Hier ist also der erste von mehreren Dialogen, die ich Ihnen mitteilen möchte. Folgen Sie mir in ein Abenteuer, auch wenn Ihr Intellekt vielleicht protestiert, dass solche Kommunikationen, die von anderen physischen Wesen in der Milchstraße kommen, eigentlich nicht möglich seien. Kommen Sie trotzdem mit. Vielleicht werden viele Ihrer Fragen zum ersten Mal beantwortet. Setzen Sie nichts voraus und nehmen Sie mit offenem Herzen an dieser Kommunikation teil, dann werden vielleicht auch Sie diese Nachbarn lieb gewinnen, die wir einst »Aliens« nannten.

(*Ein Hinweis für den Leser*: Jedes Kapitel beginnt mit meiner Stimme. Dieser Kommentar ist immer kursiv gedruckt. Auch die eingerückten Fragen an unsere außerirdischen Freunde sind kursiv gedruckt. Die Antworten der Außerirdischen erscheinen immer in normaler Schrift.)

Kapitel 1

Vorbereitung

Ist Ihnen das schon einmal passiert: Sie sind gerade dabei, das Frühstück vorzubereiten, oder Sie telefonieren gerade, und plötzlich erstarrt Ihr ganzer Körper einen Moment lang – als würde man sich unterbrechen und warten, weil man spürt, dass man gleich niesen muss? Bei einem großen Nieser hat man das Gefühl, dass ein Energieschub plötzlich durch den ganzen Körper schießt und durch Nase und Mund entweicht. Jetzt stellen Sie sich vor, dass der gleiche Prozess, bis unmittelbar vor dem Niesen, zwanzig Minuten oder anderthalb Stunden lang anhält, und Ihr ganzer Körper fühlt sich an, als hielten Sie ein Metallmesser umklammert, das Sie in den Toaster gesteckt haben. Sie fühlen sich buchstäblich elektrisiert. Ihre Haare stehen zu Berge und eins Ihrer Beine beginnt vielleicht unabsichtlich zu zucken. Ihre Kopfhaut fühlt sich an, als würde sie abgeschält, und es knattert so laut, dass sie nicht begreifen, wieso das sonst niemand hört. Am peinlichsten ist, dass Ihr Kopf sich vor- und zurückbewegt, als wären Sie eine menschliche Satellitenschüssel. Dies sind nur einige der Empfindungen, die ich habe, wenn ich entweder den Außerirdischen physisch begegne oder wenn ich mich zu einer Session mit dem Tonbandgerät hinsetze und sie interviewe, auch wenn sie nicht direkt vor mir stehen.

Natürlich weiß ich, wie lächerlich das alles klingt, schließ-

lich bin ich ein Mensch und habe menschliche Freunde und eine menschliche Familie. Ich weiß nicht, was für mich die größere Herausforderung war: zu akzeptieren, dass ich Außerirdischen begegnet bin, oder mit den Emotionen fertig zu werden, die durch die Reaktion anderer hervorgerufen werden. Trotzdem werde ich täglich mutiger, und ich dachte, Sie möchten vielleicht als Erstes eine meiner Fragen darüber lesen, auf welche Weise ich diese Kommunikationen überhaupt empfange.

Die meisten Menschen, die Informationen kanalisieren und zur Veröffentlichung aufschreiben, unterscheiden sehr genau zwischen der Information, die sie in einer Trance oder einem anderen veränderten Bewusstseinszustand empfangen, und dem, was sie später als Kommentar hinzufügen. Wenn ich dagegen aus dem Zustand zurückkehre, in dem ich euch »höre« (was für ein Zustand das auch immer sein mag) und den ich auf Tonband festgehalten habe, dann setze ich mich erst mal hin und schreibe das Aufgenommene auf. Doch selbst während des Aufschreibens empfange ich weiterhin Input und Informationen von euch, die mir dabei helfen, eure Kommunikationen besser zu erklären. Eigentlich besteht der ganze Prozess aus zwei Phasen, und ich finde es sinnlos, die während meiner »Trance« von euch empfangene Information von dem abzugrenzen, was ich später von euch empfange, wenn ich das alles in den Computer eingebe. Es besteht zwar kein Zweifel, dass durch diese beiden Phasen eine umfassendere, reichhaltigere Kommunikation möglich wird, doch ich fürchte, dass andere mir »Betrug« vorwerfen werden, wenn ich hier bereits den Input einfüge, den ihr mir erst während der zweiten Phase des Kommunikationsprozesses gegeben habt.

Bei diesem Vorgang unterscheidet sich der Empfang vom traditionellen Kanalisieren, wie du es verstehst, und deshalb erscheint er dir auch anders, denn du kanalisierst nicht, sondern kommunizierst aktiv mit uns. Du kanalisierst keine körperlosen Geistwesen, sondern kommunizierst mit anderen physischen Wesen außerhalb deines Planeten. Deine Lage ist insofern einzigartig, als du Information aus einer weit entfernten Quelle empfängst, und anders als beim »Hören« von körperlosen Geistwesen bist du uns auch physisch begegnet; und während dieser Begegnungen war die Kommunikationsmethode Telepathie. Auch damals warst du nicht in »Trance«. Wir sind physische Wesen und mit unserer Hilfe und mittels unserer Technologie wurdest du manchmal an andere Orte transportiert. Das macht unsere Beziehung einzigartig und deshalb hat unsere regelmäßige Kommunikation andere Voraussetzungen und Aspekte.

Während jener früheren physischen Begegnungen hast du Gespräche mit uns geführt, die so etwas wie Gedankenlesen erforderlich machten, und das ist ja Telepathie. Außerdem bist du auf der genetischen Ebene mit uns verbunden, also besitzt du ein zelluläres Verständnis für uns. Du nimmst uns nicht nur wahr wie beim Kanalisieren, wir senden dir auch aus der Ferne eine telepathische Stimme. Außerdem empfängst du Bilder und Lichtimpulse, die du zu entziffern gelernt hast, sodass du nun ihre Bedeutung verstehst und somit ständig eine Herzensstimme hörst, damit du auf dem richtigen Weg bleibst und selbstbewusster wirst, und damit du bemerkst, wenn du etwas empfängst, was wir gesandt haben. Auch empfängst du durch deine Kopfhaut »Input«, und zwar Stichworte und Hinweise, die du ebenfalls zu entziffern gelernt hast.

Wir erwarten nicht, dass dieser Prozess von uns allein ausgeführt werden kann. Dies ist eine gemeinsame Bemühung, in die du deine Fähigkeiten, deine Genealogie und dein Vokabular einbringst. Wir glauben, dass diese Arbeit durch deinen persönlichen Beitrag verbessert wird, und zwar sowohl dann, wenn du dich in einem veränderten Bewusstseinszustand befindest, als auch, wenn das nicht der Fall ist. Vergiss nicht: Während der physischen Begegnungen hörst du uns ganz klar auf telepathischem Weg, ohne ein bestimmtes Ritual oder eine bestimmte Vorgehensweise einzuhalten. Wenn du während dieses Vorgangs zu Hause sitzt, durchläufst du denselben telepathischen Prozess, mit dem du auch unsere Worte in deine eigenen übersetzt. Aber das bedeutet nicht, dass dieser Vorgang weniger wertvoll ist als traditionelles Kanalisieren oder Kommunizieren.

Du hast deine Rolle mit der eines Übersetzers verglichen, da du Informationen empfängst und diese Kommunikationen dann in deiner eigenen Sprache entwirrst. Das machst du zwar sehr effizient, aber es gibt in diesem Prozess noch mehrere andere Ebenen. Stell dir vor, dass du jemanden übersetzt, der italienisch spricht und der dir aber weder gegenübersitzt noch auch nur am Telefon mit dir spricht. In manchen Fällen ist er auf der anderen Seite der Milchstraße. Du übersetzt also nicht nur eine Sprache, sondern du übersetzt aktiv telepathische Kommunikation, während du zugleich zusätzlich bewusstseinserhellende und hellseherische Inputs empfängst. Wie du von unseren Begegnungen weißt, beschränkt sich diese Kommunikation nicht auf deine veränderten Bewusstseinszustände, sondern du empfängst außerdem während des Aufschreibens Erklärungen und Ermunterungen. Auch in der Nacht empfängst du zusätzlichen Input, weshalb du dann zum Tonbandgerät greifst und die Sätze oder Abschnitte diktierst, die du »hörst«, um sie später in dein Arbeitsmaterial aufzunehmen.

Wir möchten euch darauf aufmerksam machen, dass sich ein neues Paradigma öffnet, mit dessen Hilfe viele unter euch begreifen werden, dass Kommunikation zwischen euch und anderen, die auf anderen Ebenen, in anderen Dimensionen oder an anderen physischen Orten leben, nicht auf das Kanalisieren von körperlosen Geistwesen beschränkt ist. Außerirdische Wesen sind physische Wesen. Wir leben und sind aktiv, in diesem Augenblick, aber wir stehen euch nicht gegenüber. Auch haben viele unter euch die wachsende Fähigkeit, uns und andere, ähnliche Wesen während jeder Tages- und Nachtzeit zu hören.

Ist diese Arbeit unfehlbar? Was ist, wenn ich Fehler mache, die falschen Worte wähle oder etwas missverstehe? Ich möchte niemanden irreführen.

Nein, diese Arbeit ist weder perfekt noch fehlerfrei. Aber du und andere Menschen wie du leisten einen großen Beitrag, nämlich eure Integrität und euer Interesse an Ideen aus anderen Lebensebenen, die mit unserem Thema zu tun haben. Dieser Prozess ist zwar denselben Herausforderungen unterworfen wie jede andere Kommunikationsform auch, aber dadurch wird die Bedeutung der Erfahrung nicht geschmälert, die du und viele andere nun machen können, nämlich eine aktive Verbindung zu uns und anderen, uns ähnlichen Wesen einzugehen. Außerdem ist die Kommunikationsmethode, die du empfängst, bahnbrechend für eine wachsende Anzahl Menschen, die ebenfalls Material von *physischen* Wesen außerhalb der Erde empfangen und veröffentlichen werden. Für die meisten von euch ist es nichts Ungewöhnliches, über so genannte Medien zu lesen oder zu hören, die Kontakt zu Engeln und Geistern haben. In der nächsten Generation werden diese Stoffe auch die Kommunikation mit Wesen, die anderswo leben, beinhalten. Dies ist eine sehr aufregende Zeit für euch. In vielen Fällen empfindet die Öffentlichkeit diesen Vorgang irgendwie als »neu«. Das von euch so genannte traditionelle Kanalisieren von körperlosen Geistern ist euch vertraut und wird schon seit Jahren »produziert«, veröffentlicht usw., doch jetzt führen viele von euch eine neue Idee ein: dass physische Wesen mit euch und durch euch sprechen und euch Input geben können.

Außerdem sind bei dieser Arbeit die Absicht und Integrität des »Interviewers« und des Produzenten von größter Wichtigkeit. Doch man wertet wichtige Aspekte dieser und ähnlicher Aufzeichnungen ab, wenn man darauf besteht, dass sie nur auf eine bestimmte Weise entstehen dürfen und nur dann Gültigkeit haben, wenn sie mit Hilfe einer bestimmten Methode entstanden sind. Beethoven wurde von einer göttlichen Quelle inspiriert und empfing direkten Input und Kommunikation von ihr. Er »kollaborierte« dann mit seinem höheren Selbst, aber er »verriet« nicht, dass eine bestimmte Note kanalisiert war und dass andere Noten ihm im Schlaf einfielen, ebenso wenig wie Einstein »verriet«, auf welchem Weg er seine inspirierten Formeln empfing. Hätte er erklären sollen, dass eine bestimmte Gleichung ihm plötzlich spontan einfiel und dass eine andere Idee ihm auf andere Weise kam? Doch wir verstehen, dass ihr bei »inspirierten« Schriften eine kulturbedingte Erwartungshaltung habt, die verlangt, dass man die Schrift auseinander nimmt und prüft, damit der Leser genau weiß, was angeblich woher stammt.

Aber man kann Inspirationen und göttliche Kommunikationen auf verschiedenste Weise empfangen, und es würde eurer Rasse gut tun, veränderte und weiterentwickelte Methoden solcher Führung in jeder gegebenen Form zu erlauben. Ihr habt nicht von Einstein oder Beethoven verlangt, genau zu definieren, woher ihre Inspiration kam, denn ihr habt nicht erkannt, dass eine höhere Quelle sie inspirierte. Doch jetzt beginnt ihr zu begreifen, dass das Göttliche uns alle miteinander verbindet. Das Göttliche verbindet den Urquell mit Engeln und Geist-Führern, Geist-Führer und Engel mit Menschen, Gott mit Außerirdischen und somit Außerirdische mit Menschen. Was ihr also braucht, ist der Wunsch und die Absicht, inspirierte Informationen und Ideen zu empfangen, ohne dem Intellekt die Forderung nach einer detaillierten Analyse des Wie, Woher und Weshalb solcher Ideen und Informationen zu erlauben. Da das Material in diesem Buch weder auf traditionelle Weise kanalisiert noch übersetzt wurde, mag es die »üblichen« Normen, nach denen ihr beides beurteilt, nicht erfüllen – aber wir verkünden hiermit, dass es sich auch gar nicht darum bemüht.

Manche verlangen, dass man zwischen dem, was gehört, gesehen oder diktiert wurde, spezifisch unterschieden wird. Aber solche Forderungen stellt nur jemand, der die wahre Natur dieser Kommunikationen nicht versteht, oder jemand, der die Methode, mit der sich die göttliche, *eine* Stimme manifestiert, zerpflücken und analysieren will. Beginne also diese Arbeit mit der Erkenntnis, dass das durchgehende Thema unsere tiefe Verbundenheit ist – eine Verbundenheit zwischen dir, deiner Rasse und uns. Meditiere und bete weiterhin und halte an deiner guten Absicht fest, dass dieses Material so eng wie möglich in die göttliche Saat eingebunden sein soll. Dieser Prozess muss in deinem Inneren stattfinden. Manche können oder wollen dir nicht glauben, dass du Außerirdische von Angesicht zu Angesicht gesehen und Erfahrungen mit ihnen gemacht hast, aber das macht nichts, denn diese Begegnungen haben dich auf die Arbeit vorbereitet, die du jetzt tust. Dein ganzes Leben lang war es dein größter Wunsch, der Menschheit eine Botschaft von uns zu bringen, und deine Begegnungen und »Modifikationen« haben letztlich diesen Vorgang ermöglicht. Man kann diese drei Faktoren nicht trennen. Ja, Sie haben richtig gelesen. Lisette und andere, die uns begegnet sind, haben körperliche Implantate und in manchen Fällen auch Modifikationen.

Ihr findet, dass wir das wirklich hier sagen wollen, wo es jeder lesen kann? Das klingt nicht nur absurd, sondern es scheint auch, gelinde gesagt, unnatürlich zu sein. Selbst wenn andere das glauben, ich stehe ja wie ein Monstrum da.

Wenn du Zahnweh hast, gehst du zum Zahnarzt. Dort bekommst du eine Behandlung, die den Zahn, der aufgrund deiner Essgewohnheiten, deines allgemeinen Gesundheitszustandes, der Umwelteinflüsse oder einer Kombination all dieser Faktoren tot, schadhaft oder abgenutzt ist, ersetzt, wieder aufbaut oder repariert, damit du dein Essen richtig kauen kannst. Dein Verdauungsapparat wird sich nicht beschweren, wenn der Zahn, mit dem du kaust, kein »echter« Zahn ist. Auch du wirst nicht protestieren oder die Nahrung ablehnen und verlangen, dass sie mit einem »richtigen« Zahn gekaut wird. Dein kulturell geprägtes Bewusstsein akzeptiert anscheinend »Verbesserungen« nur dann, wenn der Körper beschädigt oder krank ist. Wenn du aber lernst, unter solchen Umständen »Angleichungen« zu akzeptieren, kannst du mit solchen Verbesserungen umgehen und sie »verzeihen«.

Na ja, wenn das ursprüngliche Organ schadhaft oder funktionsunfähig ist, dann ist es schon in Ordnung, eine physische, operative Korrektur zu bekommen. Das können wir alle problemlos akzeptieren. Aber im Fall von mir und anderen, die solche Begegnungen hatten, scheint das Ziel, in Kontakt zu bleiben, ein sehr oberflächlicher Grund für den Gebrauch von Implantaten zu sein. Und außerdem: Wenn ihr erleuchtet seid, dann sollten wir Menschen doch in der Lage sein, diesen Prozess zu ermöglichen, ohne dass irgendetwas hinzugefügt oder verändert wird.

Warum? Ihr denkt euch ja auch nichts dabei, wenn eure Politiker und Führungspersönlichkeiten Organtransplantate oder mechanische Geräte in ihren Körper eingesetzt bekommen, die ihnen dabei helfen, zu arbeiten und ihre Aufgabe auf der Erde zu erfüllen. Da protestiert ihr auch nicht und ruft: »Dieser Vorgang ist unnatürlich!« Wenn ein Herzschrittmacher oder ein Hörgerät oder sonst irgendein Gerät dem Körper dabei hilft, das erklärte Ziel der Seele zu verwirklichen, dann akzeptiert ihr die Verbesserung und findet die Technologie, die es euch erlaubt, am Leben zu bleiben und effizienter zu arbeiten, ehrenhaft und wundervoll. Und was die Erleuchtung angeht: Wir sind vielleicht erleuchtet, aber ihr noch nicht. Ihr erlebt noch immer Krankheit, Schwäche und Zusammenbrüche, selbst wenn eure Körper noch so gut wie neu sind.

Das Ziel dieses Buches ist es, einige eurer gesellschaftlichen Vorurteile herauszufordern, die euch nicht gut tun. Einer der wichtigsten strittigen Punkte ist die Tatsache, dass »Außerirdische« existieren und dass sie, oh Schreck, sogar mit einigen unter euch in ständiger Verbindung stehen und mit ihnen kommunizieren. In manchen Fällen machen Implantate und andere Geräte solche Kommunikationen und Kontakte effektiver. Du wirst dieses Konzept besser verstehen, wenn du recherchierst, wie einige eurer bedrohten Tierarten durch Fürsorge und Betreuung vor dem Aussterben gerettet werden, oder wenn du dich sogar selbst an diesen Maßnahmen beteiligst. Ihr bringt Sender an Vögeln und Meeresbewohnern an, folgt den Spuren von Löwen und Elefanten und transportiert sie sogar zu neuen Jagdgründen, die euch besser erscheinen. Ihr markiert sie, implantiert die Ohren eurer Hunde, damit ihr sie finden könnt, falls sie entlaufen, und empfindet diese Verwendung von physischen Implantaten oder Korrekturen im Allgemeinen als altruistisch. Aber wenn wir dasselbe mit euch machen, schreit ihr: »Foul!« Falls Ihnen diese Konzepte zu viel Kopfzerbrechen verursachen, dann legen Sie das Buch einfach weg.

Wenn einer von euch sich von sich aus für einen Prozess entscheidet, der die höchste Kommunikationsform zwischen uns ermöglicht, dann protestiert ihr. Ihr sagt, das sei unnatürlich oder frankensteinartig oder, noch schlimmer, dass wir die Geräte dazu benutzen, euch zu manipulieren, damit ihr tut, was wir wollen. Wer sagt, dass Einstein oder Beethoven sich nicht für eine »Korrektur« entschieden, durch die sie ihre göttliche Inspiration besser empfangen konnten? Ihr wisst ja gar nicht, was alles in eurer und in anderen Welten geschieht und geschehen ist. Abgesehen davon seid ihr *alle* potentielle Einsteins und Beethovens, nicht nur einer oder zwei von euch. Der einzige Unterschied zwischen ihnen und euch ist, dass sie dazu bereit waren, sich »benutzen« zu lassen. Sie dienten gern als Leitungsrohr. Sie dienten gern als Gefäß, durch das tiefe Wahrheiten und universelle Ideen und Inspirationen weitergeleitet werden konnten. Ihr wisst auch nicht, auf welche Weise Thomas Edison seine Ideen entwickelt hat. Woher wollt ihr wissen, dass dies nicht durch eine Begegnung mit Außerirdischen geschah? Wenn jemand eine Todeserfahrung hätte und Weisheit und andere Kommunikationen empfangen würde, während er auf der anderen Seite ist, und dann zurückkäme und sein Wissen auf der ganzen Welt verbreitete – würdet ihr das dann verbieten, weil die Information nicht von dieser Daseinsebene stammt und weil der Patient mit Hilfe von Korrekturen, Implantaten und anderen Techniken der »modernen« Medizin ins Leben »zurückkehrte«? Ihr würdet diesen Patienten nicht als Opfer bezeichnen und behaupten, dass er auf unfaire Weise manipuliert worden sei, nur weil bestimmte Techniken es ihm ermöglichten, sein Leben so effizient und effektiv weiterzuführen, wie es im Plan seiner Seele vorgesehen war.

Vergesst nicht: Es besteht für euch keine Notwendigkeit, irgendetwas von all dem, was hier steht, zu glauben. Das ist weder nötig noch bedarf es eurer Zustimmung oder Akzeptanz. Dieses Buch ist das Resultat des Weges und der Aufgabe, für die Lisette und wir uns entschieden haben. Sie hat die Entscheidungen, die sie getroffen hat, und die Prozesse, denen sie sich unterworfen hat, selbst gewählt; und falls Sie sich dafür entscheiden, diese Wahl aus welchen Gründen auch immer zu verurteilen, dann sollten Sie sich vielleicht vor Augen führen, dass jeder Weg individuell ist und in den Tiefen der Seele bedacht und gewählt wurde. Es ist nicht ungültig oder unwahr, nur weil Sie es weder begreifen noch daran glauben. Und es ist auch nicht böse oder schlecht, nur weil Sie es so nennen.

Dieses Werk ist das Ergebnis der gemeinsamen Bemühung einer Gruppe »Außerirdischer«, wie ihr uns nennt, und Lisettes, die ihre Begegnungen mit uns erlebte, sowie des Herausgebers und Lektors Bob Friedman, der sowohl die so genannte Produktion dieses Projekts betreute als auch während eines oft herausfordernden Arbeitsprozesses emotionale und technische Unterstützung und Ermutigung beisteuerte. Wir legen Ihnen dieses Material als Team vor. In manchen Fällen hat Lisette mit ihrer eigenen Stimme die Fragen gestellt und wir haben sie beantwortet. In anderen Fällen hat Bob Friedman uns befragt und uns in ein Gespräch verwickelt, nachdem Lisette in ihren veränderten Bewusstseinszustand eingetreten war. Dies ist ein Gemeinschaftswerk, das durch eine Kombination der richtigen Fähigkeiten, Absichten und seelischen Agenden von Lisette, Bob und uns entstand.

Erweitern Sie Ihre Vorstellung von dem, was möglich ist, und beachten Sie, wie sich Ihr Intellekt von der bloßen Andeutung, dass das Göttliche sich in dieses Unternehmen eingeschlichen hat, angegriffen fühlt. Unser Austausch ist genauso »unperfekt« wie jedes andere Gespräch zwischen euch Menschen, doch den Absichten und der Integrität aller an diesem Projekt Beteiligten liegt eine tiefe Liebe und ein tiefes Mitgefühl für eure Rasse und den Planeten Erde zugrunde. Nehmen Sie diese Kommunikation so an, wie sie gemeint war: als Geschenk; und vergessen Sie nicht, dass Göttlichkeit nicht ausschließlich auf die eine oder andere Kommunikationsform angewiesen ist. Erlauben Sie es dem Leben, sich auf neue Weise zu entfalten und auf neue, kreative Weise auszudrücken. Erlauben Sie es den Beethovens und Edisons, vertrauensvoll hervorzutreten, und geben Sie ihnen einen »sicheren« Ort in Ihrer Gesellschaft, an dem sie Ihnen Inspiration schenken können. Es gibt noch viele Einsteins und Edisons unter Ihnen, die nur darauf warten, gehört zu werden. Diese Botschaft möchte sie alle dazu ermutigen, jetzt aus dem Schatten zu treten. Wenn Sie bereit sind, den neuen Ideen dieser Menschen, die tiefe soziale Vorurteile herausfordern, mit Offenheit zu begegnen, dann erlauben Sie es dadurch auch dem Einstein in Ihrem eigenen Inneren, zum Vorschein zu kommen. Wenn Sie es dem sanften Flüstern des Göttlichen erlauben, die sture, selbstgerechte Ablehnung Ihres Intellekts zu ersetzen, können Sie sich sowohl individuell weiterentwickeln als auch Ihren gesamten Planeten zu einem höheren Bewusstsein führen. Wir sind ein Team. Wir alle sind ein Team. Falls sich jemand von Ihnen anschließen möchte, wollen wir gemeinsam eine Brücke über alle Abgründe bauen, vor denen Ihre Rasse stehen mag, und gemeinsam ein wundervolles Morgen erschaffen.

Kapitel 2

Wer wir sind, warum wir hier sind

Ich werde nie vergessen, wie ich sie zum ersten Mal sah. Ich hatte solche Angst, dass ich unkontrolliert zu zittern begann. Bis dahin hatte ich nie Grund gehabt, mein Herz auch nur zu bemerken, abgesehen von den Nachwirkungen scharfer mexikanischer Gerichte, aber in diesem Moment brach in meiner Brust das Chaos aus. Mein Herz hämmerte da drinnen mit der Intensität eines funktionsgestörten Herzschrittmachers und warnte mich, dass meine Sinne überlastet waren. Es ist nie angenehm, wenn das eigene Glaubenssystem zerschmettert wird.

Trotz des Schocks, Außerirdische vor mir zu sehen, dachte ich sofort an meine prekäre Lage: Vielleicht würde ich tot umfallen wie ein betäubter Wellensittich. Ich war zwar neugierig, zugleich aber auch völlig verängstigt, zumindest anfangs. Mein ganzer Körper reagierte genau so, wie es mein Physiologielehrbuch auf dem College beschrieben hatte. Ich war bereit, zu kämpfen oder zu fliehen – bis der gesunde Menschenverstand die Führung übernahm, denn schließlich würde ich kaum weit kommen. Ich war mitten im Weltall, wahrscheinlich in irgendeinem schwarzen Loch, und mein autonomes Nervensystem bereitete mich auf die Flucht vor. Vom Eingang ihres Raumschiffs in die nächtliche Milchstraße zu hüpfen war kaum eine realistische Möglichkeit. Abgesehen davon gab es ein noch größeres Problem: Ich konnte mich überhaupt nicht bewegen. Zumindest nicht, bevor ich mich beruhigt hatte.

Na ja, ich bin kein Stephen Hawking, fragen Sie mich also nicht, wo ich mich befand. Es war sehr dunkel und kälter als in der eisigsten Nacht. Es gab weder Uhren noch dampfende Tassen mit heißem Kakao. Ich war in einer warmen Sommernacht aus meinem Bett geholt worden, und das weiche Baumwollnachthemd, das ich getragen hatte, war nirgends zu finden. Zunächst war mir meine Nacktheit peinlich, doch im Verhältnis zur Milchstraße und dem außerirdischen Leben schien das meine geringste Sorge zu sein. Nachdem ich mehrmals von einem Raumschiff zu einem anderen Ort transportiert worden war, machte ich es mir wie ein normaler Gast oder Besucher gemütlich, und schließlich »unterhielten« wir uns lange, die Außerirdischen und ich; wenn auch nicht mit unseren Mündern. Da sieht man wieder, wie überholt das alles ist, was einem auf der High School beigebracht wird. Da führte ich nun ein ganz reizendes Gespräch mit Fremden, ohne auf meine fremdsprachlichen Grundkenntnisse zurückgreifen zu müssen, da man für Telepathie weder Deutsch noch Spanisch sprechen muss.

Irgendwann gab es einen emotionalen Wechsel und meine Angst verschwand – und ich kann mir vorstellen, dass auch meine Freunde, nachdem sie diese Geschichte gelesen haben, weniger Angst haben werden –, aber natürlich war ich vollkommen fasziniert und starrte voller Verwunderung auf ihre sonderbare, graue Haut. Sowohl in der Farbe als auch in der Struktur ähnelte sie der Haut von Delphinen, und vielleicht half mir diese Ähnlichkeit zwischen ihnen und diesen friedlichen Meereswesen dabei, sie mit anderen Augen zu sehen. Ich saß ihnen nackt gegenüber und versuchte, Mut zu fassen; und ich dachte, dass sie vielleicht doch nicht unhöflich seien, da sie selbst schließlich auch keine Kleider trugen. Sie trugen weder einen Raumschiff-Enterprise-Raumanzug noch einen

Waffengürtel, und ich nahm an, dass das so in Ordnung sei, denn schließlich würde man auch keinem Delphin in einem Hawaiihemd und langen Hosen begegnen. Natürlich waren sie keine Tiere, das wusste ich. Ihre Sprache wurde direkt in meinen Kopf geleitet und ich konnte sie ganz deutlich »hören«. Und außerdem wirkten sie in vieler Hinsicht genau so, wie man sich ein anderes, bewusstes Wesen vorstellt. Ich staunte, dass ich sie verstehen konnte. Stell dir das vor, dachte ich, und dabei habe ich nie Telepathie-Unterricht genommen. Henry Kissinger wäre stolz darauf gewesen, wie schnell ich mich der Situation gewachsen zeigte und wie eine Delegierte der Vereinten Nationen Smalltalk machte.

Dann überwältigte der gesunde Menschenverstand – und zugleich sämtliche UFO-Experten – mein Bewusstsein und ich sah mich misstrauisch um, ob nicht irgendwo ein Operationssaal oder eine Küche sei und ich fragte mich, ob ich als Experiment oder als Sonntagsbraten enden würde. Doch bald vergaß ich sowohl mein Schamgefühl als auch meine Kochrezepte, und bevor man »ET will nach Hause« sagen konnte, durchdrang völliges Verstehen meine Wahrnehmung. Wir alle sind eine große Familie. Das spürte ich, und gleich darauf begriff ich, was das im Hinblick auf universelle Nachbarschaft bedeutete: Ich besuchte sie zu Hause, und es war höchste Zeit, dass wir einander öfter sahen.

An diesem Punkt würden Ufologen und andere Experten behaupten, dass dies zweifellos das Resultat einer Gehirnwäsche war. Mit anderen Worten: Wenn Angst sich in das Verständnis einer wechselseitigen Verbundenheit verwandelt und wenn Furcht, Abneigung und Misstrauen zu tiefem Frieden und Staunen über das Erleben solch tiefer Verwandtschaft werden, dann hat man mich manipuliert. Aber das macht nichts. Vielleicht brauchen solche Ufologen einen speziellen Workshop, um die praktische Anwendung solcher Konzepte wie Spiritualität und universelles Einssein zu üben. Ich weiß nicht, was für Seminare Sie in letzter Zeit besucht haben, aber mein persönliches Wachstum während der letzten dreißig Jahre hat mich gelehrt, dass Liebe, Toleranz und Vorurteilslosigkeit nicht das Ergebnis von Gehirnwäsche sind. Manche sagen, dass dies der natürliche Zustand aller Dinge sei. Erst unsere Kultur hat uns gelehrt, aggressiv zu sein, einander zu hassen und immer das Schlimmste von anderen zu denken, besonders, wenn sie anders sind als wir.

Bevor Sie jetzt anführen, dass es durchaus Parallelen zwischen mir und anderen gibt, die gekidnappt und einer Gehirnwäsche unterzogen wurden – wie zum Beispiel Patty Hearst –, darf ich vielleicht hinzufügen, dass niemand mich dazu bringen will, eine Bank zu überfallen, mich mit einer Uzzi zu bewaffnen, jemanden umzubringen oder auch nur gehässige Gerüchte in die Welt zu setzen. Was hat die Gehirnwäsche also bewirkt? Ein Gefühl von Gemeinschaft und Kameradschaft? Ein tiefes Staunen, das Gefühl der Verbundenheit zu anderen, fremden Wesen aus »Eingeborenenstämmen«? Dann wurden auch das Rote Kreuz und UNICEF einer Gehirnwäsche unterzogen, müssten dringend erkennen, wie naiv sie sind und sollten sofort damit aufhören, ihre Botschaften der brüderlichen Liebe zu verbreiten. Würde man bei näherer Betrachtung nicht feststellen, dass ihre Botschaft uns vernichten könnte? Liebe deinen Nächsten, hilf deinem Nachbarn und hör damit auf, andere zu verurteilen und dich als überlegen zu empfinden. Mann, ist das gefährlich!

Kurz gesagt: Während dieser Begegnung empfand ich es als große Ehre, intelligente Wesen aus weit entfernten Gebieten kennen zu lernen, und irgendwann machte es mir nichts mehr aus, dass sie anders aussahen und andere Sitten hatten als ich. Ich spürte eine Kameradschaft, die ich seit Jahren nicht empfunden hatte. Es war ein einzigartiger Ausflug in die Wildnis; nicht in die Wälder von Missouri oder zu den Inseln Neuguineas, sondern ins Hinterland – in das galaktische Hinter-

land; jenseits unseres Planeten und noch weiter. Nachdem meine ursprüngliche Verblüffung sich gelegt hatte, gelang es mir schließlich, einige sachdienliche Fragen zu stellen.

Wer seid ihr? Wie heißt ihr und woher kommt ihr?

Unser Name, der Name unserer Gruppe, wird so ähnlich geschrieben und klingt so ähnlich wie euer Wort »Sphinx«, aber das ist nur eins von vielen Worten, mit denen du uns bezeichnen könntest, genau wie andere dich zurzeit als Frau, als Mutter, als jemand, der Erfahrungen mit Außerirdischen macht, als Weiße, als Amerikanerin, als Erdling usw. bezeichnen könnten. Wir sind nicht als Einzelne, sondern als Gruppe gekommen. Unser augenblicklicher Standort liegt außerhalb eures »Zuständigkeitsbereiches«, wie ihr sagen würdet. Wir leben an keinem bestimmten Ort, denn wir reisen von einer Galaxis zur anderen. In diesem Augenblick kommunizieren wir mit dir nicht von einem physischen Planeten aus. Wir befinden uns in einem großen Raumschiff; so groß wie ein ganzes Wohnviertel. Doch wenn du uns nach unserem ursprünglichen Heimatplaneten fragst, dann müssen wir dir antworten, dass er nicht mehr existiert – und zwar schon seit Tausenden von Jahren nicht mehr. Wir haben diesen Planeten zerstört und dadurch Einsichten gewonnen, die wir verbreiten mussten, wenn unsere Rasse weiter bestehen und sich weiterentwickeln sollte; und das haben wir auch getan. Der Planet hieß Pluterous, aber es gibt ihn nicht mehr.

Pluterous lag außerhalb eures Sonnensystems und wir hatten dort einen Stand der Technologie erreicht, der dem euren sehr ähnlich war; unsere technologischen Fähigkeiten überstiegen unsere geistige Entwicklung beträchtlich. Dann mutierten gewisse Technologien unbeabsichtigt und wir haben uns buchstäblich selbst in die Luft gesprengt. Damals hatten wir schon die Fähigkeit zu intergalaktischen Reisen, also fingen wir an zu reisen. Wir sind als Gruppenfamilie von Ort zu Ort gezogen und haben auf anderen physischen Planeten gewohnt, darunter manchmal auch Planeten in eurer unmittelbaren Nähe. Jetzt verstehst du, warum wir dich leiten. Man könnte sagen, dass Gott uns zu euch geschickt hat, um über euch zu wachen; so ähnlich wie Schutzengel.

Wir besitzen keinerlei Waffensysteme. Wir haben nur einen umfangreichen technologischen Apparat, der es uns ermöglicht, nach Belieben zu kommen und zu gehen und bei gewissen Angehörigen deiner Rasse alle nötigen Heilungen zu bewirken.

Unser erster Kontaktversuch mit euch liegt schon viele Jahre zurück. Wenn wir »euch« sagen, dann meinen wir eure Gruppe da unten auf eurem Planeten, und nach vielen Versuchen haben wir nun unseren Kontakt auf ein paar hunderttausend deiner Rasse beschränkt. Es gibt außer uns noch viele andere Gruppen, die ebenfalls mit vielen von euch Kontakt aufgenommen haben. Diese Kontakte können leibhaftige Begegnungen sein, so wie du sie erlebst, oder sie können ausschließlich dann stattfinden, wenn derjenige, den wir besuchen, sich in einem veränderten Bewusstseinszustand wie Schlaf oder Meditation befindet. Du wirst uns während unserer Kommunikation persönlich kennen lernen, denn auch du fühlst eine starke Energie, die sich, während du uns empfängst, auf dich herabzusenken scheint.

Von deiner Warte aus gesehen ist unsere Welt äußerst unterbevölkert, doch unsere Ressourcen stehen der Anzahl der Lebewesen in ausreichendem Prozentsatz gegenüber, auch wenn sich diese Ressourcen auf einem großen Schiff befinden. Der Grund dafür, dass wir euch auf diese Weise durch dich diktieren, ist eine äonenlange, gemeinsame Absicht eurer und unserer Ahnen. Wir bilden uns nicht ein, dass du und deine Spezies keinerlei Abwehr empfinden, wenn wir so zu euch durchdringen. Wir verstehen, dass ihr eine gewisse Abwehr spürt. Wenn wir mit euch sprechen, dann reden wir von Welten, die von der euren völlig verschieden sind; Welten, die eure Konzepte darüber, wie das Leben zu sein hat, zerstören. Unser Dasein als Reisende lässt sich mit euren amerikanischen Rentnern vergleichen, die mit ihren Wohnmobilen losfahren, um die ganze Weite eures Landes zu erkunden. Obwohl dies nicht die letzten Jahre unseres Lebens sind, haben auch wir uns im reifen Alter auf den »Weg« gemacht, um unsere Nachbarn kennen zu lernen; euch und auch andere, und um sie zu leiten und mit ihnen zu kommunizieren, damit auch wir unser höchstes Schicksal erfüllen.

Atlantis vor eurer Zeit und unser Planet vor unserer Zeit sind geschichtliche Beispiele dafür, was eine Rasse sich selbst antun kann, wenn niemand auf sie aufpasst. Glaubt nur nicht, dass Atlantis ein Mythos war, denn viele von euch waren dort und erlebten aus erster Hand, von welch verbrecherischen Prinzipien sich gewisse Industrien leiten ließen, die sie als Evangelium verkündeten. Wenn ihr an die Idee des Heiligen Grals glaubt, dann glaubt ihr an das Prinzip Hoffnung. Erscheint es hoffnungslos, wenn wir euch die Richtung weisen, die wir euch schon immer gewiesen haben? Kommt euch das unrealistisch vor, wenn wir euch raten, das Schwert niederzulegen und brüderliche Liebe zu empfinden? Eins sollt ihr wissen: Je unrealistischer es euch erscheint, desto eher habt ihr das Potential erreicht, diese Möglichkeit gründlich zu untersuchen. Der Grund dafür ist, dass euch andere Ideen und andere Möglichkeiten ausgehen, und zwar sowohl individuell als auch als ganze Zivilisation, und genau das ist der Moment, an dem man den Pfad der Erleuchtung findet und betritt und den Weg nach Hause findet.

Als Gott uns die Fähigkeit gab, andere Völker in anderen Galaxien zu erreichen, so wie wir es jetzt hier tun, erwiesen wir uns als würdig und nahmen unsere Rolle als Leiter und Führer sehr ernst, denn wir freuen uns sehr, dass wir mit euch kommunizieren und euch helfen dürfen, wo wir nur können.

Unsere Verbindung mit euch

Es ist ein ganz natürliches Phänomen, die Hand nach jenen auszustrecken, die uns nah sind und mit denen wir eins sind, und sie zu lieben. Das ist der Grund für unseren Kontakt mit euch. Wir können unser Einssein nicht empfinden, ohne euch mit einzuschließen. Da über uns bei euch so wenig bekannt ist, haben wir nun den Kontakt mit dir auf diese Weise herbeigeführt, damit mehr unter euch von uns erfahren können. Es bestehen eine Menge Kontakte zwischen uns und vielen von euch. Doch das Besondere an diesem Fall ist, dass wir hierdurch diese Information weiter verbreiten möchten. Wenn Verwandte oder liebe Freunde euch zum Essen einladen, damit ihr eure Gemeinschaft genießen könnt, dann wisst ihr, dass eure wechselseitige Liebe und euer Mitgefühl für einander euch zusammenhält, auch wenn euch manchmal große Entfernungen trennen. Auch zwischen uns besteht eine Verbundenheit, und Familientreffen sind das Natürlichste der Welt, findet ihr nicht?

In unseren letzten Kommunikationen mit dir und anderen haben wir damit begonnen, euch den Gedanken nahe zu bringen, dass wir und ihr zur selben Familie gehören. Einigen unter euch fällt es schwer, das zu glauben, da in den Medien oft berichtet wurde, dass wir euch quälen. Deshalb erleben wir es bei solchen ersten Erfahrungen oft, dass ihr in eurem Bewusstsein bereits Vorurteile gegen uns hegt, aber das macht nichts. Egal wie stark ihr gegen uns voreingenommen seid: Wir sind bereit, euch weiterhin zu lieben, genau wie bei allen anderen Vorurteilen auch. Wir sind erleuchtet und eure beschränkte Perspektive beleidigt uns nicht. Wir sind sehr froh darüber, euch zu kennen und Kommunikationen an euch weiterleiten zu können. Wir sehnen uns nach genau denselben Gelegenheiten wie ihr. Wir sehnen uns danach, eine solide Beziehung mit euch einzugehen, damit wir miteinander kollaborieren und kommunizieren können; genau wie ihr den Kontakt zu Freunden und Verwandten sucht, in deren Beisein ihr euch mit eurer Herkunft verbunden fühlt.

Wir haben eine Verbundenheit mit euch. Wir laden euch zum Picknick ein. Kommt und teilt unsere Mahlzeit, denn wir wollen unseren Überfluss mit euch teilen – Ermutigung und ein Freundschaftsangebot. Wir sind euch als großes Mysterium und Geheimnis erschienen, doch jetzt zerbröckeln die Mauern zwischen uns; genau wie die Mauer zwischen Ost- und Westdeutschland fiel. Es gab eine Zeit, in der sich viele von euch ein solches Bröckeln der Mauer in diesem geteilten Land gar nicht vorstellen konnten. Doch das ist erst der Anfang. Wir möchten auch eine emotionale Beziehung zu euch eingehen, damit ihr versteht, wer wir sind und dass wir nichts Böses gegen euch im Schilde führen. Wir haben wunderbare Pläne für unsere gemeinsame Beziehung. Könnt ihr es eurem Bewusstsein erlauben, sich einen Augenblick lang zu entspannen und die Warnrufe jener zu ignorieren, die um eure Sicherheit besorgt sind? Findet ihr, trotz eures neu erwachten Begreifens von Spiritualität und Einssein, dass ihre Warnungen der Wahrheit entsprechen? Sind ihre Konzepte des Misstrauens und Argwohns etwa im Einklang mit den Lehren der Meister? Wenn wir alle zusammenkommen und trotz aller Unvollkommenheit das Göttliche ineinander ernennen, dann nähern wir uns der Erleuchtung. Wir verstehen, dass die Phantasien unserer aggressivsten Kritiker vor allem von Furcht beherrscht werden. Es gehört immer Mut dazu, den Schleier der Vorurteile zu durchdringen, und dies ist keine Ausnahme.

Falls ihr euch geistig so weit entwickelt habt, dass ihr das Konzept unseres Einsseins annehmen könnt, dann kommt mit und wir zeigen euch das Wunder unserer universellen Verbundenheit. Ihr werdet den Baum an seinen Früchten erkennen. Gebt dies zur Antwort, wenn euch jemand vor eurer bevorstehenden Vergewaltigung durch uns warnt. Hört auf unsere Worte und denkt daran, dass wir euch auf euren höchstmöglichen Weg führen wollen, den euch niemand anders als der höchste Aspekt eures Selbst vorgibt. Wenn jemand anders versucht, euch seine Meinung aufzudrängen, ermutigt er euch dann, fordert er euch sogar dazu auf, einen Blick in eure Herzen und Seelen zu werfen und eure eigenen Schlüsse über ihn zu ziehen? Dies ist ein großartiger Test, um den Baum zu bestimmen, denn ihr könnt den Baum an seinen Früchten erkennen. Kommt und probiert, wie unsere Worte schmecken. Kommt und hört euch unsere Ideen an, dann werdet ihr bald feststellen, dass eure Seelen sich an uns erinnern.

Gebt eurer Sehnsucht nach einer Verbundenheit mit uns nach. Lernt mehr über das, was manche Mitglieder eurer Kultur das Undenkbare nennen. Schränkt euch nicht länger ein. Erlaubt euch selbst, zu begreifen, was jenseits eurer Städte liegt. Lasst euch nicht länger von Mythen beirren, sondern glaubt an unsere tiefe Verbundenheit. Habt ihr etwa gedacht, ihr würdet euch geistig weiterentwickeln und dennoch weiterhin von euren universellen Gegenstücken abgetrennt sein? Wer von euch auch nach uns fragt, er wird seine Antwort bekommen.

Es ist ganz offensichtlich etwas im Busch. Da immer mehr unter euch die Anzeichen unserer Besuche erkennen und immer mehr Menschen die Unbegrenztheit des Universums bewusst wird, lockert ihr die Grenzen eures Denkens und das macht eine Einladung möglich. Ein vorurteilsfreier Verstand ist das Wichtigste, wenn es darum geht, andere Ebenen kennen zu lernen. Wollt ihr uns kennen lernen? Wir sind nicht böse auf diejenigen unter euch, die andere vor uns warnen; denn wie gesagt, wir sind nicht die Einzigen, die mit Vorurteilen zu kämpfen haben, und wir verstehen sehr gut, wie sehr diese Denkweise von Furcht beeinflusst wird. Bedenkt, dass viele von euch schon körperliche Begegnungen mit uns erlebt haben und dass ihnen nichts Schlimmes geschah, dann könnt ihr allmählich begreifen, wie ungeheuer groß die Möglichkeiten in Wirklichkeit sind. Wenn die »Entführungen« wirklich Kidnapping wären, warum werden dann die Leute, die solche Erfahrungen machen, wieder zurück nach Hause gebracht? Viele eurer Kinder kennen uns bereits, aber sie trauen sich nicht, davon zu reden, denn sie wissen genau, welche Reaktion das hervorrufen würde; also genießen sie die Kameradschaft, aber sie kennen das Risiko eines schrecklichen Vorwurfs von Seiten der Erwachsenen und aus Angst erzählen sie nichts darüber.

Hört dem Wind in den Bäumen zu, dann hört ihr uns vielleicht. Beobachtet den Nachthimmel, dann seht ihr uns wahrscheinlich. Denn wenn ihr eine solche Erfahrung herbeiruft, dann kommen wir von weit her, um mit euch auf einer immer individuelleren Basis eine Beziehung einzugehen. Dann könnt ihr euch zu der großen, großen Anzahl derjenigen unter euch zählen, die unsere Rasse persönlich kennen.

Wir kommen in Frieden

Was nun unsere Entscheidung betrifft, uns im Weltraum nicht zu bewaffnen – um unseren Standpunkt zu verstehen, müsst ihr zunächst begreifen, auf welcher Stufe wir in unserer geistigen Evolution und Entwicklung stehen. Wir erkennen, dass wir unsere Erfahrungen selbst herbeiführen. Wenn wir erleuchtete Wesen sind und von ganzem Herzen begreifen, dass wir all unsere Erfahrungen selbst herbeigerufen haben, warum sollten wir uns dann bewaffnen? Zum jetzigen Zeitpunkt sind alle unsere Schöpfungen konfliktfrei; das heißt, wir erschaffen nicht auf einer Bewusstseinsebene das eine und auf einer anderen Bewusstseinsebene etwas anderes. Wir sind in uns selbst integriert. Wir sind eins, in Gedanken, Worten und Taten. Wir sind eine vereinigte Ganzheit, im wörtlichen Sinn. Und deshalb wollen wir weder einen Angreifer töten noch selbst ein Angreifer sein.

Das ist für euch schwer zu verstehen, denn innerhalb der Ideologie, in der ihr lebt, seid ihr so sehr daran gewöhnt, euch mit jemand anderem in einer Auseinandersetzung zu befinden – sei es nun der Nachbar nebenan, die Schwiegermutter, die Exfrau, ein Auswanderer oder sogar wir –, dass ihr euch gar nicht vorstellen könnt, mit niemandem Krieg zu haben. Wir leben im Frieden mit uns selbst und mit anderen. Wir haben keinen Grund, uns zu bewaffnen, denn wir sind bereits mit unserer eigenen Kausalität bewaffnet. Mit anderen Worten: Wir übernehmen für das, was wir erschaffen, die volle Verantwortung und würden deshalb, wenn wir einen Feind dazu brächten, vor unserer Tür zu erscheinen, zunächst einmal begreifen, dass wir selbst den Prozess verursacht haben, der dies bewirkt hat. Da gibt es keine Überraschungen. Wenn man in seiner Kausalität verankert ist, manifestiert man alles aus reiner Absicht; und deshalb haben wir schon vor langer Zeit den Wunsch abgelegt, uns vor irgendetwas zu schützen. Es gibt nichts, wovor man sich schützen müsste. Wenn wir mit dem Verlust unseres Lebens konfrontiert würden, würden wir gern nachgeben. Was gibt es zu fürchten?

Meint ihr damit, wenn ein Angreifer auf jemanden zukäme, den ihr liebt, würdet ihr nichts unternehmen?

Wir würden schon etwas unternehmen, aber dieses Etwas sähe ganz anders aus als bei euch. Wir würden den Augenblick heilen, während er sich zuträgt, und genau dasselbe würde auch derjenige tun, den wir lieben. Wir würden Liebe aussenden und keinen Widerstand leisten.

Für euch mag das fast unmöglich zu verstehen sein, aber das macht nichts. Aus dem gleichen Grund können wir unsere Antwort auf eure Frage nicht abändern, weil ihr vor der Antwort zurückschreckt. Stellt euch vor, es gäbe nichts mehr, was man schützen müsste. Stellt euch vor, es herrschte Frieden und ihr sähet in eurem Feind wirklich einen Teil eurer Selbst, und stellt euch vor, ihr würdet für den Feind und sein Verhalten die volle Verantwortung übernehmen. Da würdet ihr eure Taten und Reaktionen auf den anderen in einem ganz neuen Licht sehen, stimmt's? Und deshalb haben wir keine Waffensysteme, deshalb benutzen wir solche Werkzeuge nicht mehr. Wir sind ihnen und dem Bedürfnis nach ihnen entwachsen, genau wie euer Zahnarzt vielleicht seinen altmodischen Zahnarztinstrumenten entwachsen ist und effizientere Apparate benutzt, um dasselbe Resultat zu erzielen. Wir haben die Ergebnisse bereits erzielt, die ihr mit euren Instrumenten anstrebt, doch bei uns geschieht das aus innerer Notwendigkeit ohne Waffen.

Wir erzeugen Frieden, indem wir uns darüber bewusst sind, wie unsere Gedanken Frieden erzeugen. Wir sorgen für Harmonie zwischen uns und anderen, indem wir uns darüber bewusst sind, dass wir die einzige Kausalität sind; und durch unsere Gedanken, Worte und Taten übernehmen wir die Verantwortung für den Frieden oder auch für einen Konfliktzustand, den wir erzeugt haben. Falls wir aber einen Konfliktzustand erzeugt hätten, würden wir das nicht schlecht nennen und versuchen, es zu verdrängen und so zu tun, als hätten wir nichts damit zu tun gehabt. Das wäre Wahnsinn. Wenn deine linke Hand deine rechte Hand schlägt und die rechte dann verlangt, dass die linke amputiert wird, wie wird das Ganze dadurch beeinflusst? Würde es nicht auch die rechte Hand beeinflussen, wenn es keine linke mehr gäbe? Doch wenn man dein augenblickliches Umfeld bedenkt, ist deine Frage verständlich.

Es gibt nichts zu schützen; aber falls es doch etwas gäbe, wären Waffen kein Schutz. Sicherheit oder mangelnde Sicherheit sind Illusionen. Ihr seid von Natur aus in Sicherheit. Eine Umwelt, in der Frieden herrscht, wird von den Bewohnern dieser Umwelt erschaffen. Wenn zwei von hundert Bürgern versuchen würden, Frieden zu erzeugen, und die restlichen achtundneunzig Kriegstreiber wären, dann müssten wir zugeben, dass diese beiden einer großen geistigen Herausforderung gegenüberstehen. Glaubt ihr etwa, die beiden hätten nicht genau diese Herausforderung selbst heraufbeschworen? Vielleicht gehörten sie früher zu der Mehrheit, die die Feindseligkeiten auslöste, also brauchten sie einen erweiterten Blickwinkel und haben sich vielleicht in die Minderheit begeben, damit sie nie mehr vergessen, wie kostbar Frieden ist.

Seit wir die Erfahrung gemacht haben, unseren Planeten aufgrund unserer eigenen Aggressivität zu »verlieren«, halten wir Friedfertigkeit für eine wünschenswerte Existenzform. Übrigens reisen wir nicht als Nomaden, sondern als Lernende. Wir haben das Beispiel eurer Rentner benutzt, um aufzuzeigen, dass man in einem reiferen Entwicklungsstadium manchmal ein tieferes Staunen für seine Umgebung empfindet; so wie es viele eurer älteren Mitbürger erleben, wenn sie erkennen, dass sie vielleicht weniger Jahre übrig haben, als bereits hinter ihnen liegen. Und mit einer solch tiefen Wertschätzung unserer galaktischen Umgebung haben wir uns auf eine Mission des Lernens begeben. Wir sind nicht einfach nur Touristen. Wir sind universelle Anthropologen und besitzen tiefe Einsichten in nahe und ferne Zivilisationen; und deshalb kommen wir mit einem tiefen Verständnis für andere Rassen und einer großen Wertschätzung für euren Entwicklungsstand zu euch.

Stellt euch uns als eine Gruppe außergewöhnlicher Margaret Meads vor. Wir sind keine obdachlosen Opfer; sondern wir haben den Drang überwunden, einen kleinen Flecken Örtlichkeit unsere Heimat zu nennen. Wir haben uns zu einem Punkt entwickelt, an dem wir begreifen, dass der Weltraum, in dem wir uns befinden, unsere geliebte Heimat ist. All unsere Brüder sind unsere Familie, ihr eingeschlossen.

Wenn wir an den Punkt kommen, an dem wir begreifen, dass es nichts zu schützen gibt – denn nichts ist so heilig, dass man sich deshalb gegenseitig vernichten müsste –, dann gewinnt man eine ungeheure Freiheit. Könnt ihr euch vorstellen, dass ihr alle eines Tages eure Waffen hinlegt, um sie nie mehr aufzunehmen? Es gibt ein tiefes Begreifen, das uns sagt: Nichts gehört nur dir allein, und nichts ist es wert, es zu schützen. Eure Sicherheit ist gewährleistet, denn ihr gehört zu Gottes Kindern und seid Mitbesitzer und Erben des Universums. Und wie sollte man euch das nehmen können?

Ja, wir sind Experten darin, diese Konzepte in die Praxis umzusetzen, und deshalb fördern wir die Kommunikation mit euch, damit ihr selbst überlegen könnt, was es bedeutet, so zu leben; denn ob ihr es glaubt oder nicht: Es ist euer nächster Entwicklungsschritt. Habt ihr etwa gedacht, ihr würdet nach einer äonenlangen Entwicklung immer noch Waffen im Weltraum herumtragen? Meint ihr etwa, dass wir Alarmanlagen in unsere Raumschiffe eingebaut haben? Dieses Universum gehört uns ebenso gut wie euch. Und wenn jemand unser Raumschiff unbedingt haben wollte, würden wir dafür sorgen, dass er es bekommt, bevor er es uns wegnehmen kann. Denn wir würden uns schlicht und einfach überlegen, wie es kommt, dass er sich in unserer Realität manifestiert. Zugegeben, innerhalb eures Denksystems sind das sehr fortschrittliche Ideen, aber sie sind unsere Wahrheit, nach der wir täglich leben.

Wir sind eine Gruppe von Lernenden, die reisen und studieren; doch es gibt auch andere Gruppen, die angefangen haben, eure Rasse zu beobachten. Die meisten dieser Gruppen meinen es gut, und wir kennen viele von ihnen, denn wir haben sie ebenfalls studiert. Wenn man bedenkt, wie viel Aufmerksamkeit euch und eurem Planeten zuteil wird, könnte man uns, die Beobachter, fast sogar Zuschauer nennen. Dafür gibt es viele Gründe. Einige Gründe sind offensichtlich; wie zum Beispiel die Beobachtung, dass ihr in eurer Evolution an einem kritischen Kreuzweg angekommen seid – und wir können voll Staunen an denselben Scheideweg in unserer eigenen Geschichte zurückdenken, als auch wir die bewusste Entscheidung trafen, ob wir uns weiter- oder zurückentwickeln wollten. Und es ist großartig, dies bei euch zu beobachten und an der Geschichte eures Planeten teilzuhaben und euch zu helfen, wo wir nur können; genau wie ihr Gruppen in die ärmsten Gebiete eures Planeten aussendet, sei es nun, um Häuser zu bauen oder um medizinische Versorgung zu bringen. Es liegt eine tiefe Befriedigung darin, eine Gruppe eurer Rasse dabei zu beobachten, wie sie sich über geistige Armut, Verzweiflung und Krankheit erhebt. Auch habt ihr dafür Verständnis, denn selbst auf eurer augenblicklichen Entwicklungsstufe ist es vielen von euch wichtig und es gilt bei euch auch als ehrenhaft, eure Zeit und eure Ressourcen anderen zu widmen, die weniger begünstigt sind. Wie kommt ihr nur darauf, dass diese Charaktereigenschaften anderswo einfach verschwinden? Ihr seid für uns dasselbe wie die Kinder von Tijuana für euch. (Tijuana liegt gleich jenseits der kalifornischen Grenze im viel ärmeren Mexiko, d. Übers.) Unsere Bemühungen gleichen eurem »Konzert für Bangladesch«. Um euretwillen bringen wir medizinische Versorgung per Flugzeug ins Hinterland. Es ist uns eine Ehre, euch in jeder nur möglichen Weise zu helfen.

Andere Gruppen haben ein anderes Aussehen, doch viele sehen ganz ähnlich aus wie wir und haben auch ebenso viel mit euch zu tun wie wir. Es gibt verblüffende Ähnlichkeiten. Es gibt viel weniger »Kidnapper« in der

Galaxis, als ihr euch vielleicht vorstellt. Denkt nur daran, wie viele von euch in ihrem Wohnviertel ein Auge auf die Häuser, Kinder, Haustiere und sogar den Rasen im Vorgarten der Nachbarn haben, dann werdet ihr merken, dass die »Abweichler« von dieser Norm eine seltene Ausnahme sind. Die meisten Leute auf eurem Planeten sind gern bereit, anderen in jeder Weise zu helfen, wenn sich die Möglichkeit dazu bietet. Und insgesamt gesehen verdoppelt sich dieser Prozentsatz im Universum. Wenn man sich die Gesamtbevölkerung des Weltalls vor Augen führt, gibt es nur sehr wenige »Abweichler.«

Euer Verhältnis zu dem einen potentiellen »Abweichler« im Universum lässt sich mit dem einen Überfall vergleichen, der zum Hauptthema in den Frühnachrichten wird, während 99,9 Prozent der Weltbevölkerung einen friedlichen Abend erlebt haben und nicht in den Nachrichten erwähnt werden. Die Geschichte des Überfalls wird zu einem Hollywoodfilm oder einer Fernsehsendung. Dabei repräsentiert sie im Vergleich zur Summe aller Erfahrungen und Kontakten einen vernichtend geringen Prozentsatz. Und doch konzentriert ihr euch ausgerechnet darauf. Im Augenblick funktionieren eure Medien nun einmal so; doch das wird sich bald ändern.

Kurz und gut: Ja, es gibt andere Gruppen, die mit euch Kotakt haben und euch ebenfalls anleiten. Wir sind Anthropologen und haben unser Leben dem Studium anderer Rassen gewidmet. Wenn wir unser Leben geben müssten, würden wir das ohne Weiteres tun, denn wir haben <u>keine Angst vor der Transformation. Und ihr solltet auch keine Angst davor haben.</u>

Die Sonne geht immer wieder auf.

Warum wir hier sind

Wir haben nicht etwa deshalb Kontakt mit euch, weil wir Angst haben, dass ihr morgen vielleicht nicht mehr da sein werdet. Wir haben mit euch Kontakt aufgenommen, weil wir zur selben universellen Familie gehören. Für Verwandte ist es doch etwas ganz Natürliches, einander zu kennen, oder? Wir haben seit langem darauf gewartet, dass sich euer Bewusstsein so weit entwickelt, dass euch unsere Anwesenheit bewusst wird. Dazu gibt es mehr als eine Möglichkeit. Ihr könntet anführen, dass wir einfach mit unseren Schiffen in eurem Garten landen könnten, damit ihr uns kennt. Doch Bewusstsein bedeutet, dass euch mehr als eine Möglichkeit zur Verfügung steht, mit zu kommunizieren.

Wir sind zu eurem Volk gekommen, um einen Rahmen für eine fortlaufende Diskussion abzustecken, in deren Verlauf wir uns euch vorstellen können. Wenn ihr daran zweifelt, dass wir mit euch auf diese Weise kommunizieren können, dann haltet ihr lediglich an euren alten Konzepten fest, was für uns völlig in Ordnung ist. Wir verlangen nicht von euch, dass ihr euch schneller entwickelt, als euch angenehm ist. Auch wir haben diesen Luxus genossen, auch wir entwickelten uns in unserem eigenen Rhythmus; doch interessant ist, dass viele von euch, die selbst nicht zum Kontakt bereit sind, diejenigen unter euch in Frage stellen, die nicht nur zum Kontakt bereit sind, sondern bereits Kontakt haben. Diese kulturelle Verdrängung erklärt, warum wir euch nicht in größerem Rahmen zugänglich sind.

In der »Vergangenheit« hatten wir auch Kontakt zu einigen eurer so genannten schwarzen Gruppen oder Geheimorganisationen – jene Gruppierungen, die mit euren Regierungen in Verbindung stehen, sich niemandem gegenüber verantwortlich fühlen und deshalb vom Volk auch nicht zur Verantwortung gezogen werden können. Wir sehen in jedem scheinbaren Schlafwandler einen keimenden Engel; deshalb gehen wir nicht davon aus, dass gewisse Leute es nicht wert sind, mit uns zu kommunizieren. Manche sind zwar zur Kommunikation bereit, besitzen aber vielleicht nicht das Bewusstsein, das ihnen die Heilung eures Planeten zu einem Herzensanliegen macht, denn ihre Angst ist zu groß. Unter ihnen herrscht die Auffassung, dass ihr Leben in Gefahr und ihre Arbeitsplätze gefährdet wären, wenn sich am Status quo etwas ändern würde. Wir verurteilen sie nicht einmal, obwohl ihr das tut, denn wir sehen in jedem von euch diese Ansätze zur Verdrängung; in manchen herrscht sie nur stärker vor als in anderen.

Im Augenblick stehen wir mit dieser Bevölkerungsgruppe nicht in Verbindung, denn das ist gar nicht nötig. Unsere Mission hier ist es, euch anzuleiten, und die Leute, die bei euch an den Vertuschungen beteiligt sind, stehen dieser Möglichkeit momentan noch feindlich gegenüber. Diejenigen Wesen, die mit bestimmten Gruppierungen innerhalb eurer Regierungen zu tun haben, befinden sich auf derselben Bewusstseinsstufe wie sie. Sie ziehen sich gegenseitig an; aber schließlich kann euer Nachbar, wenn er eine Bank ausraubt, nicht unbedingt als stellvertretend für euch betrachtet werden, nur weil er in derselben Straße wohnt wie ihr, und ebenso kann man andere Wesen nicht unbedingt stellvertretend für uns betrachten, nur weil sie genau wie wir außerhalb eurer Galaxis leben.

Aber ihr solltet dem »Abweichler« und dem Bankräuber mit Liebe begegnen und ihn segnen, genau wie die Meister euch baten. Brauchen sie eure Liebe und Vergebung nicht am meisten? Solche Wesen, seien sie nun

Menschen oder Außerirdische, fürchten sich davor, keine Identität zu haben, und bemühen sich deshalb unbewusst um eine Verbindung zu einer Rasse, die sie an sich selbst erinnert. Auf diese Weise verbinden sie sich miteinander, auch wenn dies unbewusst geschieht und sie nicht erkennen, dass sie schlafen. Genau so funktioniert das Schlafwandeln. Sobald das Bewusstsein einsetzt, wacht man auf.

Unsere Gruppen hier, von denen es einige gibt, möchten euch gern mitteilen, dass man sich von keiner Rasse, wo sie auch immer leben mag, auch nur im Geringsten zu fürchten braucht und dass ihr deshalb auch keinen Grund habt, weiterhin in einer Opferhaltung zu verharren. Erinnert euch einfach daran, dass eure Persönlichkeit nicht durch Angst definiert wird, und wenn ihr euch dennoch fürchtet, dann erkennt diese Furcht an und bringt euch in einen Zustand, in dem ihr Gott spürt. Gleich und Gleich gesellt sich gern; wenn also Angst und Paranoia eure vorherrschenden Gedanken und Gefühle sind, dann werdet ihr ähnliche Schwingungen anziehen, statt sie abzustoßen.

In eurer Tradition seht oder erlebt ihr uns nicht als erleuchtete Rasse, doch das liegt an eurer eigenen Begrenztheit. Wollt ihr euch individuell für eine tiefere Beziehung und eine bessere Kommunikation entscheiden?

Warum kann ich nicht einfach mehr physische Begegnungen mit euch erleben? Vor Jahren habt ihr mir das ermöglicht.

Du hast dich dazu entschieden, dich während dieser Inkarnation ganz in die menschliche Daseinsform zu senken, um deine erklärte Lebensaufgabe zu erfüllen. Diese Entscheidung verlangt, dass du dich innerhalb der Illusion deiner Ebene bewegst, denn nur so kannst du all die

Herausforderungen und Möglichkeiten deiner Ebene erleben. Wenn du dich zu oft außerhalb deiner Illusion aufhältst, wirst du innerhalb der menschlichen Existenz weniger effektiv funktionieren. Und diesmal hast du dich nun einmal dazu entschieden, alle Herausforderungen und Möglichkeiten, die sich der Menschheit zu dieser Zeit und an diesem Ort bieten, zu verkörpern und sie somit auch anzunehmen.

Außerdem wäre es nicht einfacher für dich, wenn wir öfter mit dir von Angesicht zu Angesicht sprechen würden, denn sobald wir das tun, erlegt uns deine emotionale Reaktion auf unsere Erscheinung gewisse Grenzen auf. Während der Zeit, in der du die Erfahrung, uns leibhaftig vor dir zu sehen, verarbeitest, wäre unsere Kommunikation dann jeweils unterbrochen. Jeder, der solche Erfahrungen gemacht hat, kann dies bestätigen, nicht zuletzt du selbst; denn manchmal dauert es Jahre, bis der Erfahrende genügend Selbstbewusstsein entwickelt hat, um dem Druck der Öffentlichkeit standhalten zu können und die Bedeutung der eigenen Begegnungen in einem Zustand des inneren Friedens zu akzeptieren. Mit der jetzigen Kommunikationsmethode können wir in Kontakt treten, ohne die menschliche Psyche zu erschüttern – wir haben die Seele *dieses* Menschen zwar bereits erschüttert, aber inzwischen bist du davon geheilt. Doch selbst dieses »Trauma« gehörte zu deiner selbst gewählten Vergangenheit. Du hast diesen ganzen Prozess selbst herbeigerufen, denn diese Kommunikationsmethode ist physisch und geistig äußerst förderlich. Deine Seele sucht, unter anderem, nach genau dieser Art von Förderung. Achte auf die Energiewellen, die entstehen, wenn wir durch dich kommunizieren. Es sind elektromagnetische Frequenzen, die dich berühren und dir erlauben, uns zu berühren.

Wir können dich zu jeder Tages- und Nachtzeit spüren. Wir wissen, was du denkst und fühlst, und wir kennen die tiefste Sehnsucht deiner Seele, denn all diese Informationen stehen jedem zu jeder Zeit zur Verfügung. Wir brauchen sie nur aus dem universellen Bewusstsein zu pflücken; sie warten dort nur auf uns. Doch wir benutzen diese Informationen nicht, um einander zu schaden. Wir benutzen sie nur dazu, um »auf dem Laufenden zu bleiben«, wie ihr sagen würdet, wenn wir unsere Lieben eine Weile nicht gesehen haben; zum Beispiel indem wir einfach das universelle Wissen anzapfen, um zu erfahren, wie es unseren Lieben geht. Aber das Wichtigste ist, dass wir durch all diese verschiedenen Methoden ständig mit euch in Verbindung stehen. Also, wenn das kein schlagender Beweis dafür ist, dass wir alle eins sind!

Wenn wir auf dem Instrument eurer Körper spielen, indem wir eure Energie und eure Frequenz benutzen, und wenn ihr es uns erlaubt, auf diese Weise mit euch in Verbindung zu treten, dann haben wir eine großartige Erfahrung ermöglicht, mit deren Hilfe wir euch beweisen können, dass ihr und wir eins sind. Fragt jeden, der Erfahrungen mit Kanalisieren gemacht hat, und er wird euch bestätigen, was für ein herrliches Erlebnis das ist, denn dabei vergisst man die eigene Göttlichkeit nicht so leicht. Außerweltliche Phänomene und ähnliche Erfahrungen führen denjenigen, der sie erlebt, immer und immer wieder nach Hause; nämlich an einen Ort, an dem man sich daran erinnert, dass alles möglich ist. Mach dir keine Gedanken darüber, dass es einige Zeit gedauert hat, wenn auch nicht zu viel Zeit, bis du diesen Prozess emotional verarbeiten konntest. Du musstest an deinem Selbstbewusstsein arbeiten und wir verstehen das.

Die wahre Bedeutung des Kontakts

Der ungehinderte Ideenfluss von uns zu euch ist der erste Schritt, um euch all unser Wissen zur Verfügung zu stellen. So kann unsere Beziehung eurer Rasse dienlich sein und ihr könnt unsere innere Beziehung vertiefen; denn wir wollen euch nicht vorschreiben, wie ihr die Information, die wir euch zur Verfügung stellen, nutzen sollt. Wir kommen mit offenem Herzen zu euch und haben keine profitorientierten Interessen daran, ob und wie ihr aus unserer Bekanntschaft Nutzen zieht. Wir erwarten keine bestimmte Reaktion von euch, und diese Einstellung ist uns sehr wichtig, denn allein schon dadurch wird unsere Beziehung rein bleiben. Das solltet ihr anerkennen. Wir stimmen gewissen UFO-Experten insofern zu, dass wir uns tatsächlich von einigen Aspekten eurer Evolution etwas erhoffen; doch ist dies ohnehin gewährleistet. Rassen entwickeln sich nun einmal über bestimmte Zeiträume hinweg – ihr seid da keine Ausnahme. Die Frage ist nur, ob ihr es hier und jetzt oder während eines späteren Zeitpunkts in der Geschichte eures Planeten tun wollt. Erkennt ihr, wie unbegrenzt unsere Geduld ist? Ihr müsst nicht unbedingt jetzt erwachen, obwohl wir uns über euer Erwachen sehr freuen würden, denn dann könnten auch wir sofort Nutzen aus unserem Dialog ziehen und außerdem ist solche Familienverbundenheit etwas sehr Beglückendes; aber es ist nicht notwendig. Natürlich ziehen auch wir Nutzen aus eurer Evolution, denn je glücklicher und friedlicher ihr lebt, desto mehr freuen wir uns für euch. Wir sind für euch und über euch begeistert.

Als wir zum ersten Mal durch dich sprachen, wussten wir noch nicht, ob du den Worten einfach erlauben würdest, sich zu formulieren, ohne zu wissen, wohin das Gespräch sich entwickeln würde; doch da du die Worte nun bereitwillig kommen lässt, können wir jeden Tag besser mit deinem Kehlsystem arbeiten, um immer mehr Konzepte und Ideen zu formulieren. Sei nicht enttäuscht, weil unsere Stimme nicht so laut schallt wie durch ein Megaphon; du machst ständig Fortschritte und bereitest dein Bewusstsein, deinen Körper und deinen Geist auf eine tiefere Verbindung mit uns vor. Damit meinen wir: Indem du diejenigen vorbereitest, die dies lesen, bereitest du zugleich auch dich selbst vor. Es geht darum, euer Denken zu erweitern, damit es Ideen aus anderen Daseinsebenen verarbeiten kann – und man kann sich einfach dadurch weiterentwickeln, dass man aus seiner Gewohnheit heraustritt und neue Möglichkeiten erwägt. Dies ist nur ein Beispiel dafür. In deinem Fall hast du sogar deine Physiologie angereichert, indem du dich den elektromagnetischen Frequenzen geöffnet hast. Herzlichen Glückwunsch! Es ist eine Herausforderung und eine lange Reise, doch du wirst sie auf mehreren Ebenen als lohnend empfinden.

Du solltest nicht versuchen, anderen vorzuschreiben, wie sie auf deine Fortschritte in diesem Entwicklungsprozess zu reagieren haben. Unserer Meinung nach lohnt sich jeder Aufwand, wenn auch nur einer einzigen Seele dadurch geholfen wird; und deshalb solltest auch du jederzeit dazu bereit sein, einer Seele dabei zu helfen, die Herrlichkeit des Universums zu erkennen. Du tust das, indem du andere dazu einlädst, die Möglichkeit unserer Existenz auszuloten – und somit auch die Möglichkeit der Existenz anderer. Wenn sich deine Fähigkeiten und dein Verständnis für diesen Prozess vertiefen, wirst du auch unsere Kommunikation vertiefen und erweitern. Wir möchten hervorheben, dass dir die Transformation deines Seins reichen Lohn bringen wird, und zwar einfach als direktes Ergebnis des Kommunikationsprozesses selbst.

Du hegst Zweifel darüber, ob deine Fähigkeiten ausreichen oder ob andere in der Lage sind, das Material so zu verstehen, wie es ihnen und ihren Seelen am zuträglichsten ist. Aber wisch nun die letzten Spinnweben deiner Zweifel beiseite. Wenn wir kein bestimmtes Resultat anstreben, solltest du das auch nicht tun. Sei einfach nur ein Gefäß für die Kommunikation und erlaube es dem Leben, sich zu entfalten.

Sei nicht darüber beunruhigt, dass wir anscheinend zu dir gekommen sind, ohne zu berücksichtigen, wie deine Spezies auf uns reagiert oder wann sie uns akzeptiert. Unser Geschenk ist unser Freundschaftsangebot. Dein Geschenk ist die Freiheit, selbst zu bestimmen, ob und wie ihr als Gruppe darauf reagieren wollt. Wenn ihr uns Liebe zurückgeben würdet, wäre das natürlich ein zusätzlicher Gewinn und würde uns mit tiefer Befriedigung erfüllen, aber es ist keine Voraussetzung; und allein schon die Tatsache, dass diese Kommunikation als zusätzliche Methode zur Verfügung steht, ist ein großer Gewinn für uns. Mit Hilfe von Büchern und Diskussionen können euch allen gewisse Konzepte vorgelegt werden, und wer sich davon angesprochen fühlt, wird mehr finden, während jene, die nicht darauf ansprechen können oder wollen, nichts weiter finden werden.

Wenn wir eines Tages, am Morgen eures Erwachens, euren Heimatplaneten vor aller Augen besuchen, werden wir im Rückblick feststellen, dass diese und andere, ähnliche Kommunikationen die Vorläufer eines globalen Kontakts waren. Falls ihr uns nach dem Datum fragt, müssen wir diese Information jedoch zurückhalten, denn so etwas liegt nicht unverrückbar fest. Du sollst zum Beispiel morgen früh um soundso viel Uhr zur Arbeit erscheinen. Das ist eine mögliche Folge. Doch falls du es dir im letzten Moment anders überlegst, wirst du dort nicht ankommen, obwohl du schließlich irgendwann doch noch dort ankommen wirst, wenn auch vielleicht erst nach einem großen Umweg. Und wieder erinnern wir euch daran, dass wir tatsächlich oft bei euch landen, was durch die von euch so genannten Kornkreise und durch unsere Kontakte mit anderen bewiesen wurde. Wir tun das nur nicht in aller Öffentlichkeit vor laufenden Kameras, zumindest normalerweise nicht. Man hat unsere Raumschiffe unzählige Male gesichtet. Welchen Beweis braucht ihr noch? Tausende von Fotos zirkulieren in Büchern, in Clubs und im Internet. Führt euch vor Augen, dass wir ohne Weiteres in der Lage sind, auf diese Weise mit euch zu kommunizieren. Sobald ihr eure vorgefertigten Ideen, wie der Kontakt mit uns auszusehen hat, ablegt, öffnet ihr euch und erlaubt es dem Leben, sich so zu entfalten, wie das Leben selbst es gern möchte, anstatt darauf zu bestehen, dass ein Kontakt mit uns anfangs nach einem ganz bestimmten Schema ablaufen muss. Öffnet euch der Vorstellung, dass der Evolutionsprozess manchmal einen anderen Weg einschlägt, als ihr es erhofft oder erwartet habt; aber das heißt weder, dass er keinen Wert hat, noch, dass wir nicht alle schließlich dorthin gelangen, wo wir hinwollen.

Unter der Hülle der Verdrängung steckt bei vielen von euch eine tiefe Seelensehnsucht, uns anzunehmen und sich an unsere Verbundenheit zu erinnern. Diese Sehnsucht ist euch nicht unbedingt bewusst, ebenso wenig wie einem Kleinkind, das zu Krabbeln anfängt und laufen möchte. Das Kind wird von seiner Seelensehnsucht getrieben und genauso geht es euch kollektiv auch. Ihr glaubt vielleicht nicht, dass ihr kollektiv zu einer Beziehung mit uns bereit seid, aber wir wissen es besser. Vielleicht hilft es euch, wenn ihr euch vor Augen führt, wer wir sind und warum wir auf unsere Weise kommunizieren, statt das Ganze von vornherein als unmöglich abzulehnen. Dann könnt ihr das Wissen um uns besser mit eurer Seelensehnsucht in Einklang bringen.

Kapitel 3

Aber es macht Spaß!

*E*s gibt Dinge, die passen einfach nicht zusammen. Zum Beispiel Martha Stewart in einer chaotischen, mit Menschen voll gestopften Junggesellenbude oder eine Rothaarige, die einem Beduinenstamm beitritt, ohne Sonnencreme zu benutzen, oder Donald Trump in der Schlange einer Suppenausgabe der Caritas. Manche Dinge gehören einfach nicht zusammen, aus welchem Grund auch immer. Wenn man sie gewaltsam zusammenbringt, erhält man oft ein ziemlich fragwürdiges Ergebnis oder ein rechtes Durcheinander oder einfach etwas äußerst Schräges. Bestenfalls wird man sich ratlos am Kopf kratzen und fragen: »Was soll das denn sein?«

Nehmen wir zum Beispiel das menschliche Gedächtnis und sein Verhältnis zum Phänomen der Begegnungen mit Außerirdischen. Zwischen diesen beiden Faktoren scheint ein ständiger Abgrund zu klaffen. Sie wissen, was ich meine, denn Sie haben selbst genügend Filme zu dem Thema gesehen und genügend Bücher darüber gelesen. Meine eigenen Erfahrungen mit solchen Begegnungen bilden da keine Ausnahme. Einerseits habe ich in den Winkeln meiner Erinnerung fabelhafte Details über »die Gruppe« gespeichert und das Ganze auch noch überlebt, sodass ich davon berichten kann. Andererseits gibt es gewisse unglaubliche Phänomene, die zu auffällig und auch viel zu wichtig sind, um sie zu übersehen oder zu ver-

gessen, an die ich mich aber beim besten Willen nicht erinnern kann. Manchmal hilft Hypnose, aber nicht immer.

Während einer besonders lebhaften Begegnung befand ich mich in einem kleinen, offenen Fluggerät, das sich von einem Ort zum anderen bewegte. Obwohl ich meinen Körper überhaupt nicht bewegen konnte – sonst wäre ich bestimmt herausgesprungen –, weiß ich hundertprozentig genau, was ich damals gedacht habe. Ich sah nach oben und nach unten und versuchte, mir alles genau einzuprägen, damit ich es später aufschreiben konnte. Die Aufzeichnungen dieser Nacht wollte ich, sobald ich wieder zu Hause war, an National Geographic schicken und dafür wäre mir nicht einmal der schnellste Kurierservice von Federal Express schnell genug gewesen. Obwohl mein Herz immer noch zum Zerspringen klopfte, war ich noch lange kein Idiot. Ich erkannte die journalistische Chance, die sich mir bot. Dies würde auf dem Titelbild der New York Times erscheinen.

Na ja, eigentlich nahm ich kaum an, dass irgendjemand mir glauben würde, aber ich war entschlossen, mir diese Eindrücke bis ins hohe Alter zu bewahren, damit ich den Enkelkindern am Kamin etwas zu erzählen hatte. Aber neeeeeiiin! Ich erinnere mich an die Haut der Außerirdischen, an das kleine Abzeichen, das einer von ihnen auf der Brust trug, an ein paar Fetzen des telepathischen Gespräches, an ein paar Schafe, die in der Ferne von den »Deckenbalken« hingen, und an ein paar Weckgläser mit Föten darin, aber das ist alles! Was zum Kuckuck geschieht da nur? Als ich in dieser Nacht in mein Bett zurückgebracht wurde, verblasste meine Erinnerung an die Begegnung genauso schnell wie meine Hoffnung auf den Pulitzerpreis.

Doch ob Erinnerung oder nicht, es ist jedenfalls ein Albtraum, denn manchmal erinnert man sich nur an irgendwelche Fetzen und manchmal an überhaupt nichts. Es ist wie bei einer Gedächtnisprüfung, wenn man an Alzheimer leidet. Das, woran man sich erinnert, reicht niemals aus, und die Erinnerungsfetzen verfolgen einen wie die Pest, denn es glaubt ei-

nem sowieso niemand, und man kommt sich vor, als hätte einem jemand einen einzigen Löffel voll Erdbeereis von Häagen Daz gegeben und nun sitzt man da und hat überhaupt nichts, mit dem man die erwachte Gier befriedigen könnte. Es macht einen so verrückt, dass man sich am liebsten in eine Irrenanstalt einweisen lassen würde. Andererseits war ich dort ja schon. Das half auch nichts ...

Ja, ich weiß, was Sie denken. »Fragen Sie sie doch einfach!«, verlangen Sie.

Eins möchte ich zwischen uns ein für alle Mal klarstellen. Haben Sie irgendeine Vorstellung davon, wie viele Fragen es gibt, die man stellen müsste? Kaum finde ich mal eine Stunde Zeit, in der ich weder meinen Teenager herumfahren noch mit dem Hund Gassi gehen muss, schon schleiche ich mich in mein stilles Kämmerlein und stelle Frage Nummer 274 von meiner handgeschriebenen Liste, die ungefähr so lang ist wie mein VW Jetta. Ich nehme alles auf einem Tonbandgerät auf, und sobald ich zwischen dem Lebensmittelladen und der Bremsenreparatur wieder ein paar Stündchen Zeit finde, schreibe ich das Ganze auf. Dann muss ich schon wieder zur Arbeit und darf mich in der Mittagspause zur Augenuntersuchung anmelden, damit ich stärkere Kontaktlinsen verschrieben bekomme. Verstehen Sie, was ich meine? Kaum habe ich Bob Friedman eine neue, wundervolle Frage mit der dazugehörigen Antwort für dieses Buch geschickt, schon sagt er: »Aber warum haben Sie sie nicht das und das gefragt?« Ich tue wirklich mein Bestes. Und in gewisser Hinsicht befindet sich die Antwort der Außerirdischen auf diese Frage bereits im vorherigen Kapitel. Wir haben alle unterbewusste Blockaden, denn wir fürchten uns davor, was wir sehen werden und wie wir das in unserem Alltag verarbeiten sollen; und deshalb passiert hier wahrscheinlich zweierlei: Erstens schaltet der Intellekt auf überlastet und »vergisst« deshalb nach eigenem Gutdünken ganze Abschnitte der Begegnungen, damit wir das, was wir sehen, keinesfalls in

Einklang bringen können; und zweitens platzieren die Außerirdischen selbst eine gewisse hypnotische Anregung in unser Gedächtnis, die Erinnerungen nur Stück für Stück als kleines Rinnsal heraufkommen zu lassen, damit die mentalen Schaltkreise nicht überlastet werden. Mit anderen Worten: Es gibt im Zusammenhang mit diesem Phänomen in unserer Kultur so viel Blödsinn, dass der Intellekt die Zusammenarbeit verweigert und nötigenfalls einschreitet.

Zumindest mein Intellekt hat sich so verhalten. Sie können sich nicht vorstellen, wie schwierig dieser Prozess für mich war. Ehrlich, ganz unter uns, es geht eigentlich nicht nur darum, die Zeit zusammenzukratzen, um sich mit einem Tonbandgerät hinzusetzen und mit ihnen zu kommunizieren. Ich gebe zu, ich befinde mich in einem Widerspruch. Ein Teil von mir will immer noch keinen Fehler machen und nichts Falsches tun und nicht ausgelacht werden – als ob ich mir einen Beruf ausgesucht hätte, in dem das jemals aufhört. Doch ein anderer Teil meiner selbst ist mutig und stolz auf mich, weil ich es zumindest versuche. Letzten Endes ist mein Publikum oft ziemlich feindselig und ich habe immer Probleme mit dem Gefühl, ausgestoßen zu sein. Nein, so etwas! Aber dieser innere Kampf kann doch wohl nichts mit meinen fehlenden Erinnerungen zu tun haben, oder etwa doch?

Falls Sie noch irgendwelche Zweifel daran hegen, dass man kaum kulturelle Unterstützung bekommt, wenn man detailliert über eine Begegnung mit Außerirdischen berichtet, schlage ich Ihnen ein kleines Experiment vor. Arrangieren Sie ein Treffen Ihrer Verwandten, laden Sie auch ein paar Arbeitskollegen und Ihren Steuerberater dazu ein und vergessen Sie auch die Schwiegerfamilie nicht. Planen Sie das Treffen während der Weihnachtsfeiertage, damit alle emotional erschöpft sind, und sagen Sie allen, dass Sie etwas bekannt geben wollen. Und nachdem Sie die Bombe losgelassen und allen Ihre letzten Begegnungen mit Ihren außerirdischen Freunden äu-

ßerst detailliert geschildert haben, sehen Sie sich die grimmigen Gesichter an. Sie wissen, was für eine Totenstille da folgen wird; genau wie damals, als eine Freundin von mir ihrer Familie eröffnete, sie habe sich zu einer Geschlechtsumwandlungsoperation angemeldet.

Und wenn Sie nun die ganze Anerkennung und den tiefen Respekt der anderen in sich aufnehmen, sind Sie dann mit sich und all Ihren wundervollen Erinnerungen zufrieden? Was wollen Sie denn, schließlich haben Sie ja nicht bekannt gegeben, dass Sie gerade Ihren Universitätsabschluss mit Auszeichnung bestanden haben. Falls Sie seit kurzer Zeit verlobt sind, hoffe ich, dass Sie nicht allzu sehr an Ihrer Braut oder Ihrem Bräutigam hängen.

Jedenfalls herrscht an Fragen, die man den Außerirdischen stellen möchte, kein Mangel, und ich glaube, das ist Grund genug für eine Fortsetzung. Doch da eins der Bilder, die jedem, der je eine Begegnung mit Außerirdischen erlebt hat, glasklar im Gedächtnis bleibt, die typischen Augäpfel sind, wollen wir mehr über diese charakteristischen, unvergesslichen, riesigen, schwarzen, leuchtenden Glotzis herausfinden. Ich habe ihnen diese Frage vor einigen Monaten gestellt und Sie werden merken, dass uns das ein bisschen aus dem Konzept brachte.

Ich bin euch und anderen Außerirdischen oft persönlich begegnet, besonders 1992 während einer besonders bedeutsamen Begegnung. Seit diesem Abend habe ich so viele Fragen. Ich möchte mit der einfachsten Frage beginnen. Inwiefern hängt eure graue Haut mit eurer Anpassungsfähigkeit an eure Umwelt zusammen?

Unsere Haut, wie du sie nennst, ist eine Mischung zwischen einer Art Haut und einem Fell und erlaubt es uns, eiskalte Temperaturen zu überstehen. Unsere Haut ist recht widerstandsfähig, was die »Zeitzonenwechsel« angeht – wenn man es so ausdrücken will –, und ermöglicht es uns, sowohl auf multidimensionalem Weg als auch auf andere Weise zu reisen. Sie ist recht widerstandsfähig und hat sich im Lauf der Zeit so entwickelt. Ach ja, und die Farbe, die der eurer Delphine ähnelt, hilft uns dabei, schädliche Einflüsse verschiedenster Art abzuhalten, und kann sowohl ultraviolette als auch andere Strahlen absorbieren, und zwar mittels eines Vorgangs, der der Fotosynthese eurer Pflanzen ähnelt. Obwohl unsere Lichtempfindlichkeit relativ hoch ist, schützt uns unsere äußere Hülle besser, als die eure euch schützt.

Während derselben Begegnung trug einer eurer Mitarbeiter, Kameraden, jemand vom Flugpersonal oder wie auch immer ihr es nennt, eine Art Abzeichen oder ein Namensschild oder irgendetwas Derartiges auf der linken Brustseite. Dennoch schien er keinerlei Kleidung zu tragen.

Das Abzeichen, das du gesehen hast, symbolisierte seinen Rang innerhalb unserer Raumfahrerhierarchie. Er war sehr stolz darauf, dabei zu sein, als du auf diese Ebene transportiert wurdest, und du hast einen der großen Momente seines Lebens miterlebt.

Aber ein solches Abzeichen hat nicht jeder?

Das stimmt. Ein neu zugelassener Raumfahrer wird ganz ähnlich gekennzeichnet wie bei euch in manchen Gebieten die Führerscheinneulinge, damit die anderen Fahrer wissen, dass der Fahrer neben ihnen eine gewisse Unerfahrenheit mitbringt. Ein ganz ähnlicher Vorgang ermöglicht es denjenigen mit der größeren Erfahrung, sozusagen ein Auge auf ihre weniger erfahrenen Kameraden zu haben.

Ihr habt Fotosynthese erwähnt. Empfangt ihr ausschließlich auf diese Weise Nahrung, nämlich durch Lichtquellen, und wenn ja, gehört dann auch die Sonne dazu? Oder nehmt ihr auch andere Dinge zu euch?

Wir nehmen nicht gern Nahrung durch den Mund auf, obwohl wir es notfalls könnten, genau wie ihr nicht gern Nahrung durch die Vene aufnehmt, obwohl ihr das während eines Krankenhausaufenthaltes manchmal tun müsst. Wir ziehen eine Lichtquelle wie die Sonne vor – wenn auch nicht unbedingt die Sonne, die ihr kennt, denn sie enthält genügend Nahrung für unser Wachstum und zu unserer Stärkung.

Und wie steht es mit Wasser? Trinkt ihr kein Wasser? Werdet ihr nicht durstig?

Flüssigkeit, wie ihr sie braucht, benötigen wir kaum. Wir nehmen das, was wir brauchen, durch die Haut auf, ähnlich wie einige eurer Tiere.

Könnt ihr mir etwas über eure Augen erzählen?

Unsere Augen sind eins unserer wichtigsten Sinnesorgane, denn wir nehmen nicht nur Nahrung durch die Augen auf, sondern absorbieren auch Impulse durch sie, die fast dem Biofeedback ähneln – nur dass wir die Schwingungen durch unsere Augen transportieren. Die größere Oberfläche verhindert sozusagen vorzeitige Abnutzung durch exzessiven Gebrauch und erlaubt es uns, viele verschiedenartige Informationen weiterzuleiten, darunter Allgemeinwissen, Grundnahrung und angenehme Empfindungen, ähnlich wie eure Ohren, die euch angenehme Empfindungen ermöglichen, wenn ihr schöne Musik hört. Für uns wären solche angenehmen Empfindungen eher das Gefühl, durch energetische Kommunikation eine Verbindung herzustellen und unsere Energien auf diese Weise auszutauschen. Wir benutzen unsere Augen für viele Zwecke. Nicht nur zum Sehen, obwohl das natürlich wichtig ist, sondern auch als Radarschirm.

Ist es da, wo ihr unterwegs seid, immer dunkel; sind eure Augen wie Katzenaugen, sodass ihr im Dunkeln sehen könnt?

Wir können ausgezeichnet im Dunkeln sehen, aber das ist keine ausreichende Erklärung für die Größe unserer Augen. Hauptsächlich sind unsere Augen ein Schnittpunkt mehrerer Sinnesorgane, in denen verschiedenste Funktionen zugleich erfüllt werden.

Warum habt ihr nirgends auf euren Körpern Haare?

Auch bei euch wird Haar irgendwann »aus der Mode kommen«, obwohl es eurer Rasse zum Wärmen, als Sonnenschutz und als schützende Hülle über verschiedenen Öffnungen gedient hat. In unserem Fall verschwand das Bedürfnis nach Haar, als unsere Rasse den Drang zur Identifikation aufgab; auch wenn ihr es vielleicht seltsam findet, dass man kein Haar mehr braucht.

Entschuldigt mich bitte einen Moment, aber ich brauche eine Pause. Ich bin nicht sicher, ob ich euch richtig verstehe. Diese Kommunikation ist sehr subtil und lässt viel Raum für Selbstzweifel. Ich möchte niemanden irreführen, nur weil ich unsicher bin, ob ich euch richtig »gehört« habe.

Es war dir nur möglich, uns im wachen Zustand zu begegnen, weil du von Natur aus mutig bist; und sobald du dich emotional stabilisiert hattest, setzten wir unseren Kontakt mit dir fort, auch wenn es in unseren persönlichen Begegnungen zeitliche Lücken gegeben hat. In den letzten vierzehn Jahren waren deine selbst auferlegten Grenzen oft ein Faktor, weil du die meisten deiner Erfahrungen mit niemandem aus deinem Bekanntenkreis teilen kannst. Daher kommt die Leere, die du oft empfindest. Du hast das Gefühl, du seiest mit deinen emotionsgeladenen Reaktionen auf diese Kontakte und Kommunikationen ganz allein. Aber du brauchst dich während dieser Arbeit nicht einsam zu fühlen. Wir sind dein ganzes Leben lang bei dir gewesen.

Aber diese Übertragung ist so ruhig. Sie lässt so viel Raum für Missverständnisse. Ich weiß nicht, ob ich das richtig mache. Besonders wenn ich euch frage: »Warum habt ihr solche Augen?«, kann ich euch kaum hören. Ich möchte so gern alles richtig verstehen. Manchmal habe ich das Gefühl, dass ich euch nicht mehr höre, sobald ich nur mit den Augen zwinkere; wie kann ich also so eingebildet sein zu glauben, dass ich euch gut genug hören kann, um euch anderen gegenüber zu vertreten? Vielleicht habe ich ... wirklich, ich habe ernsthaft die Befürchtung, dass ich mich hier einem gewissen Größenwahn hingebe. Wieso sollte ausgerechnet ich so etwas können?

Wenn nicht du, wer dann?

Also, vielleicht sollten wir doch lieber den nächsten Evolutionssprung meiner Rasse abwarten – sagen wir, ihr kommt in zehn, zwölf Jahren wieder hier vorbeigeflogen und setzt euch mir gegenüber, damit ich euch interviewen kann. Wie wäre es damit?

Zu diesem Evolutionssprung wird es nicht kommen, wenn sich nicht jemand wie du an einen Prozess wie diesem beteiligt.

Warum nicht?

Weil ein Vorgang wie dieser zur Einführung dient. Es wäre zu erschütternd, wenn wir einfach bei euch auftauchten. Das weißt du doch. Auf lange Sicht macht genau die Arbeit, die du gerade tust, unser Auftauchen erst möglich.

Und ihr glaubt nicht, dass ich befürchten muss, an Größenwahn zu leiden?

Die Fähigkeit, diese Kommunikationen auszudrücken, ist kein Wahn, sondern eine Vollmacht. Viele Leute schaffen sich fantastische Gelegenheiten zur Selbstdarstellung, und du musst dich nicht schuldig fühlen, weil du diese Gelegenheit herbeigerufen hast.

Ich glaube nicht, dass ich mich schuldig fühle.

Du fühlst dich unwürdig.

Ich fühle mich inkompetent. Ich fühle mich unfähig, dies zu tun, weil ich euch manchmal einfach nicht laut genug höre. Mitten in unserer Kommunikation, als ihr gerade von euren Augen gesprochen habt, wurde mir plötzlich schlagartig bewusst, was ich hier tue, und deshalb wollte ich plötzlich damit aufhören. Ich glaube, das ist der Grund dafür, dass ich es bisher vermieden habe, mit den anderen Fragen anzufangen. Ich gebe euch immer die Schuld, aber eigentlich bin ich schuld. Die Verantwortung scheint einfach zu groß zu sein.

Selbst wenn ich dies nie jemand anderem zeige, ich möchte auch mir selbst nichts vormachen; könnt ihr das verstehen? Ich möchte mir einfach auch selbst nichts vormachen.

Wenn du dir selbst treu bleiben willst, dann musst du dich selbst so lieben, dass du deinen besonderen Platz auf der Welt anerkennen kannst.

Ich möchte niemanden dazu bringen – ich meine, ich möchte niemandem etwas vormachen und mir selbst auch nicht.

Ja, wenn du das Tonband abhörst, wirst du feststellen, dass du wirklich einen Freud'schen Versprecher gehabt hast. Und genau darin liegt der Kern des Problems. Du hast es gerade selbst gesagt. Du möchtest niemanden zu irgendetwas bringen. Du hast Angst davor, andere anzuführen.

Ich empfinde mich selbst nicht als jemand, der davor Angst hat, andere zu führen.

Du bringst gewisse Konzepte zum Ausdruck, die das Ergebnis deiner Begegnungen mit uns und deiner Persönlichkeit sind, und deshalb kannst du es gar nicht vermeiden, eine Führungsrolle zu übernehmen. Du kannst gar nichts anderes sein als eine Anführerin, aber du hast dir selbst noch nicht erlaubt, das Unbehagen zu spüren, das dir dies verursacht.

Ich hatte nur ein unbehagliches Gefühl, weil ich niemanden irreführen will.

Wann wirst du deinen gebührenden Platz einnehmen und den Weg zu diesem Material weisen?

Das möchte ich erst dann tun, wenn ich sicher sein kann, dass ich den Leuten keinen Unsinn vorlege und keine Fehlinformationen verbreite; denn wenn das der Fall wäre, möchte ich nichts damit zu tun haben.

Du bringst immer wieder die Reihenfolge durcheinander. Deine Fähigkeiten wachsen mit deinem Selbstbewusstsein, nicht umgekehrt. Du meinst immer, du hättest mehr Selbstvertrauen, wenn du sicher sein könntest, dass das Material fehlerfrei ist.

Na gut, wie ihr meint. Wechseln wir das Thema. Verliebt ihr euch eigentlich auch? Das würde ich wirklich gern wissen, denn wenn ihr als erleuchtete Wesen euch nicht mehr verlieben könnt, was hat das Ganze dann für einen Sinn?

Ja, wir empfinden tiefe Liebe, aber wir sind dabei weder so eifersüchtig noch so besitzergreifend wie ihr – das heißt ihr im Allgemeinen. Wir gehen tiefe Bindungen miteinander ein und erfreuen uns daran. Du weißt, dass auch du tiefe Bindungen zu anderen eingehen kannst.

Doch bevor du auf diesem Weg weiter fortschreitest, arbeitest du zum Glück zunächst gewisse persönliche Probleme auf, die unvermeidlich waren. Jetzt kannst du die Probleme, die du mit Führerschaft hast, von einer erweiterten Perspektive aus betrachten. Du verbreitest gewisse Ideen, die einer Bevölkerung, für die der bloße Gedanke, das Universum mit anderen Wesen zu teilen, konfliktgeladen ist, Heilung bringen könnten, und dadurch hast du dir eine grandiose Gelegenheit geschaffen. Die anderen haben in dir eine Sprecherin, die ihnen endlich eine Ahnung davon vermitteln kann, was es bedeutet, Nachbarn zu haben; und in gewisser Weise zeigst du ihnen durch dein Beispiel, dass es ungefährlich ist, nach nebenan zu gehen und um eine Tasse voll Zucker zu bitten, und dass man heil zurückkommen und anderen davon berichten kann. Auf eurem Planeten herrscht so viel Angst davor, dass andere Bewohner des Universums euch irgendwie verletzen oder verwunden könnten oder euch umbringen wollen, und diese Angst wird natürlich durch eure Medien und einige UFO-Experten verstärkt. Dies ist deine Gelegenheit, uns in einem neuen Licht darzustellen, sodass ihr uns neu sehen und vor allem neu *empfinden* könnt. Durch dich gewinnt die Vorstellung, dass wir kein Konzept aus der Fantasiewelt mehr sind, an Realität; du zeigst anderen, dass wir real sind und dass der Kontakt mit uns real ist. Du kannst das ganze Thema aus dem Sciencefictionbereich in die Wirklichkeit jener transportieren, die die gleichen Fragen haben wie du – einfach weil du du bist.

Na gut, wir sind uns darin einig, dass das Ganze eine tolle Idee ist. Ich glaube nicht, dass ich das abstreite. Ich frage mich eher, wie nützlich es ist, dass ich hier sitze, auf diesem kleinen Fleck auf diesem Planeten, während ihr da draußen seid, und wie ... realistisch es ist, wenn ich glaube, die Information akkurat von euch aufnehmen zu können. Bisher haben mir meine Erfahrungen mit dieser Art Kommunikation Spaß gemacht, und solange ich Fragen stelle, die nicht zur Veröffentlichung gedacht sind, ist alles in Ordnung. Aber wenn ich euch Fragen stelle, die eure gesamte Rasse betreffen, dann möchte ich gern sicher sein, dass ich eure Antworten akkurat wiedergebe. Und das Ganze ist so subtil. Wir haben keine Lautsprecher. Es ist, als würde ich mitten im Tiefschlaf spüren, wie eine Feder sanft meine Wange berührt, und dann aufwachen und mich fragen, ob ich das wirklich gefühlt habe.

Es braucht dir nicht weniger Spaß zu machen, wenn du uns Fragen nach uns selbst stellst, als wenn du uns Fragen über euch stellst. Kannst du diesen Fragen nicht genauso spielerisch und selbstbewusst begegnen? Warum bist du plötzlich so voller Zweifel?

Weil es ein ganz anderer Vorgang ist, Informationen zu sammeln, die kritisch beleuchtet werden und vielleicht nie Anerkennung finden.

Wir finden deinen Eifer, uns so akkurat wie möglich zu vertreten, lobenswert und mehr können wir auch gar nicht verlangen. Darum haben wir dich ja ursprünglich ausgewählt und du uns. Viele sind berufen, aber wenige entscheiden sich dafür, wirklich auf diesem Gebiet zu arbeiten, und zwar sowohl aus den Gründen, die du anführst, als auch aus anderen Gründen, die du nicht anführst. Es würde dir helfen, wenn du dir selbst erlauben könntest, das Ganze als fehlbaren Prozess zu sehen. Du bemühst dich nach besten Kräften. Kann dir irgendjemand daraus einen Vorwurf machen? Viele Rechtsanwälte wachen morgens auf und bemühen sich nach besten Kräften, ihre Arbeit so gut wie möglich zu tun. Architekten wachen morgens auf und entwerfen und überwachen die besten Gebäude und Projekte, die zu schaffen sie in der Lage sind. Und ebenso wirst auch du dein Bestes tun. Warum bist du so streng mit dir?

Ganz plötzlich konnte ich euch, während ich diese Fragen stellte, nicht mehr über die Proteste meines eigenen Intellekts hinweg hören. Ich begann, an meiner eigenen Unsicherheit zu ersticken.

Du musst deine Einstellung ändern und es dir erlauben einzusehen, dass dies keine exakte Wissenschaft ist. Genauso wenig ist es exakte Wissenschaft, wenn du versuchst, dich genau an ein Gespräch mit irgendjemand anderem zu erinnern. Liebe ist auch keine exakte Wissenschaft. Geh wieder spielerischer an die Sache heran. Vergiss nicht, dass du dein Bestes tun wirst, und falls dir jemand Vorwürfe macht, weil du nicht besser gearbeitet hast, dann fordere den- oder diejenigen auf, selbst mit uns Kontakt aufzunehmen, denn dann werden wir ja sehen, wie gut sie es machen.

Das ist wirklich komisch. Das gefällt mir. Aber dann müssten sie auch die ganzen Vorbereitungen durchmachen. Ich meine, sie müssten auch aus ihren Betten weggeschnappt werden und durch die Luft schweben, ohne die geringste Ahnung zu haben, was los ist; sie müssten auch die Achtung ihrer Familie und ihrer Freunde verlieren und sich selbst in eine psychiatrische Klinik einweisen.

Geht es dir jetzt besser?

Ja, wenn ihr das so ausdrückt. Soll es doch jemand anders mal versuchen. Kritisieren ist immer leicht. Soll doch jemand anders mal versuchen, sich hinzusetzen und Galaxis 847 anzurufen und euch in die Augen zu sehen, ohne dass ihm die Haare zu Berge stehen ... Tut mir Leid, das soll keine Beleidigung sein, aber ihr wisst ja, wie viel damit zusammenhängt. Habt ihr in letzter Zeit mal in den Spiegel geschaut?

Dein Gelächter bringt dir Heilung.

So herzlich habe ich mit euch noch nie gelacht.

Falls unter Ihnen jemand meint, er könnte Außerirdische besser kontaktieren und interviewen, dann heben Sie bitte die Hand. Treten Sie vor, kaufen Sie sich im Mediamarkt ein Tonbandgerät und beginnen Sie. Hiermit senden wir diese Aufforderung an den Planeten Erde und laden jeden ein, der es gern versuchen möchte. Na also. Siehst du? Niemand meldet sich.

Sehr witzig. Allerdings ist der Mediamarkt so spät längst geschlossen.

Es muss ja gar nicht perfekt sein. Wichtig ist nur, dass deine Absicht, es gut zu machen, von Herzen kommt. Die Integrität ist vorhanden. Deine Absichten sind ehrenhaft, also mach ruhig weiter und sogar wir werden dir verzeihen, wenn du dich mal irrst. Abgemacht?

Wirklich?

Ja, natürlich. Du hast dich ja bereits einmal geirrt.

WAS? Worin habe ich mich geirrt?

Du bist davon ausgegangen, dass unser Aussehen alle erschreckt, egal wo sie sind; dabei sprichst du, wenn du dich auf die Menschen der Erde beziehst, nur für einen winzigen Anteil der Universalbevölkerung. Ob du es glaubst oder nicht, dies ist schlicht eins deiner Vorurteile: Gewisse andere Rassen, die sich momentan auf einer ähnlichen Entwicklungsstufe befinden wie ihr, wären von eurem Anblick genauso entsetzt.

Na gut, ich bin wohl nur von der niedrigen Bewusstseinsstufe von mir und meinesgleichen ausgegangen, die wir nun einmal nicht wissen, wie wir auf graue Haut und Haarlosigkeit reagieren sollen.

Und doch erscheinen euch eure Delphine liebenswert.

Ja, aber eure Augen sind zehnmal größer als ihre. Irgendwie liegt es am Verhältnis der Größe eurer Augen zur Größe eurer Gesichter ... irgendwie komme ich damit nicht ganz klar. Ihr wisst, dass ich jetzt nur ein Spiel mit euch spiele, oder?

Ja, aber da, wo wir herkommen, gelten diese Attribute als Zeichen besonderer Auszeichnung; im Gegensatz zu Rassen, die kleine Knopfaugen haben.

Gut gegeben und gute Nacht für diesmal!

Gute Nacht!

Kapitel 4

Alles löst sich auf

Wie viele Menschen bestätigen können, die ebenfalls Begegnungen mit Außerirdischen erlebt haben, verhält sich die physische Welt ganz seltsam, wenn sie mit den Energien außerirdischer Phänomene in Kontakt kommt. Ich kann mir kaum vorstellen, wie schwierig es für den physischen Körper ist, aber am meisten haben mich die ständigen »Stressfaktoren« fasziniert und auch zur Verzweiflung gebracht, denen normale Haushaltsgeräte, Maschinen und Apparate anscheinend ausgesetzt sind. Wenn Sie Ihre Reise der Begegnungsphänomene gerade erst beginnen, dann tun Sie sich selbst einen Gefallen und kaufen Sie nichts, ohne eine Wartungsgarantie dafür abzuschließen. Glauben Sie mir, sobald die Begegnungen beginnen, werden Sie sich wünschen, dass alles in Ihrem Haushalt, vom Toaster bis zum Computer, zehn Jahre Garantie hätte, denn sie werden Jahr für Jahr die verschiedensten Fehlfunktionen erleben. Kurz nach Beginn meiner Begegnungen flackerten die Lichter, wenn ich vorbeiging, der Anrufbeantworter schaltete sich von selbst auf »abhören« und manchmal rannte mein Hund mit gesträubtem Fell vor mir davon. Sobald Sie den Bereich des Übernatürlichen betreten, ist alles, vom Fitnessgerät bis zum Motor Ihres Jacuzzi, in Gefahr.

Anfangs ist es noch ganz witzig, wenn sich die Wagenfenster von selbst heben und senken oder wenn Ihr Computer von *selbst anfängt, Nachrichten auszudrucken und aus Ihren gespeicherten Dokumenten aus reiner Bosheit ausgerechnet ein oder zwei Sätze auswählt, die genau zu Ihrem augenblicklichen Dilemma passen. Aber entscheidend ist, dass alle Ihre »Sachen«, wie neu sie auch sein mögen, schlichtweg kaputtgehen. Im Lauf der Zeit werden Ihnen die vielen Fehlfunktionen vielleicht zu viel. Ungeachtet der Kosten – Sie tun gut daran, nichts zu berühren, was nicht Ihnen gehört. Ich rate Ihnen auch davon ab, auf jemandes Haus aufzupassen.*

Könntet ihr mir in leicht verständlicher Sprache erklären, was zum Kuckuck hier los ist? Ich habe mehr kaputte Tonbandgeräte als kaputte Beziehungen. Mein ganzer Haushalt ist in Aufruhr.

Wir erscheinen in einer Frequenz, die sich von der euren stark unterscheidet. Zwischen diesen Frequenzen liegen Lichtjahre, sowohl im wörtlichen als auch im übertragenen Sinn. Wenn du also während deiner Begegnungen mit uns oder während der ständigen Kommunikationen diese beiden Frequenzen überbrückst, fängst du an, eine Art Wolke auszusenden – so ähnlich wie Charlie Browns Freund Pigpen in den Charles-Schulz-Comics; nur dass deine Wolke natürlich nicht von mangelndem Duschen kommt, sondern von einer Unmenge Schwingungen, die du auf unserer Ebene »aufgelesen« hast. Die trägst du dann in deiner Persönlichkeit mit dir herum.

Bob sagt immer, dass wir versuchen sollten, es in Flaschen zu füllen und zu irgendetwas Nützlichem zu verwenden.

Das finden wir auch.

Wie meint ihr das?

Mit der Zeit wird es dir besser gelingen, dir diese Frequenzen nutzbar zu machen, statt sie nur zur Zerstörung deiner Haushaltsgeräte auszusenden.

Was gäbe es denn da für Möglichkeiten?

Das wird dir vielleicht etwas platt erscheinen – aber du könntest es immer da verwenden, wo erhöhte elektrische Schwingungen vorteilhaft sind.

Wir wollen dieses Buch aber jugendfrei halten ...

Wir meinen damit alle möglichen Heilungen.

Ich weiß noch, dass der Chiropraktiker in seiner Praxis ein kleines Gerät benutzte, das elektrische Impulse oder etwas Ähnliches an die betroffenen Körperstellen schickte. Wie könnte ich also diese Schwingungen in den Körper eines anderen schicken?

Das musst du uns sagen.

Oh Mann, jetzt wird's aber albern!

Eines Tages wirst du dich an diese Kommunikation erinnern und begreifen, dass sie zu den wichtigsten von allen gehörte, denn es ging um das Potential, das du und andere verwirklichen könntet, wenn ihr wolltet.

Also gut, aber zunächst mal zurück zu den Haushaltsgeräten. Es ist nicht nur der Toaster betroffen, sondern anscheinend auch Jacuzzis, Computer, Stehlampen und das Autoradio. Die Liste geht endlos weiter. Meine Frage ist, ob ich mir das nur einbilde oder ob andere Leute mit ähnlichen

Erfahrungen auch solche ständigen Fehlfunktionen all ihrer Geräte verursachen. Oder liegt es daran, dass in Taiwan nicht mehr so sorgfältig gearbeitet wird wie früher?

Schieb das bloß nicht auf Taiwan!

Moment, ich muss erstmal zu Ende lachen.

Du meinst, du könntest nicht zugleich lachen und »kanalisieren«?

Na ja, vor noch nicht allzu langer Zeit, als ich gerade erst lernte, euch zu »hören«, war ich während dieser Kommunikationen ziemlich verzweifelt.

Ja, und jetzt gehst du viel spielerischer damit um. Dasselbe würde übrigens auch in der körperlichen Liebe funktionieren.

Gelächter würde bei körperlicher Liebe funktionieren?

Wenn du spielerisch bist, kannst du diese Energien durch Berührung übertragen.

Oh nein! Wollt ihr etwa damit sagen, dass Leute mit solchen Erfahrungen ihre Liebhaber irgendwann kaputtmachen?

Zum Glück ist der Effekt dem menschlichen Körper nicht so unzuträglich wie deinem Toaster.

Seid ihr da ganz sicher? Im Liebesleben eines Menschen kann es ziemlich brenzlig zugehen.

Ja, wenn jemand einen Partner hat, der solche Erfahrungen macht, dann können wir nur hoffen, dass seine Druckfedern etwas fester angezogen sind als die eines Toasters.

Ja, nicht wie bei einem typischen Motherboard. Nein, ernsthaft: Ich würde doch niemanden verletzen, oder?

Definiere verletzen.

Na ihr wisst doch, »verletzen«, so wie wenn man vor Schmerz »aua« sagt.

Ja, wir wollten dich nur wieder zum Lachen bringen. Diese Energien sind wirklich wunderbar heilsam und –

Moment! Ich finde kein Wort in meinem Vokabular, mit dem ich übersetzen könnte, was ihr mir gerade gesendet habt. »Funkelig« scheint mir noch das beste zu sein. Also sind das heilende, »funkelige« Energien?

Ja, das kommt in etwa hin. Sie regen die Atome an und erhöhen deren Geschwindigkeit. Wir sehen da kein Problem, aber wenn du es dir vornimmst, könntest du sie dir auf eine Weise nutzbar machen, die sowohl Vergnügen bereitet als auch eine förderliche Wirkung hat.

Gut, ich werde mir das überlegen. Könntet ihr mir inzwischen mehr über den Toaster und das Tonbandgerät erzählen? Ich meine, was bedeutet das? Wirklich, was passiert hier?

Wenn die elektrischen Impulse und Schwingungen nicht mit den Geräten kompatibel sind, die auf eurer Existenzebene hergestellt wurden, dann werden sie sich auswirken, und zwar auf ganz verschiedene Weise. Entweder werden ihre Schaltkreise beschleunigt oder so stark beeinflusst, dass der ganze Mechanismus nicht mehr funktioniert. Und was deine körperlichen Empfindungen angeht: Statische Elektrizität verursacht auch ein Geräusch. Wenn du deine Kleider aus dem Trockner nimmst, haften sie manchmal aneinander, und wenn du sie dann auseinander ziehst, kannst du das Knistern sogar hören, stimmt's? Genau dasselbe spürst du auf deiner Kopfhaut und am ganzen Körper. Das sind nur Impulse, Schwingungswellen. Du musst dir deshalb keine Sorgen machen, aber sie können einem Tonbandgerät übel mitspielen.

Aha, bedeutet das etwa, dass mein Tonbandgerät schon wieder kaputt ist? Und was ist mit meinem Computer? Mein Sohn wird mich umbringen. Das ist jetzt schon sein dritter, seit mein eigener kaputtgegangen ist. Ist er nun auch kaputt, oder soll ich ihn achtundvierzig Stunden lang nicht benutzen, bis er sich abgekühlt hat?

Wir empfehlen dir, ihn nach Gebrauch in den Kühlschrank zu stellen.

Ich soll den Gateway-Computer in den Kühlschrank stellen? Sehr witzig. Ich kann mir genau vorstellen, was für ein Gesicht meine Mitbewohnerin macht, wenn sie vom Einkaufen zurückkommt und die Kühlschranktür öffnet.

Wir empfehlen dir, dich auf gewisse Veränderungen in deinen Apparaten und Geräten gefasst zu machen, wenn du mit ihnen in Berührung kommst.

Oder einen Extragarantieschutz zu erwerben und sie alle siebenundzwanzig Tage zurückzubringen.

Dann musst du aber zuerst das Kleingedruckte lesen, ob da nicht eine Klausel steht, dass Begegnungen mit Außerirdischen vom Garantieschutz ausgenommen sind.

Apropos Begegnungen mit Außerirdischen, Ich habe festgestellt, dass ich es immer vermieden habe, Bücher und Artikel über UFO-Entführungen zu lesen. Meine Freunde versichern mir zwar, dass ich auf dem neuesten Stand der UFO-Literatur bin, aber ich merke da bei mir einen gewissen Widerstand. Woher kommt das?

Anscheinend magst du es nicht, wenn Außerirdische angegriffen werden. Du bist allergisch gegen solche Vorurteile; gegen eine Staatsgesinnung, die den blinden Glauben an gewisse kulturell bedingte Glaubenssysteme vorschreibt und die relative Wahrheit oder Falschheit dieses Glaubenssystems außer Acht lässt. In deinem Fall scheint uns, dass du eine Anschauung vermeidest, die wir als »Dimensionalismus« bezeichnen, nämlich eine feste Norm innerhalb einer Kultur, die genau vorschreibt, wie man Ereignisse aufzufassen hat, die mit außerweltlichen Dimensionen zu tun haben. Du hast den Verdacht, dass vieles von dem, was über Begegnungen mit Außerirdischen geschrieben wird, zu einer bestimmten Auffassung neigt, und deshalb findest du es gerechtfertigt, wenn du es ignorierst.

Und woher weiß ich, dass ich das Recht dazu habe – ich meine, habe ich das Recht zu meiner eigenen Auffassung unserer Kontakte, zu meiner positiven Voreingenommenheit?

Es empfiehlt sich, den Intellekt zu ignorieren, wenn er einen sabotiert, so wie das bei dir der Fall ist. Dein Intellekt kann und wird es niemals schaffen, diese Erfahrungen oder deine Empfindungen dabei zu verarbeiten. Du verlangst etwas von deinem Intellekt, was er nicht kann.

Na gut, und was mache ich nun mit meinem Intellekt? Ich habe ihn nun mal.

Aber du musst ihm nicht unbedingt den Ehrenplatz an deinem Tisch anbieten. Jedes Mal, wenn er sich meldet, weißt du nicht mehr, was los ist.

Und wie kriege ich ihn dazu, sich zurückzuhalten?

Zunächst einmal musst du den Teil deines Selbst heilen, der deinen Intellekt für informierter hält als deine Seele. Du kannst das noch nicht erkennen. Manchmal weißt du es, manchmal nicht. Zweitens: Sobald dein Intellekt protestiert, solltest du ihm Liebe senden, genau wie du es mit einem rebellischen, aber uninformierten Teenager machen würdest, der es nicht besser weiß. Was hat Jesus gesagt? Vergib ihnen, denn sie wissen nicht, was sie tun ... Du solltest auch deinem Intellekt vergeben, denn er weiß nicht, was er tut. Er versteht nicht, dass er versucht, dich von einem Weg abzubringen, der deiner höchsten Berufung entspricht. Er versteht nicht, dass er deine Fähigkeit, dich diesem Prozess ganz hinzugeben, ins Chaos stürzt, also vergib ihm. Und sobald du ihm vergeben hast, wirst du ihn als das erkennen, was er ist. Dein Intellekt ist ein Werkzeug, das du in anderen Bereichen anwenden kannst; aber wenn er versucht, die Leitung über diesen Bereich zu übernehmen, wirst du irgendwann selbstbewusst aufstehen und verkünden, dass du einen anderen Weg eingeschlagen hast, der einem höheren Ideal folgt. Dann wirst du nicht mehr mit deinem Intellekt um die Führung kämpfen. Du wirst begreifen, dass deine Kraft, wenn sie von Innen kommt, keine Rechtfertigung braucht. Einfach gesagt: Selbstbewusstsein wird deine verschiedenen Komponenten stärken und du wirst das Ruder deines Schiffes fest in die Hand nehmen, aber nicht mit Gewalt. Das Licht wird die Wahrheit bringen, und den verschiedenen Aspekten deines Verstandes wird gar nichts anderes übrig bleiben, als sich dir zu beugen. – Hast du noch eine Frage?

Mal sehen. Allmählich macht mir das Ganze hier Spaß. Was soll ich fragen? Wisst ihr vielleicht, was ich euch fragen könnte?

Wie, sollen wir uns jetzt etwa auch noch die Fragen überlegen?

Nein, aber schließlich seid ihr doch die allwissenden, unendlich weisen Wesen, Außerirdischen, Zutreffendes bitte ankreuzen, stimmt's? Ich dachte nur gerade: Sonst nehmt ihr immer kein Blatt vor den Mund, aber bei dieser Frage seid ihr plötzlich ganz schüchtern.

Dies ist wahrscheinlich das erste Mal, dass uns jemand schüchtern genannt hat.

Also gut, folgende Frage: Gibt es irgendeine Möglichkeit, meine, äh, Wolke zu kontrollieren, meine »Pigpen-Wolke«, wie ihr sie genannt habt? Denn erstens möchte ich die Besitztümer anderer Leute ungern demolieren und zweitens würde ich diese Energien gern auf positive Weise nutzen.

Hier gilt dasselbe wie auch sonst überall: Spiel damit. Übe den Umgang damit. Man braucht nicht allzu viel Phantasie, um sich vorzustellen, wie man mit diesen Energien einen schmerzenden Arm oder einen Toaster oder einen Liebaber beleben könnte.

Irre, das klingt ja wie ein Buchtitel. »Belebung von Toastern und Liebhabern, selbst gemacht«.

Wichtig ist, dass du und die anderen lernen, eurem eigenen Urteil zu vertrauen, statt euch ständig nach den »Fachleuten« und nach euren Nachbarn zu richten, die angeblich eure Erfahrungen besser verstehen als ihr selbst.
 Einige unter euch haben von Natur aus mehr Selbstvertrauen als andere – aus verschiedenen Gründen. Nimm zum Beispiel Bob. Er hat mehr Erfahrung darin als du, seine eigene Wahrheit laut zu verkünden, egal was andere dabei empfinden.

Mit anderen Worten: Ich bin ein Feigling und Bob nicht.

Bob vertraut seinem eigenen Urteil und genau dazu entscheidest du dich auch gerade. Bob hatte nie Probleme damit, sich auszudrücken und seine Meinung zu sagen. Darin hat Bob dir geholfen.

Und womit werde ich ihm helfen?

Durch deine Freundschaft und deine Mitarbeit hier hilfst du ihm dabei, eine andere Form von Heilung zu erleben. Merkst du, wie perfekt es funktioniert, wenn man gegensätzliche Charaktereigenschaften in eine Beziehung einbringt?

Na gut, aber glaubt ihr nicht, er wäre sauer, wenn ich mal bei ihm zu Hause wäre und der Toaster kaputtginge?

Ach wo, der würde dich nie in die Nähe seines Toasters lassen...

Ja, wahrscheinlich habe ich schon seit langem mit mangelndem Selbstbewusstsein zu kämpfen gehabt.

Im Gegensatz zu dir ist für uns Glaubwürdigkeit kein Thema. Manche würden sagen: »Woher sollen wir wissen, ob du dir das nicht alles einbildest? Woher sollen wir wissen, ob es sich hier wirklich um einen Dialog mit Außerirdischen handelt und ob du tatsächlich weitergibst, was da gesagt wird?« Die beste Antwort darauf ist natürlich, dass Zweifel völlig in Ordnung sind. Niemand braucht sich darum zu bemühen, irgendjemanden von irgendetwas zu überzeugen. Diejenigen, die gern wissen möchten, was andere Bewohner des Universums zu sagen haben, werden dich finden und sich in deine Arbeit einbringen. Wer Beweise braucht oder glaubt, dass Glaubwürdigkeit ein Thema ist, wird durch diese Arbeit ohnehin nicht finden, wonach er sucht; also solltest du dich darum bemühen, genügend Selbstbewusstsein in dir selbst zu finden, sodass du dies denjenigen anbieten kannst, die es gern hören möchten, und kein Problem mit denjenigen hast, die es in Frage stellen.

Wenn man sich auf diese Arbeit einlässt, ist ein gewisses Maß an Glauben nötig. Oft findet der Intellekt innerhalb seines Denksystems mehr Gründe, göttliche Phänomene anzuzweifeln oder zu verleugnen, als dafür, sie als wahr anzuerkennen. Deshalb wird das Maß der Freude, die du bei unserem Arbeitsprozess empfindest, durch deine eigene Absicht bestimmt, mit der du diese

Arbeit weiterführst und eine engere Verbindung zu uns entwickelst, egal auf welche Weise sich das manifestieren wird. Wenn du unbedingt beweisen willst, dass diese Arbeit »real« ist, oder wenn es dir ein dringliches Anliegen ist, deinen Kritikern etwas entgegenzusetzen, dann gehst du mit einer defensiven Haltung an die Arbeit heran. Du solltest lieber eine stärkere Verbindung zu deiner eigenen Befriedigung anstreben und auch zu denjenigen, die sich geistig enger an dich binden wollen. Dann wirst du während des ganzen Vorgangs Freude und Staunen erleben.

Vor der Erfindung eurer wissenschaftlichen Instrumente wurde bei euch vieles angezweifelt, was jetzt als Tatsache gilt. Du brauchst nicht zu befürchten, dass diese Arbeit niemals als »wissenschaftlich« anerkannt werden wird oder dass die anderen uns nie kennen oder sehen werden, denn die Zeit dafür kommt mit Sicherheit. Eure Rasse hat ja auch angefangen zu fliegen, obwohl die meisten von euch dachten, dass ihr euch niemals vom Boden erheben würdet. Nimm dir die Pioniere zum Vorbild und halte an der Überzeugung fest, dass du eine wichtige Rolle spielst. Pioniere sind zäh und felsenfest davon überzeugt, dass das, was sie wissen, ihre Wahrheit ist.

Du würdest ja auch anderen nicht unbedingt beweisen wollen, dass das Leben nach eurem physischen Leben weitergeht. Du wärst lediglich verblüfft, wenn jemand dir vorhalten würde, dass es dafür aber keine Beweise gibt, denn du findest das heutzutage völlig offensichtlich und könntest mit einer so beschränkten Perspektive nichts anfangen. Deshalb solltest du Verständnis für diejenigen haben, die an diesem Prozess zweifeln und ihn kritisieren, denn dies sind ja wirklich die Pioniertage unseres Kontakts und es findet ja tatsächlich Kontakt statt. Sei stolz auf diesen Beitrag, auch wenn er nicht ganz dem entspricht, was du und andere offenbar fordern. Alles zu seiner Zeit.

In der Belletristik bereitet jeder Erfolg den Boden für den nächsten Erfolg. Das Bedürfnis einer Kultur zeigt sich in ihrem Lesestoff, und wenn ein Buch Erfolg hat, bereitet es den Boden für das, was die Kultur im nächsten Jahr aufnehmen kann. Und du läutest für diese Art Literatur die nächste Phase ein. Was, glaubst du, wird als Nächstes kommen? Physischer Kontakt ist nicht mehr so weit entfernt, wie du vielleicht denkst, obwohl wir dir, wie du weißt, momentan kein Datum dafür nennen können, denn wir alle haben so viel Spielraum in unseren Entscheidungen, dass sich so eine Frage nicht beantworten lässt.

Wir sind nicht eure einzigen Geschwister-Wesen. Wir verwenden diesen Begriff keineswegs leichtfertig. Wir entstammen derselben Göttlichkeit. Ihr seid eurem eigenen Erbe so entfremdet. Es gab eine Zeit, da wart ihr den anderen Wesen auf eurem Planeten so eng verbunden, dass man selbst die Tiere in vielerlei Hinsicht eure Geschwister hätte nennen können. Jetzt esst ihr sie. Ihr müsst noch so viele verschüttete Erinnerungen ans Licht bringen. Keine Sorge, wir haben keine Angst, dass ihr uns essen werdet, aber das Überlegenheitsdenken, in dem sich eure Egos bewegen, ist wirklich beträchtlich. Dabei ist das nur eine Maske für eure Isolation; denn wenn ihr euch den Tieren und den anderen Menschen wirklich verbunden fühlen würdet, könntet ihr den augenblicklichen Status und die aktuelle Entwicklung unmöglich hinnehmen. Dann würde sich alles sehr, sehr schnell ändern; und das ist übrigens auch die Richtung, in die ihr euch entwickelt.

Zwischen uns und den anderen Wesen im Universum besteht eine Verwandtschaft; und auch diese Wesen würden euch gern kennen lernen und eine Beziehung zu euch eingehen – und zweifellos werden sie das auch tun, genau wie wir.

Vor einiger Zeit haben diejenigen unter euch, die außerhalb der Erde großen Einfluss haben, eine Übereinkunft getroffen. Sie wollen ihre Rolle vor den Augen der Menschheit spielen, damit eure Verbindung trotz des möglichen Spotts und der Zweifel von verschiedenen Seiten aufgebaut werden kann. Ein abgekartetes Spiel sozusagen. Deine Verbundenheit mit uns wäre so stark, dass du diese Arbeit in jedem Fall fortsetzen würdest, denn irgendwo in deiner Genealogie und in deinen Erinnerungen weißt du, dass du die Wahrheit sagst. Und du wirst Verbindungen mit anderen Leuten eingehen, die dieselbe Genealogie haben, mit Menschen, denen Ressourcen verschiedenster Art zur Verfügung stehen, und ihr werdet miteinander als Gruppe verbunden sein. Das wird ein ganz natürlicher Vorgang sein. Nicht jeder, der in den wichtigsten Medien arbeitet, ist zynisch. Selbst dort haben wir unsere »Spione«, wie du es vielleicht nennen würdest, und das bedeutet, dass es in bei euch allen Lebensbereichen Menschen gibt, die eng mit uns verbunden sind.

Es würde weder unserer noch eurer Aufgabe dienen, wenn alle, die je Erfahrungen mit Außerirdischen gemacht haben, auf den tibetischen Berggipfeln wären. Nein, sie sind über den ganzen Globus verteilt und haben die verschiedensten Einflussbereiche; und diese Menschen werden sowohl den Mut finden, andere Leute mit ähnlichen Erfahrungen sehr effektiv zu unterstützen, damit diese solche Botschaften auf der ganzen Welt bekannt machen können, als auch, sich zu ihren eigenen Erfahrungen zu bekennen. Das wird geschehen, sobald dieser ganze Themenbereich im Allgemeinen mehr anerkannt wird.

Wenn wir uns auf diese Weise an ein Volk annähern – und ja, dies ist nicht das erste Mal, dass wir auf diese

Weise unsere Unterstützung anbieten –, dann gibt es verschiedene Ebenen unseres Engagements, verschiedene Abstufungen, die sich wie die Gezeiten ändern, während sich unsere Beziehung entwickelt.

Hin und wieder zieht ihr euch in geistige Zentren zurück, wo ihr als Gruppen zusammenkommt, um gemeinsam das Bewusstsein zu feiern, dass ihr selbst euer Leben bestimmt und dass ihr keinen Lebensweg zu beschreiten braucht, der euch keine Freude bereitet. Nun stellt euch vor, ihr würdet ähnliche Zusammenkünfte arrangieren, in denen ihr das Wissen über eure Beziehung zu uns und zu anderen Wesen, die nicht von eurem Planeten stammen, miteinander feiert. Stellt euch vor, ganze Gruppen von euch würden sich an abgelegenen Orten versammeln, wo wir euch besuchen und euch begegnen könnten. Das wären dann auch eine Art geistige Zentren, oder? Auch heute fotografiert ihr einander in euren geistigen Zentren nicht unbedingt gerade dann, wenn ihr vor Freude entzückt seid oder wenn ihr euch wieder neu verliebt oder wenn ihr mit dem Göttlichen in euch in Berührung kommt, denn das sind sehr persönliche Momente und sehr persönliche Erfahrungen. So etwas muss man weder den Medien noch sonst jemandem »verkaufen«. Und genau so könnten sich in solchen Zentren die Erfahrungen und Begegnungen mit uns anfühlen, denn euer Selbstbewusstsein wird so groß sein, dass ihr ganz einfach glücklich darüber sein könnt, dass ihr die Wunder des Universums erleben dürft. Ihr werdet innerlich so reif sein, dass ihr kein Bedürfnis mehr danach habt, als glaubwürdig zu gelten oder irgendjemandem irgendetwas zu beweisen. Und natürlich wird genau das von selbst passieren, sobald ihr das Bedürfnis danach loslassen könnt.

Stellt euch einen elitären Club vor. Es gibt keine Beitrittsgebühr. Die einzige Voraussetzung zur Mitgliedschaft ist der tiefe Glaube daran, dass am Universum und seinen Bewohnern mehr dran ist, als die meisten von euch im Moment annehmen. Eine solche Mitgliedschaft verbindet euch mit anderen, die eure Erinnerung an die universelle *eine* Seele mit euch teilen. Eigentlich seid ihr alle Mitglieder, aber nur wenige von euch erinnern sich daran. Stellt euch vor, dass kleinere Gruppen von euch nicht nur die Erfahrung, Außerirdischen zu begegnen, miteinander teilen – und somit auch die Kameradschaft und die Freude darüber, etwas so Wunderbares gemeinsam zu erleben und mit anderen darüber sprechen zu können –, sondern dass sie sogar kleine Ausflüge mit uns unternehmen. Durch euren Glauben wird es so geschehen.

Indem ihr in eurer Kunst, euren Erzählungen, euren Büchern und Filmen solche Ereignisse beschreibt, beginnt ihr zugleich auch, das entsprechende Ergebnis zu erschaffen. Das ist die höchste Form inspirierter Erzählkunst. In den meisten Fällen zeichneten sich bisher die Erfahrungen, Außerirdischen zu begegnen, durch einen gewissen Grad von Isolation aus; einfach weil solche Begegnungen normalerweise auf individueller Basis stattfinden und weil die Erfahrungen so »abgefahren« zu sein scheinen, dass derjenige, der die Erfahrungen macht, meist keinen unterstützenden Kreis von Gleichgesinnten hat, in dem er sich anderen mitteilen, seine Erfahrungen diskutieren oder Bericht erstatten kann. Auch das wird sich bald ändern.

Stellt euch eine Zeit vor, in der ihr euch nicht mehr auf UFO-Theorien und andere »Experten« verlassen müsst, sondern die Herrlichkeit des wachsenden, sich ausbreitenden universellen Menschen, der durch eure eigenen außerirdischen Kontakte und durch die persönliche Erfahrung eurer expansiven Nachbarschaft entstehen wird, selbst bestimmen und definieren könnt.

KAPITEL 5

Wer zählt die Sterne, zählt die Schiffe?

*A*ls ich noch in die Grundschule ging, hatte meine Lehrerin eines Morgens eine wichtige Bekanntmachung für uns. Die alljährliche Ausstellung aller wissenschaftlichen Schulprojekte stand vor der Tür und wir sollten uns dafür irgendein technisches Gerät oder eine wissenschaftliche Demonstration ausdenken. Jeder, der an der Ausstellung teilnahm, sollte einen Preis bekommen. Und zur Einstimmung auf die Ausstellung würden wir nicht nur einen, sondern sogar zwei Ausflüge machen: einen zum Los Angeles Griffith Park Observatorium und einen zum Museum für moderne Technik.

So gern ich Mrs Richards Klassenzimmer auch entrinnen wollte, ich konnte trotzdem nicht in den allgemeinen Begeisterungstaumel einstimmen, der sich anhörte, als hätten wir die nächsten zwei Jahre lang schulfrei. Stattdessen sank ich auf meinem Stuhl zusammen, vergrub meinen Kopf in den Händen und stöhnte.

Nicht nur mag ich Wissenschaft nicht besonders, ich glaube, ich habe sogar eine echte Aversion dagegen. Verstehen Sie mich nicht falsch, ich liebe und schätze den Nachthimmel, aber fordern Sie mich bitte nicht auf, ihn zu studieren oder herauszufinden, wie das alles funktioniert. Mein Verstand funktioniert einfach nicht so. Ich bin kein Idiot. Auf anderen Gebieten habe ich vielerlei Talente, aber wenn es in irgendeiner Form *um Technologie oder um wissenschaftliche Prinzipien geht, klinkt sich mein Gehirn aus. Vielleicht leide ich an einer Art Maschinen-Legasthenie oder einer Legasthenie für Planeten oder alles, was auch nur entfernt an einen Videorecorder erinnert. Ich kann zwar meinen Trockner bedienen, und die Kleider, die ich herausziehe, sind völlig in Ordnung, aber fragen Sie mich nicht, ob er mit 120, 240 oder 360 Volt läuft. Ich staune zwar über die Wunder der Wissenschaft und Technik, aber machen wir es bitte nicht so kompliziert; zeigen Sie mir einfach den Einschaltknopf. Wenn ich will, dass das Ding anhält, ziehe ich einfach den Stecker raus – wobei mir wieder die Frage einfällt, warum mein Computer wohl ungefähr jedes zweite Wochenende den Geist aufgibt.*

Als mein Automechaniker mich aufforderte, mit ihm unter die Motorhaube zu gucken, weil er mir erklären wollte, warum er mir 725 Dollar berechnete, um das Auto zum Laufen zu bringen, unterbrach ich ihn mitten im Satz. »Moment! Halt! Sagen Sie mir einfach, ob Sie alles wieder hingekriegt haben. Fällt das noch unter Garantie? Ja? Hier haben Sie einen Scheck. Einen schönen Tag noch!«

Alle wollen einen Schaltplan für eine fliegende Untertasse. Mehr als einmal mich hat ein Freund kopfschüttelnd gefragt, warum ich denn immer noch keine Einzelheiten darüber herausgefunden hätte, wie die Außerirdischen es schaffen, sechzehn Galaxien in der Zeit zu durchqueren, die man braucht, um einen Martini zu trinken. Ein Astronomiestudent verlangte einen Atlas des Universums von mir, einschließlich jener Planeten, die der Menschheit unbekannt sind, weil er seine These darauf stützen wollte.

Was für ein Druck! Immer wieder staune ich über diese Ironie des Schicksals. Kann jemand bitte mal nachsehen, ob es jemals einen Astronauten gegeben hat, der Höhenangst hatte, oder einen Politiker, der öffentliche Auftritte hasste, oder einen Chirurgen, dem beim Anblick der menschlichen Innereien schlecht wurde? Ich kann doch nicht die Einzige sein, die so aus der Reihe fällt und Teilbereiche ihres selbst gewählten Spezialgebiets derart vehement ablehnt, dass sie selbst manchmal völlig fassungslos darüber ist.

Glauben Sie mir, ich habe während unserer Treffen versucht, solche wissenschaftlichen Fragen zu stellen, und ich hatte auch einen gewissen Erfolg damit. Aber letzten Endes sitze ich dann während der Kommunikationen mit einem Riesenberg technischer Informationen da, und die Worte und Sätze, die mir übertragen werden, sind so verwickelt, dass ich Mühe habe, sie zu entwirren. Ich habe das Gefühl, mein begrenztes Verständnis für Wissenschaft und mein mangelndes wissenschaftliches Vokabular schränken das Material, das ich empfangen kann, ein. Und dann gerate ich in Panik und bin frustriert, und schließlich jammere ich wieder einmal: »Ich kann das nicht.«

Zugegeben, ich empfange solche Kommunikationen erst seit weniger als einem Jahr. Und ich habe von einem Fall gehört, wo eine Hausfrau, nachdem sie »entführt« worden war, auf einmal Quantentheorien herunterrasselte. Vielleicht leide ich also nur unter Wachstumsschmerzen. Aber da sieht man es wieder: Ich bin ein Feigling. Sobald es um die Dinge geht, die alle Wissenschaftler unbedingt wissen möchten, fange ich an zu würgen. Ich habe auf diesem Gebiet mehr Traumata als ein aus Vietnam heimkehrender Kriegsgefangener. Aber so sind nun einmal die Tatsachen und ich kann sie Ihnen ebenso gut verraten. Jedes Mal wenn ich gerade eine technisch orientierte Frage gestellt habe und die Antwort über den Horizont hinweg auf mich zukommt, stürze ich in diese typische negative Spirale und fühle mich nicht in der Lage, weiterzumachen. Ich höre, wie mein Intellekt schreit: Abbrechen! Das Flugzeug meiner Kommunikationen hat seinen Flug überzogen, es neigt sich auf einem seiner Flügel und dreht sich unkontrolliert im Kreis. Bum! Eine solche Masse negativer Energie hätte selbst

Edgar Cayce davon überzeugt, keine einzige öffentliche Lesung mehr zu veranstalten.

Was soll man da machen? Na ja, zunächst mal ist dies ja ein Einführungsbuch. Vielleicht komme ich später darauf zurück, wenn ich das Ganze besser beherrsche. Vielleicht komme ich erst in Band 23 an die wirklich interessanten Sachen – falls ich es so lange durchhalte. Aber da eine Beichte der Seele gut tut, geht es mir jetzt schon wesentlich besser. Also gut, dann versuche ich es noch mal.

Bitte beschreibt mir, wieso ihr so weite Entfernungen so schnell zurücklegen könnt. Außerdem hätten meine Leute gern ein paar gute Blaupausen zum Bau von Raumschiffen und ein paar Formeln zur Heilung von Krankheiten. Und wenn ihr schon mal dabei seid – die nächsten Lottogewinnzahlen wären auch nicht schlecht.

Wenn du nachgibst und meinst, du müsstest es allen recht machen, fühlst du dich zerrissen. Dürfen wir dich an den Pfad erinnern, von dem deine Seele uns mitgeteilt hat, dass sie ihn einschlagen möchte? Jeder von euch hat sich vor seiner Inkarnation einen Pfad ausgesucht. Ihr erreicht nicht immer euer höchstes Ziel, aber ihr habt eine gewisse Ahnung davon; die Seele hat ihre eigene Agenda und weiß, was sie gern erreichen möchte und wie sie das machen will. Du hast deine Mission dargelegt und beschrieben: Du möchtest andere inspirieren, die kurz davorstehen, Begegnungen mit Außerirdischen zu erleben, oder die solche Begegnungen sogar schon gehabt haben und nicht wissen, was mit ihnen geschieht; genau wie du damals wissen sie nicht, was sie zu erwarten haben, und die Dinge, die sie erlebt und gesehen und gehört haben, sind ihnen peinlich und sie wissen nicht, was sie nun damit anfangen sollen. Du bist für sie eine Art

Leuchtfeuer. Du bist ihnen auf dem Weg der »UFO-Begegnungsphänomene« vorangegangen. Innerhalb eines limitierten Weltbildes, das behauptet, dass nur ein oder zwei von euch ab und zu diese Erfahrungen machen, kommt dir deine eigene Rolle sinnlos vor. Aber innerhalb des keimenden neuen Weltbildes des *neuen* Menschen, der sich weiterentwickelt und sich seiner universellen Nachbarn immer bewusster wird, ist das anders. Hier haben diejenigen, die der Masse vorangeschritten sind und die Herausforderungen überwunden haben – bedeutende emotionale, psychologische, physische, geistige und intellektuelle Herausforderungen –, eine Berufung. Da muss man vieles ansprechen.

Du kannst die Probleme, die du selbst damit hattest, sehr gut ausdrücken, und viele werden deine Worte hören und Trost darin finden.

Du hast dich auf die emotionale und praktische Seite der Phänomene konzentriert. Du hast beschlossen, dich selbst als Beispiel für all die vielfältigen Einzelheiten hinzustellen, mit denen man es als Erfahrungsneuling zu tun hat, und auch für die Implikationen, mit denen man es zu tun hat, wenn man sich in einer Kultur »outet«, die einem keinerlei Schutz bietet.

Das soll nicht heißen, dass du nicht beides tun könntest, aber aus vielen Gründen hast du jetzt im Moment deine Fähigkeit, klare Details über die inneren Abläufe der wissenschaftlichen Fakten zu übertragen, abgeblockt. Das macht deine Arbeit aber keineswegs nutzlos, denn deine eigene Seele hat klar dargelegt, dass deine Mission eine ganz andere ist. Genau wie bei einem russischen Touristen in Amerika, der sich in einem fremden Land befindet und versucht, mit den Amerikanern zu kommunizieren, gibt es auch bei dieser Mission Herausforderungen. Diese Herausforderungen können emotionaler, physischer oder vielleicht auch intellektueller Natur sein. Falls er nicht gut Englisch spricht, wird er noch weiteren Schwierigkeiten begegnen, wenn er versucht, den Abgrund der mangelnden Kommunikation zu überbrücken. In unserem Fall warst du der Tourist, aber zugleich warst du viel mehr als das.

Du und alle anderen Menschen, die Erfahrungen mit Außerirdischen gemacht haben, führen eure Leute einer Zukunft entgegen, bei der Interaktion mit physischen, außerweltlichen Wesen zum Alltag gehört. Wie konntet ihr auch nur annehmen, eure gemeinsame Zukunft würde anders sein? Einige sind der Mehrheit vorangegangen, so wie du, und sind physischen Wesen von anderswo begegnet; und jetzt entscheiden sie sich dafür, diesen Vorgang und ihre persönlichen Erfahrungen zu beschreiben. Dafür gibt es einen Grund. Die Seelen dieser Erfahrenden und die Seelen jener, die diese Arbeit wertvoll finden, haben einander gefunden. Das ist eine wichtige Pionierarbeit. Selbst als Lewis und Clark die Grenzen der Wildnis überschritten und den Westen Amerikas erforschten, mussten sich jene, die den Mut besaßen, einer neuen Welt ins Auge zu sehen, beachtlichen emotionalen, psychologischen und physischen Herausforderungen stellen. Du sprichst über diese Herausforderungen. Du verbreitest die Tatsache, dass man den Weg für weitere Erfahrungen dieser Art bereitet, indem man solche Herausforderungen anspricht, sodass mehr Menschen so etwas erleben können. Wenn man sich darauf spezialisiert hat, einen sehr schwierigen Vorgang auszudrücken, ist es keine Schande, wenn man sich weigert, ein unsicheres Gefühl dabei zu haben.

Vielleicht wirst du zu einem späteren Zeitpunkt feststellen, dass du zusätzlich auch technisch orientiertes Material aufnehmen kannst. Oder vielleicht förderst du lieber andere, die einen mehr technisch orientierten Intellekt besitzen, und stellst ihnen ein Forum zur Verfügung. Auf jeden Fall: Du brauchst deine Kompetenz nicht zu beweisen, indem du technische Daten überträgst, nur weil gewisse Leute das verlangen und weil du uns begegnet bist, uns kennst und einen ständigen Dialog mit uns führst. Es ist ganz natürlich, technische Fragen zu stellen, aber du musst entscheiden, ob sie in deinen Verantwortungsbereich fallen. Wenn nicht, ist dein Beitrag deshalb nicht geringer. Im Gegenteil, in vielen Fällen ermöglicht erst deine Arbeit es jenen mehr »linkshirnigen« Menschen, sich ihren eigenen emotionalen, psychologischen und geistigen Problemen zu stellen und sich so darauf vorzubereiten, selbst Außerirdischen zu begegnen und sie zu besuchen. Begreifst du jetzt, wie virtuos deine Arbeit ist? Jemand muss den Ball ins Rollen bringen. Andere haben damit angefangen und du führst ihre Arbeit fort. Aber es gibt keinen Grund, deinen Beitrag gering zu schätzen oder abzutun. Frag nur jemanden, der über seine Erlebnisse tief verstört ist, nicht weiß, was er mit sich und mit dem, was er gesehen hat, anfangen soll, und der dann dieses Material findet. Frag ein junges Mädchen, das sich innerlich deformiert fühlt und seine eigene geistige Gesundheit anzweifelt. Wenn du sie mit Hilfe deiner Stimme und dieser Arbeit erreichen kannst, wie trivial ist diese Arbeit dann? Zugegeben, du kannst ihr keine Blaupausen für unser Schiff zeigen. Sie braucht aber etwas ganz anderes, und du bist in der Lage, ihr genau das zu geben.

Du bist dazu in der Lage, deiner Rasse gegenüber einen sehr komplexen emotionalen Prozess zum Ausdruck zu bringen, der nicht nur das Konzept des Alleinseins umwandeln wird, sondern auch die anschließende Übergangsphase, in der ihr entdeckt, dass ihr nicht allein seid.

Du bist ein Symbol; mit deiner Geschichte zeigst du einen Weg durch diesen emotionellen Prozess und das ist ein wichtiger Beitrag, besonders für jene, die immer noch stumm vor sich hin leiden. Führe sie nach Hause, dann war deine Arbeit wertvoll.

Und was die Lottozahlen angeht: Verlangst du etwa, dass wir dir beim Betrügen helfen?

Na ja, äh, ich dachte nur, ihr könntet mir einen kleinen Tipp geben ... Schon gut, vergesst es.

Verstehst du, wieso dieser Prozess anderen dabei hilft, in ein größeres Verständnis des Universums und seiner Bewohner hineinzuwachsen? Du hilfst anderen dabei, dies zu erkennen, und sie fangen an, darüber nachzudenken. Wie sonst solltet ihr wohl eine engere Beziehung zu uns und zu euren anderen universellen Nachbarn eingehen?

Aber alle wollen eine Bodenprobe sehen. Sogar Lewis und Clark und die Astronauten haben Bodenproben mitgebracht.

Konzentriere dich darauf, unsere Stimme mitzubringen. Kehre mit einer Botschaft zurück. Pflanze den Schössling der Idee in deinen Boden, dann brauchst du keinerlei Bodenproben von uns mitzubringen.

Einander kennen lernen

Eure Welt ist immer davon ausgegangen, dass wir unweigerlich bei euch landen würden, sobald überhaupt ein Kontakt zwischen euch und außerweltlichen Wesen oder so genannten Aliens besteht. Aber das Universum funktioniert anders. Ist es nicht viel sinnvoller, wenn wir uns euch zunächst einmal behutsam und ganz allmählich vorstellen, bevor ein solch dramatisches Ereignis stattfindet? Selbst du fragst dich, ob solche Kommunikationen tatsächlich stattfinden können. Findest du es da nicht auch sinnvoller, dass wir zunächst einmal Kontakt mit einigen Individuen aufnehmen statt mit eurem ganzen Planeten – insbesondere nachdem wir solche Technologie und Erleuchtung besitzen? Auf diese Weise können diejenigen, die bereits Erfahrungen mit uns gemacht haben, sich melden und ihre Stimmen erheben und eurer Welt die Natur unseres Kontaktes verkünden. Auf diese Weise können wir gemeinsam eine langsame und stufenweise Marketingkampagne starten, um unsere Existenz bekannt zu machen.

Allzu viele frühe Kontakte wurden von den meisten unter euch abgelehnt. Dieser Widerstand gegen neue Ideen war während eurer gesamten Geschichte eine Konstante und entzündet sich immer dann, wenn Ideen verkündet werden, die als neues Gedankengut gelten. Ihr erkennt zwar vom Intellekt her das psychologische Muster, das hinter dieser Art Verdrängung steckt, aber wenn das Phänomen auftritt, habt ihr dennoch Zweifel.

Auf breiterer Basis wird Kontakt zu euch erst dann stattfinden, wenn diejenigen unter euch, die einflussreiche Führungspositionen innehaben, vermehrt aus dem Schatten treten und bekennen, dass sie solche Erfahrungen gemacht haben – denn sie haben in den Augen der Gesellschaft zu viel zu verlieren, um sich so etwas auszudenken. Mehr und mehr von euch werden ihren Freunden und ihrer Familie erzählen, was sie über uns wissen. Und viele von euch wissen nun einmal, dass es uns gibt. Wir haben in euren Träumen und Meditationen oder durch direkten Kontakt zu euch gesprochen, und es gibt einige bei euch, die nur vage Erinnerungsfetzen an uns haben. Das Universum wünscht, dass wir alle uns in die Richtung einer endgültigen Vereinigung miteinander bewegen. Haltet ihr das für ein edles Ziel? Falls nein, was ist euer Vorschlag: Wie sollen wir euch sonst kennen lernen? Wir beginnen mit Kommunikationen wie dieser. Wir beginnen, indem wir unsere Ideen und unsere Worte durch gewisse Menschen zum Ausdruck bringen. Wir beginnen, indem wir mit denjenigen von euch Kontakt aufnehmen, die dem bereits vor ihrer Inkarnation zugestimmt haben – aus Gründen, die ihrem eigenen Hintergrund ihrer eigenen Seele entspringen. Würden mehr und mehr unter euch uns ernst nehmen, würdet ihr viel öfter von immer mehr Menschen hören, dass sie so genannte übernatürliche Phänomene erleben. Das liegt daran, dass ihr euch einer Unmenge von Phänomenen öffnet, sobald ihr euer Bewusstsein erweitert und auch solche Dinge anerkennt, die nicht von eurer Welt zu sein scheinen. Die Religionen bezeichnen solche Phänomene als böse. Es ist Heuchelei, zu glauben, dass Gott seine Gnade nur dem Planeten Erde schenkt – und auch dort nur denjenigen, die bestimmten Religionen angehören. Dabei beinhalten die Lehren der Meister, auf denen diese Religionen aufgebaut sind, dass Gottes Liebe allgegenwärtig ist und niemanden ausschließt.

Tja, und wir sind ebenfalls jemand. Wir sehen anders aus als ihr und leben woanders als ihr, aber wir bewohnen dieselbe universelle Heimat. Glaubt ihr etwa, wir seien hier draußen die Einzigen? Na, dann wollen wir euch mal ganz schnell aufklären! Gewöhnt euch erst einmal an uns, dann werdet ihr vielleicht für die anderen bereit sein. Zumindest ähnelt unsere körperliche Erscheinung den Bildern, die ihr in euren Revolverblättern und auf einigen eurer Illustrierten und Buchumschlägen oft genug gesehen habt. Aber es gibt noch viel, viel mehr Wesen, die alle eure universellen Nachbarn sind und die völlig anders aussehen als wir. Wenn euch unsere physische Unterschiedlichkeit schon erschreckt, werdet ihr geradezu schockiert sein, wenn ihr erst die anderen seht. Ihr habt da ganz einfach Vorurteile.

Je nachdem, wie groß eure Toleranz gegenüber denjenigen ist, die anders sind als ihr – werdet ihr Wesen tolerieren können, die nicht nur anders sind als ihr, sondern sich auch noch außerhalb eures Planeten befinden? Beobachtet eure Toleranzschwelle gegenüber denjenigen, die anders aussehen als ihr, die sich anders ausdrücken als ihr und die vielleicht auch andere Fähigkeiten haben als ihr. Wenn ihr feststellt, dass ihr keine Probleme mit Angehörigen eurer eigenen Rasse habt, die anders sind als ihr, dann werdet ihr feststellen, dass ihr auch keine besonderen Probleme damit haben werdet, uns kennen zu lernen und zu akzeptieren.

Wenn wir unsere Kinder aufziehen, dann ermöglichen wir ihnen den visuellen Kontakt mit anderen Rassen im Universum. Das ist ein großer Vorteil. Sie sind von klein auf mit eurem und mit dem Aussehen anderer Bewohner des Universums vertraut. Sie verstehen, dass sie aufgrund ihrer eigenen physischen Erscheinung weder besser noch schlechter sind als andere und dass sie anderen dadurch weder über- noch unterlegen sind. Sie wissen, dass ihre eigene körperliche Erscheinungsform sich, genau wie die der anderen, aufgrund von gewissen Ungleichheiten in der Umwelt und anderen Variablen entwickelt hat. Sie wachsen mit dem Wissen auf, dass die physische Erscheinung einer Unmenge von Variablen unterliegt und dass deshalb niemand irgendeinem anderen überlegen ist.

Wenn eure Kinder klein sind, geht ihr mit ihnen in den Zoo und zeigt ihnen alle möglichen Tiere. Vielleicht zeigt ihr ihnen eine zweiköpfige Schlange, denn so etwas gibt es bei euch. Vielleicht zeigt ihr ihnen die Orang-Utan-Jungtiere und stellt fest, wie ähnlich sie euch in mancher Hinsicht sind. Und nun stellt euch vor, eure Kinder wachsen mit dem Wissen auf, dass es im Universum genauso viele körperliche Wesen mit genauso unterschiedlichen physischen Eigenschaften gibt wie Tiere auf eurem Planeten. Ein solches Wissen lehrt Kinder schon von klein auf Toleranz gegenüber aller Verschiedenheit der anderen. In dieser Hinsicht seid ihr alle sehr isoliert. Bei euch findet jede Kultur die Kultur, die auf der anderen Hälfte des Globus lebt, irgendwie seltsam.

Unsere Kinder profitieren schon von klein auf von dieser wichtigsten aller Lehren. Euer System ist dagegen so strukturiert, dass genau das Gegenteil passiert. Das Allerwichtigste ist das universelle Prinzip, dass wir alle zur selben Familie gehören. Alle eure großen Meister – Buddha, Jesus, Gandhi – haben euch dazu aufgefordert, einander zu lieben; und genau das lehren wir unsere Kinder vor allem anderen und stellen ihnen auch Werkzeuge zur Verfügung, mit deren Hilfe sie dazu in der Lage sein werden, einander zu lieben. Diese Werkzeuge sind Einfühlungsvermögen, Mitgefühl, Toleranz gegenüber allen Unterschiedlichkeiten und das Wissen, wie viele Unterschiede es tatsächlich gibt; und wir bemühen uns, ihnen diese Unterschiede individuell bewusst zu machen. Vielleicht fragt ihr euch jetzt, ob unsere Kinder euch studieren. Ja, das tun sie tatsächlich. Wir bemühen uns, unseren Kindern so viele verschiedene Kulturen und Wesen wie möglich zu zeigen, damit sie begreifen, dass sie nicht mit ihrer eigenen Rasse im Universum allein sind; und außerdem lehren wir sie das Wissen, dass Gott noch Myriaden anderer erschaffen hat, die alle zu der einen, universellen Familie gehören, und dass sie nicht nur Kinder sind.

Vor hundert Jahren wäre es euch schwer gefallen zu glauben, dass solche Gespräche überhaupt möglich sind. Aber, liebe Freunde, sie finden nun einmal statt und werden von nun an immer häufiger stattfinden. Ja, natürlich gibt es außer uns noch andere Rassen. Wir alle bemühen uns darum, euch unsere Existenz behutsam und allmählich bewusst zu machen. Wir haben uns miteinander koordiniert, um euch ganz langsam – eine Rasse nach der anderen – vorzustellen. Jetzt ist die Zeit für unsere Vorstellung bei euch und das geschieht weder versehentlich noch zufällig. Unsere physische Erscheinung ist häufig in euren Medien erschienen, wenn auch leider viele dieser Berichte negativ gefärbt waren. Doch zumindest ist euch das Konzept unserer physischen Erscheinung nicht allzu fremd.

Wie schon erwähnt, kommen wir immer in einer Gruppe, wenn wir uns Menschen auf diese Weise nähern. Der Jüngste, der hier vertreten ist, hat viele tausend Jahre gelebt. Um zum Kontakt mit euch berechtigt zu sein, ist ein gewisses Maß an Weisheit nötig. In unseren Beschlüssen haben wir uns darauf geeinigt, nur denjenigen das Privileg zu erteilen, mit euch zu kommunizieren, die ein Höchstmaß an Toleranz, Geduld und Einfühlungsvermögen besitzen. Anderen Rassen im Universum ist unser Austausch bekannt und sie warten gespannt auf Neuigkeiten dieses kontinuierlichen Prozesses. Stellt euch vor, eure *New York Times* und das *Wall Street Journal* würden melden, dass ein Kontakt hergestellt wurde – was für ein großartiger Augenblick! Auch wir haben unsere eigene Version der Medienberichterstattung; aber für unsere Morgenzeitung brauchen keine Bäume gefällt zu werden und es wird auch nichts auf physisches Material gedruckt. Wir können Informationen einfach in den Äther schicken und aussenden, so ähnlich wie bei eurem Internet, wenn auch ohne Tastatur und Monitor. Die geistige Entwicklung bringt ein gewisses Wissen mit sich, das augenblickliches Verstehen ermöglicht. Deshalb sagen wir, dass jegliche Information allen und überall zugänglich ist.

Die »oberste Direktive«, wie sie in euren *Star-Trek*-Filmen diskutiert wurde, besagt, dass keinerlei Einfluss auf andere Rassen ausgeübt werden darf. Aber wenn man davon ausgeht, dass jeglicher Kontakt bereits eine Einflussnahme ist, dann lässt man das Konzept außer Acht, dass wir alle eins sind, oder? Wenn wir voneinander abgetrennte Wesen sind, macht das Sinn; wenn das aber nicht der Fall ist, macht es keinen Sinn – ebenso wenig wie die Aufteilung eures Globus in Einzelgebiete, zwischen denen imaginäre Grenzen gezogen wurden; und um sie zu überqueren, müsst ihr Formulare ausfüllen, die ihr Reisepässe nennt. Wenn ihr aber solche Konzepte ablegt und zu *einem* Globus werdet und eurer Bevölkerung erlaubt, ungehindert zu reisen, wann und wohin es ihnen gefällt – wenn sich diese Grenzen auflösen und wenn ihr begreift, wie absurd es ist, eine bestimmte Gruppe für soundso viele Tage an einem bestimmten Platz festhalten zu wollen und ihnen erst danach zu erlauben, an einen anderen Ort auf dem Globus zu reisen, aber auch das nur für soundso viele Tage, bis sie einen anderen Genehmigungsstempel erhalten – wenn sich diese Konzepte auflösen, dann wird sich auch euer Konzept auflösen, dass das Universum in Gebiete aufgeteilt ist, für deren Besuch man eine bestimmte Genehmigung braucht.

Die Genehmigung, die uns wichtig ist, liegt auf einer anderen Ebene und wird nicht durch eine willkürliche

Autorität erteilt, die uns mittels eines Gummistempels die Erlaubnis zu einem Besuch gibt und es uns gestattet, drei Wochen lang die Sehenswürdigkeiten zu bewundern, bevor die Genehmigung wieder erlischt. Die Genehmigung, um die es uns geht, basiert auf dem spirituellen Bewusstsein, dass wir euch weder schockieren noch emotional verletzen wollen. Wendet euch also zunächst an euer höchstes Selbst und stellt fest, ob ihr uns eingeladen habt oder nicht. Deshalb nehmen wir auch nicht mit euch allen zugleich Kontakt auf, sondern nur mit einigen auf einmal, denn nicht alle von euch haben uns eingeladen. Kollektiv gesehen will euer höchstes Selbst uns nicht kennen, zumindest zu diesem Zeitpunkt nicht – doch das wird sich bald ändern.

Erscheint es euch als das höchste Ideal des universellen Herzschlags, dass wir alle in unseren geografischen Gebieten bleiben und uns nicht um andere kümmern sollen? Wie würde euer Globus wohl aussehen, selbst unter eurem augenblicklichen Visumzwang, wenn es zwischen euren Kulturen überhaupt keinen Austausch gäbe? Wenn man andere liebt, möchte man auch erfahren, was sie sich wünschen. Ihr würdet diese Wünsche auch dann respektieren, wenn sie sich von den euren unterscheiden; und genau so respektieren wir auch eure Wünsche. Einige von euch haben die Wünsche eures höchsten Selbst entweder vergessen oder sind sich ihrer nicht bewusst und deshalb seid ihr manchmal über gewisse Ereignisse und Erfahrungen in eurem Leben bestürzt – aber das heißt nicht, dass euer höchstes Selbst euch nicht genau diese Erfahrungen beschert hat.

Auch wir kennen den Duft und die subtile Schönheit eines zarten Blütenblattes voller blitzender Tautropfen, das sich unter dem blauen Himmel im Sonnenlicht wärmt. Wir wissen, dass diese Schönheit auf eurem und auch auf anderen Planeten existiert. Wir sehen über solche Nuancen nicht hinweg. Manchmal denkst du über uns nach, ohne uns als Individuen zu empfinden, was aber der Zweck dieser Gespräche ist. Wir möchten, dass du uns ganz persönlich verstehst und begreifst, wer wir sind und warum wir Kontakt zu dir aufnehmen. Unsere jungen Leute lassen dich herzlich grüßen. Auch sie sind sehr aufgeregt über die Chance, euch zu begegnen. Es wird dich interessieren, dass unsere Kinder uns nicht immer ähnlich sehen, denn wir haben uns bereit erklärt, auch Kinder anderer Rassen zu fördern, die vielleicht ausgestoßen wurden oder unerwünscht sind. In einigen Fällen sehen unsere Kinder uns überhaupt nicht ähnlich, aber wir ziehen sie dennoch mit Liebe auf. Da wir uns dazu entschieden haben, anthropologische Studien zu betreiben, sind wir eine relativ kleine Kolonie und müssen deshalb auch ziemlich viel reisen. Wir haben zwar einen physischen Heimatplaneten, doch viele von uns gehen so in dieser Arbeit auf und möchten zu diesem Zeitpunkt so gern an der bedeutungsvollen Begegnung mit euch teilnehmen, dass dies unser höchstes Streben und zugleich auch unsere Vorstellung des Dienens geworden ist.

Ihr plant euer Leben im Hinblick auf gewisse Ereignisse, die zu bestimmten Zeitpunkten stattfinden – zum Beispiel macht ihr mit Anfang zwanzig den Collegeabschluss, dann kommt die Phase, in der ihr heiratet und Kinder bekommt, und schließlich folgt die Zeit, sich zur Ruhe zu setzen. Genauso sehen auch wir dem Zeitpunkt in unserem Leben mit großer Vorfreude entgegen, der in unserer Kommunikation mit euch die nächste Phase auslösen wird. Für uns sind dreißig oder vierzig Jahre nur ein Augenblick; es wäre also durchaus nicht ungewöhnlich, wenn du das Gefühl hättest, dass wir dich schon von Kindheit an kontaktiert haben oder dass du dich zu uns hingezogen fühlst oder dass du dir unserer Existenz bewusst bist.

Wir möchten dir gern folgenden Leitgedanken mitteilen: Wenn du uns kennen lernen möchtest, dann sei dir einfach dieser Sehnsucht bewusst und teile deine Einsicht in diese größeren universellen Prinzipien unserer Existenz mit jemand anderem. Wie die Meister sagten: Sende Liebe aus, verbreite Liebe. Wenn du in deinem Herzen glaubst, dass zum Universum mehr gehört als nur der Überlebenskampf der Menschen auf eurem Planeten, dann solltest du dieses Konzept weiter verbreiten und aussenden. Erzähle anderen davon. Eines Tages wirst du vielleicht zurückblicken und stolz darauf sein, wie du dich damals mit dieser Abenteurerbande angefreundet hast und auf deinem Planeten die gute Nachricht verbreitet hast, dass ihr nicht allein seid. Wir brauchen dir nicht zu sagen, was dieser Wechsel für Konsequenzen haben wird, denn wenn eure ganze Rasse uns akzeptiert, werden sich ständig weitere Möglichkeiten der gegenseitigen Förderung ergeben. Die Wissenschaftler unter euch sollten ihre Phantasie befreien und untersuchen, wie du freiwillig als Kommunikationsleitung zwischen uns und euch dienen kannst, denn dann werden sie ein neues technologisches System entwickeln können, das eurer Ökologie nicht schadet. Die Multikonzerne werden euren Planeten nicht für immer im Würgegriff halten. Eines Tages wird nur die Ethik regieren und euer wichtigstes Anliegen wird die Gesundheit und Lebensqualität auf eurem Planeten sein. Glaubt bloß nicht, dass man die höchsten Ideale für immer unterdrücken kann!

Eine Kommunikationsleitung öffnen

Wenn du darüber nachdenkst, wieso du unsere Sprache verstehen kannst, dann stell dir unsere Kommunikationen als eine Sprache der Seele vor. Besser kann man das, was hier geschieht, nicht definieren. Wir sprechen nicht unbedingt in eurer Wort-Sprache und ihr sprecht nicht unbedingt in unserer. Wir sind unsere Verbindung mit Hilfe einer telepathischen Sprache eingegangen, die sich anfühlt, als würdest du sie in deinem Kopf hören; aber man könnte das Ganze besser als eine Art Resonanz beschreiben, die dein ganzes Sein durchdringt. Man könnte auch sagen, dass diese Sprache uns aufgrund einer langen Ahnenreihe miteinander verbindet, doch ähnelt dieser Prozess dem »Herunterladen« von Information zwischen verschiedenen Computersystemen. Du hast gewisse Fähigkeiten, die es dir ermöglichen, die ankommenden Daten zu übersetzen. Doch deine Tätigkeit reicht weit über das Übersetzen aus einer Sprache in eine andere hinaus; du nimmst die Frequenz unserer Kommunikation in dich auf, die gleichzeitig sowohl durch einen Energietransfer als auch durch Telepathie übertragen wird. Wenn wir dir etwas senden, dann geschieht das auf mehr als einer Ebene und auf mehr als einer Frequenz. Du entschlüsselst unsere Daten. Vor dem Entschlüsselungsprozess würden sie dir lediglich wie Kauderwelsch erscheinen! so, wie du es vor vielen Jahren einmal gehört hast: Es klang, als würden sich zwei Computer miteinander unterhalten.

Der ganze Prozess ist natürlich ziemlich komplex, deshalb hat es auch so viele Jahre gedauert, bis du gelernt hast, eine Frequenz aufzubauen und aufrechtzuerhalten, die zu der unseren passt. Das ist zum Teil auch der Grund für die Energieausbrüche, die du als starke elektrische

Kraftstöße empfindest. Mit Hilfe eines ständigen Energie- und Frequenzbeschusses hast du dich sozusagen allmählich akklimatisiert und kannst nun unserer Kommunikationsleitung standhalten, die sich von der deinen so stark unterscheidet. Wir haben eine Technik entwickelt, diese Unterschiede zu überbrücken, und dadurch ist inzwischen eine Verbindung zustande gekommen. Stell es dir wie einen Trichter vor, der oben eine breite Öffnung hat und so eine enorme Menge fluktuierender Energie und elektromagnetischer Frequenzen aufnehmen kann. Indem wir uns aufeinander einstimmten, ist uns eine Anpassung gelungen, und wir haben das alles in eine brauchbare Form gebracht, die eine Formulierung in euren Worten ermöglicht.

Während wir dir unseren Input zur Verfügung stellten, haben wir festgestellt, dass deine Grenzen nur so eng sind, wie dein Intellekt es behauptet. Je weiter deine Grenzen in deinen eigenen Augen gesteckt sind, desto umfassender werden auch die Erfahrungen sein, die wir dir übertragen können. Jede Woche wächst dein Selbstbewusstsein, und du lernst nun auch allmählich, nicht mehr alles, was du hörst, zu hinterfragen. Deine Widerworte werden immer leiser, und auch dann, wenn du selbst sie noch hörst, lernst du doch allmählich, dich von deinem Intellekt zu distanzieren, der das Bedürfnis hat, diesen Prozess zu verhindern. Früher hat dich die Stimme deines protestierenden Intellekts abgelenkt und deinen Fortschritt verhindert. Doch jetzt bist du auf einer guten Schiene: Du erlaubst es deinem Intellekt zwar, sich zu äußern, aber du beugst dich dem Intellekt nicht mehr, da er nicht die Gedanken deines höheren Selbst ausdrückt. Deine Seele kann diejenigen Aspekte deiner Persönlichkeit, die sich durch dein Ego und deinen Intellekt ausdrücken, besser erkennen und beruhigen. Dieser Prozess wir dir allmählich immer leichter fallen und wir werden den Inhalt unserer Kommunikation entsprechend steigern. Du bist mit diesem Fortschritt anscheinend genauso zufrieden wie wir.

Du kannst deine Frequenz durch Fasten stabilisieren und stärken und wir werden von unserer Seite aus weiterhin Anpassungen vornehmen.

Die Buchstaben eures Alphabets sind die Bausteine eurer Sprache, und wir senden dir diese Kommunikationen durch einen Informationstransfer aus unserer Sprache, den du entschlüsselst, sobald du ihn empfängst. Du erinnerst dich an diesen Prozess, da du ihn aus einer anderen Inkarnation kennst. Du hast beschlossen, hierher zu kommen und uns auf diesem Weg zu begegnen. Es war deine Entscheidung, nicht unsere, obwohl wir die Entscheidung gemeinsam mit dir getroffen haben.

Distanz verhindert Telepathie nicht völlig; aber dieser Prozess ist mehr als Telepathie, denn er entsteht durch Aussenden eines elektromagnetischen Stroms, den du »herunterlädst«, und zwar sozusagen durch deinen Hinterkopf. Deine schwungvollen Kopfbewegungen gewährleisten, dass die Energien gleichmäßig fließen, und außerdem verhindert die Bewegung eine Stauung. Dir ist aufgefallen, dass sich die Geschwindigkeit deiner Kopfbewegungen von Zeit zu Zeit ändert. Das hängt von vielen, vielen Faktoren ab, unter anderem davon, was du zuletzt gegessen hast, wie draußen das Wetter ist, welche energetischen Interferenzen von deiner Umgebung ausgehen, welche Emotionen du gerade hast und wie deine Stimmung in diesem Augenblick ist. Wir nehmen auf unserer Seite Anpassungen vor.

Man weiß nicht genau, wie dieser Vorgang funktioniert. In diesem Fall ist er etwas komplexer, denn es geht nicht nur um ein Wissen, das ihr tief in euch tragt, obwohl ihr dieses Wissen natürlich besitzt. In diesem Fall entsteht eine direkte Kommunikation, indem wir Wellen aussenden, die Radiowellen ähneln. Du weißt zum Beispiel, dass du nicht verstehst, wie der Fernseher funktioniert. Aber du akzeptierst diesen Mangel an Fachwissen einfach und hältst deshalb das, was du siehst und hörst, nicht für weniger real. Ebenso magst du vielleicht auch nicht genau verstehen, wie unser Kommunikationsprozess funktioniert, doch wir können davon ausgehen, dass er real ist und dass du uns wirklich hörst. Irgendwann wird für den Leser der Punkt kommen, an dem er fühlt, dass das, was er hört, der Wahrheit entspricht, und dann werdet ihr den Klang der Wahrheit gefühlsmäßig erkennen. Das liegt daran, dass viele von euch mit uns verbunden sind, entweder direkt oder durch eine andere Abstammung. Zum Beispiel bist du vielleicht nicht selbst in Großbritannien geboren, aber deine Eltern schon, und dadurch hast du in deinen Eltern eine mit Großbritannien verbundene Abstammungslinie. Ebenso haben unter denjenigen, die diese Arbeit lesen, viele eine mit uns und unserer Rasse verbundene Abstammungslinie – und genau dies hat euch zu diesen Buchseiten geführt. Wenn ihr beim Lesen dieser Worte erregt seid oder eure Seele in Wallung gerät, ist das ein Anzeichen dafür, dass ihr Zugang zu eurem eigenen Erbgut des Lebens außerhalb der Erde gefunden habt.

Wundert euch nicht, wenn im Anschluss an das Lesen dieser Worte Träume oder Erinnerungen wiederkehren. Falls ihr ungeklärte emotionale Probleme damit habt, wäre es für euch sehr heilsam, euch einfach einen sanften Rückblick auf diese Erinnerungen zu erlauben.

Wir bringen die frohe Botschaft, dass all die komplexen Interaktionen zwischen unserer Rasse und Einzelnen unter euch einem großen Ziel dienen. Unsere Interaktionen mit euch sind mehr als nur unser Hobby. Wir sind auch nicht einfach Wissenschaftler, die es auf ein weiteres Laborexperiment abgesehen haben oder auf Informationen, um irgendeine These zu untermauern. Uns geht es darum, eine Beziehung mit euch einzugehen, falls ihr das ebenfalls möchtet, denn ihr gehört zu unseren universellen Nachbarn und es ist einfach sinnvoll, seine Nachbarn kennen zu lernen.

Wenn ihr euch unserer Anwesenheit bewusst werdet, tauchen vielleicht aus der Tiefe eures Wesens Fragen auf. Wir freuen uns sehr über die Kommunikationen zwischen uns, denn wenn mehr und mehr unter euch diese Dialoge anerkennen und selbst daran teilhaben, tragt ihr damit zu einer neuen Welt bei, in der eure Rasse uns endlich akzeptiert, obwohl wir anders aussehen und anderswo leben als ihr.

Wir haben diese Form des Dialogs innerhalb eurer evolutionären Geschichte genau zum richtigen Zeitpunkt erreicht. Wir möchten gern helfen, die Wunden zu heilen, die manche von euch vielleicht während ihrer Erfahrungen mit Außerirdischen empfangen haben, und wir freuen uns über diese Gelegenheit, Klarheit zu schaffen. Wenn ihr daran zweifelt, dass wir wirklich mit euch sprechen, dann fragt euch, warum es denn so unmöglich sein soll, dass wir hier bei euch sind, als Teil derselben universellen Familie, und dass wir mit einigen von euch schon vor dieser Inkarnation eine Vereinbarung getroffen haben – wie zum Beispiel mit Lisette –, um uns zu ermöglichen, den Kontakt fortzusetzen, ohne dass er unbedingt bedrohlich erscheint.

Wenn ihr eine positive Einstellung zu euren Erfahrungen entwickelt, werden manche euch sagen, dass man euch einer Gehirnwäsche unterzogen hat; doch ein spiritueller Meister, dem ihr erklärt, dass ihr inneren Frieden gefunden habt und Liebe für andere empfindet, würde niemals so reagieren. Ihr werdet den Baum an seinen Früchten erkennen; achtet also darauf, ob es in unseren Kommunikationen irgendeinen Teil gibt, der nicht mit eurem höchsten Ideal des universellen Gesetzes und mit den Lehren der Meister übereinstimmt.

Es ist völlig in Ordnung, an die Großartigkeit und Vielfalt eurer universellen Umgebung und ihrer Bewohner zu glauben. Das ist keine Dummheit. Es ist auch kein Unsinn. Es ist völlig verständlich, dass ihr und andere sehr neugierig auf uns und euer Universum seid. Im Gegenteil, mangelnde Neugier wäre geradezu unnatürlich, oder? Stellt eure Fragen und wir werden euch helfen, wo wir nur können. Erzählt uns von euren Sorgen und Ängsten, dann wollen wir darüber sprechen, denn wir freuen uns sehr auf die Kommunikationen mit euch; wie könnte es anders sein?

Ein bisschen ähneln wir bisher eurer Helen Keller: Wir warteten nur darauf, endlich mit euch sprechen, mit euch kommunizieren zu können, damit ihr uns sehen und in euren Herzen spüren könnt. Durch diesen Prozess ist eine Brücke zwischen uns entstanden und dafür sind wir sehr dankbar. Verurteilt den Vorgang nicht, nur weil ihr ihn nicht versteht. Lasst einfach dieses Wunder geschehen. Wir sind überglücklich über unsere Begegnung und würden euch gern mehr Anzeichen unserer Existenz geben, sobald ihr bereit und willens seid. Es ist Zeit, die Angst vor der Dunkelheit abzulegen und zu wissen, dass ihr Brüder und Schwestern habt; Geschwister im Himmel.

Diese Kommunikationen helfen uns dabei, unsere Lebensaufgabe zu erfüllen, denn alles, was wir sind – all unsere Erfahrungen –, haben auch uns zu diesem Moment geführt. Befreit eure Phantasie und nehmt an diesem Beratungsprozess teil, in dem wir euch die Gelegenheit bieten, endlich eure Fragen zu stellen und uns eure Verwirrung zu zeigen, damit wir euch dabei helfen können, sie zu entwirren.

Wir sind nicht allein

Jenseits eurer Zeit und eures Raumes gibt es Orte, an denen Wesen aus anderen Sphären oder von anderen Globen zu Hause sind. Sie vollenden ihre Inkarnation in mancher Hinsicht genauso wie ihr, je nach der jeweiligen Entwicklungsstufe ihres spirituellen Wachstums. Wir erzählen euch das, weil wir euch ganz konkret bewusst machen wollen, dass es ganz in eurer Nähe andere Regionen gibt. Dass ihr nicht die nötige Technologie habt, um sie wahrzunehmen, bedeutet nicht, dass sie nicht in der Nähe sind. Für uns sind sie sehr nah. Es ist alles eine Frage der Perspektive, stimmt's?

Wenn jemand an einen Rollstuhl gefesselt ist, ist es wahrscheinlich ziemlich schwierig für ihn oder sie, in den Rollstuhl hinein- und aus ihm herauszukommen. Der Lebensmittelladen, der einen halben Kilometer entfernt ist, wirkt sehr weit weg, wenn man auf seine eigenen physischen Ressourcen angewiesen ist. Es kann eine echte Tortur sein, sich durch die Lebensmittelregale zu bewegen, die Lebensmittel zu erreichen, die ganz oben liegen, die Einkäufe im Wagen zur Kasse zu schieben und sie dann nach Hause zu bringen. In ähnlicher Weise betrachtet ihr unsere Entfernung mit den Augen eines physisch irgendwie Behinderten. Ihr versucht, uns zu sehen, aber ihr könnt es nicht. Ja man könnte anführen, dass ihr euch schließlich spirituell weiterentwickelt; aber wir wollen euch klarmachen, dass euer Gefühl der Isolation eurer eigenen Perspektive entstammt und mit der Wirklichkeit nichts zu tun hat.

Es gibt Wesen, die Stacheln als Haare haben, ähnlich wie das Stachelschwein. Wenn ihr einem solchen Wesen morgen früh um neun im Café an der Ecke begegnen würdet, würde seine physische Erscheinung euch erschrecken? Na, warum wundert ihr euch dann, dass ihr es noch nie getroffen habt? Und was würdet ihr sagen, wenn es eine kleine schwarze Nase und unerwartet viele Gliedmaßen hätte? Und wenn dieses Wesen nun hochintelligent, geistig hoch entwickelt und vollkommen liebevoll und tolerant wäre? Diese Vorstellung fordert einige eurer Vorstellungen und Glaubenssysteme heraus, die mit Tieren und den angeblichen Eigenschaften, die ihr ihnen normalerweise zutraut, zu tun haben. Denkt über das Ziel unserer Mission nach, wenn ihr den Horizont eures Fassungsvermögens und Denkens erweitert. Wir versuchen, das Eis zu brechen; wir versuchen euch klarzumachen, dass diese Konzepte, sobald ihr sie akzeptiert, in euren Erfahrungen Wirklichkeit werden.

Dutzende von Kulturen überall im Universum haben die Umwandlung, die euch unmittelbar bevorsteht, bereits hinter sich. Die Umwandlung besteht nämlich darin, sich von der isolierten Auffassung, man sei der einzige Bewohner des Universums, zu verabschieden und zu begreifen, dass die Gegend, in der man selbst lebt, nur einer von vielen Orten innerhalb des Universums ist; ein bestimmter Quadrant innerhalb von Zeit und Raum. Nur eure Angst hindert euch daran, einige eurer Nachbarn kennen zu lernen. Ob ihr nun akzeptieren könnt oder nicht, dass zum Beispiel dieses Gespräch, das wir gerade miteinander führen, wirklich zwischen Außerirdischen und einem Menschen stattfindet – es wird euch immer schwerer fallen zu leugnen, dass es andere lebende Wesen geben muss, die vielleicht sogar ein größeres technologisches Können besitzen als ihr. Sie wissen von euch, auch wenn ihr nichts von ihnen wisst. Ihr könnt das nicht in alle Ewigkeit abstreiten.

Wir waren auch einmal so wie ihr jetzt. Auch für uns gab es eine Zeit, in der wir in unserem Denken isoliert waren und nicht glauben konnten, dass es im Universum noch andere Wesen gab. Und falls es sie doch gäbe, könnten sie uns jedenfalls nicht kontaktieren, denn wir meinten, sie würden dann einfach in riesigen Mengen auftauchen und damit wäre das Geheimnis gelüftet. Dann erzählten einer oder zwei von uns, sie hätten sie gesehen oder gehört oder Anzeichen ihrer Existenz gesehen, und wir haben uns über sie lustig gemacht. »Das ist ja lächerlich«, sagten wir. »Das ist totaler Humbug; du hast wohl nicht alle Tassen im Schrank; du bist ja total ausgeflippt; du gehörst mit einem Nasenring in eine Hippie-Kolonie.« Doch genau wie es auch bei euch sein wird, hatten mit der Zeit immer mehr von uns Erfahrungen verschiedenster Art und verkündeten in großer Einigkeit und mit Donnerstimme, dass tatsächlich andere Wesen existierten, die nicht auf demselben Planeten lebten wie wir.

Wie würde es euch gefallen, zu diesen Leuten zu gehören? Wie würde es euch gefallen, zu jenen Menschen in der Geschichte eurer Evolution zu gehören, die euch allen den Boden für mehr übernatürliche Erfahrungen bereiten, sodass ihr euch selbst melden und euer Wissen verkünden könnt? Und dann wird sich ein Weiterer zu euch gesellen, der nur darauf gewartet hat, dass jemand anders zuerst den Mund aufmacht. Und ein Weiterer wird dazukommen, der nur auf zwei Stimmen gewartet hat; und dann wird ein Dutzend Leute, die darauf gewartet haben, dass eine ganze Gruppe ihrer Mitmenschen sich öffentlich erklärt, ebenfalls endlich sagen: »Ja, ich habe dasselbe erlebt und ich bin nicht verrückt, denn in meinem Beruf bekleide ich eine sehr verantwortungsvolle Position und habe durch diese Erklärung sehr viel zu verlieren – aber ich möchte trotzdem zu der Stimme beitragen, die uns als Kollektiv größere Einsicht bringt.«

Man kann diese größere Einsicht nur vorantreiben, indem man sich äußert. Ihr äußert euch auch durch die Dinge, die ihr kauft oder lest; ihr äußert euch eurer Kultur gegenüber durch die Dinge, für die ihr euer Geld ausgebt. Ihr solltet stärker auf eure Geschwister achten, dann gewinnt ihr mehr Selbstvertrauen und fühlt euch wohler und dann werdet ihr eure eigene Stimme finden und sie in den Chor aller anderen einfließen lassen. Haltet ihr das etwa für eine lächerliche Herausforderung?

Wir haben euren Planeten oft besucht und sind vielen von euch begegnet. Diejenigen, die diese emotionsgeladenen Erfahrungen verarbeiten konnten, sind nun bereit, sich Gehör zu verschaffen. Glaubt ihr vielleicht, das alles sei aus Versehen passiert? Glaubt ihr, wir verfolgen nur unsere eigenen Ziele und wollen euch davon überzeugen, wir seien etwas ganz Besonderes? Tatsächlich ändert sich im Moment das Image, das wir bei euch haben – von einem Image, das auf Gerüchte und Lügen fußte, wird es zu einem Image der Klarheit und Wahrheit. Wollt ihr uns etwa vorwerfen, dass wir uns darum bemühen, unser Image bei euch zu ändern? Uns macht eure negative Meinung von uns nichts aus und wir sind auch nicht wütend darüber. Bitte versteht uns nicht falsch. Eure Seelen rufen unsere Seelen und deshalb erfüllen wir unseren Teil der Abmachung, genau wie ihr den euren erfüllt.

Wenn ihr anfangt zu begreifen, wie viel in eurer Welt und in euren Glaubenssystemen Illusionen sind, wird euch das auf dem Weg zur Bewusstseinserweiterung weiterhelfen. Viele der Konzepte, auf die eure Kultur aufgebaut ist, sind schlichtweg falsch. Wenn euch klar wird, dass eure Regierung verzweifelt versucht, ihr eigenes Wissen zu unterdrücken, dann werdet ihr lernen, euch weniger auf die Regierung und mehr auf euer eigenes Wissen zu verlassen. Und eines Tages wird man eure Regierung ganz einfach darum bitten, sich aufzulösen, denn ihr werdet nicht länger glauben, dass eine Regierung notwendig ist. Euer politisches System ähnelt in gewisser Weise der Funktion von Eltern. Ja, natürlich ist es offensichtlich, dass sehr wenige Menschen die meiste Macht ausüben, aber seht ihr nicht, dass ihr eure eigene Macht zugunsten einer elterlichen Autorität verlagert habt? Immer mehr Gesetze werden verabschiedet, die euch immer mehr Freiheiten nehmen. Eines Tages werdet ihr genug davon haben, denn ihr werdet begreifen, dass die Weisheit keineswegs in diesen Gesetzen liegt. Die Weisheit liegt in euch selbst. Ihr werdet selbst die Führung übernehmen und sagen: »Geht mir aus dem Weg, denn mir geht es um das Wohl unseres Volkes und euch nicht.« Andere werden sich euch anschließen und euch zur Seite stehen und ihr werdet euch im neuen Jahrtausend voller Selbstvertrauen weiterentwickeln.

Wenn ihr es wünscht, könnt auch ihr großartige, magische, übernatürliche Momente erleben, von denen ihr vielleicht gelesen oder gehört habt, so wie andere vor euch. Auch euch werden sich alle Türen öffnen, wenn ihr diese Erfahrungen macht, denn ihr werdet sehen, dass das Universum keine Grenzen hat, und davon begeistert sein.

Stellt euch vor, ihr verliebt euch in jemanden, der am anderen Ende der Stadt wohnt – oder am anderen Ende der Galaxis. Wer ist wohl motivierter, uns kennen zu lernen: jemand, der unsere Existenz verleugnet, oder jemand, der bis über die Ohren in jemanden verliebt ist, der anderswo lebt, am Ende der Straße, quer über das Sternensystem hinweg? Das ist eine merkwürdige Vorstellung, nicht wahr? Aber genau so geschehen Wunder. Als Weltraum-Geschwister haben wir alle gleichermaßen eine wunderbare Gelegenheit, einander kennen zu lernen und in unseren jeweiligen Gebieten überall herumzureisen. Eines Tages werdet ihr einen Weg finden, dies ohne die Genehmigung der NASA zu tun, denn die NASA wird immer noch mit ihren Satelliten und ihren komplizierten Geräten nach uns suchen, während ihr gemütlich im Bett sitzt und mit uns redet. Versteht ihr jetzt, in wem die Weisheit wohnt? Wie viele Milliarden Dollar hat es gekostet, diese unsere Kommunikation zu ermöglichen? Nur den Preis eines Tonbandgerätes und eines leeren Bandes, um alles aufzunehmen, also ungefähr neunundachtzig Dollar. Ihr seht, ihr braucht weder Unsummen für euer Weltraumprogramm auszugeben noch riesige Subventionen zu beantragen. Ihr braucht nur ein Bewusstsein, das sagt: »Auch ich möchte meine Nachbarn kennen lernen, und wenn sie sprechen, möchte ich sie hören.«

Auch wir möchten euch gern hören. Wir möchten euch genauso gern kennen lernen wie ihr uns. Denkt nur nicht, dass das unmöglich sei. Es ist möglich. Und zwar genau jetzt, in diesem Augenblick. Wenn ihr euch wünscht, uns zu hören, dann hört ihr uns vielleicht. Wenn ihr euch wünscht, uns zu kennen, dann werdet ihr uns kennen lernen. Selbst wenn euer Intellekt das ablehnt – einen Moment lang habt ihr doch überlegt, ob das wohl möglich wäre. Und wenn es möglich wäre, was würde das für eure Welt bedeuten? Und für euer ganzes Weltbild? Was für eure Kinder und Enkel?

Viele von euch ziehen ihre Kinder in einer Wohngegend auf, in der verschiedene Rassen leben, damit sie die Gelegenheit haben, andere zu erleben, die nicht genauso aussehen wie sie selbst. Für andere ist dieser Gedanke natürlich furchterregend und sie leben in Gruppen von Menschen, die genauso aussehen wie sie. Aber wenn ihr Unterschiede akzeptiert und auch eure Kinder lehrt, physische Unterschiede zu tolerieren und sich sogar in der Gegenwart von Menschen, die anders aussehen, wohl zu fühlen, dann werdet ihr unter den Ersten sein, die auch außerhalb eures Planeten Unterschiede erleben. Denn im Gegensatz zu anderen habt ihr die Voraussetzung dazu geschaffen. Hier geht es um Toleranz, die über die Erde hinausreicht.

Wenn ihr in euren Kindern Anzeichen für Vorurteile erkennt, dann sprecht mit ihnen darüber. Erinnert sie daran, dass es auf eurem Planeten viele gibt, die anders sind als sie, und dass es wichtig ist, sich von dieser Art Denken zu befreien; denn so bereitet ihr sie darauf vor, andere Kinder von außerhalb eures Planeten zu akzeptieren, die vielleicht blau mit grünen Streifen sind oder einen Schwanz haben oder Telekinese beherrschen. Helft ihnen dabei, den Käfig ihrer Fantasie zu sprengen. Wenn ihr mit euren Kindern so verfahrt, dann bereitet ihr sie darauf vor, uns kennen zu lernen. Bestimmt könnt ihr euch vorstellen, wie nützlich das wäre. Ihr helft ihnen dabei, offen zu sein, sodass sie mehr von unseren Ideen empfangen können. Falls eure Kinder Wissenschaftler werden wollen, können wir ihnen wissenschaftliche Ideen zur Verfügung stellen, die sie dann in die Menschheit einbringen werden. Es geht also nicht nur darum, eure Kinder nicht länger als »Entführungsopfer« zu begreifen, sondern um die erweiterte neue Grenze, die sich durch unsere Übermittlung vor euren Augen öffnet –

denn vielleicht empfangt ihr ja die nächste Übertragung.

Kapselt euch nicht ab. Sprecht zum Himmel. Wenn ihr nachts die Sterne zählt, dann zählt auch die Schiffe, die ihr vorbeifliegen seht. Sorgt dafür, dass eure Kinder dabei sind. Glaubt daran, dass irgendwo da draußen tatsächlich ein Schiff ist. Nicht alle Sternschnuppen sind wirklich Sternschnuppen.

KAPITEL 6

Erstkontakt

Wenn Sie so ähnlich sind wie ich, dann würden auch Sie wahrscheinlich Ihr Gepäck lieber vom Bordstein in eine schimmernde schwarze Flughafenlimousine pfeffern, als damit in einem klapprigen Flughafenbus zu einem überfüllten Parkplatz zu fahren. Und bestimmt würden auch Sie lieber in einem bequemen Paar Wanderschuhe über die Hügel spazieren, als in einem gebrauchten Paar Turnschuhe von der Heilsarmee durch die Gosse zu stolpern. Und was die evolutionären Erfahrungen angeht, würde ich lieber auf einem Nachbarplaneten mit meinen Freunden und Verwandten und den Außerirdischen ein Stück Tofukuchen essen, als hier allein zu hocken und von irgendwo weit weg gezappt zu werden. So dankbar und begeistert ich auch bin, dass ich auf diese Weise Außerirdischen begegnen kann und dass diese Erfahrungen meinem Leben eine ganz neue Bedeutung gegeben haben – ich möchte mehr, und zwar nicht nur für mich selbst, sondern für uns alle. Sollen sich die »kleinen grauen Tunichtgute« (wie Bob sie nennt) doch lieber in den Einkaufszentren oder auf dem Mount Rushmore mit uns treffen! Oder zumindest möchte ich eine Gruppe von Ihnen zu einem Fußballfeld führen, wo wir dann ein Raumschiff besichtigen und eine Spritztour zum Jupiter machen. Geduld ist ja gut und schön, aber irgendwann reißt der Geduldsfaden, und ich will die tollen

Sachen lieber bald als irgendwann später erleben. Ich habe schon viele Verzögerungstaktiken erlebt, aber dies wird allmählich lächerlich.

Also, wann kommt ihr endlich, sodass euch alle sehen können?

Es liegt eine Veränderung in der Luft, die eurer Rasse ein weicheres Herz und dazu eine wachsende Akzeptanz der Möglichkeiten bescheren wird, die ein Universum voller verschiedenster Völker bietet. Vielleicht hast du, als du dich auf dieses Projekt eingelassen hast, anfangs gedacht, Zweck des Ganzen sei die Schaffung eines unumstößlichen Beweises unserer Existenz, indem wir einfach bei euch eintreffen. Doch unsere vergangenen Erfahrungen mit Rassen eurer Bewusstseinsstufe (obwohl viele von euch allmählich aufwachen) haben uns gelehrt, dass dies nicht die beste Methode ist, euer Begreifen anzukurbeln.

Im Augenblick haben wir auf eurer ganzen Welt Kontaktpersonen. Manche sind im Himalaja, andere in den Städten; und je mehr Repräsentanten wir haben, desto größer ist das Potential für ein wachsendes Bewusstsein, denn sobald jemand unter euch ein Sprecher oder eine Sprecherin ist und sobald jemand Erfahrungen mit uns gemacht hat, gibt es auch jemanden, der die Fackel auf dem dunklen Pfad entzündet. Mit dem dunklen Pfad meinen wir nichts Böses, sondern nur, dass der Pfad so dunkel ist, dass ihr den Weg nicht sehen könnt. Wenn ihr auf dem Pfad die Fackel entzündet, beleuchtet ihr den Heimweg.

Warum ist es der Heimweg, wenn man andere Wesen im Universum kennt?

Sobald ihr eure Vorstellung davon erweitert, woher ihr Inspirationen und technologische Hilfe bekommt, werden viele von euch ihre Empfänglichkeit für solche Inspirationen und Weisungen vertiefen können, und so wird ein mächtiger neuer Mensch befreit, der seine Kommunikationen und seine Beziehungen mit anderen, die euch helfen können, aktiv verbessert. Dann könnt ihr ihnen begegnen. Und ehe ihr euchs verseht, werdet auch ihr andere Wesen im Universum ermutigen, die weniger weit entwickelt sind als ihr; genau wie wir es mit euch tun. Dadurch, dass ihr Liebe erfahrt und seid, kommt ihr wieder nach Hause.

Dürfen wir in diesem Buch ankündigen, dass durch uns eine Art visueller Kontakt entstehen wird, und wenn ja, wie wird das aussehen und ungefähr wann wird das geschehen?

Wir hatten eigentlich gehofft, dass du inzwischen verstehst, dass wir nichts erlauben oder verbieten.

Wir wollen aber nichts ankündigen, was dann nicht auch passiert.

Wir verstehen den Grund für deine Frage, aber trotzdem bitten wir dich, auf die Wahl deiner Worte zu achten, denn sonst könnte das Missverständnis entstehen, dass eure Erfahrungen und Schöpfungen irgendwie von unserer Aufsicht abhängig sind, und das wäre falsch. Verstehst du diese Klarstellung?

Ja, aber dürfen wir ankündigen, dass ein solches Ereignis stattfinden wird?

Du stellst die Frage, die die ganze Menschheit stellt: Wann werden die Außerirdischen mitten unter euch sein, und zwar so offensichtlich, dass niemand diese Tatsache abstreiten kann. Ist das deine Frage?

Ja.

Du hast zwar die Frage etwas spezifiziert, indem du gefragt hast, ob dieses Buchprojekt einen solchen Erstkontakt in irgendeiner Form ankündigen wird, und zwar einen Erstkontakt, der auf der ganzen Welt zu einer für die Allgemeinheit verständlichen Begegnung führen wird. Wir wollen dir folgendermaßen antworten:
Habt ihr schon einmal erlebt, dass ein Kind oder ein Teenager zu euch kommt und fragt: »Papi, Mami, werde oder kann ich im Lotto gewinnen, wenn ich fünfzehneinhalb bin, damit ich ein Auto kaufen und eine Weltreise machen kann und augenblicklich reich bin, und könnte das bitte an oder vor meinem sechzehnten Geburtstag passieren, da ich dann den Führerschein machen kann?« Kluge Eltern werden vielleicht eine Antwort geben, die das Kind sanft darauf hinweist, dass zwar durchaus alles möglich ist, dass sich das Leben aber am besten so entfaltet, wie es für alle, die an der Entfaltung des Lebens beteiligt sind, am zuträglichsten ist. Insofern geht die Frage davon aus, dass ein erwünschtes Ereignis, das sich zum Zeitpunkt der Fragestellung noch in der Entwicklung befindet und in naher Zukunft stattfinden soll, sagen wir nächste Woche oder nächstes Jahr, auf Verlangen aller daran beteiligten Seelen stattfinden und allen Beteiligten zum Besten gereichen würde.
Das Leben mit all seinen Ereignissen und Umständen entfaltet sich so, wie das Leben es am besten kann. Im Falle unserer Einführung bei euch mag es scheinbar auf

der Hand liegen, dass ein plötzliches Auftauchen die beste Lösung wäre, da dies bei euch ein augenblickliches Begreifen unseres Daseins und ein allgemeines Erwachen eures Planeten zur Folge hätte. Doch das ist eure eigene Schlussfolgerung. Ihr habt euch das ausgedacht. Ihr geht von eurem eigenen Denkprozess aus, auch wenn andere ihn oft nachahmen, und der setzt voraus, dass es unser Ziel ist, euch kennen zu lernen; und wenn wir bereits die dazu nötige Technologie besitzen, dann scheint der Grund für unser angebliches Zögern ein unlösbares Rätsel zu sein. Solange ihr vollkommen und hundertprozentig innerhalb der Illusion verharren wollt, bleibt euch das unverständlich. Es gehört zum Leben innerhalb der Illusion, dass ihr übersehet, welch großartige Perfektion allem innewohnt. Um die Illusion aufrechtzuerhalten und weiterhin in ihr zu leben, müsst ihr der Erkenntnis widerstehen, dass den Umdrehungen der Planeten, dem Leuchten der Sterne und den Gezeiten eurer Ozeane eine universelle Synchronizität innewohnt. Wenn ihr aber bereit seid, hinter den Vorhang zu blicken, nachdem ihr so lange nur Zuschauer wart und euch die Vorstellung angesehen habt, da ihr nicht aus der Illusion heraustreten wolltet, dann werdet ihr einen Sprung nach vorn machen und ein erweitertes Bewusstsein verkünden. Dadurch hebt ihr den Vorhang und könnt nun einen Blick darauf erhaschen, was sich hinter der Bühne abspielt. Plötzlich begreift ihr, dass ihr auf eurem Platz im Zuschauerraum nur meintet, ihr würdet einem packenden Drama zusehen; doch nun habt ihr euch endlich dazu durchgerungen, auch das zur Kenntnis zu nehmen, was sich hinter der Bühne abspielt, und somit öffnet sich euch ein anderer Blickwinkel. Jetzt begreift ihr, dass die Evolution eurer Rasse möglicherweise einem wundervollen Zeitplan folgt, und erkennt den inneren Ablauf darin.

Wir werden euch nicht einmal sagen, was ihr morgen zum Frühstück essen sollt, obwohl wir vielleicht eure Entscheidungen gemeinsam mit euch erwägen und eure besten Ideen inspirieren. Doch es ist weder unsere Aufgabe noch unsere Rolle, euch eure Inkompetenz vorzuhalten, indem wir euch sagen, wie und wann ihr uns zum Abendessen einladen sollt – denn damit hängt eure Frage zusammen. Ihr geht davon aus, dass der Zeitpunkt eurer Einladung nichts mit euch zu tun hat. Wenn wir nun verlangen würden, dass ihr einen bestimmten Zeitplan einhaltet, würden wir damit euer wachsendes Selbstverständnis und alles, was damit zusammenhängt, untergraben. Wir ermutigen euch, aber wir werden euch nicht die Zukunft voraussagen. Wir können euch nicht einmal sagen, ob ihr morgen Honigmelone oder Cornflakes frühstücken werdet. Wie könnten wir es also verantworten, den Zeitpunkt unseres ersten gemeinsamen Treffens und die Art eurer Mitgestaltung zu bestimmen? Dies ist ein Prozess, den beide Seiten mitgestalten. Er hängt nicht von uns ab, denn es gehören immer zwei dazu, einander zu begegnen, nicht wahr?

Die Begegnung zwischen eurer und unserer oder jeder anderen Rasse ist ein evolutionärer Schritt. Wenn ihr euch einen Moment lang von euren Theaterplätzen erheben und darüber nachdenken könntet, wie großartig es ist, sich in einen aktiven galaktischen Mitspieler zu verwandeln, dann könntet ihr auch besser einschätzen, wie viele Seelen und göttliche Funktionen an einem solchen Paradigmenwechsel beteiligt sind.

An jeder Ecke gibt es eine Wegkreuzung. Ihr alle trefft Entscheidungen, die die Ausrichtung eurer nahen Zukunft drastisch verändern können, sodass ihr vielleicht einen ganz anderen Weg einschlagt. Ihr alle seht in jedem Augenblick zahllose mögliche Richtungen, die euer

Leben nehmen könnte. Selbst wenn ihr das angeblich versteht, fällt es euch dennoch schwer, dieses Wissen praktisch anzuwenden und zu begreifen, warum wir auf diese Frage keine definitive Antwort geben können. Wir sind nicht die einzigen Seelen, die an einer Interaktion wie der intraspezifischen Kommunikation beteiligt sind.

Abgesehen davon zieht deine Frage nicht in Betracht, wie stark der Einfluss und die Bedeutsamkeit der Kontakte sind, die wir bereits zu euch haben.

Wenn ihr euch unbedingt auf das konzentrieren wollt, was kommen wird, macht ihr es euch unmöglich, das Großartige zu begreifen, das sich jetzt, in diesem Augenblick, ereignet. Das ist in Ordnung. Es ist eine für das Material geeignete Frage, aber sie ist typisch für den egoorientierten Intellekt, der verlangt, dass die Ereignisse in einer Weise stattfinden, die den eigenen Erwartungen entspricht, da sie andernfalls unbefriedigend wären. Deshalb möchten wir dieses Beispiel nochmals anführen, um euch aufzuzeigen, wie eure Fragen euch immer wieder dazu verführen können, die augenblickliche Großartigkeit unserer gegenwärtigen Beziehung zu übersehen.

Vielleicht meint ihr, dass man große Weisheit braucht, um das vollkommene Gleichgewicht zwischen der Einsicht, dass alles gut ist, wie es ist, und dem vollkommenen Akzeptieren der Gegenwart und der Sehnsucht nach einem besseren Morgen zu finden. Vielleicht scheint es euch, als verliefe zwischen diesen beiden Einstellungen nur eine hauchdünne Linie. Doch wenn ihr ein Gefühl tiefer Befriedigung und Wertschätzung gegen eine nagende Angst vor dem ungewissen Morgen eingetauscht habt, werdet ihr den Unterschied merken. An diesem Unterschied könnt ihr feststellen, wo ihr euch innerhalb eurer Wahrnehmung befindet.

Wir können euch nicht sagen, wann ihr uns zum Kaffee einladen werdet, denn ihr seid die Hälfte der Gleichung. Wenn ihr darauf besteht, dass dem nicht so ist, dann leugnet ihr die Tatsachen. Die Illusion sagt auf ihrem Platz im Zuschauerraum: »Ich bin für nichts von alldem verantwortlich; ich habe nichts davon geschaffen und alles geschieht einfach mit mir.« Deshalb scheint die Frage innerhalb eurer Illusion durchaus sinnvoll zu sein. Doch von der Sicht des erwachten Menschen aus beginnt ihr zu begreifen, dass eure Beziehungen *eure* Verantwortung sind und dass ihr sie mit geschaffen habt. Ihr könntet uns ebenso gut fragen: »Wann werde ich einen passenden Partner finden und eine glühende Liebesbeziehung entwickeln?« All dies wird auf mehreren verschiedenen Ebenen von eurem Bewusstsein geschaffen; und deshalb besteht zwischen dem jetzigen Verstehen eurer Rasse und einem Begreifen, das besser zu einem erwachenden universellen Mitspieler passt, auch ein so einschneidender Paradigmenwechsel. Genau darum geht es bei dieser Übung. Du erkennst nicht, dass du mit der Arbeit an diesem Buch deine eigene Frage beantwortest. Deine Seele ist entschlossen, die Antwort auf die Frage zu erschaffen, aber dein Intellekt weist dieses Begreifen zurück und bittet dich stattdessen, aus dir herauszutreten und andere zu fragen, wie deine Zukunft aussehen wird und wann was geschehen wird. Wenn du dir also diesen Wunsch erfüllst, möchten wir dir dieselbe Frage stellen, damit du die Stichhaltigkeit unseres Arguments begreifst: Wann wollt ihr uns treffen und uns auf eurem Planeten begrüßen, so dass eure ganze Welt uns kennen lernen und akzeptieren kann?

Wir erwarten deine Antwort auf unsere Frage.

Nächsten Sommer wäre ein guter Zeitpunkt.

Okay, danke sehr, wir haben's notiert. Wir werden Sie in den Terminplan aufnehmen.

Meine Mitarbeiter werden sich mit Ihren Mitarbeitern in Verbindung setzen.

Was genau in diesem Augenblick ja auch geschieht.

Heute steht der vierte Juli auf eurem Kalender, ein Tag, der in deinem Land eine Unabhängigkeitsfeier repräsentiert. Hier besteht ein tiefer und erstaunlicher Zusammenhang zu unserer Arbeit. Ist dir klar, was da eigentlich geschieht, wenn du daran denkst, welche Anstrengungen die NASA und andere Raumfahrtprogramme gegenwärtig unternehmen, um uns zu kontaktieren? Eigentlich müsstest du dich darüber kaputtlachen. Wir genießen es jedenfalls ungeheuer, dass die Besitzer dieser »hoch entwickelten Technologie« sich so sehr darum bemühen, nur einen kurzen Blick auf uns zu werfen oder auch nur ein Wort von uns aufzuschnappen – und die ganze Zeit unterhalten wir uns fröhlich mit dir und anderen, während die NASA vor Wut über ihren mangelnden Fortschritt auf diesem Gebiet ihre kollektiven Zähne zusammenbeißt. Das ist so absolut typisch: Niemand fragt nach der Klugheit der Weisen, weil die Bürokraten davon ausgehen, dass sie alle Antworten bereits kennen.

Aber wir können leider nicht einmal zuletzt lachen, denn die NASA würde diese und ähnliche Kommunikationen niemals als jene »Erstkontakte« anerkennen, die dem weltweiten Kontakt, den sie anstreben, vorangehen.

Nein, jetzt noch nicht, aber trotzdem ist ihre Anerkennung unwichtig, denn euer Planet wird sich in jedem Fall großartig entwickeln, und wenn ihr in den universellen Friedenskonferenzen euren Platz als universelle Wesen einnehmt, werdet ihr dies durch die Blüte eurer individuellen Seelen erreicht haben. Du musst dein Verstehen so weit bringen, dass es dir egal ist, ob die Bürokraten diese und andere, ähnliche Arbeiten als das anerkennen, was sie sind. Deine Regierung wird dir keinerlei Ermutigung gegeben haben. Du wirst auf einer persönlichen Ebene von deinen Geschwistern ermutigt worden sein. Während eures wundervollen Erwachens werden eure Regierungen sich hinter *euch* stellen und ihr werdet neue Gruppen bilden – Gruppen von Menschen, die allmählich ein Gespür dafür entwickeln, wo die Weisheit liegt und wo sich die wahre Macht befindet. Im Augenblick verkörpern die Projekte, die eure Regierung unterstützt, nicht unbedingt die höchsten universellen Prinzipien und Ideale. Freut euch darüber, denn ihr alle seid Pioniere und schlagt den Weg zur Heilung eures Globus ein; und vielleicht erkennt ihr sogar, dass eure Regierungen das gar nicht unbedingt tun, obwohl sie euch die finanziellen Ressourcen und die Macht dazu entrissen haben.

Durch euch entsteht die größte »Boston Tea Party«. Ihr, die ihr alle Anführer seid, erschafft dieses Ereignis neu, indem *ihr* den Bürokraten zeigt, dass ihr euch Flügel wachsen lassen und allein fliegen könnt. Sollen sie doch versuchen, euch zu fangen, dann werden sie bald merken, dass die wahre Macht keiner Einzelperson und auch keinem Gremium voller todernster Gesichter gehört, sondern durch Liebe und Vertrauen entsteht. Andere Rassen im Universum sind nicht schadenfroh; und deshalb wollen sie keine Beziehungen und Kommunikationen mit solchen Gruppierungen aufbauen, sondern mit Individuen wie dir, die eure kollektive Vision vertreten, dass eine globale Heilung nötig und möglich ist. Wenn andere, die vor euch denselben Weg gegangen sind, euch ein wenig helfen und anleiten – wenn ihr uns einladet, wäre es uns eine Ehre, euch nach besten Kräften zu helfen.

Eine der typischsten Verhaltensweisen der Eifersucht ist es, jemanden zu ignorieren; deshalb ignoriert eure Regierung grundsätzlich die Aussagen sämtlicher Menschen auf der ganzen Welt, die Begegnungen mit uns erlebt haben. Sie hat wenig Vergleichbares anzubieten. Das sollte euch untereinander eigentlich Stoff zum Schmunzeln geben, denn die Umstände eures Fortschritts entbehren nicht eines gewissen Humors. Wir fordern jeden einzelnen Erfahrenden unter euch dazu auf, stolz auf sich zu sein. Viele von euch sehnen sich danach, uns kennen zu lernen, und deshalb ist das auch geschehen; und ebenso haben auch wir uns entschieden, euch kennen zu lernen. Sobald ihr euer kollektives Bewusstsein erweitert, könnt ihr der universellen Bruderschaft beitreten.

Nicht die NASA, sondern ihr alle habt diesen Kontakt gemeinsam herbeigeführt; und deshalb feiern auch wir euren vierten Juli, euren Unabhängigkeitstag, denn indem ihr eure gemeinsame Zukunft erschafft, lernt ihr allmählich eure eigene Macht kennen. Vielen von euch wird allmählich klar, dass eure Regierungen die Lösungen für die Probleme eurer Gesellschaft nicht finden werden. Vielleicht führen sie euch auch keiner friedlichen Zukunft entgegen. Wenn euer ganzes Volk selbst erklärt und begreift, dass es all dies selbst herbeiführen muss, weil es lange genug darauf gewartet und darauf vertraut hat, dass eure so genannten Führer euch dorthin führen werden – dann ist der große Unabhängigkeitstag gekommen. Endlich begreift ihr alle, dass sie in Wirklichkeit vielleicht gar nicht die Absicht haben, so etwas zu tun, und dass sie, selbst wenn sie es versuchen würden, wahrscheinlich auch nicht wüssten wie. Individuell kommt ihr alle mit eurem eigenen Begreifen in Berührung, dass eure kollektive Unabhängigkeit in einem Gefühl der Einigkeit zwischen jenen liegt, die tief im Herzen wissen, dass es einen anderen Weg gibt. Das ist ein Anlass zum Feiern, denn wenn ihr euch dieses Bewusstseins bedient und begreift, dass euer Potential in der Erschaffung eurer eigenen Zukunft liegt, dann könnt ihr mit Hilfe eurer kosmischen Nachbarn auch dorthin gelangen.

Mit den Feuerwerken am vierten Juli feiert ihr jedes Jahr, dass ihr eure Zukunft selbst bestimmen könnt und die Willkürherrschaft von Gruppen, die euren Globus offenbar einer Umweltkatastrophe entgegenführen, abschütteln werdet. Jetzt wird euch allmählich bewusst, dass ihr euch individuell zusammenschließen könnt und dass eure wachsende Anzahl euch Kraft gibt. Ihr könnt von der Basis der Bürgerbewegungen aus die nötigen Veränderungen bewirken, um eure Zivilisation einer größeren Erfahrungsbandbreite entgegenzuführen.

Wir wissen, dass ihr dazu in der Lage seid, denn andere haben vor euch genau dasselbe getan und ihr tragt in euren Zellen die Erinnerungen an jene Siege über die Unterdrückung und Tyrannei egozentrischer Fraktionen, die nur ihren eigenen Zwecken dienen wollen – selbst wenn dafür eure Umwelt zerstört wird und die Armen darunter leiden.

In der Numerologie bedeutet die Zahl Vier das Fundament, die Basis, auf der die Vorarbeit zu einer gewaltigen Unternehmung geleistet wird. Wenn ihr begreift, dass ihr die Vorarbeit dafür leistet, euch frei über die Unterdrückung durch die Multis zu erheben, die euch in eigener Sache kontrollieren wollen, dann enthält euer vierter Juli, der Unabhängigkeitstag der Vereinigten Staaten, eine Wahrheit. Gemeinsam erschafft ihr etwas Neues. Es hat bereits begonnen. Ihr habt bereits damit angefangen. Allmählich werdet ihr nicht mehr von einem oder zwei Individuen erwarten, dass sie euren Planeten umwandeln, denn bereits jetzt beweisen sogar eure Präsidentschaftswahlen und die geringe Wahlbeteiligung, dass ihr aufgebt. Ihr gebt dieses Glaubenssystem auf; ihr habt die Phantasie aufgegeben, dass die Transformation innerhalb des alten Rahmens möglich ist, und beginnt zu begreifen, dass dazu ein ganz neues Paradigma nötig sein wird. Das könnte und sollte euch freuen, denn die Anführer von morgen werden aus euren Rängen kommen. Sie gemäß ihrer eigenen Lehre leben. Ihr Verstehen wird sich auf spirituelle Konzepte gründen und das wird für euch sehr bedeutsam sein. An diesen Qualifikationen wird man den Weisen oder die Weise erkennen; nicht daran, auf welcher Schule sie waren oder wie viel Geld einem Kandidaten zur Verfügung stand, um soundso weit zu kommen. Das Fundament, das ihr legt und das durch die Zahl Vier symbolisiert wird, entsteht auf dem ganzen Globus, egal welche Sprache gesprochen wird.

Außerirdische Kontakte symbolisieren vor allem das Begreifen, dass eure Welt nicht mehr dieselbe ist und nicht länger auf dem Weg der Zerstörung fortschreiten wird. Ihr werdet die Massenzerstörung und das Morden unter euch nicht länger dulden. Feiert also euer Wissen, dass ihr erwacht und für eure Kinder und Enkel den Weg in euer Morgen baut. Wenn jemand bereit ist, aus dem Schachteldenken herauszukommen und das scheinbar Unmögliche zu erwägen, ist er ein Pionier; und Pioniere werden eure Zukunft verändern.

Aber es gibt immer noch so viele Leute, die nicht glauben, dass Kontakt mit Außerirdischen möglich ist.

Eure spirituelle Entwicklungsstufe hängt davon ab, wie bereitwillig ihr Konzepte erwägen könnt, die euch aus eurer Egozentrik führen und zur Anerkennung anderer Rassen an anderen Orten führen.

Der egozentrische Intellekt fühlt sich gern überlegen. Er möchte, dass ihr euch als von allen anderen abgetrennt empfindet und dass es euch somit gerechtfertigt erscheint, keinerlei Verbindungen mit anderen einzugehen. Ihr könnt diese Denkweise überwinden, indem ihr sie zunächst einmal erkennt und sie dann fallen lasst wie überzähliges Gepäck. Dann könnt ihr anfangen, euch als Teil des Ganzen zu empfinden.

Dies ist deshalb so wichtig, weil ihr ein Teil des Ganzen *seid*, und wenn ihr erkennt, wer ihr seid, wird sich alles um euch herum verändern und weiterentwickeln – nicht nur auf persönlicher Ebene, sondern auch kollektiv; denn wir haben eure Stimmen gehört, und sie fragten, warum man das Leben als einen solchen Kampf empfinden muss.

Wenn ihr anfangt, euer wahres Selbst zu erkennen, werdet ihr euren Intellekt darin üben, den ganzen Prozess von Ursache und Wirkung anders wahrzunehmen. Es ist ein ungeheuer wertvolles Geschenk, endlich nach Hause zu kommen und zu begreifen, dass ihr jedes gewünschte Ergebnis ganz einfach dadurch erzielen könnt, dass ihr die Ursache dafür schafft. Das klingt so einfach; doch wir sprechen hier von vielen hundert Jahren, in manchen Fällen sogar von Jahrtausenden, in denen eure Zellen das Konzept von Ursache und Wirkung anders erlebt haben. Eure Zellstruktur enthält Unmassen von Erinnerungen, in denen ihr euch selbst als Opfer und das Leben als ständigen Kampf erlebt habt; deshalb ist es manchmal eine gewaltige Herausforderung, das eigene Selbst davon zu überzeugen, dass dies nicht immer der

Fall sein muss. Euer wahres Selbst weiß natürlich, was in Wirklichkeit los ist; doch das wahre Selbst ist mit dem Körper verbunden, der einer niedrigeren Energieebene angehört und ständig beteuert, was für ein Kampf das Leben ist, dass man niemandem trauen kann und dass übernatürliche Phänomene nicht zum Alltag gehören können.

Wir hoffen, dass wir allein schon dadurch, dass ihr diese Kommunikation lest, ein Zellengedächtnis in euch berühren. Mit unserer Mission möchten wir denjenigen Teil von euch aufwecken, der sich an das Konzept eurer Verbundenheit zu anderen Wesen in der Galaxis erinnert. Dem Himmel sei Dank für diesen Kontakt, im wörtlichen Sinne; denn du hast ihn dir mit Hilfe deines eigenen Bewusstseins ermöglicht, ebenso wie einige andere; und dies ist erst der erste Schritt. Habt Geduld und vertraut darauf, dass weitere Schritte folgen werden.

Während der nächsten zehn Jahre hat jeder Einzelne von euch eine großartige Gelegenheit, sein Bewusstsein zu erweitern, und es wäre wirklich wunderbar, wenn ihr greifbarere Ereignisse erleben würdet, die unsere Existenz beweisen. Doch dazu müsst ihr zuerst auf verschiedenen Ebenen bereit sein und darum geht es uns jetzt.

Viele unter euch werden, wenn sie dies lesen, ausrufen: »Ich wusste es! Ich habe es immer gewusst. Ich habe die Gegenwart dieser Wesen bereits gespürt.« Und ihr hättet Recht damit. Im Universum gibt es kein Behältnis, das ein oder zwei Lebensformen enthält. Dort draußen sind unzählige Gebiete, universelle Nachbarschaften, die sich in unendliche Weiten erstrecken, und so viele großräumige Gebiete; doch da es euch schwer fällt, auch nur uns anzuerkennen, geschweige denn andere, fangen wir mit dieser Beziehung an. Aber das heißt nicht, dass ihr euren Intellekt nicht ab und zu zurückpfeifen und auffordern könnt, sich einen Augenblick lang vorzustellen, was euch in eurer Entwicklung noch alles bevorsteht.

In eurer Geschichte gab es Zeitalter, in denen ihr der universalen Familie fast beigetreten wärt. Bevor eure Geschichtsschreibung die Ereignisse aufzeichnete, gab es auf eurem Planeten ein Zeitalter, in dem ihr es nicht ganz geschafft habt, weil ihr euch vorher selbst zerstört habt. Deshalb setzen wir in einigen Fällen da wieder an, wo wir damals aufgehört haben. Deshalb widmen wir eurem Volk diesmal so viel Aufmerksamkeit.

Jetzt bestehen gewisse Ähnlichkeiten mit jenem letzten Scheideweg. Unsere Zukunftsvision für euch ist, dass ihr diesmal diesen Weg einschlagt statt jenen. Manchmal braucht ihr nur die Ermunterung eines liebevollen Freundes, der die Vision besitzt und euch dabei hilft, euer Selbstbewusstsein zu erwecken. Dieser liebevolle Freund sind wir. Wir wissen, dass ihr es schaffen könnt. Wir wissen, dass ihr wahrscheinlich keine Lust habt, eine weitere Runde eurer Evolution zu durchlaufen, weil ihr den Ausgangspunkt für diese Entfaltung oder für das Aufblühen eurer Kultur und eurer Massen beinah erreicht habt, euch dann aber unmittelbar vor dem großen, bedeutungsvollen Sprung wieder selbst ausgelöscht habt.

Meditiert und macht eine Bestandsaufnahme eurer Erinnerungen, dann erinnert ihr euch vielleicht daran, dass euch genau das geschehen ist. Baut euch eine Brücke in ein neues Morgen, indem ihr anderen vertraut, denn auf diese Weise könnt ihr euch selbst vertrauen. Was ihr einem anderen zufügt, werdet ihr auch euch selbst zufügen. Ermutigt andere, so wie wir euch ermutigen.

Stellt euch einen Augenblick lang vor, dass ihr euch in einem Transporter befindet, der große Entfernungen mit Lichtgeschwindigkeit zurücklegen kann, und stellt euch weiterhin vor, dass ihr aufgrund eurer Wahrnehmung aller universellen Dinge in der Lage wart, diese Erfahrung in eurer Realität zu erschaffen. Indem ihr geradeaus ins Sonnensystem blickt, könnt ihr exakt zum Ziel eurer Wahl navigieren; sei es nun ein benachbarter Planet oder ein benachbartes Sternensystem, in das ihr zu einem Picknick eingeladen worden seid. Warum nicht? Verrücktere Dinge sind geschehen. Habt ihr auch nur die geringste Ahnung, welch enorme technologische Fortschritte eure Rasse allein während der letzten hundert Jahre gemacht hat? Ist euch klar, dass die Dinge, die heute bei euch passieren, aus der Sicht eurer Vorfahren mindestens so absurd gewirkt hätten wie das Konzept, das wir euch vorlegen? Ihr besitzt bereits die Grundkenntnisse des Fliegens, und wenn ihr noch ein paar physikalische Kniffe lernt, werdet ihr ein Raumschiff besitzen, das euch überallhin bringen kann.

Wir schlagen euch einen solchen Nachmittag im Weltraum vor, weil ihr das für eine reine Ausgeburt der Fantasie haltet, doch das stimmt nicht. Die Zeit wird kommen, in der sowohl Individuen als auch kleine Gruppen solche Ausflüge unternehmen können. Sie müssen nicht von den Regierungen subventioniert werden, folglich braucht auch die Macht über solche Unternehmen nicht in der Hand der Regierungen zu bleiben. Wenn ihr eure Beziehungen zu euren Nachbarn weiterentwickelt, können wir »Rezepte« austauschen, nämlich wissenschaftliche Konzepte und technologische Ideen.

Aber was können wir euch mit eurem überlegenen technologischen Stand dafür anbieten?

Ihr bietet uns die Gelegenheit, euch zu lieben und euch nach Hause zu leiten. So gesehen dürfen wir eine Art Engel sein.

Wie aufregend es wäre, wenn einige von euch eine Beziehung zu uns hätten, in der wir euch Schaltpläne davon zeigen könnten, wie man solche Ideen praktisch anwenden kann und für welche Zwecke ihr sie benutzen könnt!

Das Wichtigste ist, dass diese Konzepte in euren Gedanken beginnen müssen. Durch eure Bücher, Filme, Fernsehsendungen und dergleichen habt ihr einen flüchtigen Blick darauf erhascht, wie so etwas aussehen kann, doch ihr müsst begreifen, dass im Moment die Hauptarbeit dort liegt, wo einzelne Gruppen einander unter sich bekämpfen. Wir schlagen euch vor, dass ihr dieses ganze Paradigma hinter euch lasst und euch stattdessen vorstellt, dass ihr in die Rolle des unbegrenzten, universellen Menschen hineinwachst, und zwar auf friedliche, spirituelle Weise. Ihr braucht eure kriegerische Mentalität nicht in eure Künste und eure Zukunft hineinzutragen. Wir bitten euch darum, dies zu begreifen. Wenn ihr Ideen und Fantasien über eine solche Zukunft habt, dann lasst das alte Paradigma hinter euch, in dem ein Nachbar den anderen wegen eines Stückes Land oder eines besonderen Gerätes oder eines Planeten oder einer Galaxis bekämpft.

Es gibt einen anderen Weg. Es gibt den Weg des friedlichen, universellen Menschen. Sobald ihr euch selbst dabei ertappt, dass ihr in diesem alten Schema denkt und davon ausgeht, dass es Wut und Kampf und Blutvergießen geben muss, dann erinnert euch daran, dass dieses Denken reiner Gewohnheit entspringt. Ihr könnt euch nur schwer vorstellen, dass ganz in der Nähe ein Leben ohne Konflikte existiert. Auf dieser Ebene fordern wir euch Drehbuchautoren, Romanautoren und Stückeschreiber heraus. Ihr könnt eure Werke mit einer anderen Art des Konflikts anreichern. Denkt euch doch zur

Abwechslung mal einen Kontrahenten aus, der kein Nachbar ist. Erschafft Antagonisten, die im eigenen Denken und in den eigenen Zweifeln wurzeln oder in der eigenen Vergangenheit oder im eigenen Glaubenssystem. Brecht aus dem alten Hollywoodschema aus, in dem der Antagonist immer der Böse da drüben ist, der dem Guten hier bei uns alles Mögliche antut.

Neue Möglichkeiten sollten willkommen sein. Es gibt so viele Künstler, die neue Ideen kreieren können. Es gibt so viele neue Ideen, die nur darauf warten, hervorzukommen, sobald euer Verstand sich erweitert und es eurem Selbst erlaubt, sich von spirituellen Wesen, die denselben Weg vor euch beschritten haben, führen und leiten zu lassen. Ihr braucht nicht auf allen Ebenen das Rad neu zu erfinden.

Einsamkeit hilft dem Intellekt, ruhig zu werden; und ein ruhiger Intellekt kann mehr Kommunikationen von anderen Ebenen aufnehmen. Falls ihr euch fragt, wie auch ihr an diesem Prozess teilhaben könnt, dann schaltet euer Telefon ab oder nehmt den Hörer von der Gabel, schottet euch einen Nachmittag lang vom Lärm der Welt ab, setzt euch hin und ladet uns und andere Ebenen in euer Leben ein. Heiler, Künstler aller Richtungen, vom Komponisten bis zum Geschichtenerzähler: dies ist eure Chance zur Heilung. Wollt ihr eure Kultur einen Schritt weiterbringen? Dann nehmt eure Kultur bei der Hand und findet heraus, wie eure nahe Zukunft aussehen könnte. Benutzt euer kreatives Genie, um anderen das aufzuzeigen, und lasst sie selbst überlegen, wie es wohl aussehen könnte, wenn man jegliche Gewalt ausklammert. Findet finanzkräftige private Geldgeber und Unternehmer, die nicht darauf bestehen, dass ein Projekt keinen Wert hat, wenn nicht soundso viele Leute dabei geköpft werden. Ihr könnt eurer Gesellschaft helfen, Geschmack an einer völlig anderen Art von Medien zu entwickeln. Die Medien selbst können ruhig dieselben bleiben, aber sie werden anders koloriert sein. Es ist völlig unnötig, dass Unmengen von Leuten total gierig danach sind, Filme zu sehen, deren Herstellung zig Millionen Dollar kostet, selbst wenn sie eine historische Geschichte erzählen, die auf Fakten basiert. Warum sollten sie, wenn es so viele andere erzählenswerte Geschichten gibt? Geschichten, die von Hoffnung oder vom grenzenlosen menschlichen Potential handeln oder von Sternensystemen, die auf eure Ankunft warten, oder von anderen Wesen im Universum, die sich danach sehnen, dass ihr euch nach ihnen ausstreckt und sie berührt. Hört anderen »normalen« Leuten zu, die unglaubliche Geschichten erzählen wollen, aber niemanden haben, der ihnen zuhören will. Viele von euch haben andere Ebenen besucht, und ihr wisst, wovon wir sprechen.

Jetzt ist die Zeit gekommen, eine andere Art von Produkt anzubieten. Als Künstler solltet ihr eure Aufgabe darin sehen, den von Gott gegebenen Auftrag zu erfüllen, eure Kultur in eine Zukunft der universalen Menschheit zu führen. Es geht nicht um Unterhaltung um ihrer selbst willen; denn der Barbar, der in eurem Intellekt wohnt, wird immer zur Gewalt tendieren, selbst wenn der Rest eurer selbst dem widersteht. Warum solltet ihr euch überhaupt mit Gewalt beschäftigen, selbst wenn es sich um »dokumentierte« oder »historische« Gewalt handelt – wenn ihr euch stattdessen mit Konzepten beschäftigen könntet, die die Seele anregen und eure tiefsten Leidenschaften erregen?

Auch Buchverleger gehören zu dieser Gruppe, denn man braucht ein gewisses Verantwortungsgefühl, wenn man euren globalen Stamm mit Konzepten vertraut macht, die augenblicklich nicht von vielen Verlegern publik gemacht würden. Wenn ihr damit anfangt, Geschichten voller Gewalt und Wut abzulehnen, und stattdessen Produkte anbietet, die eine Vision beinhalten, dann übernehmt ihr die Verantwortung dafür, euren Zuschauern und Lesern dabei zu helfen, einen neuen Weg einzuschlagen. Dieser neue Weg könnte die Fantasie eurer Kinder, Teenager, Erwachsenen und Senioren befruchten, sodass sie dabei helfen, Erfahrungen und Kommunikationen mit den Myriaden von Wesen zu ermöglichen, die nur darauf warten, euch kennen zu lernen. Es gibt Zeitreisende, Engel, spirituelle Führer und andere körperliche Wesen, so wie uns, die sich euch gern vorstellen würden, wenn sie von euch eingeladen würden.

Aber manche Leute würden sagen, dass sie Begegnung mit Außerirdischen nur dann akzeptieren könnten, wenn ein Wesen von einer anderen Welt in einer »standesgemäßen« Art und Weise hier ankäme, sodass es jeder sehen könnte.

Genau diese Voreingenommenheit macht es euch unmöglich, öfter Wunder zu erleben. Wenn ihr dafür zugänglich seid, dass sich das Göttliche so offenbart, wie es ihm zu diesem bestimmten Zeitpunkt am besten erscheint, dann, und nur dann, habt ihr den roten Willkommensteppich ausgerollt. Manchmal gehen eure kühnsten Träume in einer so unerwarteten Form in Erfüllung, dass ihr sie zunächst gar nicht erkennt und sogar ablehnt und sagt: »Das will ich aber nicht.« Doch der Weise weiß, wie man ständig auf dem Posten ist und sich auf alles gefasst macht, denn das Göttliche kann sich durch viele verschiedene Aspekte und Möglichkeiten ausdrücken. Wenn ihr darauf besteht, dass der Geist oder die Inspiration sich auf eine bestimmte Weise äußern muss, dann habt ihr damit zwölf andere Möglichkeiten abgeschnitten, mit denen die Seele des Universums versucht, euch dabei zu helfen, euren Traum zu erschaffen.

Ihr seid die Wegweisenden; ihr weist den Weg nach Hause. Dieser Heimweg führt euch mitten in eine Familie von Wesen, zu der auch ihr gehört; und wenn ihr eure kulturelle Auffassung dessen, was wir sind, in eine andere kulturelle Perspektive transformiert, werdet ihr allmählich auch Veränderungen in euren Medien sehen. Solange viele unter euch nach uns rufen, werden wir nicht fernbleiben. Wir sind keine Fremden. In gewisser Weise sind wir aus euren Herzen ausgestoßen, da eure Gesellschaft andere, die nicht von eurem Planeten stammen, als negativ abgestempelt hat. Das ist ein Vorurteil und ihr solltet es allmählich als solches erkennen.

Wenn ihr in die höheren Ebenen eintaucht und dort herumplanscht, werdet ihr mehr Beweise für unsere Existenz finden und alles wird in Ordnung sein. Ihr werdet euch selbst ständig dazu herausfordern, euch weiterzuentwickeln, Liebe zu verbreiten, andere ohne abwertende Vorurteile zu akzeptieren und euren Weg weiterzuverfolgen, egal wie schwierig das auch scheinen mag. Ihr werdet herzlose Arbeitsbedingungen nicht mehr tolerieren, denn ihr werdet begreifen, dass ihr selbst das alles erschafft – also könnt ihr einfach etwas anderes erschaffen.

Stellt euch folgende Schlagzeile vor: »Die neuesten Nachrichten. Außerirdische zwei Meilen vor der Küste gesichtet. An einem sonnigen, warmen Tag blickten Strandbesucher überrascht gen Himmel.« Eines Tages könnte diese Nachricht in euren Zeitungen erscheinen, und zwar keineswegs nur in den Revolverblättern. Die allmähliche Integration unserer Existenz in euer Bewusstsein hat mit voller Kraft begonnen. Allein aufgrund eures Interesses steht ihr auf der Schwelle, und wenn der Vorhang aufgeht, werdet ihr in der ersten Reihe sitzen. Ihr werdet für euren Glauben belohnt werden, denn die Geheimnisse des Universums warten nur darauf, von euch entdeckt zu werden. Wie werdet ihr es schaffen, unsere Existenz in euer Leben zu integrieren? Das alles ist nicht so weit entfernt, wie ihr meint.

Jenseits der Sterne warten gewisse Gruppen geduldig auf eure Entscheidung. Doch egal wie ihr euch entscheidet, ihr werdet euch in jedem Fall für das Leben entscheiden; das eine ist nur ein etwas direkterer Weg als das andere. Habt also keine Angst, dass ihr nie dorthin kommen werdet, denn ihr werdet ankommen, das steht absolut fest.

Ich habe mich gefragt, wie oft ihr diesen Planeten besucht und ob ihr uns etwas über euer Antriebssystem erzählen könntet und auf welche Weise ihr reist. Reist ihr schneller als mit Lichtgeschwindigkeit?

Wir durchschreiten kein Tor zu einer anderen Ebene oder Dimension oder zu einem anderen Ort, ohne dass all unsere Oberhäupter das gebilligt haben. Doch sobald sie es gutheißen, können wir jeden Ort besuchen, den wir wollen. Das Universum wird von einem magnetischen Energiefeld durchdrungen, und wir haben eine Möglichkeit gefunden, diese natürlich vorkommenden Energiefelder auszunutzen, so ähnlich, wie eure Magneten gewisse Legierungen anziehen. Statt also von einem Quadranten zum anderen geschoben oder gestoßen zu werden, lassen wir uns einfach anziehen. Wie bei einem bis zum Äußersten ausgedehnten Gummiband lassen wir uns von der Anziehungskraft blitzschnell anziehen. Auf diese Weise treiben wir mit der Strömung und erlauben es gleichzeitig den natürlich vorkommenden, beweglichen Energiefeldern, uns dorthin zu bringen, wo wir hinwollen. Das ist natürlich eine etwas vereinfachte Erklärung, aber vor allem ist dabei zu beachten, dass wir natürlich vorkommende Phänomene und Energiefelder ausnutzen und uns mit ihnen verbinden, statt nach Reisemöglichkeiten außerhalb der natürlich vorkommenden Phänomene zu suchen. Versteht ihr, was wir meinen?

Also, ja für Bob, nein für Lisette; aber in welchen Geschwindigkeiten spielt sich das alles ab?

In derselben Geschwindigkeit, in der auch Gedanken reisen, das heißt in manchen Fällen augenblicklich und in anderen Fällen etwas besonnener, je nachdem, was für »Hindernisse« durch äußere Impulse erzeugt werden. Ihr könnt euch unsere Reisegeschwindigkeit nur schwer vorstellen, denn ihr geht davon aus, dass es zwischen Abreise und Ankunft einen zeitlichen Unterschied gibt. Doch wir öffnen einfach eine Tür und es gibt einen Sturm von Energiepartikeln, die Menschen, die an unseren »Reisen« teilgenommen haben, manchmal in den Eingeweiden gespürt haben. Eigentlich kann man unsere Art, zu reisen, eher als einen Entscheidungsprozess beschreiben. Das wäre wohl treffender, denn es ist der Gedanke, der die Entscheidung, anzukommen, vorantreibt. Deshalb sagen wir immer, es sei gedankenschnell. Hat man die Entscheidung, an einen anderen Ort zu gelangen, einmal getroffen, dann hängt die Dauer oder Geschwindigkeit von einer Reihe von Variablen ab. Wenn wir eine Gruppe von Wesen transportieren, entsteht je nach der Dichte des Wesens in unserer Mitte vielleicht ein unmittelbareres System von Abreise und Ankunft. Wir können diesen Zeitplan an verschiedene Bedürfnisse der Bequemlichkeit anpassen. Für Wesen, die sich an diese Erfahrung nicht aus früheren Inkarnationen oder vom Leben auf der anderen Seite erinnern, kann eine Reise auf dem Strom der Energiepartikel sowohl ein Hochgefühl erzeugen als auch überraschend sein.

Stellt euch vor, ihr überquert in einem kleinen Flugzeug den Grand Canyon auf eurem Planeten. Die Hitze, die vom Grund des Canyons aufsteigt, wirkt sich auf das kleine Flugzeug aus und wird als Turbulenz erlebt. Jetzt stellt euch statt der Ströme von Warmluft, die mit einem kleinen Flugzeug »zusammenstoßen« und einen »Effekt« haben, sehr schnelle Energieströme vor. Tretet einfach in den Energiestrom, dann könnt ihr wie von einem Gummiband geschnellt über Raum und Zeit gezogen werden.

Im Übrigen fragt ihr nur eine einzige Gruppe. Wir sprechen nicht für das ganze Universum. Wir sind sozusagen an einen gewissen »Besuchs-Zeitplan« gebunden, der auf der sich ständig verändernden und vertiefenden Vorstellung beruht, die ihr von uns habt. Was wir in der Vergangenheit getan haben, werden wir nicht unbedingt in der Zukunft wiederholen. Unser »Besuchs-Zeitplan« wird von all denen unter euch diktiert, die für die Vorstellung von anderen Wesen aus anderen Ebenen offen sind. Deshalb erinnern wir euch immer wieder daran, dass wir hier nicht aus Egoismus handeln und unsere eigenen Ziele verfolgen. Wir sind stets präsent und stets aufmerksam, damit wir eurer Einladung folgen und eure Fähigkeit, euch unserer Gegenwart zu öffnen, Ehre erweisen können – und mit »eurer« meinen wir wirklich euch alle. Wenn uns das Energiemuster eines bestimmten Ortes zu einem bestimmten Zeitpunkt dazu einlädt, dann lassen wir es zu, gesehen zu werden. Das klingt vielleicht überraschend, denn das Unterbewusste geht immer davon aus, dass die Auswirkungen sich eurer

Kontrolle entziehen, doch dies ist nicht der Fall. Wir arbeiten in enger Übereinstimmung mit eurem höchsten Ideal und das verändert sich je nach eurem kulturellen, emotionalen und spirituellen Entwicklungsstand. Wenn wir einen Besuch machen, gibt es in manchen Fällen eine sehr starke Anziehungskraft, die Kontakt wünscht. An gewissen Orten sind solche Kontakte vielversprechender, weil dort die kollektive Auffassung vorherrscht, dass dies möglich ist – und das ist es dann auch. Auch gibt es auf eurem Planeten gewisse Örtlichkeiten, von denen Einzelne behaupten, dass man dort eher Außerirdische zu sehen bekommt als anderswo. Ihr nennt so etwas eine sich selbst erfüllende Prophezeiung, denn je offener ihr auf spiritueller Ebene an einem bestimmten Ort für den Empfang von Nachrichten von uns seid (mit Nachrichten meinen wir Beweise für unsere Existenz), desto mehr erschafft ihr genau dies.

Der Kontakt mit Außerirdischen funktioniert genauso wie alles andere, das ihr erschafft. Zusätzlich gibt es noch gewisse Verschiedenheiten der Schwingung, die mit den Frequenzen bestimmter Orte auf eurem Planeten zu tun haben. Das heißt nicht, dass wir nicht überallhin, an jeden Ort gehen können, sondern dass es gewisse Orte gibt, an denen die Bevölkerung gegenüber solchen Ereignissen offener ist, und deshalb finden sie auch statt.

Also, was kam zuerst, euer Kontakt, der anscheinend die Schwingung erhöht, oder die Schwingung, die den Kontakt anzieht?

Die Antwort auf dieses scheinbar verwirrende Rätsel befindet sich in eurer Auffassung, dass das eine vor dem anderen kommen muss, obwohl Gleichzeitigkeit eher die Regel als die Ausnahme ist. Wir kommen an, weil wir eingeladen werden, und wir werden eingeladen, weil wir angekommen sind. Es ist kein linearer Verlauf der Zeit, kein »zuerst dies und dann das«, auch wenn unsere eigene vorherige Erklärung dem scheinbar widerspricht; doch wir bemühen uns, Konzepte so zu erklären, dass ihr sie verstehen könnt. Einige von euch haben sich dafür entschieden, bestimmte Orte aufzusuchen, um sich unserer Existenz bewusst zu werden, und zwar lange vor ihrer Geburt. Einige von euch haben sich, lange bevor sie geboren wurden, dazu entschlossen, in diesen Gegenden zu sein und am Kontakt oder an der Beobachtung der Raumschiffe teilzunehmen. Dies sollte euch daran erinnern, wie großartig die Entfaltung der Ereignisse ist. Dies setzt voraus, dass es sich nicht um Unglücksfälle handelt. Es gibt einen umfassenderen Plan, doch innerhalb des Plans gibt es die Möglichkeit plötzlicher Spontaneität; eine Entscheidung kann erwachen und der Wunsch, mit uns zusammen zu sein, kann in jedem Augenblick entstehen. Und somit beginnt sich dann eine ganz neue Reihe von Ereignissen und Erfahrungen zu entfalten. Die beste Antwort ist: beides. Manche Ereignisse scheinen andere zu ermöglichen und außerdem treten manche Ereignisse mit der scheinbaren Präzision der Gleichzeitigkeit auf.

Es gibt eine Menge geschriebener Dokumentationen über das Unglück, das sich 1947 in Roswell in New Mexico ereignete. Wart ihr an diesem Unglück beteiligt und war es ein Unfall?

Ja, es war ein Unfall, aber kein Unglück; ebenso wenig wie irgendein anderes Unglück wirklich ein Unglück ist. Wenn man es von der höchsten Ebene aus betrachtet, ermöglichte dieses Ereignis in euren Diskussionen und Debatten eine ganz neue Ebene; und anderen unter euch ermöglichte es die Entscheidung, Dokumente und Ereignisse geheim zu halten. Einige von euch haben sich dafür entschieden, ihr eigenes Wissen über diese Ereignisse zu unterdrücken oder sich ihr Schweigen »bezahlen« zu lassen. All diese Taten waren einfach Rollen, die ihr euch zu spielen entschlossen hattet; innerhalb der zukünftigen Entfaltung eurer Auffassung von anderen Rassen.

Was unsere eigene Beteiligung angeht, war dies eine Tochterkolonie; wir hatten also nicht direkt damit zu tun – aber vielleicht solltet ihr darüber nachdenken, dass ein solches Ereignis ein Geschenk ist. Eure erleuchteten Meister, die euren Planeten im Lauf der Jahrtausende besucht haben, wählten immer solche Lebensumstände und Ereignisse, die ihrem Seelenkonzept dessen, wer sie selbst waren und wie sie ihren Seelenplan verwirklichen wollten, am besten entgegenkamen – und das war wiederum mit den Seelenplänen all der anderen, mit denen diese Seele Kontakt hatte, verbunden. Die Erfahrung, die Jesus mit den Römern machte, war kein Versehen, sondern sie war von diesen Seelen gestaltet worden, um gewisse Erfahrungen zu ermöglichen. Auch das Gesetz des Geistes unterliegt demselben universellen Prinzip und verlangt, dass jede Erfahrung auf einer bestimmten Ebene von uns selbst erschaffen wird. Auch jener Zwischenfall wurde von den daran beteiligten Seelen erschaffen. Im Wörterbuch des Göttlichen kommt der Begriff *Unglück* nicht vor. Wir verstehen natürlich, in welchem Zusammenhang du deine Frage stellst, aber wir befassen uns hier mit Szenen, die sich jenseits des üblichen Schleiers deiner Beobachtung abspielen. Wir sehen durch den Schleier hindurch, der dich normalerweise behindert; doch nun begreifst du allmählich, dass sich außer den Dingen, die du augenblicklich vor dir siehst, noch eine ganze Menge mehr abspielt.

Manche Seelen üben sich darin, mutig zu sein, oder erleben die Einschränkung ihrer Redefreiheit. Manche Seelen entscheiden sich für das Erleben von Konflikten; zum Beispiel entscheiden sie sich dafür, militärischen Befehlen zu folgen, und erleben dann den Konflikt zwischen diesen Befehlen und ihrer eigenen Auffassung davon, wie Informationen verbreitet werden sollten, die eigentlich jeden angehen. Diese Dinge ereignen sich in gewissen Abständen; dadurch kann eure Rasse sie so verarbeiten, dass die Information verinnerlicht wird und ihr die Fähigkeit entwickelt, bestimmte Phänomene in Betracht zu ziehen. Eure individuelle und kulturelle Reaktion auf dieses »Gerücht« ist sowohl eine persönliche als auch eine kulturelle Entscheidung. Deshalb fällt es uns so schwer, euch zu sagen, was sicht als Nächstes ereignen wird – denn je nach eurer unmittelbaren Entscheidung, wie ihr ein solches Ereignis auffassen wollt, gibt es vielleicht fünfzehntausend verschiedene Versionen dessen, was sich als Nächstes ereignen wird.

Aufgrund solcher Ereignisse werden Helden geboren. Führungspersönlichkeiten und andere Leute werden mit Schmiergeldern gekauft. Seelen werden aufgewühlt, und all das ermöglicht euch, an diesem bestimmten geografischen Ort unsere Existenz in Betracht zu ziehen, während wir gleichzeitig an einem anderen Ort, zum Beispiel in England, ein weiteres Auftauchen von Kornkreisen initiieren. Und hier in Buffalo, New York, behauptet eine Frau, sie habe eine Begegnung mit Außerirdischen erlebt; und dort drüben in Tschechien finden sich die Überbleibsel eines Raumschiffs in den Bäumen. Versteht ihr? Ereignisse werden aufeinander abgestimmt und bieten euch die Gelegenheit, auf sie zu reagieren und zukünftige Handlungen eurerseits zu fördern. Wie ihr damit umgeht – das ist letztendlich der springende Punkt des freien Willens.

Hat unsere Regierung tatsächlich Leichen gefunden? Wurden bei diesem Absturz Wesen getötet?

Die Wesen, die an dieser Erfahrung beteiligt waren, taten dies aufgrund ihres Seelenplanes und der Seelenpläne derer, die ihnen begegnet sind. Diese physischen Wesen beendeten eine bestimmte physische Manifestation. Andere, die sie kannten, folgen nicht wie ihr den Ritualen des so genannten Todes. Ja, diese Körper wurden wie ein Kleidungsstück abgelegt und zu eurer Betrachtung zurückgelassen.

Wir wissen nur von wenigen Begebenheiten, zu denen mehr Interesse und Güte gehörte als zu dieser besonderen Mission; denn genau wie bei Jesus, der trotz seines vorübergehenden physischen Unbehagens eine gewisse Behandlung seines Körpers zuließ, steckte auch hier ein wesentlich höherer Plan dahinter.

KAPITEL 7

Magie und Wunder

Seit die Außerirdischen auftauchten, ist alles ganz seltsam geworden. Seit jener ersten Nacht in meinem Schlafzimmer, als ein stürmischer Zyklon meine Haare zerzauste und blendende Startbahnlichter meine Hornhaut zu zerbrutzeln schienen und ich mir vorkam, als hätte all das Brutzeln und Zappen meine Haut in gedörrtes Rindfleisch verwandelt, ist mehr als ein Jahrzehnt vergangen. Abgesehen von meiner Weltanschauung war eins der ersten Dinge, die sich danach veränderten, meine plötzliche und überraschende Fähigkeit, hellsichtig zu sehen und hellhörig zu hören.

Manchmal schienen die Bilder und Geräusche banal zu sein; so wie damals, als ich Auto fuhr und eine Stimme und ein Bild erschienen, die mir eine bessere Ausweichroute vorschlugen als diejenige, die ich nehmen wollte. Und manchmal erreichten mich Botschaften von tiefer Bedeutung oder von sehr persönlicher Natur; so wie damals, als mir nur ein paar Wochen vor der Hochzeit mit meinem zukünftigen zweiten Ehemann zu meinem Entsetzen mitgeteilt wurde, dass mein wundervoller neuer Verlobter und ich nur »sehr kurze Zeit gemeinsam« haben würden.

Die harte Wahrheit ist, dass sich in gewisser Regelmäßigkeit, abgesehen von allgemeinen Hellhörig- und Hellsichtigkeitserfahrungen, auch alle möglichen anderen, geheimnisvol-

len und unerklärlichen Phänomene ereignen, sei es nun eine seltsame Lichtquelle, die auf einer Wanderung in der Wildnis in einem Busch auftaucht, oder ein Rabe, der nur wenige Zentimeter vor meinem Autofenster vorbeifliegt und mir »sagt«, dass ich lieber auf die Bremse treten soll, statt in die Kreuzung einzufahren.

Einmal erschien ein alter Mann, der, wie ich annehme, irgendein Geist gewesen sein muss, neben meinem Bett und hielt mein zukünftiges Buch in der Hand; zehn Jahre vor seiner Veröffentlichung. Er sagte, er sei aus der »Zukunft«, und zeigte die Buchseiten, die alle ganz vergilbt waren, als seien sie hundert Jahre alt. Doch mein Erstaunen über ihn wuchs noch, da ihn ein junges rothaariges Mädchen begleitete, in dem ich sofort mich selbst als Teenager wiedererkannte. Es war ausgesprochen zermürbend, mich selbst ohne meine Falten zu betrachten, wie ich da vor mir selbst saß, und ich kicherte, weil ich die Sommersprossen vergessen hatte, die ich gehabt hatte. Bevor ich irgendetwas sagen konnte, waren die beiden verschwunden. Ein andermal empfing ich beim Aufwachen eine Botschaft über jemanden namens Arthur Buckley.

»Wer ist Arthur Buckley?«, sagte ich laut in das ansonsten stille Schlafzimmer.

Keine Antwort.

»Was muss ich über Arthur Buckley wissen?«, wiederholte ich, schon an die entnervende Angewohnheit der Außerirdischen gewöhnt, mich mit irgendeinem interessanten Leckerbissen aufzuwecken und dann flugs völlig zugeknöpft zu sein, sobald sie meine Aufmerksamkeit erregt hatten.

Mein Hund Jessy blinzelte aus tiefem Schlaf zu mir auf, knurrte einmal und schlief wieder ein.

»Na gut, dann nicht«, sagte ich zu meinem Kopfkissen, während ich mich wieder zum Schlafen hinlegte.

Am nächsten Morgen bummelte ich zum Buchladen und erkundigte mich, ob irgendetwas von einem gewissen Arthur

Buckley verlegt worden sei. Nachdem der Angestellte ein bisschen gegraben hatte, gab er mir ein Taschenbuch. Offenbar war Buckley, der schon vor vielen Jahren gestorben war, zu seiner Zeit ein bekannter Magier gewesen, der sich auf Taschenspielertricks spezialisiert hatte, besonders auf Kartentricks. Wieder zu Hause, schnitt ich das Thema erneut an, diesmal mit seinem Buch in der Hand.

Was hat Arthur Buckley mit mir zu tun?

Ein universelles Konzept besagt, dass man die scheinbaren Grenzen von Raum und Zeit transzendieren kann, sodass Magie kein Trick und keine simple Fingerfertigkeit mehr ist, sondern die Frucht eines Zustandes der transformierten Realität.

Arthur Buckley begann als Zauberkünstler; er verkörperte einen Beruf, in dem die Bewegungen der Hände die Zauberei mit Hilfe von Kartentricks und anderen Manipulationen zum Leben zu erwecken schienen. Er – sein Geist – möchte dich und andere wie dich ermutigen, denn in vieler Hinsicht überbrückt ihr die beiden scheinbar so konträren Wirklichkeiten der Realität und der Magie, wobei der Magier normalerweise jemand war, der mit Hilfe von Tricks Illusionen erzeugte. Eine Brücke zwischen unseren beiden Welten zu schlagen, scheint Zauberei zu sein. Für viele wirft diese Tätigkeit Fragen auf. Manchen erscheint das Ganze vielleicht irreal, anderen erscheint es unglaublich. In gewisser Hinsicht entwickelst du die Fertigkeiten eines Magiers; aber nicht, um Illusionen zu erzeugen, sondern um die Aufmerksamkeit dorthin zu lenken, wo die eigentliche Illusion liegt, nämlich in eurer scheinbaren Wirklichkeit. Und der Schlüssel liegt darin, das Konzept einzuführen, dass das scheinbar Unmögliche in Wirklichkeit ganz real ist – und somit echte Zauberei.

Arthur Buckley förderte durch seine frühe Tätigkeit eine allgemeine Fertigkeit im Arbeiten mit Illusionen; und indem ihr den Mythos angreift, dass es keine Außerirdischen gibt und dass sie bisher noch keinen Kontakt mit Menschen hatten, bringt ihr diese Blase zum Platzen. Ihr helft dabei, den Mythos eurer Kultur zum Platzen zu bringen, der behauptet, multidimensionale Wesen könnten nicht mit euch kommunizieren und außerirdische Wesen, die in Raumschiffen von Planet zu Planet hüpfen, könnten nicht mit Menschen sprechen.

Du überbrückst für deine Mitmenschen den Abgrund des mangelnden Begreifens – wie es auch andere vor dir schon getan haben. Deine Leser und die Zuschauer einer Zaubervorstellung haben ähnliche Eigenschaften. Einerseits gefallen ihnen die Tricks des Magiers, andererseits möchten sie gern herausbekommen, ob es eine Illusion war oder ob der Zauberkünstler irgendeine Fähigkeit besitzt, die es ihm ermöglicht, der Realität zu trotzen. Der professionelle Zauberkünstler verführt die Zuschauer zu der Frage, ob es ihm womöglich gelungen ist, irgendeine kosmische Frequenz anzuzapfen, mit deren Hilfe er die üblicherweise »normalen« Einschränkungen von Raum und Zeit umgehen kann, die die meisten von euch als gegeben hinnehmen. Dieses Phänomen ruft in eurer Kultur etwas ganz Ähnliches hervor. Während der Zaubervorstellung schwebt die Assistentin des Zauberkünstlers in der Luft, Kaninchen verschwinden und normale Haushaltsgegenstände haben plötzlich Eigenschaften, die jeder Logik widersprechen. All dies regt das Zellengedächtnis eurer Rasse an, dass solche Dinge in der Tat möglich sind, sobald ihr die »Magie« der multidimensionalen Phänomene betretet.

Im Unterbewusstsein ist es eurer Rasse verzweifelt wichtig, zu glauben, dass solche Magie möglich ist, denn auf einer bestimmten Ebene begreift ihr, dass unerklärliche, göttliche Phänomene womöglich den einzigen Ausweg aus eurer Zwangslage bieten – und kulturell haltet ihr die geheime Hoffnung aufrecht, dass solche »Zauberei« euch aus eurer spirituellen Bewusstlosigkeit aufwecken kann. Während ihr der Zaubervorstellung zuschaut, fragt ihr euch, ob dies vielleicht eine Demonstration der Fähigkeit ist, den unsichtbaren Stoff des Göttlichen anzuzapfen, der die Illusion von Raum und Zeit zerschmettern kann. Die Zaubervorstellung weckt eine latente Erinnerung in euch und ruft euch ins Gedächtnis, dass es eine Zeit gab, in der ihr noch wusstet, dass Wunder möglich sind und dass somit alles möglich ist. Ihr dachtet, die Zaubervorstellung diene lediglich zu eurer Unterhaltung. Doch in Wahrheit schenkt sie der dürstenden Seele einen Becher Hoffnung und ermöglicht euch die zwanglose Erinnerung an die wahre, unbegrenzte Natur des Universums.

Für viele symbolisierte Houdini die Sehnsucht der Seele, die Substanz des reinen Potentials anzuzapfen. Auf einer bestimmten Ebene ist euch klar, dass solche »Zauberkunst« auch übernatürliche Phänomene einschließt. Solche Phänomene scheinen einen ähnlichen Charakter zu haben wie die Magie. Man erkennt sozusagen, dass beides aus demselben Teig gebacken wurde. Somit verkörperst auch du Eigenschaften eines Magiers wie Houdini, denn durch die Demonstration deiner Kommunikation mit Außerirdischen übst du praktisch Magie aus. Du wendest quasi magische Konzepte an und machst sie zu Wirklichkeit.

Es gibt einige Führer, die mit dir arbeiten, ein paar indianische Schamanen; und dieser interessanteste Aspekt der spirituellen Führung Arthur Buckleys berührt dein wachsendes Begreifen dessen, was ein meisterhafter

Zauberkünstler bietet: nicht noch mehr Illusionen, sondern Manifestationen von Dingen, die euren Grundgesetzen der Wissenschaft zu widersprechen scheinen.

Manche Menschen werden diese Arbeit als simplen, billigen Kartentrick abtun und verachten. Segne diese Einschätzung und diejenigen, die dir dieses Feedback geben, denn sie sprechen aus ihrer eigenen Erfahrung; und dies ist die Erfahrung, die sie mit dir und dieser Arbeit machen. Andere werden andere Erfahrungen machen. Lass dich nicht von den Kritikern dieses Arbeitsprozesses herunterziehen, denn in deinem Herzen und in deiner Seele weißt du genau, was du erlebst.

Echte Magie schließt das Zellengedächtnis mit ein, dass kreative Wesen einen Zauberstab schwenken und etwas aus der Luft erschaffen können; dass man aus der Sicht der göttlichen Schöpfung einen Zylinderhut nehmen und etwas aus dem Nichts herausziehen kann. Somit symbolisieren der Zylinderhut und der Zauberstab des Zauberkünstlers euer Zellengedächtnis und genau dorthin entwickelst du dich. Ihr alle seid Magier, denn ihr könnt das Leben eurer Träume und das weiße Kaninchen, das die Schöpfung an sich symbolisiert, aus der Luft erschaffen.

Im Augenblick seid ihr wie Kinder, die mit aufgerissenen Augen in der ersten Reihe einer großartigen Zaubervorstellung sitzen und von der Darbietung des Zauberkünstlers wie gebannt sind. In einem geringeren Grad werdet ihr durch den Zyniker vertreten, der sagt: »Pah, das ist nur eine Zaubervorstellung – und eine billige Rummelplatzdarbietung noch dazu.« Wir spielen hier auf die Auffassung an, die eurer Kultur von einer Erweckungserfahrung hat; scheinbar durchwirkt sie alles, was mit euch zu tun hat, mit Magie, während ihr eurer nächsten großen Erfahrung entgegengeht.

Doch der Zyniker wird nachsichtiger, denn allmählich erkennt ihr, dass euer ständiger Zynismus lediglich zu größerer Traurigkeit führt. Schließlich erkennt der Skeptiker, dass diese Sicht der Dinge ihn nicht weiterbringt, und deshalb kehrt ihr jetzt zum Staunen der kindlichen Sichtweise zurück und erinnert euch wieder an die Zeit, als ihr der wunderbaren Vorstellung des Zauberkünstlers zugesehen habt; aber diesmal haltet ihr es für möglich, dass die »Magie« – oder die Wunder – alle Aspekte des Göttlichen durchdringen. Seid also wie die Kinder – von kindlichem Staunen erfüllt – und erkennt bereitwillig an, dass die Zeit gekommen ist, zu demonstrieren, wie leicht Magie ein Teil eurer Alltagserfahrungen werden kann.

Diese neue Sichtweise erlöst euch aus eurer Verzweiflung, dass das Leben nur eine ständige Aneinanderreihung tödlicher Ereignisse ist. Erlaubt es eurem höheren Selbst, euch vorzuführen, was alles möglich ist, wenn Wunder zu eurer Alltagserfahrung gehören. Auf diese Weise könnt ihr die höheren Dimensionen berühren und beginnt, die Zaubervorstellung zu sehen, die sich im ganzen Universum abspielt. Und das ist wirklich eine großartige Vorstellung. Kommt schnell, ihr dürft nicht verpassen, was auf euch wartet!

Na, das wirft eine Frage auf. Was wartet auf die Menschheit? Werden wir uns selbst auslöschen oder können wir unsere Mängel irgendwie umwandeln, sagen wir zum Beispiel mit Hilfe von Klonen?

Eure Welt bemüht sich, mit Hilfe von genetischem Klonen ein physisches Wesen mit höheren Funktionen hervorzubringen; doch wenn ihr eure Ressourcen und eure Konzentration dazu einsetzen würdet, ein physisches

Wesen mit höheren Funktionen durch *Bewusstsein* zu erzeugen, würdet ihr wesentlich weiterkommen. Der Grund dafür ist, dass ihr mit genetischer Manipulation nicht sehr weit kommen könnt, solange ihr zugleich spirituell schlaft.

In mancher Hinsicht ist es ein gutes Zeichen, dass ihr euch auf globaler Ebene mit dem Konzept eines unbegrenzten menschlichen Gefäßes befasst, das keine Krankheiten kennt und physische Verbesserungen aufweist. Ihr alle setzt euch mit der Vorstellung auseinander, dass ihr physisch zu mehr, zu viel mehr fähig seid; und das ist etwas Positives. Doch in vieler Hinsicht ist diese Auseinandersetzung nur sehr oberflächlich, denn ihr entwickelt diese Vorstellung mit dem gedanklichen Hintergrund einer Rasse, die ihre Probleme mit ebenjener Denkweise lösen möchte, die die Probleme ursprünglich erzeugt hat. Stattdessen solltet ihr eure Problemlösungen physisch aus einem Zustand größerer Bewusstheit angehen.

Wenn ihr spirituell erwacht, werdet ihr euch allmählich verändern und eure physische Existenz heilen. Sobald ihr euer Gruppenbewusstsein erweckt, werdet ihr feststellen, dass ihr euren physischen, emotionalen und mentalen Körper gründlich beeinflussen könnt, indem ihr die Aspekte eures Bewusstseins, eures Körpers und eures Geistes vereinigt. Zwar könnt ihr gewisse physische Gefäße genetisch manipulieren und verbessern – doch nur bis zu einem gewissen Grad, da dieser Prozess den Zustand eures biologischen Zuhauses ignoriert, in dem diese »perfektionierten« physischen Gefäße leben werden. Auch hier fließen sowohl eure Bemühungen als auch eure Finanzen in die falsche Richtung. Das Positive daran waren die dadurch ausgelösten weltweiten Gruppendiskussionen, die wiederum die Sehnsucht freisetzten, zu einer Rasse mit erweiterten physischen Möglichkeiten zu evolvieren. Doch ihr versucht, innerhalb der Symptome Veränderungen zu schaffen, statt an der Wurzel des Übels zu arbeiten. Wenn ihr erwacht und lernt, euer Geld und eure Bemühungen dort einzusetzen, wo sie dem Erwachen am besten dienen, dann werden eure Verbesserungen, seien sie nun physisch, spirituell oder intellektuell, von Dauer sein und sich nicht auf ein oder zwei Gefäße beschränken; stattdessen wird die ganze Erde eine Erhöhung der Schwingungsenergie erleben und daraus wird eine vollständige Heilung folgen.

Um euch ein Beispiel zu geben: Eure genetischen Versuche lassen sich mit einem Gestüt vergleichen, in dem ihr durch genetische Manipulation ein schnelleres, windschnittigeres und reibungsloser funktionierendes »Modell« eines Rennpferdes erzeugen wollt. Dann erzeugt ihr dieses eindrucksvolle Ross und lasst es auf die Rennbahn los, wo es im Schlamm ausrutscht und stürzt, weil das vergiftete Grundwasser darunter Schlamm bildet. Der perfekte Hengst kann die Rennstrecke nicht bewältigen, da die Rennstrecke selbst weder verbessert noch erweitert wurde. Sämtliche Ergebnisse eurer Bastelei müssen immer noch einer globalen Bewusstheit und einer Umwelt untergeordnet werden, das heißt, es ist sinnlos, wenn man sich auf einer bestimmten Ebene um Veränderungen bemüht, dabei aber die Frage ignoriert, wo Veränderungen am meisten nützen würden und von größter Dauer wären.

Dies ist eine weitere Verdrängung der Einsicht, um welche Bereiche ihr euch am dringendsten kümmern müsst. Wieder lenkt ihr euch ab und bemerkt nicht, wo die einfachsten und wirkungsvollsten Veränderungen mit dem dauerhaftesten Resultat vorgenommen werden könnten. Indem ihr Millionen für diese Experimente ausgebt, vermeidet ihr die Erkenntnis, wofür ihr eure Dollars sonst noch ausgeben könntet. Ihr könntet stattdessen eine Methode erfinden, den Verlust eurer Bäume aufzuhalten, die für das delikate Gleichgewicht eurer planetaren Sauerstoffversorgung notwendig sind. Ihr könntet euch um eure Obdachlosen kümmern, die sich in den Busbahnhöfen drängen, um sich zu wärmen. Eure Kinder, eure Söhne und Töchter weinen, denn sie haben seit Wochen keine richtige Mahlzeit bekommen.

Wenn ihr in einem Gewächshaus versuchen würdet, die schönste rote Rose zu erzeugen, und dann die Samen nehmen und in einer Wüste aussäen würdet in der Hoffnung, sie würden dort gedeihen, dann wäre das eine Analogie zu eurem augenblicklichen Dilemma, denn ihr konzentriert euch auf die Symptome statt auf die Ursache. Ihr solltet lieber die »Erde« eures Bewusstseins düngen. Erhöht den »pH-Wert« so weit, dass ihr sowohl eure eigenen Taten als auch die Entscheidungen eurer Regierungen begreifen könnt. Diese Entscheidungen tragen weder zu eurem Überleben bei noch sind sie einer emphatischen Kultur angemessen. Wenn es euch gelingt, eine neue und verbesserte rote Rose zu erzeugen, und ihr sie dann in ein unfruchtbares Ödland aussät, werdet ihr euch hinterher fragen, warum sie nicht ebenso gut wie im Gewächshaus gedeiht. Solche Prioritäten lenken euch von der Notwendigkeit ab, zunächst einmal die Wüste wieder fruchtbar zu machen, und von der Erkenntnis, dass sie früher einmal fruchtbar gewesen ist. Ihr solltet also eure Ressourcen und eure Aufmerksamkeit stattdessen auf diese Frage lenken – dann werden die Samen, die das physische Gefäß symbolisieren, zwangsläufig ebenfalls erwachen; denn nun wird das physische Wesen von einer erwachten Spiritualität gelenkt. Dadurch verändern sich alle Entscheidungen und somit auch alle

Taten. Dann wird sich die Umwelt verändern, ebenso wie eure gesamte Gesellschaft – und somit ist auch die Erfahrung des physischen Wesens eine ganz andere.

Und wie sollen wir die Welt aufwecken?

Zunächst solltet ihr schlichtweg begreifen, dass ihr schlaft, und dann müsst ihr erkennen, was ihr im Schlaf alles tut. Erhöht eure Wachsamkeit immer mehr und findet heraus, wie ihr die Welt auf all eure aktiven Beiträge zu eurer ständigen Hoffnungslosigkeit aufmerksam machen könnt – und auf eure bevorstehende Zerstörung, falls ihr so weitermacht wie bisher. Und für diejenigen von euch, die in den Medien arbeiten, sei es nun bei einer Rundfunkstation, einer Zeitung oder beim Fernsehen: Wenn ihr merkt, dass eure besten Ideen zensiert werden, weil sie zu weit gehen, dann schließt euch mit anderen Kollegen zusammen und boykottiert gemeinsam dieses unsichtbare Hindernis eures Erwachens. Schließt euch mit euren so genannten Konkurrenten zusammen – und auf einmal sind zwei Talkmaster miteinander solidarisch, oder zwei Reporter oder zwei Nachrichtensprecher, und allen gibt ihr Zusammenschluss Kraft, sodass die Multis, die offenbar die Medien besitzen, für die ihr arbeitet, die Flutwelle eurer gemeinsamen Interessen nicht mehr aufhalten können. Persönlichkeiten aus Fernsehen, Film und Rundfunk, von New York bis Los Angeles, sollten wie eine Gewerkschaft zusammenarbeiten; doch dies wird eine spirituelle Gewerkschaft eurer Kultur sein und einen Volksaufstand repräsentieren, da das Volk sich nicht mehr durch Zensur und »höhere« Berichterstattung zum Schweigen bringen lässt. Lenkt die Aufmerksamkeit der Welt auf solche Beispiele, die besonders unverfroren und einschüchternd sind; fangt an, das Establishment unter Druck zu setzen, und erlaubt es euren multinationalen Konzernen nicht länger, die Medien zu kontrollieren und Themen von weltweiter Bedeutung zu ignorieren.

Ihr wolltet wissen, was ihr persönlich ausrichten könnt, und dies ist die Antwort darauf: Ihr könnt den Drang zum erwachten Bewusstsein beschleunigen, indem ihr lernt, der Unentrinnbarkeit eures »Verhängnisses« ins Auge zu sehen, falls ihr auf dem Weg der Selbstzerstörung weiter voranschreitet. Wer berühmt ist und das Interesse der Medien auf sich zieht, hat eine große Verantwortung. Schließt euch mit anderen zusammen, die einen ähnlichen Stellenwert in der Gesellschaft haben, dann könnt ihr eine beträchtliche Menge Aufmerksamkeit der Welt auf jene Themen lenken, die eures Engagements dringend bedürfen. Es stimmt, dass es als Einzelperson schwierig ist, der Zensur zu entkommen, aber gemeinsam könnt ihr es. Begreift, wozu ihr einen solchen Bekanntheitsgrad überhaupt errungen habt, und erkennt, wie dringend ihr euch mit anderen zusammenschließen müsst, damit ihr gemeinsam die dunkelsten Praktiken eurer Gesellschaft, die das Leben am meisten untergraben, ins unbarmherzige Tageslicht bringen könnt.

Falls jemand aus der Perspektive einer evolvierten Gesellschaft versuchen würde, eine Kultur, ein Ökosystem und einen ganzen Planeten wieder aufzubauen, dann wäre es sinnvoll, den weißköpfigen Adler so zu klonen, dass er sich schneller vermehrt. Doch es ist ein großer Unterschied, ob man Kinder im Labor mit dieser Technologie herumspielen lässt oder ob man diese Verantwortung spirituell erleuchteten Erwachsenen anvertraut. Wenn sie nicht spirituell erwacht sind, gleichen die Menschen Kindern, die in einem Labor spielen, denn ihre Eskapaden ignorieren die höchste spirituelle Moral, die im

Lärm der mächtigen Multis, deren höchstes Ziel keineswegs die Gesundheit des Planeten ist, untergeht. Wenn solche Konzerne etwas finanzieren, und sei es nur als stille Teilhaber, dann werden sie euch unweigerlich wieder in denselben Konflikt führen wie zuvor. Es ist *eine* Sache, solche Embryonen-Technologie bei bedrohten Tieren einzusetzen, um ihr Aussterben zu verhindern – doch selbst hier würden die Leiter dieser Bemühungen die damit zusammenhängenden Themen besser begreifen, wenn sie sie von der Warte vollkommener Bewusstheit und Erleuchtung betrachten könnten. Aus diesem Grund wird diese Technologie in der Hand einer pubertierenden, egozentrischen Bevölkerung mehr schaden als nützen.

Das Grundproblem ist, dass ihr euch nicht als spirituell unbewusst begreift – oder, im Kontext der spirituellen Evolution, als Kinder – und deshalb gar nicht versteht, vor welche Herausforderungen eure Entscheidungen euch stellen. Einigen von euch sind diese Dinge zwar bewusst – doch die Multis, die diese Technologie benutzen wollen, sind wahrscheinlich gerade die Gruppe, die am *wenigsten* bewusst handelt.

Eine erwachte Gesellschaft geht mit ihren Problemen auf eine bestimmte Weise um. Eure Gesellschaft geht mit ihren Problemen größtenteils auf eine Weise um, die nicht für eine erwachte Gesellschaft typisch ist. Ihr entwickelt Technologie, für deren Anwendung Erleuchtung nötig ist, wenn sie zum größtmöglichen Vorteil dienen soll; doch ihr habt bisher bewiesen, dass ihr spirituell nicht genügend darauf vorbereitet seid, diese Technologie zu benutzen. Die bloße Tatsache, dass ihr inmitten einer vergifteten und sterbenden Umwelt überhaupt überlegt, diese Technologie zur Erschaffung eines fortschrittlicheren Wesens einzusetzen, ist ein gutes Beispiel dafür, wie tief eure Gewohnheit geht, das Pferd beim Schwanz aufzuzäumen. Spirituelle Erleuchtung entsteht nicht im Reagenzglas; doch ihr seid so auf Künstlichkeit fixiert, dass ihr einem Fachgebiet, das greifbare Lösungen für eure Probleme zu versprechen scheint, übertriebene Beachtung schenkt. Doch das ist eine Illusion, denn solange ihr nicht vom Standpunkt einer erwachten Gesellschaft Neues erschafft, ist eure kollektive Motivation nicht Weisheit, sondern Künstlichkeit. Ihr versucht zwar, euch weiterzuentwickeln, doch ihr weicht der Erkenntnis aus, dass die Grundlage zur Entwicklung und Nutzung solcher Technologie oft von Gier und Machtbesessenheit beherrscht wird. Erst wenn die Grundlage eurer Technologie Altruismus ist und ihr die Fähigkeit besitzt, euch von den höchsten Idealen der Gruppe motivieren zu lassen – und nur dann –, könnt ihr diese Dinge weiterverfolgen und euch bemühen, die höchstmöglichen Anwendungsgebiete dafür zu finden. Erst wenn eure Angelegenheiten nicht mehr dem Diktat der Gier und des Machthungers gewisser Individuen und Firmen unterliegen, könnt ihr diese und andere Technologien dazu benutzen, eure Rasse und eure Umwelt aufzuwerten. Die Ironie dabei ist, dass erleuchtete Wesen natürlich auch wissen, dass Veränderungen des physischen Wesens ausschließlich innerhalb des Bewusstseins und durch bewusste Schöpfung herbeigeführt werden können. So etwas wird euch dann nicht mehr geheimnisvoll erscheinen, denn dann könnt ihr Veränderungen und Anpassungen ebenso schnell und effektiv vornehmen, wie ihr jetzt meint, sie in einer Petrischale oder in einem Reagenzglas zu erzeugen. Die Tatsache, dass ihr das nicht erkennt, beweist, dass ihr schlaft und dass ihr Veränderungen herbeiführen und eure Situation verbessern wollt, obwohl ihr lediglich ein Teilverständnis besitzt.

Erleuchtung ermöglicht das Begreifen wahrer Unbegrenztheit und unbegrenzter Möglichkeiten. Evolvierte Gruppen können massive Veränderungen auf Gebieten herbeiführen, die vor der Erleuchtung als unveränderlich galten. Zwar beschäftigt ihr euch nun öfter mit Themen der Langlebigkeit und eines Lebens ohne Krankheiten, doch erst müsst ihr begreifen, dass nur das Bewusstsein des Individuums und der Gruppe solche Veränderungen und mehr herbeiführen kann. Ihr glaubt nur aufgrund eures momentanen Kollektivbewusstseins, dass das menschliche Wesen nach einer gewissen Anzahl von Jahren altern muss; und bei den meisten von euch tut der Körper das dann auch. Eure augenblickliche Wissenschaft behauptet, dass er altern muss, also tut er es. Eine Erweckung kann ein anderes Ergebnis erzielen; doch durch den Versuch, solche Veränderungen im Labor zu erzeugen, ausgeführt von Individuen, die oft mehr schlafen als wach sind, fixiert ihr euch wiederum auf euren Intellekt, statt euch darauf zu konzentrieren, wie ihr euer spirituelles Erwachen weltweit vorantreiben könnt.

Zuerst solltet ihr eine liebevolle, mitfühlende und tolerante Kultur entwickeln und ausleben. Wesen mit solchen Charaktereigenschaften sind ganz andere Gebiete wichtig als euch. Aus diesem Bewusstsein heraus könnt ihr vieles von dem erreichen, was ihr durch Klonen zu erzielen hofft. So, und nur so, werdet ihr dauerhafte Resultate erzielen. Transformation erlangt man durch Einfachheit, nicht durch Komplexität. Symbolisch gesprochen bemüht ihr euch, die biologisch perfekte Waldohreule zu erschaffen, doch dann wollt ihr sie in eine Umwelt entlassen, in die ihr immer noch eure Kloake in die Wasserreservoire leitet. Es ist unangebracht, ein weiterentwickeltes menschliches Wesen erschaffen zu wollen, während andere Angehörige eurer Rasse einander auf der anderen Seite der Erde foltern. Stattdessen solltet ihr einen Quell des spirituellen Erwachens schaffen und auf dieser Grundlage ein Verstehen fördern, das durch Liebe und Mitgefühl für alle motiviert wird. Dieses Verstehen wird euch neue Technologien und Fähigkeiten bescheren, die besser dazu geeignet sind, euren Planeten zu heilen.

Wendet euch an Kulturen, die bestimmte Gruppen unterdrücken – seien es nun Frauen oder die Angehörigen anderer Religionen –, und heilt diese Spaltung. Registriert es, wenn Kinder verdursten und verhungern und keine Lebensgrundlage haben. Richtet eure weltweite Aufmerksamkeit darauf. Setzt die Fachkenntnisse, die Ausbildung und die Brillanz eurer Wissenschaftler dazu ein, eine Lösung für diese Probleme zu finden. Verlasst das Labor und kehrt in die Savannen und Wüsten Afrikas zurück und kümmert euch um die sterbenden und leidenden Menschenmassen dort. Zieht euren weißen Laborkittel aus und legt stattdessen die weiße Robe der Göttlichkeit an; bietet den Durstigen keine neuen Reagenzgläser an, sondern ein Glas Wasser. Auf diese Weise werdet ihr eure Welt verändern. Auf diese Weise werdet ihr euren Planeten heilen. Erlaubt euch das Verhalten einer sensiblen, mitfühlenden Kultur, statt leidende Individuen und Gruppen zu ignorieren, während im Hinterzimmer mit dem Chemiekasten gespielt wird. Konzentriert stattdessen weltweit eure Finanzen und euer Interesse auf eure weltweiten Probleme, wie zum Beispiel Hunger, Waldsterben und globale Erwärmung. Habt ihr geniale Physiker, dann bringt sie zu den Hungernden und beginnt mit den Grundsatzproblemen. Kümmert euch um eure einfachsten und zugleich verheerendsten Probleme und erlaubt es euren Intellektuellen nicht, sich von dieser Aufgabe abzuwenden, denn damit schiebt ihr nur das Unvermeidliche hinaus. Früher oder später werdet ihr euch mit dem Ansteigen des Grundwasserspiegels durch die globale Erwärmung befassen müssen. Es wird euch nichts anderes übrig bleiben, als einzusehen, dass ihr die Wahl eurer Möbel von eurer Vorliebe für schöne Hölzer abhängig macht, statt eure Wälder stehen zu lassen. Ihr werdet die Transformation in der Einfachheit finden, nicht in der Komplexität.

Klonen ist nichts anderes als der Versuch, ein scheiterndes System durch Manipulation der Symptome dieses scheiternden Systems zu reparieren. Wenn ihr nicht begreift, in welch wachsende Bedrohung der Umwelt ihr eure neuen, genetisch erzeugten Sprösslinge entlasst, werdet ihr weiterhin am Kern der Sache vorbeigehen. Auch dies ist ein Beispiel dafür, wie der Intellekt seiner größeren Herausforderung ausweicht. Bewusstsein erzeugt genetisch überlegene Nachkommen. Bewusstsein erschafft und erhält ein genetisch überlegenes Gefäß. Erleuchtung verändert alle Aspekte des Menschseins. Indem ihr an den Symptomen herumpfuscht, vermeidet ihr es lediglich, endlich herauszufinden, was wirklich dringend »repariert« werden muss; und am Ende werdet ihr euch zu den Wundern der Wissenschaft gratulieren und zugleich ignorieren, dass dieselben Wissenschaftler eine viel größere Wirkung erzielen könnten, wenn sie Veränderung schaffen würden.

Eine genetisch perfekte Rose aus einem Gewächshaus wird nicht gedeihen, wenn man sie in die Wüste umpflanzt. Ein Rosengarten, den man in ein Ödland verpflanzt, wird das Ödland nicht verändern. Wenn ihr die dürren Landstriche transformiert, werden dort ganz von selbst die schönsten und perfektesten Blumen sprießen.

Aber manche behaupten, dass Außerirdische genau das tun: Sie kreuzen sich mit Menschen, um einen Fötus zu erzeugen, der halb Mensch und halb »Alien« ist.

Dieses Missverständnis ist teilweise aufgrund der Erfahrungen von Menschen entstanden, die Außerirdischen begegnet sind und ihre Sprösslinge als Folge dieser Begegnungen empfunden haben, und es ist ihnen aufgefallen, dass offenbar zwischen unserer und eurer Rasse physische Ähnlichkeiten bestehen. Aufgrund der komplexen Transformation, denen sie während des Übergangs von eurer Erde zu ihrer neuen Heimat unterworfen sind, werden gewisse physische Merkmale unserer Rasse in diese neugeborenen Nachkommen integriert. Wenn du uns darum bittest, einige Geheimnisse des Kontakts zwischen unseren Rassen zu lüften, implizierst du zugleich, dass du die Antwort ertragen kannst.

Es gibt keinen Grund, uns mit eurer Rasse zu kreuzen und eine Art Mischling zu erzeugen; doch damit wollen wir nicht sagen, dass so etwas in der Geschichte eures Planeten niemals vorkam. Hinter dem Schleier des Geheimnisses wartet eine relativ einfache Erklärung. Manchmal sind die Erklärungen so einfach, dass ihr vielleicht eine komplexere Erklärung vorziehen würdet. Die Natur des Universums ist nicht komplex; doch vielleicht sind es die kompliziertesten Konzepte, die zwei scheinbar widersprüchliche Antworten auf dieselbe Fragestellung beinhalten. Stellt euch eine Zeit vor, in der unsere Familien einander in engem Zusammensein begegneten. Wir sind einander so eng verbunden wie eine Familie mit der anderen, denn wir sind Geschwister unter vielen anderen. Fürchtet euch nicht vor äußerlichen Unterschieden. Ihr braucht ein neues Verständnis für das, was wir sind. Wir bitten euch, uns dieses Forum zur Verfügung zu stellen und uns zu erlauben, zu euren Herzen zu sprechen. Wenn wir auf diese Weise zusammenkommen, ist das ein heiliger Augenblick, denn dies steht seit langer, langer Zeit geschrieben. Unterschätzt die Seele des Universums nicht. Sie würde wollen, dass wir miteinander auskommen, oder? Ihr müsst einen Zustand erreichen, in dem ihr uns in euren Gedanken betrachten könnt, ohne vor uns zurückzuschrecken; nicht als ein UFO-Phänomen, sondern als eine ganz normale Begegnung – als würdet ihr eure Nachbarn kennen lernen, die vielleicht weiter entfernt sind, als ihr begreifen könnt. Doch unsere räumliche Entfernung trennt uns nicht voneinander. Unsere Herzen und Seelen sind einander von ihrem Wesen her verbunden.

Der kontroverseste Aspekt der Phänomene eurer Begegnungen mit Außerirdischen ist es, wenn Erfahrende von gläsernen Behältern berichten, in denen sich menschliche Föten in einer Flüssigkeit entwickeln. Dies, behaupten viele, ist der Beweis, dass wir verabscheuungswürdige, gefühllose Wissenschaftler sind, darauf versessen, unsere Rasse mit Hilfe eurer Fortpflanzungsfähigkeit weiterzuverbreiten. Frauen berichten, dass sie schwanger waren und dass dann der Fötus auf geheimnisvolle Weise verschwand. Die Behauptung, dass wir fortpflanzungsfähiges Material sammeln, entspringt der Vorstellung, wir befänden uns als Rasse im Todeskampf und seien darauf aus, unsere sterbende Rasse mit Hilfe der Fortpflanzungsorgane eurer Frauen zu retten. Wir sollten ein wenig über diese Vorstellung sprechen.

Als die Menschheit beschloss, einen Planeten zu bewohnen, der Chemikalien hervorbringt, die von euren großen Chemiekonzernen mit großem Nachdruck verbreitet wurden, habt ihr durch die Vergiftung eurer Gewässer und eures ganzen Planeten eine gefährliche Veränderung in der Richtung eurer Evolution bewirkt. Allmählich entzieht ihr dadurch eurer eigenen Fortpflanzungsfähigkeit die Grundlage; auch wenn ihr zweifellos gerade eine Bevölkerungsexplosion erlebt. In vielen Fällen wurde die neue Bevölkerung durch gewisse chemische Reaktionen, die oft eure biologische Integrität kompromittiert, vergiftet. Dies geschieht zwar manchmal auf sehr subtile Weise, doch insgesamt gesehen habt ihr einen Weg eingeschlagen, auf dem die reproduktiven Zellen eurer Rasse einen veränderten Embryo hervorbringen. Das bedeutet nicht, dass es für eure Rasse keine Hoffnung gibt. Eine psychologisch und spirituell hoch entwickelte Seele kann es ertragen, wenn man sie auf das hinweist, was tatsächlich ist.

Wir haben in der Tat eine Stichprobe eures genetischen Pools bewahrt. Dies mag euch zwar wie eine Vergewaltigung erscheinen, doch es ist das Resultat einer Vereinbarung, die wir für den Fall, dass sich eure Rasse unbewusst in die Richtung bewegt, in die sie sich nun entwickelt, mit euch getroffen haben. Mit anderen Worten: Es bestand die Möglichkeit, dass eure Entscheidungen, sofern sie eure Umwelt betreffen, letztendlich auf der Grundlage der Geschäftemacherei getroffen würden. Falls die Seelen vor einer bestimmten Inkarnation diese Möglichkeit voraussahen, einigten sie sich darauf, einen Plan zu entwickeln, um diese Möglichkeit auszugleichen. Nach der Erfahrung von Atlantis war es euch ein wichtiges Anliegen, einige eurer Samen zu bewahren, statt vollständig ausradiert zu werden, wie es euch schon einmal geschah. Vielen von euch war es ein wichtiges Anliegen, eine gewisse Anzahl eurer Nachkommen zu schützen, um den Fortbestand eurer Rasse zu gewährleisten, aber auch um als Vergleichsmodell für die Ausdrucksform eurer Physiologie zu dienen, die sich nun aufgrund häufiger Vergiftungseinflüsse rückläufig entwickelt.

Es steht nicht in Stein gemeißelt, dass euer wunderschöner Planet seinem Ende entgegengeht, und wir behaupten auch nicht, dass es keine Hoffnung mehr gibt. Wir erklären euch nur, dass innerhalb eurer Evolution gewisse Möglichkeiten in Betracht gezogen wurden, und eine dieser Möglichkeiten war die Auslöschung; auch wenn es verschiedene Methoden gibt, einander auszuradieren. Der Körper reagiert auf die ständigen Einflüsse der Umweltvergiftung physisch mit einem reduzierten Immunsystem. Über die technischen Details der Frage, wie wir eure Embryonen, eure Föten bekommen sollten, wurde in zahlreichen intensiven Diskussionen und Abmachungen entschieden, und dies schien die beste und unschädlichste Methode, den Plan zu verwirklichen. Ihr mögt die Idee ablehnen, dass ein Fötus innerhalb eines nicht lebenden Objekts aufwächst – doch wir erlauben uns darauf hinzuweisen, dass die Kinder, die ihr im Augenblick im Mutterleib heranwachsen lasst, in einer Umwelt voller emotionalem Stress, physischer Giftstoffe, mangelnder Gesundheit und Armut existieren.

Wir haben ein Adoptionsprogramm begonnen, das dem auf eurem Planeten sehr ähnlich ist: Denjenigen, deren Unfähigkeit, sich um ihre Nachkommen zu kümmern, erwiesen ist, werden ihre Nachkommen weggenommen und an einen Ort gebracht, der die Entwicklung dieser Wesen am meisten fördert. In eurem Fall beweist jedoch eure ganze Spezies ihre Unfähigkeit, für ihre Nachkommen zu sorgen – und zwar *auf lange Sicht*. Deshalb haben sich einige von euch, während sie sich in einem Zustand des höchsten Bewusstseins befanden, dazu bereit erklärt, an einem Programm teilzunehmen, das eine gewisse Anzahl der Jungen eurer Rasse unserer Obhut anvertraut für den Fall, dass euer Planet unbewohnbar wird. Ihr könnt sicher sein, dass diese Jungen eurer Rasse in ihren Adoptivheimen gut gedeihen und dass sie nur erleuchteten Rassen anvertraut werden, die keinerlei Vorurteile gegen andere Rassen kennen – im Gegensatz zu dem Verhalten, das ihr oft an den Tag legt. Auf diese Weise wurden Menschenkinder durch unsere Programme adoptiert, weshalb wir die Entwicklung eurer Rasse trotz der potentiellen Bedrohung eures Erbes gewährleisten können. Diese Programme gehen nie über die Vereinbarungen mit euren eigenen Seelen hinaus und setzen eure Teilnahme voraus. Wir haben das nicht allein organisiert. Dieses Programm entstand durch eine Zusammenarbeit zwischen einigen von euch und uns, obwohl ihr euch zugegebenermaßen vielleicht nicht an diese Abmachung erinnert.

Ihr könnt euch vielleicht vorstellen, dass es zwischen den atmosphärischen und sonstigen Konditionen eurer und unserer Umgebung viele gewaltige Unterschiede geben kann, die eine Umstellung des Kindes erforderlich machen. Dazu gehört eine Anpassung der physischen Konstitution, die diesen Übergang auf eine andere Existenzebene ermöglicht. Aufgrund gewisser Prozesse, Prozeduren und Techniken nehmen junge Menschenkinder dadurch gewisse physische Merkmale ihrer Gastfamilie an. Für diese Veränderung der physischen Erscheinung und des biologischen Materials gibt es viele Ursachen und Gründe. Die Veränderung schadet den Sprösslingen nicht und erzeugt einen physischen Körper mit höheren Funktionen und manchmal entstehen die äußerlichen Merkmale vielleicht auch aufgrund von inneren Veränderungen und Anpassungen.

Dies sind einige der Gründe dafür, dass solche Kinder manchmal ihre physische Erscheinung verändern. Es gibt keinen Grund, sich davor zu fürchten. Es geschieht ihnen kein Leid. Doch genau wie eure Kinder sich vielleicht äußerlich verändern, wenn sie statt dieser Schule eine andere besuchen, auf einer Privatschule kurzes Haar und eine Uniform tragen oder sonst irgendeine körperliche Erscheinungsform annehmen, die besser zu einer bestimmten geografischen Örtlichkeit passt, so nehmen auch diese Kinder des Universums oft andere physische Merkmale an, je nachdem, wo sie sich befinden. Das ist kein Grund zur Beunruhigung. Wie gesagt, es geschieht ihnen dadurch kein Leid. Wie ihr euch erinnert, haben wir schon davon gesprochen, dass diese kostbaren Seelen diese Erfahrungen selbst herbeigeführt haben. Sie sind nicht unsere Opfer. Dieses Thema unterliegt bei euch einem so starken Tabu, dass die meisten von euch gewaltigen Widerstand leisten, wenn sie im Zusammenhang mit diesem Phänomen objektiven Fakten zuhören sollen. Wenn man Veränderungen herbeiführen will, ist der einzige und wirksamste Weg, zunächst einmal festzustellen, wo Verdrängung existiert und dann zu überlegen, wo wohl die Wahrheit leuchtet.

Dann haben also viele Erfahrende tatsächlich Kinder, die anderswo leben und von Außerirdischen aufgezogen werden?

Ja. Viele von euch haben solche Nachkommen; und diese Nachkommen haben selbst lange vor ihrer Inkarnation entschieden, wo ihre Hauptinteressen bei der Entwicklung ihrer Seelen liegen. Wenn ihr euch von dem Konzept löst, dass der Ort und die Umstände einer Geburt dem Zufall unterliegen, dann fangt ihr an, die Geheimnisse des Universums zu lüften. Und wenn ihr erkennt, wie eng unser Verhältnis zu euch in Wirklichkeit ist, kann daraus tiefes Vertrauen entstehen. Wir haben eure Nachkommen aufgezogen und dienen einigen von euch im Augenblick als Mentoren, sowohl individuell als auch kollektiv. Zwischen den Existenzebenen liegen unzählige Möglichkeiten. Die Vorstellung, bei der Erziehung eurer Kinder eure Partner zu sein, führt zu einer kostbaren Verbundenheit und kann ein herzerwärmender Gedanke sein, wenn sich unsere Verbundenheit mit der Zeit deutlicher manifestiert. Das Interessante daran ist, dass wir mit Hilfe der Toleranz wechselseitig unsere Seelen kennen und verstehen können.

Es gibt das Konzept, dass etwas Böses geschieht, wenn jemand aufgrund seiner erweckten spirituellen, technologischen und intellektuellen Erleuchtung aktiv den menschlichen Körper verändert und ihn funktionstüchtiger macht, als er ohne eine solche Einmischung gewesen wäre.

Aber ihr habt vorhin gesagt, dass Menschen den menschlichen Körper nicht durch Klonen manipulieren sollen, um höhere Funktionstüchtigkeit zu erzeugen, und nun sagt ihr, dass Außerirdische am menschlichen Körper herumbasteln. Das scheint ein völliger Widerspruch zu sein.

Eure Kultur hat es gewissen Angehörigen der Ärzteschaft gestattet, den menschlichen Körper zu öffnen, wenn es notwendig erscheint. Ihr nennt das »Chirurgie«. Wenn diese Mitglieder eurer Gesellschaft dafür hinreichend ausgebildet wurden, stimmt eure Kultur dem zu und erlaubt es. Deshalb dürfen Kindergarten-Pädagogen an ihren Schutzbefohlenen keine Gehirnchirurgie durchführen, denn es mangelt ihnen an der notwendigen Ausbildung. Sollten sie diese Ausbildung aber durchlaufen, würdet ihr ihnen gern die Erlaubnis dafür erteilen. Ihr stimmt darin überein, dass dies sinnvoll ist. Ihr erhebt keinen Einspruch gegen diesen »Standard«, der in manchen Individuen eine gewisse Fertigkeit anerkennt, in anderen jedoch nicht.

Unserer Meinung nach hat eure kollektive spirituelle »Ausbildung«, die euch befähigen würde, ein Kloning-Programm wie das, von dem du sprichst, gutzuheißen und zu beaufsichtigen, noch kaum angefangen. Noch wichtiger ist die Tatsache, dass ihr euch eures Mangels an spirituellem »Training« nicht einmal bewusst seid und es nicht für nötig haltet, die Voraussetzungen für eure Pläne zu schaffen, denn dies ist ein weiterer Beweis eurer Naivität. Wenn man die Resultate bedenkt, die ihr, wie du sagst, erzielen wollt, wäre es mehr als waghalsig, auf einer solchen Stufe der Naivität derartige Projekte zu beginnen.

Wir haben beobachtet, dass ihr euch kollektiv in einer abwärts gerichteten Spirale befindet, was die steigende Anzahl scheinbar unerklärlicher Krebs- und anderer Erkrankungen betrifft. Da diese Erkrankungen und Verhaltensstörungen des menschlichen Zustandes oft durch Umwelteinflüsse und spirituelle Unbewusstheit hervorgerufen werden, können sie oft allein dadurch beeinflusst werden, dass man das physische Wesen aus eurem Ödland entfernt.

Dies scheint vielleicht eine brutale Beschreibung eures schönen Planeten zu sein, doch wir sagen dies mit Nachdruck, um eure Aufmerksamkeit zu erregen. Das Nest, das ihr eure Heimat nennt, ist genetisch verseucht und wird täglich durch die großen Konzerne in Mitleidenschaft gezogen, deren Hauptanliegen oft darin besteht, eine gute Bilanz zu erzielen. Die Tatsache, dass eine solche Kurzsichtigkeit nicht nur um sich greifen durfte, sondern von euren Regierungen auch noch unterstützt wird, spricht für einen grundsätzlichen Mangel an Erweckung auf eurem Planeten. Wenn ihr allmählich spürt, dass eure neu gewonnene Stimme stärker wird, werdet ihr euch zusammenschließen und Gesetzgebungen erwirken, die die multinationalen Konzerne daran hindern, eure Heimat zu zerstören, indem sie ihre Profite in ihre Bankkonten einzahlen, die sich ebenfalls in ebendieser gefährdeten Heimat befinden. Eins der möglichen Resultate, die wir und andere in der weitläufigen Umgebung eures Universumsquadranten voraussehen, ist die Ausrottung eurer Rasse. Dies ist nicht unbedingt wahrscheinlich – zumindest war es das vor fünfzig Jahren noch nicht –, doch es besteht die Möglichkeit. Damals wurden deshalb Maßnahmen ergriffen, die Aufzeichnungen über eure physische Rasse gewährleisten.

Wenn wir euren schönen Planeten betrachten und zusehen, wie gewisse Elemente zerstört werden – zum Beispiel die Ozonschicht und die Beschaffenheit des Bodens –, dann müssen wir die Projekte, die für die Überlebensfähigkeit eurer Rasse sorgen, weiterhin sehr ernst nehmen. Ihr mögt vielleicht protestieren und anführen, dass eure Rasse am besten an euren eigenen Planeten angepasst ist; und dem stimmen wir von ganzem Herzen zu. Aber: Würdet ihr blind dabeistehen und zusehen, wie ein Volk eures Planeten ein anderes Volk so extrem bedroht, dass es zweifelhaft erscheint, ob die Kinder der bedrohten Gruppe jemals das Erwachsenenalter erreichen können? Unzweifelhaft gibt es im Augenblick Gruppen bei euch, die die glückliche Entwicklung eurer Frauen und Kinder verhindern; und der größte Teil eures Planeten steht hilflos daneben und ist unsicher, wie er darauf reagiert und was er dagegen tun soll.

Aufgrund eurer Übereinkunft mit uns haben wir schon vor Jahren einen Plan in Kraft gesetzt, der gewährleistet, dass euer genetischer Code in wissenschaftlicher Weise bewahrt wird, falls eine Katastrophe eure Massen heimsuchen sollte.

Auf diese Weise wird euer Erbgut intakt bleiben und überleben, wenn auch, zugegeben, nicht auf eurem eigenen Planeten. Die Ironie ist, dass ihr genau diese Technik mit gewissen Tierrassen anwendet und dabei von Ökologie und Umweltschutz sprecht. Betrachtet es als eins unserer altruistischen Projekte, bei dem wir eure Jungen mit großem Einfühlungsvermögen erforschen und ihre Entwicklung sehr genau beobachten. Im Allgemeinen strotzen sie alle vor Gesundheit, und zwar spirituell, physisch und geistig. Wie ihr aufgrund eurer Erinnerungsfragmente schon geschlussfolgert habt, werden sie allerdings nicht durch normale Schwangerschaften geboren. Oft wachsen sie in einem simulierten Mutterleib heran und werden dann in Programmen aufgenommen, wo sie genügend Liebe bekommen. Danach wird über ihre Umsiedlung entschieden und diese jungen Wesen empfangen eine Menge Liebe und Ermutigung. Diese Kinder werden als großes Geschenk betrachtet und erinnern uns an unsere eigene Herkunft. Auch wir haben uns selbst mehr als einmal zerstört. Auf diese Weise helft ihr uns, da ihr uns ständig daran erinnert, wohin sich eine Rasse entwickeln kann, wenn sie ausschließlich ihren intellektuellen Impulsen folgt. Obwohl wir ganz offen darüber sprechen, wird es viele unter euch geben, die diese Vorstellung verabscheuen; doch wenn ihr wirklich begreift, an welch seidenem Faden das Schicksal eurer Rasse vielleicht hängt, werdet ihr dieses Programm genau wie wir als altruistisch bezeichnen. Zweifelt niemals an unserer Liebe zur Menschheit. Jetzt begreift ihr, dass wir alle im selben Boot sitzen.

KAPITEL 8

Geld und Manifestationen

Während der letzten vier Monate bin ich fast ein Dutzend Mal in meinem örtlichen Flughafen gestartet und gelandet. Da ich jede Reise bei derselben Fluggesellschaft gebucht hatte, musste ich jedes Mal dasselbe Terminal benutzen.

Auf der ersten Reise sah ich ihn, wie er allein dasaß, zu seinen Füßen eine abgenutzte Tasche, die seine Habseligkeiten enthielt. Da es draußen schneidend kalt war und schneite, suchte er bestimmt Schutz vor der Kälte und hatte eine Nische gefunden, in der er wenigstens ein paar Stunden schlafen konnte. Als ich mich hinsetzte, um auf meinen Aufruf zu warten, tat mir das Herz weh, als ich diese obdachlose Seele betrachtete, die versuchte, in aufrechter Stellung einzuschlafen, um keine Aufmerksamkeit zu erregen. Ein paar Minuten später, gerade als ich überlegte, wie ich ihm helfen könnte, wurde er von einem Sicherheitsbeamten verscheucht.

Während der nächsten paar Monate sah ich ihn noch öfter und gab ihm jedes Mal einen Zwanzigdollarschein, den er scheu annahm, aber nie ein Wort sprach. Da erst bemerkte ich, dass er eine Frau war, etwa im Alter meiner Mutter, aber wie ein Mann gekleidet. Ich sah in meine Geldbörse und überlegte, wie viel Geld ich erübrigen konnte.

Während meiner Weiterreise fiel sie mir immer wieder ein, und ich überlegte, wie es wohl kommt, dass unsere Gesellschaft *sich immer noch nicht um solch dringende Probleme kümmern kann.*

Wie können wir als Individuen all jenen helfen, die Hilfe brauchen, und uns trotzdem noch genügend um unsere Familien kümmern? Auf der ganzen Welt gibt es so viele Projekte, die unsere finanzielle und sonstige Hilfe benötigen. Es gibt hungernde Kinder, gequälte Tiere, vom Aussterben bedrohte Tiere und eine bedrohte Umwelt. Das alles wirkt so hoffnungslos!

Fang damit an, dir eine Welt vorzustellen, in der für die Bedürfnisse aller gesorgt ist und wo Frieden und Ausgeglichenheit herrschen. Damit müsst ihr beginnen; denn im Augenblick könnt ihr euch so etwas kaum vorstellen, geschweige denn erreichen. Man braucht *Training,* um die visionären Muskeln zu stärken. Glaubt nur nicht, das sei überflüssig. Jeder von euch auf eurem Planeten täte gut daran, mit dem Training seiner visionären Muskeln anzufangen, denn so bekommt ihr wieder Hoffnung für ein neues Morgen. Im Augenblick limitiert euch ein Gefühl der Überforderung darüber, wie man überhaupt eine Veränderung bewirken könnte – wie sich ein Planet oder ein politisches System ändern kann und wie eine ganze Kultur aufwachen kann. Ihr seid nur aufgrund eures mangelnden Weitblicks in eurem Kasten der Hoffnungslosigkeit gefangen – oder zumindest der Gleichgültigkeit, die eigentlich verkleidete Hoffnungslosigkeit ist. Tut also unsere Botschaft an euch nicht ab, indem ihr sie als Ermutigung nehmt, euch überzustrapazieren. Es geht darum, die Prinzipien praktisch umzusetzen, von denen ihr immer sprecht und über die ihr alle ständig lest und die ihr alle ständig lehrt.

Es ist höchste Zeit, mit der Intellektualisierung dieser Prinzipien aufzuhören. Wer könnte eine Welt besser heilen als jemand, der demonstriert, wie man das in der eigenen Umwelt, bei sich zu Hause, erreichen kann? Welch grandioses, visionäres Denken ist nötig, um euren Regenwald wieder gedeihen zu lassen? Welch unbegrenzte Vision ist nötig, um eure Ozeane zu reinigen und ihnen ihr azurnes Blau zurückzugeben? Welches Maß an Vergebung und gegenseitige Anerkennung wäre nötig, voller Liebe eurem eigenen Stamm beizutreten, die Kämpfe zu beenden und euer planetarisches Zuhause zu heilen? Auf einer senkrechten Skala wären diese Dinge am obersten Ende, nicht am untersten; dessen können wir euch versichern.

Nur euer begrenztes Denken hindert euch daran, die Vorstellung, dass ihr all dies tun könntet, praktisch umzusetzen. Fangt mit dem eigenen Leben an. Setzt diese Konzepte auf persönlicher Ebene in die Praxis um. Wenn der Verstand und der Intellekt Einspruch erheben und behaupten, ihr hättet den Bezug zur Realität verloren, dann erinnert euch an eure Ozeane, denn sie rufen euch. Erinnert euch an eure weißen Tiger und an eure Meeresbewohner, denn sie alle flüstern euren Namen. Erinnert euch an unseren Vorschlag, euer Training jetzt, in eurem eigenen Garten zu beginnen. Schafft euch das Leben eurer Träume – dann könnt ihr euch voller Zuversicht mit anderen zusammenschließen, die dies ebenfalls getan haben, und den *Planeten* eurer Träume erschaffen. Ihr seid die Anführer des neuen Morgen. Diese Anführer werden sich vom Intellekt nichts befehlen lassen. Der Intellekt kann auch dem grandiosesten Plan jegliche Freude entziehen, indem er ihn verächtlich macht, sich selbst einfach abschaltet oder alles intellektualisiert. Wir stellen euch diese Herausforderung, denn ihr habt eure tiefe Sehnsucht erklärt, zur *neuen Welt* zu gehören. Die *neue Welt* verlangt von euch, dass ihr sie erschafft. Wendet euch an den Geist im Inneren; er ist der *neue Schöpfer*. Wie im Universum gibt es auch hier keine Grenzen.

Aber wie sollen wir diese unbegrenzten Ziele auf unserem Planeten erreichen? Nichts scheint sich jemals zu ändern.

Uns ist aufgefallen, dass ihr Angst davor habt, große Träume zu träumen; aber wenn das Universum euch etwas Großartiges serviert, dann gibt es dabei weder Einschränkungen noch Schwierigkeiten. Es ist eine der großen Mythen der Menschheit, dass das eine erreichbarer ist als das andere, während von einer rein kausalen Perspektive kein Unterschied besteht. Wenn eine Seele sich leidenschaftlich ein bestimmtes Ergebnis wünscht, dann wirken alle Ereignisse im Universum zusammen, um dieses Ergebnis zu fördern, egal ob ihr nun Hilfe beim Kauf eines Hauses braucht oder dabei, euren Planeten von denjenigen zurückzukaufen, die ihn vorgeblich besitzen. Wenn man es in diesem Licht betrachtet, fehlt deinem Kommentar etwas. Du vergisst – ihr alle vergesst –, dass ihr die Mechanismen, die das Universum euch zur Verfügung stellt, nicht völlig begreifen müsst, um eure Vision zu fördern. Genau dies ist der springende Punkt aller Dinge, die wir euch beibringen wollen. Der Intellekt verlangt, alle Details zu kennen. Der Intellekt verlangt, alle Teile des Puzzles zu überblicken und ständig im Blickfeld zu behalten. Doch wenn ihr im Herzen und in der Seele ein Ergebnis beschließt, dann unterwerft ihr euch dem Universum und akzeptiert, dass die einzelnen Faktoren, die diese Vision fördern, je nach Notwendigkeit von überall zusammengesammelt werden.

Wie kann eine Rasse wie unsere wieder zu einem Leben voller Freude zurückfinden, gleichzeitig die Seen und Flüsse wieder sauber machen und den Armen Nahrung und Wohnungen geben?

Wir fordern euch dazu auf, nicht länger aus dem Zustand heraus zu schöpfen, in dem ihr euch am wohlsten fühlt. Ihr solltet das Bedürfnis ablegen, immer zu *verstehen*, wie etwas entsteht. Versteht ihr denn, wie sich die Planeten durchs Universum bewegen? Versteht ihr denn genau, auf welche Weise all die Millionen wunderbarer Einzelheiten in eurem physischen Körper gleichzeitig zusammenwirken? Ihr fragt euch, wieso die eine Person dies erschaffen kann und die andere Person jenes. Ein Mensch kauft kein Haus für eine Million Dollar, weil er eine Million Dollar besitzt; auch wenn es so erscheint. Hinter den Kulissen dieser Geschichte spielt sich etwas ganz anderes ab, dem ihr eure Aufmerksamkeit zuwenden solltet. Hinter den Kulissen dieser Geschichte gab es zunächst einmal in irgendeiner Form eine Vision dieses Hauses. Bevor die Finanzierung zur Verfügung stand, gab es die Vision eines solchen Lebensstils. Dann erst manifestierten sich die finanziellen Mittel und dann erst wurde das Haus gekauft.

Glaubt aber nicht, dass wir euch auffordern, eure natürlichen Ressourcen zu verschwenden. Wir bitten euch nur darum, zu begreifen, dass ihr euch darin üben könnt, im eigenen Leben eure Finanzen und eure Gesundheit zu transformieren – denn damit übt ihr gleichzeitig, die Finanzen und die Gesundheit eures Planeten zu transformieren.

Dasselbe Prinzip lässt sich übrigens auch auf deine Frage anwenden, wie ihr eurer Massenbevölkerung Nahrung verschaffen sollt. Ihr müsst mit dem Wissen um dieses Ereignis beginnen. Ihr müsst mit dem Wissen und der Konzentration auf diese Vision und mit dem Voraussehen des Ergebnisses anfangen. Die Mechaniken des »wie« sind die Aufgabe des Göttlichen. Ihr braucht die Details des »wie« nicht zu kennen, im Gegenteil: Eure Manie, euch auf solche Details zu konzentrieren, hält euch ständig in der Planungsphase fest, sodass ihr nie in die praktische Phase kommt. Das ist die Mittelmäßigkeit, von der ihr euch so gern befreien wollt. Wenn ihr endgültig beschließt, dass ihr genug von vergiftetem Wasser und verhungernden Kindern habt – wenn ihr euch wirklich zu dieser Entscheidung durchgerungen habt –, dann wird euch die Mechanik der Einzelheiten, die diesen Wechsel herbeiführen, ganz selbstverständlich zur Verfügung stehen. Wir wollen euer Leben damit nicht als mittelmäßig charakterisieren, sondern eher mit der Frustration eines Hamsters vergleichen, der sich ständig in einem Rad gescheiterter Hoffnungen bewegt. Aber weil du uns gesagt hast, dass ihr gern lernen würdet, wie man etwas erschafft, gehen wir nun darauf ein. Also, immer einen Schritt auf einmal. Beim Beispiel des Millionen-Dollar-Hauses habt ihr eine bestimmte Vorstellung davon, was das für ein Haus wäre, was für eine Art Unterkunft – nämlich die beste Vision und Version eines Zuhauses, die ihr euch vorstellen könnt. Wenn ihr euch die Freude vorstellen könnt, *jetzt* in diesem Haus zu leben – in diesem planetaren Zuhause –, dann werdet ihr im Universum etwas in Gang setzen, was euch dabei hilft, genau das zu verwirklichen. Ihr geht ständig von der falschen Voraussetzung aus, dass so ein Schöpfungsprozess umgekehrt verläuft – dass ihr erst wenn etwas wirklich geschieht, auch glauben könnt, dass es möglich ist.

Ungezählte »Wunder« können sich ereignen, um eure übersprudelnden Ideen zu fördern. Wenn du dich in deinem Herzen und in deiner Seele auf die Vorstellung konzentrierst, dass du gern nach Rom fliegen würdest, und im tiefsten Inneren fühlst und weißt, dass du dort bist, und die Freude spürst, den Petersdom zu sehen und seine Geschichte zu erfahren, dann kannst du gar nicht anders, als genau dieses Ergebnis zu erschaffen.

Wenn du das Olivenöl in dem italienischen Restaurant deiner Träume riechen kannst, wirst du feststellen, dass sich deine Reise nach Rom ganz schnell manifestiert. Um diese Reise zu verwirklichen, gibt es hundertmal hundert mal hundert verschiedene Möglichkeiten. Dies klingt wie eine lächerlich simple Lehre. Viele von euch scheinen sie bereits zu kennen; ihr lest darüber, aber nur ganz wenige von euch üben sie auch praktisch aus und überschreiten die Grenzen ihrer normalen Behaglichkeit.

Na, dann los, mal sehen, wie ihr das Monopolyspiel eures Lebens spielt – und glaubt bitte nicht, dass es hier nur darum geht, materielle Dinge anzuhäufen! Es geht darum, eure Träume individuell zu manifestieren, sodass ihr eure Geschwister zuversichtlich bei der Hand nehmen und sagen könnt: »Allmählich kriege ich den Bogen raus. Ich weiß, wie wir die so genannte ›Veränderung unserer Erfahrungen‹ hinkriegen; also kommt mit, wir wollen es gemeinsam machen.«

Wie man Wunder erzeugt

Für eure so genannten Weltraumgeschwister sind Wunder an und für sich nichts Ungewöhnliches, denn wir sind uns unserer Fähigkeit der Manifestation bewusst. Scheinbar unmögliche Ergebnisse werden als Wunder bezeichnet; doch wenn ihr allmählich begreift, dass die leere Seite, auf der ihr eure kühnsten Träume erschaffen könnt, unbegrenzte Möglichkeiten bietet, dann werdet ihr auf wesentlich handfestere Weise verstehen, was die Schöpfung ist und wie Schöpfung entsteht. Eure Leidenschaft wird euch so weit bringen, dass ihr ganz bewusst und voller Freude selbst kreieren könnt.

Jetzt könnt ihr eure vorgefertigte Meinung fahren lassen, denn für eure nächste Lektion ist eine andere Perspektive erforderlich, mit der ihr das momentan allgemein verbreitete Denksystem herausfordert, das sagt: »Das ist unmöglich, weil ...« oder: »Dies ist aus diesem Grund unwahrscheinlich ...« Denkt ihr etwa, ihr werdet großzügig abwarten, bis ihr alle dies gleichzeitig gelernt habt? Vielleicht müsst ihr euren Geschwistern zeigen, wie's gemacht wird. In euren Planungsbüros und Marketingmeetings habt ihr die Gelegenheit, als Vorbild zu dienen und zu sagen: »Folgt mir, dann werde ich euch an meinem Beispiel zeigen, wie man etwas aus dem Nichts erschafft.« Ihr sagt, dass auch ihr euch die Gelegenheit wünscht, das Erschaffen großartiger Dinge zu üben? Ihr sagt, ihr hättet ja gern die Gelegenheit, als Anführer zu dienen, aber alle neuen Ideen werden ständig unterdrückt?

Versucht es trotzdem. Fordert eure Kameraden dazu auf und sagt: »Folgt mir, dann führe ich euch hin. Folgt mir, dann zeige ich euch, wie ich mit meinen Zweifeln umgehe, sobald sie in mir aufsteigen. Schaut mir zu, dann werde ich euch *durch mein Verhalten* den Glauben demonstrieren, dass alles möglich ist und dass wir uns nicht auf das beschränken müssen, was schon einmal gemacht wurde und vorher getestet worden ist.«

Erschafft ein neues Mantra. Begreift, dass ihr tatsächlich aus dem Nichts erschaffen könnt. Das müsst ihr sogar. Das müsst ihr, wenn ihr es anders machen wollt als bisher. Ihr wisst ja, was euer Denken bisher erschaffen hat, und eure Bilanz sieht nicht gut aus – die Bilanz eurer natürlichen Ressourcen sieht nicht gut aus. Wer von euch in einer Führungsposition ist, der soll auch führen, und zwar durch sein Beispiel, nicht nur durch seine Worte. Führt die anderen mit der Leidenschaft eures Herzens und eurer Seele. Zeigt anderen durch euer eigenes Beispiel eure Risikobereitschaft und fordert sie dazu auf, zu begreifen – denn wenn ihr euch nicht ändert, wird die Situation in einem Jahr voraussichtlich genau dieselbe sein. Wünscht ihr euch eine Gelegenheit, die komplexe Machtstruktur eurer Konzerne zu verändern? Wollt ihr eure Routine durchbrechen? Hier habt ihr eure Gelegenheit. Beginnt in eurer eigenen Firmen-Familie. Hier geht es nicht darum, sich durchzuboxen. Bringt euer Vorhaben zunächst im Geist in einen neuen Zusammenhang. Achtet darauf, dass ihr niemanden zu irgendetwas zwingt. Wenn ihr euch in einer Führungsposition oder im Management befindet, dann deshalb, weil ihr selbst und auch andere euch dort haben wollten; und um eures Seelenplans willen müsst ihr mutig und zuversichtlich den Schritt in diese dynamischere Rolle tun. Wenn es anderen wohl dabei gewesen wäre, aus dem Kontext der kulturell vorherrschenden Konzepte auszubrechen, dann hätten sie es doch wohl getan, oder? Wir wollen dies noch mal wiederholen. Wenn es euren Kollegen wohl dabei wäre, sich ein neues Paradigma vorzustellen, dann würden sie das tun. Wartet also nicht länger auf einen Konsens, wenn es darum geht, eure Welt von euren augenblicklichen politischen Führungskräften zu heilen. Wenn eure großartigen Ideen von Liebe und Mitgefühl für alle bestimmt werden, dann schlagt die Richtung ein, in die sie euch weisen.

Jetzt fordern wir euch auf, den Meister in euch selbst wahrzunehmen. Vergesst aber nicht, dass ein Meister von äußerster Liebe zu seinen Geschwistern und zur universellen Heilung motiviert wird. Das soll nicht heißen, ein solcher Weg würde persönlichen Reichtum ausschließen. Sondern es heißt, dass viele von euch ihre eigene, persönliche Agenda mit den höchsten Idealen verwechselt haben, die euch allen am besten dienen.

Diejenigen, die sich den Telegrafen oder das Flugzeug oder einen giftfreien Planeten ausgedacht haben, hatten und haben Ideen verwirklicht, die als unmöglich oder äußerst lächerlich galten. Wir können euch nicht oft genug darauf hinweisen – obwohl auch viele eurer Bücher euch immer wieder daran erinnern, dass die mutigsten und originellsten Denker lächerlich gemacht und oft sogar gemieden werden. Natürlich merkt ihr es gar nicht, wenn es zwischen neun und fünf an eurem Arbeitsplatz geschieht oder wenn ihr selbst täglich die visionären Ideen anderer abtut; doch wenn ihr zurückblickt, könnt ihr feststellen, wie lächerlich neue Ideen denjenigen, die sie zuerst hörten, stets erschienen sind – zum Beispiel die Idee, zu fliegen.

Wenn ihr Visionäre eure weitsichtigen Ideen entwickelt, braucht ihr euch deshalb nicht zu streiten. Es geht nicht um wütende Auseinandersetzungen. Mit dem Herzen seht und fühlt ihr den Unterschied, die Nuancen; ihr begreift, dass das, was ihr fühlt, auch möglich ist. Wenn euch das Göttliche ruft und ihr euer persönliches Projekt verwirklicht, das eure Seele für euch vorgesehen hat, dann erlaubt es niemandem, euren Enthusiasmus zu dämpfen. Das Universum zählt auf euch. Wenn ihr kein geneigtes Ohr findet, dann geht anderswohin, bis ihr eins gefunden habt. Aber wenn ihr euch vor dem Göttlichen zurückzieht, erfüllt ihr euer höchstes Ideal nicht. Begreift, dass ihr nicht einmal unbedingt Zustimmung sucht, sondern nur um den Luxus bittet, ein Risiko beim Vorlegen neuer Ideen einzugehen. Führerschaft ist nichts anderes als Risikobereitschaft, wenn es um Übereinstimmung geht. Irgendjemand muss dazu bereit sein, sich in die ungemütliche Position zu begeben, dass diejenigen, die seine Vision teilen, zahlenmäßig denjenigen, die ihm nur Beifall spenden, unterlegen sind.

Von einer individuellen Seele, die zuversichtlich Neuland betritt und weiß, dass ein einziger Mensch die Welt verändern kann, geht eine greifbare Schwingung aus; ein solcher Mensch kann gewaltigen Einfluss darauf haben, wie der Rest der Welt ein Phänomen betrachtet. Seid solche Menschen.

Wir sind eure Zukunft: ein Zustand der Erleuchtung, in dem alle Gaben und Vorteile einer evolvierten Gesellschaft auf euch warten. Dies ist eure Belohnung. Tut es für eure Kinder. Seid mutig und tapfer, um eurer Enkel willen. Spielt eine zuversichtliche, visionäre Rolle und erlaubt es eurem Intellekt nicht, vor Risiken zurückzuschrecken, sondern bringt trotz des »Risikos« neue Ideen zum Ausdruck.

Offensichtlich müsstet ihr alle nun dringend etwas anderes erschaffen als das, was ihr bereits erschaffen habt. Ihr wisst ja, was eure nahe Zukunft bringen wird, wenn ihr euch nicht ändert und weiterhin aufgrund derselben Kriterien dieselben Entscheidungen trefft. Falls ihr den Weg zur Erleuchtung wählt, wird sich das ganze Universum zusammenschließen und euch die Hilfe bringen, die ihr braucht, um auf diesem Weg weiterzukommen.

Ihr könnt so etwas leicht sagen. Wenn ich mir die Unkosten des Raumschiffes vorstelle, mit dem ihr herumfliegt, seid ihr wohl kaum arme Schlucker. Was für Geld benutzt ihr in eurer Kultur?

Das Prinzip des gesetzlichen Zahlungsmittels setzt voraus, dass alle sich darüber einig sind, was ein bestimmtes Ding bedeutet, und es auch so benutzen, nämlich als Medium, um den Austausch von Waren und Dienstleistungen zu erleichtern. So etwas beruht auf einer allgemeinen Übereinkunft. Erst diese allgemeine Übereinkunft ermöglicht die allgemeine Akzeptanz und den Gebrauch dieses Tausch-Mediums.

In unserer Kultur benötigen wir zum Tausch kein Element wie Stein, Schere oder Papier als Hilfsmittel. Alles, was wir brauchen, wird mittels eines Verteilungssystems gesammelt, das jedem alles zur Verfügung stellt, was er braucht. Ihr erzählt eine bestimmte Geschichte, in der ihr einen Blick in die Hölle werfen könnt und dort Leute verhungern seht, obwohl alle um einen riesigen Topf mit Suppe sitzen, weil die Löffel zu lang sind, um sich damit aus dem Topf zu bedienen. Dann besucht ihr den Himmel und seht eine ähnlich große Gruppe von Leuten mit den gleichen Löffeln und der gleichen Suppe, doch alle sind wohlgenährt, weil sie herausgefunden haben, dass sie alle genug Nahrung bekommen, wenn einander sich gegenseitig füttern.

Diese Geschichte ist ein Symbol dafür, wie wir Waren und Dienstleistungen anbieten und empfangen. Wir stellen bereitwillig zur Verfügung, was andere brauchen, und sie sorgen umgekehrt für uns; denn wir haben die Erkenntnis, dass das eigene Selbst gedeiht, wenn die anderen gedeihen, tief verinnerlicht. All der Neid und das Gefeilsche sind unnötig, ebenso wie das Rivalisieren um den Erwerb von Steinen und Erde, den ihr Grundbesitz nennt. Wir bemühen uns nicht, unseren Lebensraum durch willkürliche Einteilungen in Teilbereiche und Abgrenzungen zu zerstückeln. Wir haben entdeckt, dass wir auf ganz natürliche Weise für uns selbst und für andere sorgen, wenn wir die Tätigkeiten ausüben, die uns am meisten Freude bereiten; wir erleben einander als Mitglieder derselben eng verbundenen Familie und wissen, dass die anderen für uns das Gleiche tun. Dadurch kommt eine ideale Synchronizität ins Spiel und wir alle sind wohl genährt; für uns alle wird gut gesorgt und wir haben alles, was wir zum Glücklichsein brauchen.

Dieses Paradigma ist von eurem Erfahrungsbereich so verschieden, dass ihr euch wahrscheinlich nicht einmal annähernd vorstellen könnt, wie das wäre – oder wie man weiterkommen kann, ohne zum Überleben miteinander um Beute zu konkurrieren. Vielleicht hilft es, wenn ihr euch zunächst einmal vorstellt, dass ihr zu der fiktiven Schweizer Familie Robinson gehört und mit ein paar geliebten Freunden und Verwandten auf einer einsamen Insel gestrandet seid. Würdet ihr dann etwa Gemüse anbauen und von eurer Schwester verlangen, dass sie für eine Rübe bezahlt? Bei diesem Beispiel erscheint das einfach absurd, nicht wahr? Denn einige von euch würden Rüben anbauen, andere würden Papayas ernten, andere würden vielleicht angeln und andere würden das Baumhaus reparieren. Am Ende jedes Tages würdet ihr vielleicht zu einer kleinen Zeremonie und Feier zusammenkommen und miteinander teilen, was ihr habt, wobei jeder einen anderen Beitrag leisten würde, je nach seinen Fähigkeiten, seinen Vorlieben bei der »Arbeit« und seiner künstlerischen Begabung. Bestimmt könnt ihr euch ein solches Szenario vorstellen – und nun erweitert einfach den Grundgedanken und stellt euch vor, dass ihr nun in einem planetenweiten Dorf lebt, in dem jeder die anderen Dorfbewohner als Angehörige der eigenen göttlichen Familie betrachtet – was sie in Wirklichkeit ja auch sind. Offenbar könnt ihr euch so etwas bei einer kleinen Gruppe vorstellen; aber wenn es um Abermillionen geht, habt ihr Schwierigkeiten, für sie alle genau dasselbe zu empfinden.

Alles wäre von Harmonie erfüllt, denn wahrscheinlich würdet ihr sogar eher die Bedürfnisse anderer wahrnehmen und darauf reagieren als eure eigenen; und andere würden sich, was euch angeht, ebenso verhalten. Ein solches Ineinandergreifen der Liebe innerhalb der Gemeinschaft ist die eigentliche Bedeutung des Ausdrucks »den Himmel auf Erden zu erschaffen« – oder besser gesagt, den Himmel dort zu erschaffen, wo ihr seid; denn selbstverständlich gibt es außer der Erde noch andere Planeten, auf denen sich physische Existenzen verkörpern.

Von eurem augenblicklichen Standpunkt aus betrachtet mag der Grad des Friedens und der Gelassenheit in einer solchen Kultur weit hergeholt und hochtrabend erscheinen. Doch ihr würdet staunen, wie schnell ihr euch diesen Idealen annähern würdet, denn sie machen den höheren Teil eurer Selbst aus – trotz aller Beobachtungen über eure augenblickliche planetare Existenz. Ihr wisst, dass das stimmt, denn wenn Mitglieder eurer Gemeinschaft aufgrund eines katastrophalen Erdbebens, Hochwassers, Orkans oder Feuers in Not geraten, könnt ihr selbst beobachten, dass ihr euch ganz selbstlos um sie kümmert; und einige von euch haben sogar ohne zu zögern ihr Leben riskiert. Ihr und andere habt bewiesen, dass ihr schnell und präzise beurteilen könnt, was ein anderer in dem Moment am nötigsten braucht, und dann entsprechend handelt. Es gibt Berichte über Menschen, die einem völlig Fremden kurz entschlossen spontan ihr Leben opferten. Trotz aller gegenteiligen Erfahrungen, die ihr mit euch selbst und anderen gemacht habt, liegt so etwas in eurer Natur. Wenn es euch also unmöglich erscheint, eure Erfahrungen zu verändern, sodass sie der von uns beschriebenen Gemeinschaft ähneln, dann lasst euch davon nicht beirren, denn ihr seid keine Tiere, die auf die Evolution warten. Ihr seid göttliche Wesen, die lediglich schlafen. Hier geht es um einen beträchtlichen Wandel innerhalb eures Begreifens und deshalb bitten wir euch, nicht nur eure Auffassung von euch selbst zu ändern, sondern auch eure Auffassung von eurem Nachbarn; denn wenn ihr euch selbst von diesem Standpunkt aus begreift, könnt ihr es euch auch erlauben, andere vom selben Standpunkt aus zu begreifen. Damit beweist ihr euer erwachtes Begreifen und werdet spirituell schnell wachsen.

In unseren Gemeinwesen gibt es keine Mühsal, wie ihr sie erlebt. Wir gehen freudig unseren Vergnügungen nach, und zwar um ihrer selbst willen. Auch hat jeder von uns mitbestimmt, in welche Richtung wir uns am besten bewegen sollten; ob wir nun einer benachbarten Gemeinschaft wie der euren als Mentoren dienen oder bei der Heilung eines beschädigten Planeten helfen oder bei der Erschaffung eines Sterns. Die praktisch angewandte Schöpfung hat mehrere Ebenen. Auch ihr könnt euch in der praktischen Umsetzung der Erkenntnis üben, dass ihr eure eigenen Erfahrungen erschaffen könnt. Wenn ihr dies perfekt beherrscht, könnt ihr zu anderen Verkörperungen vorrücken, in denen ihr weiter trainiert und euch darin übt, genau die gleichen Dinge zu erschaffen wie Gott – denn ihr seid ein Teil Gottes und verkörpert deshalb dieselben Eigenschaften, derer sich auch Gott erfreut. Eine Gruppe von euch könnte sich zusammentun und auf einem Planeten eine ökologische Umwelt erschaffen, wobei ihr die Flora aussuchen und Blumen selbst machen dürftet, genau wie eure Kinder, wenn sie mit der Kindergärtnerin in den Garten gehen und lernen, wie man Erbsen aus der Erde wachsen lässt.

Sie säen die Samen und die Lehrerin weckt in ihnen das Verständnis dafür, wie Pflanzen gedeihen und wie sie wachsen. Wir tun dies ebenfalls, wenn auch in viel größerem Maßstab, denn wir suchen vielleicht einen Planeten auf, der ein unbeschriebenes Blatt ist, und ziehen dorthin. Na, ist das nicht ein toller Schulausflug? Ist das nicht eine tolle These für eine Doktorarbeit? Unser Lernprozess besteht nicht aus dem gemeinsamen Schreiben einer Examensarbeit, die man dann beim Lehrer abgibt, um eine Note zu bekommen. Wir demonstrieren unser Können, indem wir unser göttliches Erbe begreifen und daraus schöpfen.

Und wenn der Suchende schließlich begriffen hat und die Erinnerung an seine göttlichen Fähigkeiten vollständig wiederhergestellt ist, wird das nicht als Blasphemie gebrandmarkt. Diese Erinnerung, ohne die man kein Teil des göttlichen Ganzen sein kann, gehört zur vollständigen Erweckung; und deshalb muss sich das Göttliche auch bewusst und machtvoll durch jeden einzelnen Teil dieses Ganzen ausdrücken können. Wenn das Göttliche wunderbar ist und wir alle Teile dieses Göttlichen sind – dann müssen selbst die Eigenschaften der Wunder von wunderbarer Art sein, einschließlich der Eigenschaften eines jeden göttlichen Wesens. Von eurem Standpunkt aus betrachtet, würde dies die Fähigkeit einschließen, zum Beispiel an der Erschaffung einer bewohnbaren Umwelt an anderen Orten teilzunehmen. Ihr schreckt schließlich nicht vor der Vorstellung zurück, etwas in eurem Garten zu erschaffen. Ihr erkennt nicht, dass ihr schöpferische Wesen seid, die draußen auf ihrem kleinen Grundstück spielen, obwohl ihr das in Wirklichkeit seid – und wir tun genau dasselbe in größerem Maßstab.

Wir arbeiten in Harmonie mit anderen Wesen und Kreaturen und Tieren. Es gibt viele verschiedene Wesen, und wir tun nicht so, als würden sie nicht existieren – und wir tun auch nicht so, als seien diejenigen, die dies wissen oder deren Existenz erlebt haben, verrückt. Und wir degradieren unsere lebendigsten Erinnerungen an den Kern der Wirklichkeit auch nicht zu kindischen Phantastereien. Vielleicht haben wir Blumengärten voll äußerst verletzlicher Wesen von der Größe eines Fingerhuts und voller Schmetterlinge, deren Flügel so groß sind wie eure Hunde und deren Farben an bunte Hinterglasfenster erinnern. Falls ihr meint, dass dies wundervoll klingt, dann denkt an den Kindergarten, in den ihr euren geliebten Fünfjährigen geschickt habt. Ihr wollt, dass eure Kinder die Farben sehen und die Erfahrungen machen, die man nur draußen in der Natur findet. Ihr wollt, dass sie die Wunder der Natur und des Universums erleben. Wir begrenzen unsere Kultur nicht auf das Alter von Fünfjährigen und verlangen dann, dass sie sich mit der Langeweile der Ausbildungsjahre abfinden. Unser ganzes Leben beinhaltet die vergnügten Kindergartenjahre im großen Maßstab, angefüllt mit Farben, Musik, Tieren und den schützenden Händen unserer Familie, während wir freudig unseren Lieblingsbeschäftigungen nachgehen, vereint in völliger Harmonie und stets bereit, für andere zu sorgen, so wie die anderen auch für uns sorgen.

Wenn ihr euch nicht vorstellen könnt, wie man ein solches Arrangement ermöglichen soll, dann denkt daran, wie eure Umwelt war, bevor ihr sie korrumpiert habt. Als euch im Naturkundeunterricht die äußerste Perfektion eurer Umwelt bewusst wurde, erfüllte euch andächtiges Staunen – denn die eine Rasse sorgt für das, was die andere braucht, und der Zyklus des Lebens erscheint absolut großartig und jenseits all dessen, was ein Einzelner organisiert haben könnte. Das Leben eurer

Pflanzen und Tiere verläuft in perfekter Harmonie. Welch ein besseres Dorf für universelle Wesen könnte Gott geschaffen haben als das, das sie euch auf der Erde zur Verfügung gestellt hat – ein genial gewobener Stoff mit einem sehr komplizierten Muster? Wenn ihr einen Moment innehaltet und euch klar macht, wie eure Mutter Natur die Lebensformen darin zusammenspielen lässt, erscheint das atemberaubend; doch wenn ihr euch bewusst macht, was auf diesem Gebiet möglich ist, dann dehnt diese Vorstellung aus und stellt euch vor, was das Universum für ein erwachtes universelles Wesen bereithält. Dieser synchronistisch gewobene Stoff, der sich im ganzen Universum manifestiert, steht in eurer Zukunft euch allen zur Verfügung.

Habt ihr je erlebt, dass euer Planet in die Sonne kracht, wenn man ihn sich selbst überlässt? Wenn ihr diese Symmetrie des Kosmos betrachtet, die offenbar ohne die Hilfe menschlicher Mathematiker und Physiker reibungslos funktioniert, dann ist es eurem Ego völlig unbegreiflich, wie das alles ohne seine Hilfe geschehen konnte. Dieselbe göttliche Genialität durchdringt alle erleuchteten Gemeinschaften im ganzen Kosmos gleichermaßen. Wenn sich euer Planet aber von selbst drehen und auf seiner Bahn bewegen kann, dann ist es nicht weit hergeholt, sich Gemeinschaften vorzustellen, die zu ihrem göttlichen Erbe zurückgekehrt und in diesen göttlichen Fluss eingetreten sind, und dass das alles schlichtweg funktioniert. Die Teile des Puzzles passen wunderbar zusammen. Wie ist das möglich? Wer wusste, welches Teil wo benötigt wurde? Wer hat die Ränder und Ecken des Puzzles gelegt? Alles ist einfach da und entfaltet sich ideal. Das sind die Eigenschaften des Göttlichen.

Wenn also die Sterne erschaffen wurden und eure Sonne euren Planeten wärmt und wenn die Ozeane ebben und fluten, ohne dass ein kleiner Mann in einem Kontrollturm sitzt und auf Knöpfe drückt, damit all dies geschieht, dann könnt ihr euch doch sicher auch eine Gemeinschaft von Wesen vorstellen, die harmonisch zusammenleben, weil sie dieselbe göttliche Essenz angezapft haben, durch die all diese fantastische Schönheit die ganze Galaxis beherrscht. Falls euch die Vorstellung abschreckt, dass wir angeblich solche Dinge personifizieren, dann geht einfach ins Freie und schaut einem eurer Sonnenuntergänge zu; betrachtet all die vielen Orange- und Rosatöne und fragt euch, wie die dorthin gekommen sind. Wie sind die Wolken dorthin gekommen? Wie kommen die Farben in den Sonnenuntergang – wie werden sie genau im richtigen Moment, gerade wenn man sie unbedingt sehen möchte, dorthin gemalt? Wer hat die Regentropfen auf dem Gras der Savanne orchestriert? Wenn eine solche Komplexität möglich ist, was ist eurer Meinung nach wohl sonst noch alles möglich – und was könnte auch durch lebende Wesen entstehen?

Wir verstehen, dass eure Alltagserfahrungen euch bisher nicht gerade gelehrt haben, auf die praktische Seite eines harmonischen Gemeinschaftslebens zu vertrauen. Ihr könnt die Perfektion in Gottes Schöpfung erkennen oder am Himmel oder in einem Wasserfall; aber ihr habt euch noch nicht daran erinnert, dass dieselbe Perfektion auch euch im Tiefsten durchdringt – doch bald werdet ihr euch daran erinnern, dass auch ihr dieses Großartige verkörpert. Dann werdet ihr voller Zuversicht anfangen, euch universelle Dörfer vorzustellen, in denen ihr friedlich zusammenlebt, und ihr werdet sie ohne den quälenden Zweifel, ob das auch möglich ist, erschaffen. Ihr werdet die Komplexität, die euch zu einem Teil des Ganzen macht, akzeptiert haben und euch nicht mehr dagegen wehren.

Woher weiß die Henne, dass sie auf ihrem Ei sitzen muss? Wer hat ihr gesagt, wie lange sie darauf sitzen muss, bis etwas ausschlüpft? Wenn ihr fragt: »Woher weiß ein erleuchtetes Wesen, was es am besten tun soll; mit welchem Projekt es am besten beginnen soll?«, dann antworten wir euch mit der Frage: »Woher weiß die Henne, dass sie auf ihrem Ei sitzen muss?« Sie ist unkompliziert; sie wird nicht durch einen Terminplan verwirrt, der sie dazu zwingt, auf der Autobahn herumzurasen, um kleine grüne Papierstückchen zu bekommen – nur um dann wieder zurückzurasen und sie jemand anderem zu geben. Sie ist ganz einfach mit einem tiefen Wissen verbunden, nach dem sie handelt, ohne einen Augenblick zu zögern. Zu dieser göttlichen Verbundenheit kehrt ihr zurück. Ihr könnt eine Menge von den Hühnern auf euren Hühnerhöfen lernen.

Nur der egobezogene Intellekt besteht darauf, dass Kompliziertheit und Komplexität zur Erfüllung nötig sind. Der egobezogene Intellekt erschafft alle möglichen Komplikationen, Dramen und ständiges Zähneknirschen, um seine eigene Existenz zu rechtfertigen. Doch erleuchtete Gemeinschaften sind wunderbar einfach, genau wie eure Vorstellung der Schweizer Familie Robinson auf einer paradiesischen Insel göttlich einfach ist. Das bedeutet nicht, dass Einfachheit ohne Technologie auskommen muss, denn wir würden unsere Existenz ganz gewiss als wunderbar einfach bezeichnen und erfreuen uns dennoch unserer überlegenen Technologie. Wir behaupten also nicht, dass ihr damit zufrieden sein müsst, von morgens bis abends Milch aus frischen Kokosnüssen zu trinken, um euch weiterzuentwickeln. Viele von euch, die mit hektischen Terminplänen, Weckern und Vielflieger-Bonusmeilen herumrasen, werden bereitwillig zustimmen, dass ein Teil von euch sich danach sehnt, jeden Tag mehr Zeit mit Nichtstun zu verbringen und einfach so zu sein, wie ihr gern sein möchtet. Hiermit erinnern wir euch daran, dass es zur Erweckung gehört, sich selbst zu erlauben, zu diesem Leben zurückzukehren. Euch wird die Ironie dieser Tatsache nicht entgehen, denn die meisten von euch haben ja bereits entdeckt, dass ihr, je mehr ihr arbeitet und je mehr Geld ihr verdient, desto weniger Zeit mit dem heiteren Verfolgen eurer höchsten Ideale verbringt – etwa im Zusammensein mit geliebten Menschen oder auf einer abenteuerlichen Reise zu einem Teil eures Globus, den ihr schon immer sehen wolltet; oder indem ihr einfach an einen Ort auf eurem Planeten umzieht, an dem ihr schon immer leben wolltet; oder indem ihr die Experten, Politiker oder Ausbilder, die euch bisher beraten haben, einfach feuert, wenn sie eurer Integrität nicht mehr dienen. Irgendwann werdet ihr einsehen, wie chaotisch und unbefriedigend euer Leben geworden ist. Ihr haltet erst inne, weil ihr merkt, wie schwer es euch fällt, in das Leben eurer Träume einzutreten, denn ihr begreift, dass an einem Leben, das lediglich Verpflichtungen einhält, irgendetwas nicht stimmt.

Wir freuen uns, euch daran erinnern zu dürfen, dass es in eurer Zukunft weniger Pflichten geben könnte, denn eines Tages werdet ihr den Punkt erreichen, an dem ihr nicht mehr bereit seid, eure Lebensqualität den Erwartungen anderer oder den Erwartungen eures eigenen Egos zu opfern. Dann werdet ihr alle euch verändern – und dieser Tag wird wirklich gesegnet sein.

KAPITEL 9

Kornkreise und andere Kontakte

Letztes Jahr leitete ich jeden Donnerstagabend eine Gruppe. Die anderen diskutierten mit mir über ihre jeweiligen Begegnungen mit Außerirdischen und wir sprachen darüber, wie diese Erfahrungen ihr Leben verändert hatten. Eines Abends kam eine vierköpfige deutsche Familie zu uns: Mutter, Vater und zwei Söhne im Teenageralter. Sie schienen ganz »normal« zu sein und hörten zu, als die ganze Gruppe still wurde, während eine Frau leise weinend erzählte, dass sie sich ständig schämte, weil sie glaubte, den Verstand zu verlieren, nachdem sie gesehen hatte, wie »kleines Volk« in den Stunden nach Mitternacht in ihrem Gästehaus tanzte. Sie hatte auch Begegnungen mit Außerirdischen erlebt. Nachdem sie ihrem Mann und ihren Söhnen einen kurzen Blick zugeworfen hatte, begann die deutsche Frau, ihre Geschichte zu erzählen.

»Wir haben ein Haus in Deutschland und hatten vor Jahren einige außergewöhnliche Begegnungen mit UFOs. Einige Zeit nach diesen Begegnungen sahen wir eines Tages in unserem Garten hinter dem Haus Gnome, die aus dem Gras aufgetaucht waren, aber in den Bäumen lebten.« Ihre Söhne und ihr Mann nickten bestätigend und wirkten dankbar, dass endlich ein Familienmitglied darüber gesprochen hatte.

»Es sind winzig kleine Leute«, fuhr einer der Jungen mit starkem Akzent fort, »aber es gibt sie wirklich. Wir haben sie *gesehen und sie sind sehr scheu.«* Die vier schwiegen; sie hatten die Reaktion der neben ihnen Sitzenden geprüft.

Ihre Geschichte ist nicht ungewöhnlich. Wenn Menschen in Kontakt mit außerweltlichen Phänomenen kommen, geschehen erstaunliche Dinge, besonders wenn es sich um Begegnungen mit Außerirdischen handelt. Sowohl aus meiner persönlichen Erfahrung als auch aus den Erzählungen anderer, deren Leben sich nach ihren Begegnungen dramatisch veränderte, muss ich schließen, dass rings um uns herum wesentlich mehr »übernatürliches« Leben stattfindet, als die meisten von uns ahnen. Doch noch wichtiger ist, dass wir allmählich erkennen, dass all dies keineswegs »übernatürlich« ist, sondern dass es sich um ganz natürliche Ereignisse handelt, und sobald wir nicht mehr stur darauf bestehen, dass solche Dinge lediglich dem Reich der Fantasie angehören, werden wir uns der Existenz weiterer Wesen bewusst werden. Wir können die Tatsache akzeptieren, dass in diesem Augenblick auf unserem Planeten Wesen leben, die nur halb so groß sind wie wir und die wir Zwerge oder »kleines Volk« nennen. Warum fällt es uns dann so schwer, zu glauben, dass es außerdem Wesen gibt, die wiederum nur halb so groß sind wie sie oder nur einen Bruchteil so groß?

Es war mir nie in den Sinn gekommen, die Außerirdischen zu fragen, ob sie von irgendwelchen Zwergen auf der Erde wüssten, bis ihnen Bob eines Nachmittags die folgende Frage stellte.

Könnt ihr uns etwas über die Kornkreise erzählen? Wie werden sie gemacht? Warum sind sie da?

Der Ausdruck unseres Seins manifestiert sich in der Natur, denn sie protestiert nicht wie ihr, wenn wir ihr Beweise unseres Daseins liefern.

Warum sprecht ihr von der Natur, dem Leben und Gott immer in der weiblichen Person? Ich dachte, diese Dinge hätten nichts mit einem bestimmten Geschlecht zu tun.

Das haben sie auch nicht. Deshalb haben wir ein Wort gewählt, das beide Geschlechter enthält – nämlich »sie« –, obwohl ihr es gewöhnlich nicht so benutzt. »Er« (engl.: he) ist im Wort »sie« (engl.: she) enthalten. Somit werden beide Geschlechter als eines ausgedrückt.

Die Natur öffnet uns willig ihre Türen und schöpft in diesen künstlerischen Projekten mit uns gemeinsam. Wenn die Bibel davon spricht, dass sich der Löwe zum Lamm legen wird, dann spielt sie auf eine Zeit an, in der das Bewusstsein so weit entwickelt ist, dass zwischen allen Geschöpfen des Universums Harmonie herrscht. War es euer Denken, das euch von der unerschöpflichen Fülle der Natur abgetrennt hat? Stellt euch vor, wir würden euch antworten, dass die lebendigen Pflanzen, die die Kornkreise bilden, an der Erschaffung dieser schönen Kunstwerke teilhaben, indem sie Energieteilchen in einen anderen Zustand transformieren. Doch diese Getreidefelder sind genauso wenig unsere Opfer wie alle anderen Erfahrenden. Es gibt eine gemeinsame Schöpfung der Seele; die Pflanzen und das Grünzeug auf eurem schönen Planeten besitzen ebenfalls eine Seele und sie erschaffen gemeinsam mit uns die großartige Botschaft, dass es viel, viel mehr auf der Welt gibt, als nach einer Stechuhr zu arbeiten und Rechnungen zu bezahlen.

Stellt euch vor, dass die Stimme der Mutter Erde durch ihre Kinder, die an ihrem Busen aufgewachsen sind, an unserem Bewusstsein teilhat. Wir halten einander an den Händen und manifestieren Kommunikationen, die die allerhöchsten Möglichkeiten bezeugen und feiern, auch wenn sie recht komplex wirken. Die Designs, die ihr »Kornkreise« nennt, repräsentieren großartige Symbole eures kollektiven Erbes, die die Seele auf einer sehr tiefen Ebene bewegen würden, wenn man darüber nachsinnen würde. Dieses Erbe ging eurem dortigen Leben voraus und die Seelen der Grünpflanzen und der gelben Pflanzen stimmen harmonisch in den Weckruf mit ein. Wie ihr hoffentlich vermutet, hat die Natur an eurem Erwachen ein persönliches Interesse.

Ihr habt euch von dem Leben um euch herum so abgegrenzt, dass ihr kaum noch die Seelen der Tiere bemerkt, geschweige denn die Seelen der Pflanzen; und so überraschend das auch sein mag, diese Getreidefelder kommunizieren mit euch. Erlaubt eurem Verstand, einen Augenblick innezuhalten, während ihr darüber nachsinnt, welche Wunder sonst noch auf euch warten mögen. Es ist kaum vorstellbar, dass solche Wunder in eurem Hinterhof geschehen und doch so wenig beachtet werden. Die Dinge, die Applaus und begeisterte Reaktionen ernten, sind bei euch am kurzlebigsten. Und doch wachsen direkt neben euch die Pflanzen, die untereinander, aus ihrem tiefsten Wesen heraus, Musik spielen. Aber kaum einer unter euch hält deshalb inne. Wir sagen dies nicht, um euch zu schelten, sondern wir wollen damit auf die früher gestellte Frage zurückkommen, warum wir noch nicht bei euch gelandet sind. Wenn mehr von euch für die erstaunlichen Möglichkeiten in eurem Garten offen wären, sowohl auf der Erde als auch galaktisch gesehen, dann hätte sich die Verdrängung doch wohl auf breiterer Grundlage reduziert. Große Massen von euch würden ihre Kinder an jene Orte bringen, um über all die Wunder zu staunen, die euch bislang angeboten wurden. Wie viele von euch haben ihren Kindern diese Wunder gezeigt? Vielleicht versteht ihr jetzt besser, wie der Verstand arbeitet und wieso es einfacher ist, den Status quo auf diese Weise aufrechtzuerhalten.

Diese Wunder gibt es bereits – ohne den Bonus eurer kollektiven Beobachtung und Diskussion. Wie habt ihr bisher darauf reagiert? Glaubt ihr, es würde einen Unterschied machen, wenn wir in diesem Augenblick landen würden? Könnt ihr euch einen Schulausflug mit vielen Kindern vorstellen, die die Erlaubnis haben, mit den Erwachsenen über Zauberei und die bemerkenswerte Natur des Lebens im Universum zu diskutieren? Und die die Möglichkeit einer kulturellen Verdrängung nicht einmal erörtern – geschweige denn, was es bedeutet, wenn man seinen Kindern ebendiese Verdrängung in der Erziehung weitergibt.

Abertausende von Menschen reisen viele Meilen, um Fußballspiele und ähnliche Ereignisse zu sehen; doch solch großartige Demonstrationen beachtet fast niemand und kaum jemand redet darüber. Die Renoirs und Picassos liegen auf euren Feldern ausgebreitet; wunderschöne Erinnerungen an göttliche Intervention und gemeinsame Schöpfungsprojekte. Verurteilt nicht diejenigen, die schlafen, sondern lasst euch dieses Beispiel zur Erinnerung an die Bereiche dienen, in denen ihr ebenfalls schlaft. Stonehenge erinnert die Seele an das, was war, und an das, was sein könnte. Weckt die anderen auf und verweist sie auf diese Dinge.

Während solcher Zeiten der Transmutation singen die Pflanzen in einer so einzigartigen Schwingung, dass selbst eure Leute mit ihren groben Instrumenten diese Veränderungen wahrnehmen können. Die molekularen Veränderungen sind so bemerkenswert und lassen solch fantastische Möglichkeiten erkennen, dass es ein wahres Wunder ist, dass nicht mehr unter euch diese Ereignisse dazu benutzt haben, aufzuwachen.

Es ist eine Ehre, am Erwachen der Menschheit teilzuhaben; und hier ist der Beweis dafür, dass selbst Mutter Erde ihre Beteiligung zum idealen Zeitpunkt geplant hat. Fürchtet euch nicht, weil eine Transformation stattfindet. Wenn eure Getreidehalme solche Zauberkräfte besitzen – was glaubt ihr wohl, haben eure Seelen in petto? Auch die Wolken über euch verändern ihre Form. Seht hinauf, wenn ihr eines Tages traurig seid, dann werdet ihr in den Wolken die Engel hören und sehen – oder eine andere Form, die direkt zu eurem Herzen spricht. Die Getreidehalme unten und die Wolken oben befinden sich in völliger Harmonie. Kniet vor dem Öffnen des Vorhangs nieder, dann werden die Mitspieler in so wunderschönen Kostümen hervortreten, dass jeder Betrachter geblendet wird. Doch zuerst müsst ihr euren überaus hektischen Zustand verlassen und in einen Zustand der Beobachtung und Verwandlung kommen. Dieses hektische Herumrasen macht Beobachtung fast unmöglich. Wenn mehr von euch allmählich in eurer eigenen Gartenerde den Aufbau des Universums erkennen, haben wir noch mehr Überraschungen für euch.

Manche Bauern hegen schon längst den Verdacht, dass die Pflanzen sich miteinander verbinden. Man findet keinerlei Anzeichen der Zerstörung. Die Wellen elektrischer Schwingungen gehen vom Saatgut der Natur aus, wie Musiknoten aus einem Instrument aufsteigen. Lehrt eure Kinder, wie großartig ein solches Potential ist. Dies ist der Grund für unsere Kunstwerke, deshalb fordern wir euch dazu auf. Wir verkörpern euer Potential. Dies ist eure Zukunft. Wenn ihr euch Begreifen wünscht, wird es euch gegeben werden. Wenn ihr aus den Tiefen eurer Seele um Verstehen bittet, werdet ihr verstehen. Wir wissen, wer bittet. Zu dem, der bittet, kommen wir.

Die hoch gewachsene Sonnenblume weiß, wann die beste Zeit für die neue Saat ist. Ebenso kann eure Rasse die Zeit herbeirufen, die für die Aussaat neuer Gedanken geeignet ist. Ihr erlebt im Augenblick den Frühling eurer neuen Gedanken. Potentiell tun die Kornkreise genau dasselbe. Die Kreisformen können Gedanken einkreisen und euch wieder nach innen, zu euch selbst führen. Selbst ein kleines Kind kann die Bedeutsamkeit dieser Ereignisse ahnen. Bewegt euch im Kreis zurück, zu einer Zeit großen Staunens, in der alles möglich ist; genau wie in euren Sciencefictiongeschichten. Bewegt euch im Kreis eurer Gedanken in eine Zeit zurück, in der die Wahrnehmung einer magischen Welt nicht bedrohlich erscheint und in der es noch andere gibt, die ganz in der Nähe leben und nicht bedrohlich sind, sondern eure Geschwister. Wir glauben an Möglichkeiten. Wir fordern euch dazu auf, die Möglichkeiten ebenfalls wahrzunehmen. Es ist höchste Zeit. Symbolisch gesprochen trommelt die Seele der Welt ungeduldig mit den Fingern auf den Tisch und wartet, dass ihr endlich bereit seid.

Darf ich eine Frage stellen?

Natürlich.

Die Leute, die die Kornkreise studieren, würden sich wahnsinnig dafür interessieren, mit welcher Technologie sie hergestellt werden. Könnt ihr darüber sprechen?

Wir haben bereits davon gesprochen. Ihr versteht unsere Antwort nicht; dafür haben wir Verständnis.

Ihr habt das bereits erklärt?

Wir kommunizieren mit den lebendigen Pflanzen. Ist das zu einfach?

Es wird also nicht mit technologischen Mitteln von einem Raumschiff aus gemacht, zum Beispiel mit irgendwelchen Energiestrahlen?

Wenn ihr euch zum Essen hinsetzt, treten zahlreiche Funktionen zugleich in Kraft. Die Mahlzeit wurde vielleicht mit Hilfe von Technologie zubereitet und man braucht vielleicht physische Fähigkeiten, um sich in der Küche zu bewegen und sich schließlich an den Tisch zu setzen; außerdem spielt die Verdauung eine Rolle. Genauso entsteht auch dieser Vorgang weder durch reine Technologie noch durch reine Kommunikation. Wenn ihr so wollt, spielt sogar hier die Verdauung eine Rolle. Gestattet uns eine Metapher: Verdaut das Konzept der Multiphänomene. Bei einem Multiphänomen protestiert unweigerlich der Verstand und meint, es müsste entweder das eine oder das andere sein – doch wenn wir uns mit der Seele des Universums verbinden, geschieht das niemals ausschließlich durch Technologie. Sie ist unnötig; außer man will die Sehnsucht der Kollektivseele zunichte machen, so wie ihr es tut. Und hier steht ihr vor einer Situation, die, um es vereinfacht auszudrücken, aus Multiphänomenen besteht – zumindest erscheinen sie eurer Denkweise als Phänomene. Wirkliche Wunder haben mit verschiedenen Variablen zu tun. Wir können dies nicht als einen Vorgang beschreiben, bei dem einfach ein Knopf gedrückt wird, worauf ein Ergebnis auftritt. Das ist nicht nur zu vereinfacht, sondern auch zu ungenau. Hier besteht eine Partnerschaft, die das Wunder ist. Versteht ihr das nicht? Das Wunder besteht schlicht und einfach in der Partnerschaft eines lebenden Organismus mit anderen lebenden Organismen. Ihr habt angenommen, wir hätten auf einen Knopf gedrückt und eure Pflanzen irgendwie beeinflusst, weil ihr euch nicht vorstellen könnt, dass man gemeinsam mit Pflanzen irgendetwas erschaffen kann. Eure Rasse täte wohl daran, das Beispiel zu beachten, das wir euch damit geben. Durch Partnerschaft können solche Wunder stattfinden; und euer Intellekt kann nur aus den Beispielen lernen, die eurer eigenen Kultur entstammen.

»Kornkreise« könnte man, genauer gesagt, mit Musik vergleichen, die von einem Orchester erzeugt wird, in dem wir mitspielen. Von mehreren verschiedenen Gebieten kommen die Mitspieler zusammen, um eine wundervolle Symphonie hervorzubringen; eine Vorstellung, die den Intellekt des Wissenschaftlers herausfordert. Wenn wir euch sagen würden, dass Elfen und Feen und auch die Pflanzen selbst etwas damit zu tun hatten, dass wir die Posaune spielen und die Grashalme die Geige, dann würdet ihr besser verstehen, wie solche Dinge entstehen. Sie werden nicht maschinell hergestellt. Sie entstehen nicht, wie man Plätzchen aussticht. Multiphänomene entstehen aus einer Multidimensionalität. Ihr stellt diese Frage mit einer sehr linearen Perspektive. Und wir bemühen uns, euch zu antworten, und wollen euren Intellekt keineswegs überfordern und erklären, dass bei diesem Beispiel viel mehr Dinge zusammenwirken, als ihr euch vorstellen könnt. Doch dass eure Kultur dieses Phänomen so vollständig verdrängt, sollte euch zumindest einen Anhaltspunkt geben. Daran könnt ihr immer erkennen, dass etwas besonders Großartiges geschieht. Befriedigt dich diese Antwort?

Nicht ganz.

Was ist dein Einwand?

Na ja, es klingt irgendwie gönnerhaft, wenn ihr sagt, dass ihr uns nicht erklären könnt, wie das geschieht, weil wir es doch nicht verstehen würden; was hat es also für einen Zweck, so etwas zu tun, wenn wir es doch nicht verstehen?

Du missverstehst die Art und Weise eures Unverständnisses.

Dann klärt mich bitte auf.

Wenn wir dir sagen würden: »Wir nehmen unsere galaktischen Walkie-Talkies und drücken auf den Sprechknopf und sagen zu den Getreidefeldern: ›Bitte verhaltet euch heute Nacht um zwei Uhr so und so‹, und dann kommen die Gnome aus den Baumstämmen und die Feen fliegen mit ihren Silberflügeln herbei und dann machen wir zusammen in den Pflanzen Musik« – würdest du das verstehen?

Wie der Posaunist in einer großen Symphonie geben wir das Signal für den Anfang einer neuen Phase eures Lebens, die die »Kornkreise« ankündigen. Sie teilen euch etwas mit, ganz ähnlich wie wir euch im Moment etwas mitteilen. Ihr bewegt euch auf einen Lebensabschnitt zu, in dem ihr nicht mehr glauben müsst, dass ihr auf diesem Planeten allein seid. Selbstverständlich haben viele unter euch bereits vermutet, dass es noch andere geben muss; doch jetzt werdet ihr uns und andere kennen lernen.

Ihr lasst diese Art der Kommunikation nicht als Beispiel unseres gegenseitigen Kennenlernens gelten und insofern wertet ihr sie ab; doch wenn ihr mit jemandem telefoniert und ihm zum ersten Mal am Telefon begegnet, habt ihr ihn dennoch kennen gelernt. Weltweit lehnt eure Kultur die Kornkreise als Beweis einer Kommunikation größtenteils ab. Doch mit euren eigenen »Wundern« der Technologie kommt ihr sehr gut zurecht, wenn es um eine Weiterentwicklung der Kommunikationsmöglichkeiten geht. Ihr habt vielleicht schon eine Konferenz miterlebt, bei der die Teilnehmer nicht dieselbe Sprache sprechen, doch ein Übersetzer hilft ihnen dabei, die Kluft zwischen den sprachlichen Unterschieden zu überbrücken. Auch benutzen eure Gehörlosen Geräte und Instrumente, die es ihnen sogar erlauben, zu telefonieren. In diesem Fall symbolisieren die Kornkreise eine Brücke über die Kluft von Energie und Entfernung. Ihr könnt das zwar gern als irreal abtun, aber wir sind dennoch hier und zum Kennenlernen bereit. Je mehr von euch diese Art der Kommunikation akzeptieren – und auch die Formen, die bald entwickelt werden –, desto besser bereitet ihr euch auf die Quantensprünge vor, die euch erwarten, wenn ihr lernt, die in Freundschaft ausgestreckten Hände von uns und anderen zu ergreifen.

Die Vorstellung, dass ihr die einzigen Bewohner eures Quadranten seid, ergibt einfach keinen Sinn. Und wenn diejenigen unter euch, die zu derartigen Treffen fähig sind, uns einladen, werden wir uns der Herausforderung gewachsen zeigen und die Vielen repräsentieren, die dort draußen leben und beim erneuten Kennenlernen der universellen Rasse dabei sein möchten.

Stellt euch vor, ihr wüsstet aufgrund eurer technologischen Fertigkeiten von einem bestimmten Stamm auf einer einsamen Insel, der noch nie von irgendeinem anderen Stamm auf eurem Planeten gehört hat, und ihr hättet vielleicht von euren Satelliten aus mit Hilfe eurer Videotechnologie entdeckt, dass eine derartige Rasse diese Insel bewohnt. Und da ihr die Gespräche unter ihnen verstehen und hören könntet, würdet ihr auch ihren Gedankenprozess verstehen. Ihr würdet völlig verstehen, dass sie keinen Zugang zum Wissen um die vielen anderen haben, die in ihrer unmittelbaren Nähe leben. Und von unserer Perspektive aus gesehen leben wir in eurer unmittelbaren Nähe. Ihr würdet euch zwar diesen Stammesmitgliedern gern vorstellen, aber ihr würdet bedachtsam vorgehen und nicht einfach dort auftauchen, denn ihr hättet sie sehr lieb, und da sie meinen, allein zu sein, wären sie völlig fassungslos, wenn ihr einfach dort erscheinen würdet. Ihr hättet vielleicht eine andere Hautfarbe und vielleicht auch nicht dieselbe Anzahl von Gliedmaßen oder Augen und euer Haar wüchse vielleicht an anderen Körperstellen oder ihr wärt völlig haarlos; und deshalb wüsstet ihr, dass euer Aussehen und euer Erscheinen sie wahrscheinlich tief erschüttern würde – und ihr würdet langsam vorgehen. Ihr würdet euch erst denjenigen vorstellen, von denen ihr annehmt, dass sie bereit sind, euch kennen zu lernen. Genauso geht es uns auch. Wir finden unsere Anknüpfungspunkte in Seelen wie den euren, die emotional, physisch und spirituell offen sind.

Habt ihr irgendwelche Fragen?

Welche Information möchtet ihr in den ersten Kapiteln dieses Buches und auf unserer Website vermitteln?

Eine bestimmte Gruppe ist schon bereit, sich an diesem Informationsaustausch zu beteiligen. Diese Seelen haben sich aus persönlichen Gründen darauf vorbereitet, uns besser kennen zu lernen. Eure Teammitglieder stehen also schon bereit. Sie erwarten euch. Dieses Phänomen unterscheidet sich nicht von jedem anderen Phänomen. Was die Frage angeht, welche Inhalte unbedingt schon früh eingeführt werden sollten: Das Hauptthema haben wir bereits berührt, nämlich dass wir eure nachbarlichen Freunde sind und darauf warten, euch in Freundschaft zu begrüßen und mit Hilfe der Fragen, die sie uns durch euch stellen werden, auch gern mit anderen sprechen wollen. Für viele wird es wie die Wahrheit klingen. Für viele vielleicht nicht. Doch für eine genügende Anzahl wird es sich tatsächlich nach der Wahrheit anhören. Viele werden es als enorme Erleichterung empfinden, dass hier ein anderes Konzept vertreten wird – nämlich dass eine Begegnung zwischen uns und euch nicht unbedingt als »Entführung« bezeichnet werden muss. Dadurch entsteht nämlich ein Konflikt in der menschlichen Psyche, vergleichbar mit dem Konflikt, der entstehen würde, wenn ihr euren schulpflichtigen Kindern einhämmern würdet, dass zum Schulalltag wahllose Kidnappings gehören, über die sie selbst keinerlei Kontrolle haben, dass man ihnen vielleicht wehtun und sie vielleicht zu ihrem Schaden operativ verändern wird. Eine derartige Botschaft hätte eine ungeheure Wirkung. Viele von euch hatten Kontakt mit uns, und eure Kultur assoziiert diese Erfahrungen mit Kidnapping und gebraucht den Ausdruck *Entführung*. So etwas wird bleibende Nachwirkungen auf die Persönlichkeit haben; und mit diesem Buch geht ihr diesem Vorgang auf den Grund, denn ihr fangt an, diesen Mythos zu analysieren, und dadurch könnt ihr andere Schlüsse daraus ziehen. Wenn andere Erfahrende von dem Konzept erfahren, dass sie vielleicht nicht nur nicht »entführt« worden sind, sondern aktiv an einer großartigen Begegnung zweier Rassen teilnehmen, und dass ihre Teilnahme sogar für eine gewisse spirituelle Bereitschaft spricht, dann kann die dadurch bewirkte Erleichterung enorm sein. Wenn ihr das Ganze im universellen Zusammenhang betrachtet, ist dies ein Moment von großer historischer Tragweite. Denn es ist ein Moment; auch wenn die verstreichenden Jahrzehnte euch noch so lang erscheinen. Es ist ein Moment, in dem eure augenblickliche Evolutionsstufe von Belang ist.

Dies ist nicht nur eine großartige Gelegenheit für euch beide, Lisette und Bob, sondern es ist auch im zeitlichen Überblick der ganzen Menschheitsgeschichte eine großartige Gelegenheit. Überlegt nur, was das heißt. Ihr und andere habt euch durch unglaublich mutige Ideen und starke gegenseitige Unterstützung bis an diesen Moment gebracht, in dem ihr in solch unerforschte Gebiete vordringt. Schreitet munter voran, all ihr Erfahrenden, trotz aller Skeptik und allem Hohn, und vereint euch mit den vielen heiteren Männern und Frauen, die den anderen zeigen und beweisen werden, dass dies kein lächerliches Gefasel von New Age Freaks ist. Ihr beginnt einen Trend; sowohl ihr als auch eure Leser. Das würden wir gern sagen. Willkommen in diesem Augenblick, in diesem Moment.

Wisst ihr ungefähr, wie viele Erfahrende es auf unserem Planeten gibt?

Wie gesagt, wir sind nicht die einzige Gruppe, die sowohl in der Vergangenheit als auch in der Gegenwart solche Begegnungen zwischen uns allen herbeiführt. Es gibt auch noch andere Gruppen, und wenn ihr gern eine Zahl hören wollt, können wir euch vielleicht auf folgende Weise zu verstehen helfen: Je nach dem Hintergrund der Seelen, die sich diese Kommunikationen und Begegnungen gewünscht haben, gibt es in der Bevölkerung eures Planeten verschiedene kulturelle Randgruppen und Stämme; und wir repräsentieren eine Rasse, sind aber nicht die einzigen Besucher. Die ungefähre Anzahl jener, die Kommunikationen erlebt haben, ob in Form von direktem Kontakt, persönlichen Erfahrungen oder Ähnlichem, beträgt zwanzig Prozent der Gesamtbevölkerung. Innerhalb dieser zwanzig Prozent fällt es vielen enorm schwer, die Realität dieser Erfahrungen zu verarbeiten.

All dies gehört zum Verarbeitungsprozess der menschlichen Persönlichkeit, die mit den von eurer Kultur verursachten Erlebnissen und Gefühlen fertig werden muss – einer Kultur, die darauf besteht, dass diese Erfahrungen absurd und unmöglich sind. Der Prozess, den eine solche Seele durchläuft, ist ein sehr edler. Von eurer Sicht aus könnt ihr nur annähernd begreifen, wie schwerwiegend dies ist; aber von unserem Standpunkt aus haben wir große Hochachtung vor diesem hohen Grad der Transformation – denn kurz vor dem Explodieren der Sprudelflasche ist der Widerstand immer am größten. Deshalb scheinen gewisse konservative Elemente die Gesellschaft auch immer dann besonders in den Würgegriff zu nehmen, wenn es so aussieht, als seien endlich ein paar Durchbrüche erzielt worden – und es sieht so aus, als würden die Konzepte, die zu diesem Zeitpunkt als abwegig gelten, für immer abwegig bleiben. Doch es ist unmöglich, etwas aufzuhalten, was einmal in Gang gekommen ist.

Zwanzig Prozent sind viele Leute, vielleicht eine Milliarde Menschen. Dass es so viele sein sollen, scheint undenkbar zu sein.

Warum scheint das undenkbar?

Weil es eine so große Anzahl von Menschen ist.

Bezogen auf das kulturelle Stigma oder auf das Begreifen?

Nein, auf Menschen, die Erfahrungen mit Raumschiffen gemacht haben oder an Bord von Raumschiffen waren; da scheint das einfach eine ungeheuer hohe Zahl zu sein.

Diese Zahl schließt nicht nur diejenigen ein, die persönliche Kontakte an Bord von Raumschiffen hatten.

Sie schließt auch andere Kommunikationen und Sichtungen mit ein?

Mit welchem Namen ihr es auch bezeichnen wollt, eine gewisse Anzahl von euch hat Beweise bekommen; dazu gehören auch bedeutsame Begegnungen der Seele, bei denen die Seele, nämlich der Mensch, einen Moment des Erwachens erlebt hat, der auf einer bestimmten Ebene unwiderlegbar ist und bündig beweist, dass außerirdisches Leben existiert.

Manche Individuen haben bedeutsame direkte Kontakte erlebt, ihre Erinnerungen daran aber unterdrückt. Andere haben Sichtungen erlebt oder Traumerfahrungen, die als weniger dramatische oder intensive Kontaktform erscheinen mögen, oder meditative Erfahrungen, die eine nachhaltigere Wirkung auf das Individuum haben können, weil die jeweilige Seele sich, je nach ihrer Bewusstheit und Offenheit, daran erinnern kann. Wenn jemand einen direkten Kontakt erlebt hat, heißt das noch nicht unbedingt, dass er oder sie psychologisch, emotional und spirituell auch nur annähernd bereit ist, diese Erfahrung anzunehmen; und genau darum geht es euch ja – darum geht es bei diesem Projekt.

Indem ihr diese Erinnerungen in Menschen erweckt, die sich vielleicht nur latent und bruchstückhaft daran erinnern, erweckt ihr die schlafenden zwanzig Prozent. Ihr erweckt also diese Menschengruppe, indem ihr ihnen in Erinnerung ruft, was sie selbst erlebt haben. Jetzt versteht ihr die Macht und Dynamik dieser Arbeit. Ihr werdet möglicherweise eine sehr umfassende Heilung bringen, da ihr dieser schlafenden Gruppe nicht nur dabei helft, in die Bewusstheit ihrer eigenen Erfahrungen zu erwachen und mit dem Heilungsprozess ihrer jeweiligen wie auch immer gearteten Nachwirkungen zu beginnen, sondern ihr helft ihnen außerdem, sich mit diesem Prozentsatz der Menschen auf der ganzen Erde zu einer Stimme zu vereinigen, einer Stimme, die verkündet: »Auch ich kenne meinen Nachbarn.« Ein Querschnitt der Erdbevölkerung, vom Bauern zum Professor, vom Arzt zur Hausfrau, Kinder und Teenager – sie alle lassen sich nicht mehr von einer Kultur zum Schweigen bringen, die diese Erfahrungen verleugnet. Ihr seid ein Teil dieses Erwachens. Ihr seid ein Teil dieses Gedächtnisanstoßes. Ihr seid ihre Geschwister und sagt ihnen: »Wir glauben euch. Stärkt euch emotional, stärkt euch psychologisch und spirituell – denn dadurch helft ihr uns allen, uns für weitere Kontakte bereitzumachen.«

Ungefähr wie viele hatten so direkte Erfahrungen wie Lisette?

Du meinst an Bord eines Raumschiffes oder als Gast an einem anderen Ort außerhalb eures Planeten, wo man außerweltlichen Wesen physisch begegnet?

Ja.

Das wären etwa vier bis fünf Prozent dieser Anzahl, also vierzig bis fünfzig Millionen Menschen.

Und wie viele davon sind sich dieser Erfahrungen bewusst und verdrängen sie nicht?

Da musst du diese Summe noch mal halbieren, das wären also ungefähr zwanzig bis fünfundzwanzig Millionen Leute.

Immer noch eine große Anzahl von Menschen.

Ja. Möchtest du sie kennen lernen?

Ja, das würde ich gern. Gehört dies alles zur Vorbereitung auf den großen Kontakt, der später stattfindet?

Natürlich.

Spielt ihr auf das Konzept eines universellen Dorfes an?

Ja, natürlich, deshalb sagen wir ja auch, dass dies eine so außerordentliche Zeit ist. Ihr selbst könnt das Ganze nicht als so außergewöhnlich empfinden, denn ihr seid zu dicht am Geschehen. Es ist schwierig für euch, die ganze Großartigkeit dieses Zeitpunkts zu begreifen; deshalb stellt ihr uns auch die intellektuelle Frage, warum euch augenblicklich so viele außerirdische Wesen beobachten. Dies ist nicht nur für Menschen, sondern für uns alle ein Angelpunkt der Geschichte, denn die Tatsache, dass ihr uns kennt, verändert alle eure Erfahrungen.

Eine von Lisettes Fragen hatte damit zu tun, wie ihr es fertig bringt, sie physisch durch Wände zu transportieren oder frei im Weltall schweben zu lassen.

Das freie Schweben im Weltall, das Lisette erlebt hat, als sie transportiert wurde, ist nicht sehr verschieden vom Schweben eurer Flugzeuge in der Luft, obwohl es natürlich ein paar Unterschiede gibt – aber fällt euch nicht auf, dass das eine absurd erscheint und das andere ganz plausibel? In eurem Glaubenssystem kann ein Flugzeug schweben, aber ein Mensch nicht. Um auf eurer eigenen Ebene zu argumentieren: Ein Boeing Düsenflugzeug wiegt sehr viel mehr; dennoch habt ihr als Kultur inzwischen akzeptiert, dass dies möglich ist – aber zur Zeit der ersten Flugerfahrungen fanden viele die Idee lächerlich, dass sich Stahl, nachdem er in einer bestimmten Form zusammengeschraubt wurde, ohne Hilfe von Drahtseilen je vom Boden erheben könnte.

Von unserer Perspektive aus erscheint es nicht verwunderlich, dass sich ein Körper, der von einer Seele bewohnt und von beträchtlichen Energien belebt wird, von einer physischen Oberfläche erhebt. An einem Samstagnachmittag im Park können sich sogar die Spielzeuge eurer Kinder, unbelebte Objekte, vom Boden erheben. Dies ist ein weiteres Symptom dafür, dass ihr kaum jemals erkennt, wer ihr seid und welcher Dinge ihr fähig seid. Wenn wir euch sagen würden, dass ihr euch mit Hilfe eures eigenen elektromagnetischen Feldes und eurer eigenen Energieimpulse derartige Erfahrungen selbst ermöglichen könntet, dann würdet ihr das sofort vom Tisch fegen. Indem wir unsere Gedanken fokussieren, wie wir es während der Erfahrung getan haben, auf die Lisette anspielt und während der sie sich sozusagen durch Levitation von einem Raumschiff zum anderen bewegte, dann berühren wir ein elektrisches Kraftfeld. Es ist wesentlich sinnvoller, dieses Kraftfeld anzuzapfen und mit ihm zu arbeiten, als es zu ignorieren, zu leugnen und im Unsichtbaren zu belassen.

Wir haben gesagt, dass wir durch die Erschaffung der so genannten Kornkreise sogar mit euren wachsenden Pflanzen kommunizieren, und das heißt nichts anderes, als dass wir mit elektrischen Impulsen und mit der euch umgebenden Energie kommunizieren und kooperieren können. Das ist dasselbe Phänomen, und das bedeutet, es geht lediglich darum, mit dem, das bereits da ist, zu kommunizieren und es zu nutzen und es in eure Erfahrung zu integrieren. Wir erschaffen nicht unbedingt etwas Neues; wir haben einfach unsere eigene Auffassung dessen, was möglich ist, in einen neuen Kontext gebracht, um damit zu spielen. Selbst auf eurem eigenen Planeten haben einige Leute – nicht viele, aber doch einige – Geschichten über Leute gehört, die levitierten. Das ist kein fragwürdiges Gesellschaftsspiel. Es ist ein Ausdruck der unbegrenzten Möglichkeiten.

Die beweglichen Partikel rings um euch enthalten ein starkes Kraftfeld, und wenn man dieses Kraftfeld in gewisser Weise beeinflusst, erzeugt man Bewegung; ganz ähnlich wie bei der Telekinese.

Und was das Durchdringen scheinbar fester Objekte angeht, so entsteht diese Erfahrung in manchen Fällen, wenn auch nicht in allen, sobald sich der physische Körper an einem Ort befindet und der astrale Körper die Wand durchdringt. Man erlebt das auf diese Weise, weil man sich selbst als das tatsächliche Selbst erkennt, und deshalb fühlt es sich so an, als hätte der physische Körper die Wand durchdrungen.

Es ist also eigentlich gar nicht der physische Körper, der die Wand durchdringt?

In Lisettes Fall sind das zwei verschiedene Fragen, denn es handelt sich um zwei verschiedene Erfahrungen. Die astrale Erfahrung haben wir eben beschrieben: In ihr durchdringt der Astralkörper die Wand; doch die andere Erfahrung lässt sich einfacher beschreiben. Anstatt sich vorzustellen, dass ein Ding ein anderes durchdringt, kann man das Ganze besser verstehen, wenn man es sich so vorstellt, wie es in der Fernsehserie *Star Trek* zu sehen war: Dort wurden die Moleküle des menschlichen Körpers transmutiert und aufgrund einer Veränderung in der Molekularstruktur »hochgebeamt«. Dieser spezielle Fall würde auch nicht unbedingt als Körper beschrieben, der eine Wand durchdringt, sondern als eine Veränderung in der physischen Struktur, die dann lichtdurchlässig wird und somit in jeder erforderlichen Weise von Punkt A nach Punkt B reisen kann; denn weil der Körper seine Struktur verändert hat, ist ihm das möglich. Ergibt das Sinn?

Ja.

Physische Materie ist nicht so unveränderlich, wie ihr es euch vielleicht vorstellt. Ihr könnt eine Tasse Wasser einfrieren und sie als etwas Festes aus dem Gefrierfach nehmen, dann in den Mikrowellenherd stecken und innerhalb weniger Minuten wieder schmelzen; und wenn ihr sie lang genug der Hitze aussetzt, wird sie zu Dampf werden – und ihr könnt den ganzen Prozess wieder von vorn beginnen. Niemand von euch verfällt deshalb in andächtiges Staunen, aber trotzdem denkt ihr: »Ach, diese universellen Gesetze gelten nicht für die physische Materie des menschlichen Körpers«; wir dagegen behaupten, dass sie sehr wohl gelten. Nur eure eigene Auffassung dessen, was möglich und unmöglich ist, hält euch davon ab zu begreifen, dass es keine Grenzen gibt. Ihr meint, dass das Universum nur einem Eiswürfel diese Art der Transformation gestattet – doch seid ihr nicht viel großartiger als ein Eiswürfel?

Kapitel 10

Vertuschungsmethoden

Als die tapferen Siedler in Amerikas Vergangenheit nach Westen zogen und auf ihrer Suche nach fruchtbarem Boden, gutem Agrarland und voll Hoffnung auf eine bessere Zukunft für ihre Kinder die ganze Weite des amerikanischen Kontinents durchquerten, mussten sie schwindelerregende Schwierigkeiten überwinden. Manche Mutter musste täglich ein Kind begraben, doch wenn sie das Grab mit ihren eigenen Händen ausgehoben hatte, stand sie wieder auf und setzte die Reise fort. Sie brauchte eine unglaubliche Fähigkeit, mit dem Wenigen, das zur Verfügung stand, auszukommen, und sie musste in der Lage sein, hinter dem Verlust ihres Kindes das Gute zu sehen, das dadurch kommen würde; sie musste sich selbst ständig daran erinnern, dass ihre Zukunft vor ihr lag und nicht hinter ihr.

Erfahrende und UFO-Fans befinden sich ebenfalls auf einer Art Reise nach dem Westen; sie dringen in neue Grenzgebiete vor und glauben an Konzepte, die die übrige Welt noch nicht übernommen hat. Doch anders als die Pionierfamilien lassen wir uns oft von Kleinigkeiten entmutigen. Wir sagen zwar, dass wir Außerirdische hören und sehen und kennen lernen wollen, doch wir setzen unsere emotionale Energie falsch ein, indem wir nicht auf das Ziel zugehen, sondern uns in einem unendlichen Kreislauf der Vorwürfe gegen diejenigen bewegen, von denen wir behaupten, dass sie uns an Begegnungen mit den Außerirdischen hindern. Viele glauben, dass die Vertuschungsmethoden der Regierung, mit denen das Wissen um die Aktivitäten der Außerirdischen und die von solchen Kontakten stets ausgehenden wissenschaftlichen Entdeckungen geheim gehalten werden, unsere Rasse an weiteren individuellen Kontakten hindern und uns um die Vorteile bringen, die unsere Kultur aus solchen Kontakten ziehen könnte.

Aber nehmen wir an, dass wir tatsächlich unsere eigenen Erfahrungen erschaffen. Wenn das so ist, wer sollte uns dann daran hindern, unsere selbst gewählten Beziehungen einzugehen, selbst wenn es sich um Beziehungen zu außerirdischen Wesen handelt? Und sie unterliegen auch weder der staatlichen Zustimmung noch der Zustimmung von sonst irgendjemandem, genauso wenig wie unsere Beziehungen zu allen anderen. Es ist reiner Aberglaube, dass die Regierung irgendetwas tun kann, was wir nicht können oder was uns gar davon abhält, zu tun, was wir wollen.

Natürlich haben wir allen Grund, wütend zu sein; aber Wut ist unnötig und lenkt uns nur von der Erkenntnis ab, dass wir selbst zu allem in der Lage sind. Es klingt beinah lächerlich – aber warum haben wir eigentlich so viel Energie auf den Versuch verwendet, den staatlichen Agenturen Dokumentationen über UFO-Begegnungen und Vertuschungen zu entreißen? Von welcher Information wir auch immer unterstellen, dass die Regierung oder »dunkle Gruppierungen« sie uns vorenthalten – holen wir sie uns doch einfach selbst, und zwar direkt von der Quelle. Außer natürlich ihr glaubt, dass Außerirdische nur Partnerschaften mit Regierungen und Geheimorganisationen eingehen.

Habt ihr eine Nachricht für die nimmermüden Bürgerrechtler, die sich seit Jahren privat und in der Öffentlichkeit darum bemühen, die Regierung dazu zu zwingen, ihr Wissen offen darzulegen?

Wir haben euer leidenschaftliches Plädoyer gehört, in dem ihr im Namen des Volkes diejenigen anklagt, die die Verbreitung der Information unter den Massen unterdrücken und dadurch verhindern, dass ihr euch in die Richtung entwickeln könnt, die ihr alle euch wünscht; doch sosehr wir auch eure Bemühungen anerkennen, euch allen Zugang zu dieser Information zu verschaffen, möchten wir doch eine andere Methode vorschlagen, um dasselbe Ziel zu erreichen. Dieser Vorschlag kommt zu einer Zeit, in der bei euch über die Natur des direkten Kontakts zwischen Außerirdischen und Menschen beträchtliche Zweifel bestehen. Selbst unter denjenigen, die vor euren Komitees aussagen, fällt es einigen schwer, sich vorzustellen, dass »durchschnittliche« Leute auf dem ganzen Planeten bereits regelmäßig mit erleuchteten Wesen kommunizieren, die anderswo wohnen.

Bedenkt, dass die Information, nach der ihr sucht, Hunderten oder tausend oder zehntausend Menschen auf dem ganzen Globus zugänglich gemacht werden kann und dass sie *bereits jetzt* der Öffentlichkeit zur Verfügung steht. Was noch fehlt, ist ein Medium, mit dessen Hilfe die Information den entsprechenden Interessenten zur Verfügung gestellt werden kann. Wenn ihr und eure Gruppe die Tatsache akzeptieren könnt, dass bereits jetzt, während wir uns unterhalten, andere auf eurem Planeten in direktem Kontakt mit evolvierten Außerirdischen stehen, werdet ihr die Weisheit unseres Vorschlags verstehen. Doch vergesst bitte nicht, dass es selbst unter euch Individuen gibt, die gewisse Zweifel daran hegen, ob ein solcher Kontakt überhaupt möglich ist. Was würde es für euch bedeuten, wenn wir euch wissen ließen, dass die Information, um die ihr euch bemüht, viel einfacher von denjenigen zu bekommen ist, die bereits mit uns kommunizieren? Dazu mögt ihr einen gewissen Grad der »Erleuchtung« benötigen; doch vielleicht könnt ihr euer Verstehen allmählich vertiefen und eine Perspektive erreichen, die es euch erlaubt, selbst im Zusammenhang mit diesen Phänomenen die perfekte Entfaltung der Evolution zu erkennen.

Bereits jetzt unterhalten überall auf eurem Planeten Individuen signifikante und bedeutungsvolle Diskussionen und Kontakte mit evolvierten Wesen. Es kann schrecklich bedrohlich wirken, wenn ihr merkt, dass ihr womöglich gar nicht unbedingt ein weiteres Komitee voller Menschen in Anzügen braucht, um Kommunikation zwischen den Spezies zu koordinieren. Solche Kommunikationen finden bereits statt, und zwar mit Durchschnittsmenschen, unter denen fast jede Bevölkerungsgruppe eures Planeten vertreten ist. Ihr müsst lediglich dafür sorgen, dass diese Leute ihre Menschenwürde behalten können, dann werden sie sich melden und euch jede Information geben, die ihr verlangt, und es wird eine wahre Lawine von Inputs über euch hereinbrechen, sowohl technologisch als auch spirituell – und ihr werdet augenblicklich Zugang zu allem bekommen, was ihr nur wollt.

Falls ihr beim Hören dieser Worte ein gewisses Zögern spürt, dann beweist dies, dass auch ihr, was diese Phänomene betrifft, gewisse Zweifel hegt. Gönnt euch einen Augenblick der Kontemplation und denkt daran, dass andere eure Gruppe mit komplexen technologischen Informationen versorgen könnten. Derartige Informationen sind bereits erhältlich; doch diejenigen, die in Kontakt mit uns stehen, haben keine Möglichkeit, die Information weiterzugeben. Das ist natürlich nicht eure Schuld. Bei euch besteht eine kulturelle und globale Ablehnung dieser Möglichkeit, sowohl auf intellektueller als auch auf spiritueller Ebene, denn sie impliziert das

Konzept, dass wir tatsächlich existieren. Wer zugibt, dass er direkten Kontakt oder direkte Kommunikation mit uns hat, wird beträchtlicher Scham und Peinlichkeit ausgesetzt, und deshalb befindet sich der Erfahrende in einer Sackgasse – und wenn seine Information auch noch so einschneidend erscheint. Dies ist der Zweck dieses Buches: eine Tür zu öffnen, die es anderen ermöglicht, sich dazu zu äußern. Sobald dieser Schleier der Verdrängung gehoben ist, werdet ihr alles haben, was ihr euch nur wünscht.

Es sollte euch nicht überraschen, dass eure militärisch-industriellen Einrichtungen nicht die einzigen Erben der universellen Konzepte sind. In manchen Fällen besitzen sie sogar weniger spezifische Information als andere. Wir sind Wesen von einer weit entfernten Galaxis. Wir sind evolviert, trotz eures andersgerichteten Begreifens; und ihr müsst keine Angst haben, dass wir irgendwie übersehen könnten, dass die Mehrheit eurer Rasse sich einen friedlichen Kontakt mit uns wünscht – auch wenn sämtliche existierenden Systeme das Gegenteil behaupten. Wir sind als erleuchtete Wesen gekommen, um euch als Mentoren zu dienen, falls ihr das wünscht; und da viele unter euch diese Einladung bereits individuell ausgesprochen haben, sind wir bereits zu euch gekommen. Die Herausforderung besteht darin, diese Individuen dazu zu ermutigen, ausführlich über ihre Kommunikationen zu berichten und somit zur Heilung eures Planeten beizutragen. Ihr habt all diese Konzepte bereits formuliert. Falls ihr daran zweifelt, dass das möglich ist, schränkt ihr euer eigenes Begreifen des Göttlichen ein, das sich durch Individuen auf der ganzen Welt ausdrückt.

Glaubt an die gewaltigen Fähigkeiten des Universums und begreift, dass auch wir herausgefunden haben, wie man Systeme umgeht, deren Zweck es ist, unsere Kommunikationen zu unterbinden. Viele eurer Seelen haben uns eingeladen und sind uns begegnet; und diese Beziehungen existieren, ob die Mehrheit bei euch nun daran glauben will oder nicht. Unter den Erfahrenden gibt es auch technisch orientierte Menschen, die technische Zeichnungen in Händen halten, aber keine Möglichkeit haben, diese Information weiterzugeben. Wen sollten sie anrufen? Wem sollten sie die technischen Zeichnungen schicken? Wenn ihr aber allmählich begreift, dass viele Menschen Kontakte mit außerirdischen Wesen haben, dann wird sich eure Sichtweise verlagern, man wird die Erfahrenden allgemein anerkennen und ihnen Vollmacht geben. Ihr gebt ihnen diese Vollmacht, indem ihr die Möglichkeit einräumt, dass Menschen auf individueller Basis Kontakt zu Außerirdischen haben können; damit billigt ihr solchen Konzepten beträchtliche Glaubwürdigkeit zu, und immer mehr Erfahrende werden sich melden und sagen: »Ich habe sie ebenfalls gesehen und gehört und dies haben sie uns gegeben.«

Stellt euch vor, ihr könntet von anderen hören – nicht nur von Laien, sondern auch von Wissenschaftlern –, die mitten in der Nacht inspiriert worden sind und sich fragen, woher das wohl kam. Oder von anderen, die uns direkt begegnet sind und mit einer Botschaft und neuen Einsichten zurückkamen – oder gar mit einer Skizze. Wenn ihr diese Vorstellung nicht länger ablehnt, werdet ihr allmählich in dem Material, das man euch vorlegen wird, Beweise erkennen. Doch zunächst müsst ihr erkennen, wie unterschiedlich die Schwerpunkte sind. Achtet darauf, dass das Bewusstsein, wenn es sich verändert, andere Dinge erschafft. Wenn viele von euch diese Erfahrungen eurer Mitmenschen akzeptieren, wird das für euch alle von Vorteil sein. Doch fangt jetzt damit an, das Unmögliche einzuladen und zu ermutigen. Ladet diejenigen ein, die bereits solche Informationen besitzen, und ermutigt sie. Vielleicht melden sie sich – wenn auch vielleicht anonym, da sie ja um ihre Sicherheit und ihren Ruf bedacht sein müssen.

Wir übertragen euch eine große Aufgabe, indem wir unterstellen, dass ihr eurem Ziel näher seid, als ihr geahnt habt. Kommt jetzt zu uns und nehmt unsere Vorschläge an, dann werdet ihr doch noch alles bekommen, was ihr euch wünscht. Wir segnen euch für eure Sorge um die Menschheit.

Aber was ist mit der Vertuschung, was in Roswell, New Mexico, passiert?

Roswell eignet sich als Konklave besonders für eine beweisbildende Erfahrung und wurde deshalb schon vor langer Zeit aufgrund einer gemeinsamen Übereinkunft ins Visier genommen. Selbst die dortigen Militärs haben aufgrund ihres freien Willens darüber entschieden, wie sie reagieren wollen; das war ein Teil des Dramas, das sich dort abspielte. Unterschätzt den Einfluss nicht, den dieses Ereignis hatte, obwohl eine bestimmte Gruppe es abtut, indem sie es abstreitet. Wenn ein Same in den Boden gelegt wurde und gewässert wird, dann geschieht schon etwas in der Erde, bevor das junge Pflänzchen erscheint. Es bewegt sich etwas im Seelenplan, denn im Same ist das Wissen um die Richtung, in die er wachsen soll, enthalten. Er wächst nicht nach unten in die Erde hinein, obwohl seine Wurzeln das tun; und das Wachstum der Pflanze beginnt, lange bevor ihr es sehen könnt. Wie andere derartige Ereignisse hat auch der Vorfall von Roswell zur Bewusstwerdung unserer Existenz in eurer Kultur beigetragen, lange bevor ihr Beweise unserer Existenz sehen konntet. Die Ablehnung und Verleugnung dieser Ereignisse seitens gewisser Gruppen dient euch allen als äußere Demonstration dessen, was sich zu jeder Stunde in euren Egos und in eurem Intellekt abspielt. Verurteilt diese Reaktionen nicht, denn in jedem Selbst gibt es Aspekte, die ebenfalls die Stimme des Göttlichen regelmäßig ablehnen und verleugnen. Diejenigen von euch, die das Verhalten eurer Regierung und eures Militärs am lautesten kritisieren, täten gut daran, zu erkennen, wo sich diese Aspekte des Unterbewusstseins in ihrem eigenen Leben äußern. Erwachen heißt, liebevoll zu beobachten, wo das Unterbewusstsein in anderen, aber auch *im eigenen Selbst* verborgen liegt. Mit einer so friedlichen, vorurteilsfreien Einstellung könnt ihr euch selbst und andere aufwecken. Doch ohne diese Betrachtungsweise wird der Meister ebenso selbstgerecht und entrüstet sein wie der Schüler.

Werden die Leichen dieser Wesen immer noch irgendwo aufbewahrt?

Ja, man versucht, diese körperlichen Hüllen zu bewahren; und diese Geheimhaltung dient einer Machtstruktur, die sich sicherer fühlt, wenn sie den Massen Informationen vorenthält. Manche glauben, das Wissen Macht ist; und wenn man das Wissen nur einem kleinen Kreis zugänglich macht, bleibt die Macht konzentriert. Dies ist einer der Gründe für den Kontakt und Gegenkontakt mit vielen anderen, denn die Taten einer kleinen Gruppe von Menschen können das Begreifen unserer Existenz nur für eine gewisse Zeit aufhalten. Lasst euch durch die Taten jener, die ihr am meisten fürchtet, nicht beunruhigen – und dies beschreibt übrigens offenbar diejenigen eurer Anführer, die die meiste Macht besitzen. Sie werden von euch am meisten gefürchtet.

Wenn ihr das erkennt, werdet ihr eine andere Art von Anführern bekommen.

Es scheint so hoffnungslos, die Dinge verändern zu wollen. Es scheint so schwierig zu sein. Wo sollen wir anfangen? Manchmal ist es einfach ungeheuer entmutigend.

Entmutigung und ein Gefühl der Hoffnungslosigkeit und Machtlosigkeit passen am besten zu einem Intellekt und einem Denksystem, das sich von Ereignissen überwältigen lässt, über die es scheinbar keine Kontrolle hat und die es nicht beeinflussen kann. Aber das ist nicht der Fall. Das ist nur eine Illusion. *Ihr* seid denjenigen, die versuchen, für euch alle die Entscheidungen zu treffen, zahlenmäßig weit überlegen. Ihr braucht euch dieser Tatsache nur bewusst zu werden, dann werdet ihr eure Erfahrungen verändern. Abgesehen von einer blutigen Revolution vor eurer Haustür, gibt es noch andere Möglichkeiten des Protests. Ihr könnt durch eure Kaufkraft protestieren; und ihr habt die Fähigkeit, euren Mitmenschen zur Erkenntnis des Status quo zu verhelfen. Wenn selbst eure augenblicklichen »geistigen Führer« ihre eigenen Interessen hintanstellen, können sie zur Einigkeit unter den Aktivisten beitragen, und zwar auf eine Weise, die nicht nur Diskussionen über Veränderungen herbeiführt, sondern konkrete Veränderungen. Denn selbst in diesem Bereich mangelt es manchmal an Einigkeit und Kooperation. Ihr alle übt euch darin, die *eine* Stimme zu finden. Ihr werdet es schaffen.

Wie man Vertuschungen und »Schwarze Projekte« verzeiht

Ihr müsst begreifen, dass das Leben kein Brettspiel ist, auf dem das Gute gegen das Böse antritt, sondern dass all unsere Erfahrungen schließlich zum höchsten Ausdruck unserer selbst evolvieren werden. Vorläufig bedeutet das, dass meine Ausdrucksweise anders sein mag als deine und deine anders als die eines anderen; doch auf der höchsten Ebene sind wir *alle* uns einig.

Wenn wir zu begreifen beginnen, dass wir alle an der *einen Seele* des Universums teilhaben, legen wir unsere Kinderspielsachen weg, die eine gewisse Denkweise symbolisieren, und wir verstehen allmählich, dass weder wir der Feind sind *noch irgendjemand anders*. Wenn ihr euch also über Verschwörungen Gedanken macht, überseht ihr, dass auch dies ein Teil des Weges ist, den jemand als den höchsten begreift. Wenn man die Wahrheit dieser Person akzeptiert, ist dies ihr auserwählter Weg. Deshalb werden wir euer Gefühl der Abgesondertheit von anderen nicht unterstützen. Ihr habt diese Kommunikation nicht dazu herbeigerufen, sondern weil ihr verstehen wollt, wie wir uns zu einem Zustand der Erleuchtung entwickelt haben – und dass uns das nicht durch Schuldzuweisungen gelungen ist.

Damit wollen wir euch sagen, dass es keine Rolle spielt, wer was geheim gehalten hat oder wer aus Furcht gehandelt hat. Das einzig Wichtige ist, welchen Weg ihr von hier aus einschlagt. Manchmal bleiben wir in der Hitze des Gefechts mit einem leidenschaftlichen Teil unserer Selbst verbunden und merken dabei gar nicht, dass wir den Pfad des Friedens unbewusst meiden, weil wir süchtig nach dem sind, was wir Leidenschaft nennen – was aber in Wirklichkeit ein negativer, dramatischer Aspekt ist. Wie würde der Weise euch also raten, wenn ihr euch Gedanken über die Verschwörungen innerhalb des Militärs und unter gewissen Regierungsbeamten macht? Was würde der Weise euch zu tun raten?

Der Meister würde euch dazu aufrufen, all euren Mitmenschen ein Herz voller Vergebung entgegenzubringen, egal wer ihr Arbeitgeber ist oder worin ihre Arbeit besteht oder was ihre Motive sind. Vielleicht ist die Zeit gekommen, die Wut loszulassen, die viele von euch auf eure eigene Regierung und auf euer eigenes System hegen, die anscheinend das Erwachen eures Planeten verhindern. Doch wir bitten euch, darauf zu achten, wo eure eigenen Blockaden liegen, nicht um euch zu beschämen, sondern damit ihr seht, dass ihr aufgrund derselben Kriterien, mit denen ihr andere verurteilt, euch selbst ebenfalls als »schuldig« bezeichnen könntet. Solche Aburteilungen bringen euch nicht an den Ort, von dem ihr alle sagt, dass ihr ihn erreichen wollt, selbst wenn »sie« nach eurer Aussage euren Mangel an planetarer Evolution verschuldet haben.

Überlegt euch stattdessen, wie ihr liebevoller vorgehen könntet und wie ihr schon jetzt den Planeten erschaffen könntet, den ihr euch wünscht. Nehmt andere mit, die euch auf diesem Pfad begleiten wollen, und macht euch mit dem, was ihr habt, gemeinsam auf den Weg. Macht es wirklich etwas aus, warum eine Gruppe eurer Rasse eine Absprache mit einer anderen Gruppe, mit einer anderen intergalaktischen Rasse hatte – falls das überhaupt der Fall war? Ist es wirklich so wichtig, wer alle Mitspieler sind? Macht das wirklich etwas aus? Das ständige Bedürfnis, die Struktur des Dramas zu analysieren und auseinander zu nehmen, hält euch an ebendieses Drama gefesselt. Nur indem ihr spirituell mit einem leeren Blatt beginnt, verkündet ihr, dass ihr einen anderen Pfad einschlagen wollt. Dieser Pfad führt euch nicht zu einem Schauplatz der Kämpfe und Tragödien. Er führt schlichtweg anderswohin.

Auf den ersten Blick mag es scheinen, als sei Kampf und gegenseitiger Vorwurf die einzige Tür, also die einzige Möglichkeit, von hier nach dort zu gelangen; aber dies ist eine falsche Wahrnehmung, die es euch unmöglich macht, das Göttliche zu bemerken, das euch umgibt. Ihr hättet Recht, wenn ihr feststellen würdet, dass man ohne die Vorstellung des Göttlichen in keiner Richtung weiterkommt. Dazu ist der Prozess der Meditation eine große Hilfe. Er dient als Erinnerung daran, sich wenigstens ein Mal jeden Morgen mit dem Göttlichen zu verbinden, das überall ist. Selbst in den so genannten bösesten Plänen gibt es Gnade, weil Gott in allem ist. Falls es euch schwer fällt, dieses Konzept zu akzeptieren, solltet ihr vielleicht zu euren geistigen Werken und Büchern zurückkehren und nochmals lesen, was die Meister von euch verlangt haben. Wenn wir einander vergeben, dann vergeben wir auch dem Militär. Wenn wir einander vergeben, dann vergeben wir auch denjenigen, die die Wahrheit unterdrücken.

Aber ihr habt doch selbst auf die Zerstörung aufmerksam gemacht, die unsere Multis verursachen.

Das geben wir gern zu. Der erste Schritt, etwas zu verändern, besteht darin, es zu bemerken. Doch ihr könnt trotzdem Frieden und Kameradschaft empfinden, während ihr diese Dinge bemerkt und dann verändert. Es gibt bei euch einen Mythos, der besagt, dass ihr immer noch nicht der Ursprung eurer nächsten Schöpfung seid; dass jemand anders euch daran hindert. Das ist eine falsche Denkweise und hilft euch überhaupt nicht, denn mit diesem Mythos habt ihr euch selbst entmachtet und glaubt nun, dass ihr euer Leben nicht frei gestalten könnt.

Bringt eure Mitmenschen zusammen, sucht andere, und erinnert euch gegenseitig daran, dass eure Zukunft euch selbst gehört. Sie muss niemand anderem gehören. Doch solange ihr das glaubt, ist es auch so. Ist euch nicht klar, welche Vollmacht ihr hättet, wenn ihr mit einer Denkweise vorgehen würdet, die all euren Unternehmungen das volle Potential erlaubt? Auf diese Weise werden sich euch viele, viele andere Türen öffnen; denn dann besteht ihr nicht mehr darauf, dass die Lösung eurer Probleme nur hinter einer bestimmten Tür zu finden ist. Wenn ihr das Göttliche in eurem Mitmenschen seht, misstraut ihr ihm nicht mehr und zieht seinen Werdegang in Betracht und könnt euch allmählich intuitiv einen anderen Weg vorstellen, der euch ans Ziel bringen kann.

Doch wenn ihr verbissen in eurem Kampf mit euren Mitmenschen beharrt – die ihr natürlich nicht als Mitmenschen, sondern als Feinde betrachtet –, dann haltet ihr den ständigen Kampf aufrecht; und in diesem Kampf werdet ihr weder das Göttliche noch andere Möglichkeiten sehen.

Wir sind nicht hergekommen, um euch zu sagen, wer eure Freunde und wer eure Feinde sind. Wir wollen euch klar machen, dass wir alle zusammen – alle Rassen zusammen – ein Teil desselben universellen Herzschlages sind. Wenn ihr euer Schwert weglegt und euch andere Vorgehensweisen überlegt, wird diese Überlegung selbst bereits neue Vorgehensweisen schaffen. Lasst euch nicht von dem Argument des Intellekts verführen, dass ihr eure Feinde töten müsst – egal ob sie nun Agrarwirtschaft heißen oder Militär oder Regierung oder der rechte Flügel oder Außerirdische oder die Israelis oder die Pakistani oder die Southern Baptists oder Al Kaida oder

»Geheimorganisationen«. Wenn ihr eure Schwerter niederlegt, legt ihr auch euer Leben nieder und beginnt auf einem neuen Weg. Schlagt kollektiv diesen neuen Weg ein; denn es wird euch nicht aus euren Fesseln befreien, wenn ihr eure Energie in Bitterkeit investiert, weil man euch Unrecht getan hat. Und wenn ihr euch des Heiligen in eurem Feind bewusst werdet, könnt ihr die Schichten eurer Panzerung ablegen, die euch niederdrückt. Ihr könnt diese Konzepte nicht länger abtun, indem ihr sie zu unrealistisch nennt oder zu idealistisch und unpraktikabel. Denn als Kollektiv fragt ihr ständig: »Wie kommen wir dorthin; wie schaffen wir es, unserem Planeten und unserer Rasse Frieden zu bringen?« Die Antwort wurde euch gegeben; doch euer Intellekt und euer Ego sagen: »Nein. Das ist zu unrealistisch. Wir müssen erst herausfinden, wer von uns *schuld* ist.«

Die Meister haben dieser Vorstellung nie zugestimmt. Wenn ihr eure Feinde liebt, habt ihr keine Feinde. Das bedeutet nicht, dass man die Welt nicht mehr darauf aufmerksam machen sollte, wenn Unrecht geschieht. Es bedeutet nur, dass ihr jetzt eine andere Haltung einnehmen und einen Teil der emotionalen, intellektuellen und psychologischen Energie darauf verwenden solltet, über den Weg einer friedlichen Existenz nachzudenken. Der Weg einer friedlichen Existenz ist eine Reise, die einen anderen Pfad einschlägt.

Wenn ihr herausfindet, wie ihr die Information nutzen könnt, die euch bereits zur Verfügung steht, dann betretet ihr den Pfad einer friedlichen Existenz. Und wenn ihr fragt: »Welche Rasse des Universums wagt es, mit unserem Militär gemeinsame Sache zu machen?«, dann antworten wir, dass es eurem Anliegen nicht dient, eine weitere Gruppe zu finden, die ihr schuldig sprechen könnt. Ihr habt bereits jetzt genügend Material, mit dem ihr arbeiten könnt. Wir bitten euch, stattdessen herauszufinden, wo und wie ihr mit all den Ausdrucksformen des Göttlichen in Einklang kommen könnt, die euch umgeben. Vertraut der Vorstellung, dass all dies zu einem perfekten Ergebnis führen wird; und dazu gehört auch, wie jeder von euch das Göttliche in sich selbst zum Ausdruck bringen möchte.

Auch wenn ihr euch als Individuen auf verschiedenen Entwicklungsstufen befindet, habt ihr doch als Kollektiv beschlossen, diesen Augenblick gemeinsam zu erleben und gemeinsam dieses Konzert zu singen, das sich aus den höchsten Idealen eurer selbst und anderer speist. Man kann einen Baum an seinen Früchten erkennen; und statt unsere Worte abzutun, solltet ihr erkennen, dass eine geringere Antwort uns als weniger evolviert offenbaren würde.

Ihr habt uns zu euch gerufen, weil ihr wissen wollt, wie man von hier nach dort gelangt. Ihr habt uns gerufen, weil wir dieses scheinbar Unmögliche getan haben; wir haben diesen Schritt gemacht wir haben den Sprung ins Unbekannte gewagt. Auf eurer höchsten Bewusstseinsstufe wisst ihr das, denn ihr wisst, wer wir sind. Wenn ihr feststellt, dass ihr glaubt, ihr könntet euren Planeten durch Wut, Vergeltung, Rachsucht und Selbstgerechtigkeit heilen, dann habt ihr bündig bewiesen, dass ihr nicht begriffen habt, worum es geht. Überrascht eure Mitmenschen, überrascht eure Feinde, heilt euch selbst von eurem unbewussten Bedürfnis, Recht zu haben, und findet einen anderen Weg, der euch zum selben Ziel führen wird. Vielleicht müsst ihr allerdings eure Herzen öffnen, um zu glauben und zu bemerken, dass ein anderer Weg tatsächlich existiert.

Die Welt wartet auf euer individuelles Erwachen, damit ihr die anderen zusammenbringen und ihnen den

Weg zeigen könnt. Einige der besten Anführer haben zunächst viele Verhaltensmuster gezeigt, die man als unbewusst oder unterentwickelt bezeichnen könnte, doch dann ist das Erwachen dieser Anführer umso dramatischer; denn alle beziehen sich auf das Wesen, das einst geschlafen hat. Wir alle sind diesen Pfad gegangen. Wir alle waren zu irgendeinem Zeitpunkt unbewusst oder haben geschlafen, natürlich in Abstufungen, manche mehr, manche weniger; und deshalb sagt der geistige Meister: »Folgt mir. Heilen wir unseren Planeten durch Vergebung, Einfühlungsvermögen und die Bereitschaft, es auf andere Weise zu versuchen.«

Das bedeutet nicht, dass niemand irgendjemand anderen zur Verantwortung ziehen sollte. Es bedeutet nicht, dass die Bürger nicht eine Bastion der Regierung angreifen sollten, von der man weiß, dass sie die Wahrheit unterdrückt. Es bedeutet lediglich, dass dies einer der Aspekte ist, die die Heilung eures Planeten bewirken können. Ihr ignoriert diese anderen Möglichkeiten.

Konzentriert euch auf das Hier und Jetzt. Glaubt, dass ihr vom Göttlichen geführt werdet, und fühlt die Liebe, die euch entgegengebracht wird, und gebt sie denjenigen weiter, die euch umgeben. Sendet ein Gebet der Vergebung für diejenigen, von denen ihr glaubt, dass sie euch oder euren Planeten verletzt haben. Das wird sowohl sie als auch euch selbst heilen und ihr werdet feststellen, dass ihr euch bisher selbst daran gehindert habt, Vergebung auf eurem Planeten auszusäen und andere auf diesen Weg zu führen. Gebt ein Beispiel für aktive Liebe. Gebt ein Beispiel für den Weg des Friedens. Liebe beinhaltet die Bereitschaft, nicht länger Recht haben zu müssen, nicht länger anderen die Schuld zuweisen zu müssen, sondern zu begreifen, dass wir alle unseren Teil der Schuld tragen.

Von diesem Moment an könnt ihr euch in dem tiefen Wissen weiterentwickeln, dass ihr auf einer bestimmten Ebene für die allgemeine kulturelle Verdrängung mitverantwortlich seid. Wenn ihr dieses Konzept erwägt, könnt ihr ein kreatives Potential freisetzen, das sich bis heute mit nichts vergleichen lässt. Schöpft aus dieser Perspektive heraus, dann werdet ihr sehr schnell Resultate sehen; denn damit erklärt ihr, dass ein Meister durch Liebe, Vergebung und reine, schöpferische Absicht kreiert. Erkennt darin eure Gelegenheit, mit Hilfe eurer Kreativität zum nächsten Schritt zu gelangen, und findet andere Möglichkeiten, das zu bekommen, wonach ihr sucht.

KAPITEL 11

Liebe und Sex

Übernatürliche Phänomene und die Art, wie sie unsere persönlichen Beziehungen beeinflussen und formen, stellen uns gewisse Herausforderungen, besonders wenn in einer Partnerschaft nur einer der Partner die Phänomene erlebt. Doch falls beide stark genug motiviert sind, die höchsten Vorstellungen des anderen zu achten, muss es nicht unbedingt ein Problem bedeuten, wenn einer oder beide Partner plötzlich für außerirdische Ereignisse und Bilder offen werden.

Ein Erfahrender scheint dazu zu tendieren, klarere Botschaften von anderen Ebenen zu empfangen – einschließlich des eigenen höheren Selbst; und manchmal entsteht ein Konflikt zwischen diesen Erfahrungen und den »Standards«, die innerhalb der Partnerschaft gelten. Im Idealfall wäre es offensichtlich von größtem Vorteil, mit den Sehnsüchten der Seele in Berührung zu sein; doch die Herausforderung entsteht dann, wenn das aufkeimende Selbstverständnis des einen Partners mit dem des anderen kollidiert. Zwar sollte man annehmen, dass das höchste Gut des einen ebenso gut für den anderen wäre; doch wir empfinden Umstände und Ereignisse, die uns Schmerzen verursachen, nicht unbedingt immer als zuträglich – das heißt, wir empfinden sie erst so, nachdem eine gewisse Zeit verstrichen ist.

Während meiner ersten Ehe warteten die Außerirdischen

immer mit ihren Besuchen, bis mein Mann auf einer Geschäftsreise war. Wenn er zurückkam, konnte er nie begreifen, warum ich vor emotionaler Erschöpfung so verweinte Augen hatte. Er verstand es nicht, obwohl ich versuchte, ihm zu erzählen, dass ich mehrere Nächte voller Angst um meine Sicherheit im Schlafzimmerschrank verbracht hatte, da ich mich vor dem fürchtete, was da durchs Dach kam, um mich wegzuschnappen. Damals entstand ein Teil meines Traumas, weil ich das Gefühl hatte, ich müsste verheimlichen, was mit mir geschah. Ich glaube, während dieser Jahre bat mich meine Seele darum, ehrlich zu sein und trotz der Reaktionen der anderen der übrigen Welt von meinen Erfahrungen zu erzählen. Vielleicht arbeiten wir zu einem gewissen Grad alle daran und üben uns ständig darin, mit unserer Wahrheit in Berührung zu kommen und dann genügend Selbstachtung zu besitzen, diese Wahrheit hochzuhalten, egal was dabei herauskommt.

Meine zweite Ehe schien durch die Tatsache zum Scheitern verurteilt, dass mein höheres Selbst sie offenbar nur als Kurzzeitbeziehung geplant hatte. Wenn ich zurückblicke, muss ich einsehen, dass mich meine eigenen Ängste und Fehler motivierten, als ich meinem Verlobten zustimmte, dass eine Ehe die einzig akzeptable Option darstellte. Doch als ich eine Botschaft empfing, die besagte, wir sollten unser Zusammensein am besten kurz halten und keine Ehe eingehen, stellte mir der »außerweltliche« Input wieder eine Herausforderung. Anders als während meiner ersten Ehe sprach ich diesmal mit brutaler Ehrlichkeit über alles, was ich sah und hörte und erlebte, denn dieser Partner ermöglichte einen solchen Grad der Ehrlichkeit; doch er stimmte meiner Schlussfolgerung nicht zu. Wie es sich herausstellte, endete diese Ehe zwei Jahre später.

Wenn man Erfahrungen mit Außerirdischen in das tägliche Leben integrieren will, sieht man sich gewissen Herausforderungen gegenüber, besonders wenn nur einer der beiden

Partner solche Dinge erlebt. Und genau dies war denn auch das Thema meiner Gruppentreffen an jedem Donnerstagabend. Doch trotz der manchmal gewaltigen Herausforderungen meine ich, dass solche Begegnungen die Liebe vermehren können, statt den Partner dazu zu veranlassen, schreiend aus dem Haus zu rennen.

Erleben evolvierte Wesen die Liebe so wie wir Menschen?

Bei euch herrscht die Vorstellung, dass ab und zu plötzlich ein erleuchtetes Wesen auftaucht, das dann auf einem einsamen Berggipfel lebt. Dies ist eine eurer falschen Vorstellungen – ihr müsst euch nur klar machen, dass es ganze Kulturen gibt, deren Mitglieder alle erleuchtet sind und in Harmonie zusammenleben. Vielleicht könnt ihr euch das schwer vorstellen, da ihr es schon auf der persönlichen Ebene so schwierig findet, miteinander auszukommen. Wir sind hier, um euch zu sagen, dass wir einer solchen Gruppe angehören, einer Gruppe erleuchteter Wesen, die ganz harmonisch miteinander leben und arbeiten und spielen.

Unser Zusammenleben sieht in vieler Hinsicht anders aus als das eure, doch es gibt auch einige Ähnlichkeiten. Auch wir lieben die Liebe. In gewisser Hinsicht ähneln unsere Partnerschaften den euren sehr, denn auch wir entscheiden uns oft dazu, mit nur einem Wesen auf einmal eine Partnerschaft einzugehen; doch wir schämen uns nicht, die Liebe in all ihren Formen und Spielarten gemeinsam zu erkunden. Wir bestrafen unseren Geliebten nicht dafür, wenn er irgendetwas anderes erkunden möchte, auf welche Weise auch immer. Wir reagieren nicht mit persönlicher Emotion auf die Sehnsüchte anderer. Wir verstehen, dass Motivation einer individuellen Dynamik unterliegt, und empfinden die Sehnsucht eines anderen nicht als persönliche Zurückweisung, egal worauf sie sich bezieht.

Wir sprechen hier als Gruppe zu euch – auch wenn die Person, die uns kanalisiert, uns als eine einzige Stimme hört, denn diese Stimme spricht für unsere ganze Gruppe. Wenn ihr euch mit Hilfe eurer Bücher und Fernsehserien und Medien allmählich vorstellen lernt, wie eine Welt voller evolvierter Wesen wohl aussähe, dann werdet ihr diese Gedanken und Vorstellungen besser in euer Bewusstsein integrieren, und dann wird es euch nicht mehr so schwer fallen, euch ein Leben innerhalb einer erleuchteten Gesellschaft vorzustellen.

Ihr müsst begreifen, dass ihr aus euren eigenen Gedanken schöpft; doch da ihr nur sehr wenige Gedanken auf die Vorstellung verwendet, wie ein Leben in einer evolvierten Zivilisation aussehen könnte, dürft ihr euch nicht wundern, dass ihr so etwas noch nicht erlebt. Einige Bücher haben bereits beschrieben, wie das Leben in einer hoch entwickelten Kultur aussehen könnte. Mehr werden folgen und eure Fantasie und Kreativität anregen, sodass ihr eine Vision davon entwickelt und anfangen könnt, euch gedanklich in diese Richtung zu bewegen – und schließlich auch innerhalb eurer Erfahrungen. Einige eurer internationalen Kommunen haben versucht, solche Vorstellungen in einem Gruppenlebensraum umzusetzen.

Wenn wir lieben, brauchen wir uns um die Dauer dieser Beziehung keine Sorgen zu machen. Unsere Inkarnation als erleuchtete Wesen dauert Jahrtausende, keinesfalls, wie es in eurer Inkarnation der Fall ist, weniger als hundert Jahre – und davon mindestens ein Drittel bei sich ständig verschlechternder Gesundheit. Je nach den Interessen der jeweiligen Seele trachten wir nach unzähligen verschiedenen Dingen. Wie ihr euch vorstellen könnt, haben wir längst die Vorstellung abgelegt, dass Leben und Spielen zwei verschiedene Dinge seien. Unsere Arbeit ist unser Spiel und unser Spiel ist unsere Arbeit. Und wir machen uns auch keine Sorgen darüber, womit wir unsere Tage verbringen sollen, denn wir erlauben es uns, uns selbst und anderen zu vertrauen, um den Interessen des Herzens und der Seele nachzugehen. Ihr könnt euch vorstellen, dass dies eine Liebesbeziehung sehr positiv beeinflusst, denn wir sind weder deprimiert noch erschöpft und tragen auch keinen verinnerlichten Ärger über unsere alltäglichen Lebensumstände mit uns herum. Auch wenden wir diese Einstellung für alle Gruppenmitglieder praktisch an, einschließlich unserer ältesten und jüngsten, sodass keine Gruppe für eine andere entscheidet.

Wir haben Depression und Geisteskrankheiten ausgemerzt, indem wir nicht von unserem wahren Selbst abgetrennt leben. Wir haben unser wahres Selbst als Teil unserer Identität integriert. Obwohl dies sehr einfach klingt, ist es eine großartige Leistung und bedeutet eine völlige Abkehr von eurer Lebensweise – denn ihr seid in vielen Fällen geradezu das Gegenteil dessen, was ihr auf der Seelenebene zu sein wünscht. Wir gründen unsere Entscheidungen nicht auf den Status, denn wir haben unseren Status selbst gewählt. Mit anderen Worten: Wir sind uns über die Mechanismen der Seele so tief im Klaren, dass wir jemand sein wollen, wie wir sind; und wir projizieren auch nichts auf andere und bestehen folglich nicht darauf, dass unsere Jugend oder unsere Partner oder unsere Senioren irgendwie anders sind oder ihre Zeit irgendwie anders verbringen als so, wie ihre eigenen höchsten Ziele es ihnen vorschreiben. Anstatt Anarchie zu erzeugen, haben wir in unserer Kultur Frieden und große Freude ermöglicht.

Erwachen bedeutet, dass man eine Lebensweise hinter sich lässt, die man als stumpf bezeichnen könnte. Wir stehen in enger Verbindung mit allem, was sich uns über jedes beliebige Detail als die Wahrheit offenbart – und auf diese Weise schöpfen wir aus reiner Freude. Wir waren nicht immer so, deshalb können wir uns auch so gut in euch auf eurer jetzigen Entwicklungsstufe hineinversetzen.

Wir entwickeln unsere eigenen kreativen Interessen, die sich mit der Zeit verändern. Da unsere Lebensspanne viel länger ist als eure, brauchen wir meist weder unsere Körper noch unsere Seelenziele zu wechseln. Da wir dazu in der Lage sind, mischen wir beides miteinander. Eure Lebensspanne ist aus einer Reihe von Gründen stark reduziert, und für uns wirkt es wie reine Ironie, dass ihr die meiste Zeit eures kurzen Lebens unter der Autorität von jemand anderem verbringt, seien es nun eure Eltern, eure Schulen, eure Kultur oder eure Regierung. Kein Wunder, dass es so viel Traurigkeit, Depression und Wut gibt. Es ist interessant, wie radikal die Vorstellung erscheint, dass sich die Gesellschaft anscheinend auf magische Weise selbst repariert, sobald man es dem Einzelnen erlaubt, seinen höchsten Zielen zu folgen, und er dasselbe wiederum anderen erlaubt. Wenn jeder die Motivation hat, dem anderen seine Freude ebenso zu gönnen wie sich selbst, dann entstehen wenig Konflikte; denn wir üben uns von klein auf darin, die Stimme der eigenen Seele zuzulassen und zu hören. Auf diese Weise verbringt man nicht das ganze Leben damit, außerhalb der eigenen Interessen zu leben.

Um sich zu dieser Art von Kultur zu entwickeln, muss man die Vorstellung, dass die Seele die höchste Autorität ist, vollkommen integrieren. Nur dann werdet ihr jedem unter euch zutrauen können, dass er selbst entscheiden und kreieren kann – egal wie alt er auch sein mag. Das bedeutet nicht, dass wir einander nicht helfen, sondern dass die Hilfe nicht vom Helfenden diktiert wird, sondern von demjenigen, der um Hilfe bittet.

Was die Liebe angeht, haben wir schon vor langer Zeit die Vorstellung aufgegeben, dass ein anderer uns gehört. In manchen Fällen trifft bei uns sogar eher das Gegenteil zu, denn wir alle gehören einander. Mit anderen Worten: Wir bemühen uns, einander zu helfen, denn wir wissen: Je mehr wir einander helfen, desto besser funktionieren wir alle. In eurer Gesellschaft nennt ihr so etwas wechselseitige Abhängigkeit und Funktionsstörung, was manchmal zu Verwirrungen führt, denn manchmal handelt jemand wirklich aus Liebe und manchmal projiziert jemand seine Bedürfnisse auf andere. Man braucht eine gewisse Klarheit; wir aber brauchen niemand anderen in Ordnung zu bringen, sondern sind durch die Vorstellung, einander beim Glücklichsein zu helfen, von Freude erfüllt.

Seit wir unser Hauptziel nicht mehr darin sehen, unseren eigenen Vorteil zum Nachteil anderer zu suchen, haben wir festgestellt, dass wir glücklicher sind als je zuvor. Wir erfreuen uns einer tieferen Verbundenheit miteinander – nur durch unser Dasein an sich, ohne einen Gedanken darauf zu verschwenden, wie wir anderen befehlen oder spezielle Titel und Privilegien bekommen könnten. Wir entwickeln unsere engen Freundschaften und Familienbindungen nicht, weil die anderen unsere Meinung teilen, sondern aufgrund einer ständig wachsenden Bewusstheit, dass wir alle tief verbunden sind. Wir haben zwar einen Partner, mit dem wir zusammenleben, doch es gibt keinerlei Besitzansprüche, von denen eure Beziehungen so oft geprägt sind.

Auch unsere Kinder kommen aus einer Vereinigung

der Liebe zu uns, und bevor wir Nachkommen zeugen, gibt es immer eine Menge Diskussionen, an denen viele sich beteiligen. Die Gesellschaft selbst betrachtet Kinder als ihr Eigentum und beteiligt sich deshalb an diesen Diskussionen – denn wenn man bedenkt, dass die Erfahrung, geliebt zu werden, wieder zu Liebe führt, die dann in dem Kind verkörpert wird, dann braucht man tatsächlich ein ganzes Dorf, um ein Kind großzuziehen. Darum ist die Zeugung eines Kindes auch nicht das alleinige Recht eines Individuums oder eines Paares, sondern auf vielen Ebenen ein Gruppenprojekt, da die Gruppe sich sehr für das Wohlergehen jedes Kindes verantwortlich fühlt. Auf diese Weise gibt es keine spontanen Geburten aus emotionalen oder finanziellen Gründen, sondern jede Geburt wird vorher sorgfältig durchdacht, so wie viele von euch vielleicht die Pläne zum Bau eines Hauses besprechen und durchdenken. Und nur denjenigen, die die Gruppe für besonders geeignet hält, wird die Gelegenheit geschenkt, einen genetischen Nachkommen zu zeugen. Gleichzeitig betrachtet auch das Paar ein Kind nicht als sein Eigentum. Folglich geben sie auch ihre eigenen Funktionsstörungen nicht an das Kind weiter; und die Tatsache, dass sie überhaupt Gelegenheit zur Elternschaft bekamen, bedeutet, dass sie oft zu unseren Weisesten gehören. Selbst auf der Stufe der Erleuchtung gibt es Abstufungen der Weisheit.

Wenn zwei von uns zusammenkommen, um ein Kind zu zeugen, dann geschieht das mit Hilfe eines Prozesses, der in mancher Hinsicht euren Gepflogenheiten ähnelt, doch wir müssen dabei keine Körpersekrete austauschen. Es gibt eine Zeremonie, an der das Paar rituell teilnimmt und dabei zusammenkommt; doch wir zeugen auf einer bewussteren Ebene und deshalb ist dieser Vorgang kein biologischer Prozess zwischen Sperma und Ei.

In eurer Kultur hängt der Zeugungsakt nicht von Erleuchtung ab. In unserer schon. Das Paar zeugt ein Kind aufgrund einer Vereinigungsfeier, die der euren sehr ähnelt; doch bei uns gibt es keine Unglücksfälle und nur die höchste Stufe der liebenden Schöpfung erzeugt Nachkommen.

Unsere sexuellen Begegnungen drehen sich weniger um körperliche Empfindungen, sondern um eine fundamentale Vermischung von Körper, Verstand und Geist. Wenn nicht all diese Faktoren beteiligt sind, ist Fortpflanzung unmöglich. Wir möchten es auch nicht anders haben. Das körperliche Vergnügen ist eine Nebenerscheinung unseres Zustands der emotionalen und spirituellen Freude. So wird das Kind gezeugt; doch dann wächst es *in vitro* heran und durchläuft ein System, das euch wahrscheinlich als ziemlich körperfremd erscheinen würde, das uns aber vor Augen führt, dass ein Kind nicht ein »Produkt« von zwei Leuten, sondern der ganzen Kultur ist. In manchen Fällen würdet ihr sie vielleicht als »Laborbabys« bezeichnen. Sie reifen länger in den Reagenzgläsern heran als eure Babys, aber das Ergebnis ist ganz anders; denn auch bei uns gibt es Schwangerschaften, auch wenn sie nicht individuell verlaufen – vielmehr mit der Freude und der Beteiligung einer ganzen Gruppe. Dies ist einer der großen Unterschiede zwischen uns und euch. Auf diese Weise entsteht in der Gemeinschaft für jeden Nachwuchs eine große Liebe und die Bereitschaft zur Unterstützung; und nochmals gesagt: Wir können nicht stark genug betonen, dass ein Kind nicht einer oder zwei Personen »gehört«, sondern eine Erweiterung der ganzen Gemeinschaft bedeutet.

Da wir uns durch unseren evolutionären Prozess zweimal selbst zerstört haben, besitzen wir eine Menge Erfahrung und verstehen sehr genau, welche Konzepte zum besten Resultat führen. Wir haben festgestellt, dass für unsere Nachkommen der reinste Ausdruck von Liebe, Respekt und Freiheit am besten ist. Um dies praktisch durchzuführen, ist ein gewisses Maß der Erleuchtung nötig. Wir haben schon vor langer Zeit die Probleme unserer Egos und Emotionen beseitigt und neigen dazu, ungelöste Probleme nicht auf unsere Nachkommen zu projizieren. Außerdem demonstriert unsere Jugend aufgrund dieser Erziehungsmethode schon in einem sehr frühen Alter Weisheit, denn wir ermutigen sie dazu.

Im Mittelpunkt der Förderung unserer Jugend steht, dass wir der jungen Seele auf jede mögliche Weise dabei helfen, *ihre eigenen* Sehnsüchte zu erkennen – nicht die Sehnsüchte anderer. Aus Erfahrung haben wir gelernt, dass die ganze Gruppe darunter leidet, wenn einer Seele ihr höchster Ausdruck vorenthalten wird. Aus diesem Grund bringt unsere Kultur keine wütenden und depressiven Kinder und Jugendlichen hervor, die früher oder später »unsoziales« Verhalten entwickeln. Insofern dient es den Interessen aller, jeder Seele die Möglichkeit zu ihrem vollkommenen Ausdruck zu geben. Das Ergebnis ist, dass wir keine Resultate wie Verbrechen oder Krankheiten erleben, die aus Wut entstanden sind. All dies liegt längst hinter uns; doch indem wir euch beobachten, halten wir die Erinnerung daran aufrecht, welche Lebensweise so etwas erzeugt. Auch auf diese Weise beschenkt ihr uns. Dadurch, dass wir euch beobachten, werden wir an unsere eigene Vergangenheit erinnert und sehen, wie solche Handlungen und Verhaltensweisen eine bestimmte Gesellschaftsordnung erzeugen.

Wir sagen dies nicht aus Arroganz, denn wir verstehen völlig, dass auch ihr euch auf eurem evolutionären Pfad befindet; wir verurteilen euch also nicht, sondern beobachten nur das, was ist. Wir waren auf demselben Weg wie ihr. Unsere Kultur hat Verbrechen, Traurigkeit, Folter und jede mögliche Form der Zerstörung erlebt; deshalb sprechen wir aus persönlicher Erfahrung, wenn wir sagen, dass wir festgestellt haben, was zur Herrlichkeit führt und was nicht.

Wie pflanzt ihr euch sexuell fort? Anscheinend kann ich euch nicht hören. Ich habe gefragt: In welcher Weise kann eure Rasse sich fortpflanzen?

Es fällt dir schwer, Zugang zu bestimmten Informationen zu bekommen, denn du hast bei gewissen Fragen bestimmte feste Vorstellungen; und wenn sich unsere Antwort von deiner Vorstellung unterscheidet, kollidieren unsere Stimme und dein Intellekt miteinander und nichts passiert – aber das macht nichts; beobachte einfach die Kollision und halte dich nicht damit auf. Dir kommt das wie eine Art Pattsituation vor und das hat mit gewissen Problemen zu tun, die wir früher bereits behandelt haben und die mit der Frage zu tun haben, ob deine Fähigkeiten ausreichen und ob du genügend Fertigkeiten besitzt, um diesen Prozess fortzusetzen. Doch du kannst dies sogar als Indikator benutzen; er sagt dir, ob dein Verstand anderweitig beschäftigt ist, und wenn ja, dann tu einfach, was nötig ist, um den Verstand wieder zu lösen, genau wie du es jetzt tust.

Was die Frage nach unseren Sexualorganen und der Art unserer Fortpflanzung angeht, sollten wir es einfach noch mal versuchen, oder? Auch wir haben ein männliches und ein weibliches Geschlecht. Wir verbinden uns körperlich in einer Vereinigung der Liebe, doch diese Verbindung besteht nicht darin, dass die männlichen Genitalien in Kontakt mit den weiblichen Fortpflanzungsorganen treten. Wie unser »Same« Nachwuchs erzeugt, ist ziemlich komplex, doch vielleicht können wir es so erklären: Durch den Austausch einer Energie, die man als Starkstrom bezeichnen könnte, entsteht zwischen den Partnern eine elektromagnetische Welle. In Verbindung mit einer Kombination aus spiritueller und emotionaler Verbundenheit und dem körperlichen Austausch von Energie erzeugt diese Welle – unsere Version des Spermas – mit Hilfe dieser Energien einen Nachkommen, ähnlich der Energie, die einen Torpedo aus einem Unterseeboot schießt, obwohl wir diesen Vergleich mit einem Augenzwinkern anwenden.

Die Verbindung der Energien führt zu einer physischen Manifestation. Dieser körperliche Rückstand (das energetische »Sperma«) erzeugt aufgrund einer Kombination von magnetischen und elektrochemischen Vorgängen eine chemische Reaktion. Diese chemische Reaktion erzeugt einen Embryo. Wir empfinden während dieses Austauschs körperlichen Genuss, und die Materie, die durch diese Energiewelle erzeugt wurde, ist ein Embryo im Frühstadium. Dann wird diese Materie in eine laborähnliche Umgebung gebracht, wo sie eine Verbindung zum Kollektiv eingeht und anschließend für einen gewissen Zeitraum wächst, bis sie sich weit genug entwickelt hat.

Der Grund dafür, dass wir keine Genitalien mehr besitzen, ist, dass wir uns zu dem Punkt entwickelt haben, an dem wir es vorzogen, unseren Nachwuchs durch die umfassendere Vereinigung von Körper, Verstand und Geist zu zeugen statt nur durch den Körper allein – obwohl selbst bei einer rein körperlichen Vereinigung die Verbundenheit der Liebe bestehen kann; doch im Lauf der Zeit haben wir beschlossen, auf andere Weise zu zeugen. Dies ist das Resultat von äonenlangen sexuellen

Funktionsstörungen und einer allzu starken Betonung des Körperlichen. Als wir den Punkt erreicht hatten, an dem wir beschlossen, für die Zeugung unseres Nachwuchses neue Voraussetzungen zu schaffen, wollten wir es zwei Wesen ermöglichen, durch eine Kombination ihrer spirituellen Verbindung, ihrer emotionalen und mentalen Vereinigung und der elektrischen Aufladung, die sie aufgrund ihrer physischen Energien erzeugen, eine gemeinsame Schöpfung hervorzubringen. Diese physischen Energien entstehen wiederum durch ihre spirituelle und emotionale Vereinigung, sodass alle drei voneinander abhängig und untrennbar verbunden sind.

Unsere Babys sind keine Säuglinge wie die euren. Genau wie wir ernähren sie sich von Lichtenergie. Wie wir schon früher erwähnten, können wir sowohl durch unsere Augen als auch durch unsere Haut Nahrung aufnehmen. Wir haben eine enge Verbundenheit zu unserer Jugend hergestellt und die ganze Gemeinschaft freut sich am Aufziehen eines Kindes. Wir haben weder das Problem einer Bevölkerungsexplosion noch bekommen wir mehr Kinder, als wir mit genügend Liebe und Ermutigung versorgen können. Uns erscheint dies nicht als Einschränkung oder Einengung, denn wir haben selbst erlebt, wie es ist, in einer Bevölkerung zu leben, die vom Heimatplaneten nicht ausreichend versorgt werden kann. Wir ihr entwickeln wir starke Bindungen zueinander; und wo wir uns früher nur darin geübt haben, einander zu tolerieren, haben wir nun Jahrhunderte des gemeinsamen Lebens zur Verfügung und können echte Intimität erschaffen.

Wir erfreuen uns einer relativ vollkommenen Gesundheit, denn wir wenden eine Kombination von Techniken an, die auf unserem Wissen über Biochemie und elektromagnetischen Frequenzen beruhen; doch außerdem aufgrund der Tatsache, dass Gesundheit die natürliche Folge einer Umwelt ist, in der es keinerlei Verschmutzung gibt – sei es nun in der Umwelt selbst oder im emotionalen, mentalen und spirituellen Bereich. Außerdem haben wir das Konzept geschaffen, dass es keinen Grund gibt, die Inkarnation auf 80, 90 oder 100 Jahre zu beschränken; und wir haben entdeckt, dass wir tatsächlich auch hierfür selbst die Ursache sind. Die Seele kann über solche Dinge entscheiden, und als wir uns für Langlebigkeit entschieden, stellten wir fest, dass wir Langlebigkeit erzeugten. Manchmal hat einer von uns vielleicht eine Auseinandersetzung mit seiner eigenen Körperlichkeit, wodurch die Harmonie gestört wird; doch in solchen Fällen schneiden wir weder die Organe heraus noch behandeln wir die Symptome, sondern wir suchen sofort nach der möglichen Ursache und heilen auf dieser Ebene.

Krankheiten sind sehr selten; aber unsere Jüngsten, die Initianten, haben die Möglichkeit, reduzierte Gesundheit zu erkunden, damit sie erfahren können, wie sie in so einem Fall am liebsten weiterverfahren möchten. Fast immer wird die Gesundheit gewählt, gefolgt von einem Studium der Ursachen, die Gesundheit erzeugen und gewährleisten, und dies wird dann praktisch umgesetzt statt geleugnet und ignoriert. Bei uns gibt es keine Konflikte mit Pharmakonzernen oder anderen Interessengruppen, die ihre Produkte und Konzepte den Ärzten verkaufen, oder mit Lehrmethoden und anderen Dingen, die darlegen, was Gesundheit erzeugt und ob gewisse Konzepte gesund machen oder nicht – während sie in Wirklichkeit oft eher Krankheit als Wohlbefinden erzeugen. Wir können unsere heimische Umwelt selbst frei gestalten, wobei die Bewohner die Hüter der Umwelt sind, in der sie leben. Keine Interessengruppe dürfte irgendeine Bevölkerungsgruppe in den Würgegriff nehmen, schon gar nicht unsere Jugend.

Bei euch erleben nur sehr wenige ihr volles Potential. Wenn ihr eure ganze Gesellschaft integrieren würdet und den Teil heilen würdet, der von eurem Bewusstsein abgesplittert und abgetrennt wurde, dann würdet ihr euch so lebendig fühlen, dass ihr kaum wüsstet, worüber ihr euch als Nächstes freuen solltet. – Hast du eine Frage?

Wie kann man diese abgesplitterten Teile des Selbst wieder integrieren?

Genau entgegengesetzt zu der Art, wie die meisten von euch im Moment mit den vernachlässigten Aspekten eures Selbst umgehen. Im Augenblick fällt es den meisten von euch schwer, diese Aspekte auch nur wahrzunehmen; und das Resultat sind Schuldgefühle, Verdrängung, Scham, Wut und Reue. Wenn ihr diese Gefühle empfindet, nehmt ihr das Selbst wahr. Der Schlüssel ist demnach, diesen Teil des Selbst sanft und liebevoll anzunehmen, ohne ihn zu verurteilen, und einfach bereit zu sein, ihn überhaupt anzusehen. Wenn ihr ihn wahrnehmt, solltet ihr bereit sein, ihn zunächst ohne Schuldgefühle oder Scham anzunehmen und euch ihm dann willig zu unterwerfen. Manchmal fällt es euch schwer, das Wort »Unterwerfung« zu verstehen, denn es beinhaltet die Vorstellung, dass ihr etwas einfach akzeptieren müsst und niemals versuchen dürft, es zu verändern; doch in Wirklichkeit akzeptiert man, indem man sich nur das unterwirft, was augenblicklich ist.

Wenn ihr allmählich bereit seid, die abgesplitterten Teile des Selbst wahrzunehmen, kommt als Erstes größter Mut ins Spiel. Die meisten von euch können diese Aspekte nur in anderen wahrnehmen und nicht bei sich selbst – besonders wenn es um Sexualität oder Intimität geht. Liebesbeziehungen können geheilt werden, wenn beide Partner diese Aspekte des anderen nicht dazu benutzen, einander ins Unrecht zu setzen, sondern um einander gemeinsam zu heilen. Normalerweise findet genau das Gegenteil statt, nachdem zwei Menschen einige Zeit in einer Partnerschaft verbracht haben, denn sie sehen die heilungsbedürftigen Aspekte des anderen sehr deutlich, weisen aber in einer Weise darauf hin, die zur Bestrafung wird. Es liegt auf der Hand, dass dieses Verhalten nicht nur keine Heilung bewirkt, sondern den heilungsbedürftigen Aspekt im Gegenteil noch tiefer ins Verborgene treibt.

Denkt an diese heilungsbedürftigen Aspekte, als seien sie verängstigte Kinder, die ihr aus ihrem Versteck locken, in eine heilende Umarmung schließen und ihnen versichern wollt, dass ihnen nichts Böses geschehen wird. Im Augenblick geht ihr mit euren eigenen heilungsbedürftigen Aspekten genauso ungeduldig und hart um wie mit denen der anderen. Stattdessen solltet ihr diese heilungsbedürftigen Aspekte als verlorene Kinder wahrnehmen. Wenn ihr ein heimatloses Mädchen aufgenommen hättet, würdet ihr niemals auf die Idee kommen, es auszuschelten und zu beschämen, indem ihr von ihm verlangt zu begreifen, wie traumatisiert es ist. Wenn ihr euch darum bemüht, jene Aspekte des Selbst zu integrieren, die verzweifelt, verwundet und heilungsbedürftig sind, dann solltet ihr sie mit Liebe und Schutz aus ihrem Versteck locken. Und wenn sie dann ans Licht kommen und ihr alle Aspekte deutlich sehen könnt, dann seid sanft, so sanft, wie ihr mit einem verletzten, verlorenen Kind umgehen würdet. Viele von euch kennen einen Mythos, der besagt, dass man einen heilungsbedürftigen Aspekt, den ihr in jemand anders bemerkt, irgendwie korrigieren kann, indem man ihn wegen dieses heilungsbedürftigen Aspekts oder Charakterzuges beschämt oder bestraft – doch in Wirklichkeit wird dieser Teil des Selbst dadurch nur noch tiefer ins Verborgene flüchten. Diese Metapher für andere Aspekte des Selbst ist übrigens nicht einmal besonders weit von ihrer wörtlichen Bedeutung entfernt, denn frühere Inkarnationen wurden auf zellulärer Ebene gespeichert. Ihr tragt also einen Großteil der Aspekte jener Selbst bei euch. Ihr wisst, dass sie da sind, denn ihr alle habt Rückstände von Empfindungen, die scheinbar aus dem Nichts auftauchen – doch der erste Schritt zur Wahrnehmung dieser Aspekte ist das Vorhandensein des Gefühls. Ist jemand abgestumpft, wie es bei Depressionen der Fall ist, dann hat er die Stufe der *Empfindungen* noch nicht erreicht; seid also froh, dass ihr überhaupt etwas empfindet, selbst wenn es Traurigkeit ist; denn ihr seid nicht abgestumpft, sondern fühlt etwas.

Diejenigen unter euch, die überhaupt nichts empfinden, werden stattdessen unbewusst etwas fühlen und versuchen, mit diesen Gefühlen mit Hilfe von verschiedenen künstlichen Stimulationen und Modalitäten fertig zu werden. Verzeiht euch selbst und freut euch auf den Tag, an dem ihr bereit sein werdet, das zu untersuchen, was euch so sehr schmerzt, dass ihr nicht einmal etwas fühlen könnt. Das ist der göttliche Zweck von Partnerschaften – denn gemeinsam könnt ihr Aspekte heilen, die einer allein vielleicht nicht hätte heilen können.

Zwischen Liebenden eurer Rasse entwickelt sich Sexualität so oft zum krassen Gegenteil des Gefühls, das euch eigentlich zusammengebracht hat. Wie wir schon früher erwähnten, entwickeln sich manchmal vielleicht mit der Zeit mehr Gelegenheiten zur Heilung und Zärtlichkeit, und ein Gefühl des Beschütztseins und der

Selbstverwirklichung entsteht. Doch allzu oft ist das Gegenteil der Fall. Könnt ihr euch jedoch vorstellen, dass wir auf unserer Ebene einander jahrtausendelang erleben? Innerhalb eures Weltbildes sind sieben Jahre ein allgemein akzeptierter Zeitpunkt für eine Veränderung, den ihr »das verflixte siebte Jahr« nennt und der oft eine Abnahme der sexuellen Anziehung markiert. Für uns vergehen sieben Jahre schneller als ein Augenblick; verglichen mit der Dauer unserer Verkörperung und unserer Beziehungen ist das nur eine Sekunde.

Wir arbeiten momentan in so vielen verschiedenen Bereichen. Wir wünschen uns Liebe, Glück und vollkommene Gesundheit, und dabei fällt mir ein: Könnt ihr uns nicht ein Heilmittel gegen Krebs verraten?

Die Antwort auf diese Frage ist so einfach, dass sie sofort zurückgewiesen würde, selbst von dir.

Sagt sie mir trotzdem.

Bewusstsein heilt Krebs. Drei Worte.

Das klingt etwas zu einfach.

Das heißt nicht, dass man diese Antwort nicht erläutern könnte, denn eine längere Antwort würde bestimmt Gedanken und Reflexionen implizieren und wir würden natürlich entsprechende Erklärungen abgeben – doch begreifst du, welche Kluft sich auftut, wenn du eine scheinbar komplexe Frage stellst und erwartest, auf derselben Ebene, auf der du die Frage gestellt hast, eine Antwort zu bekommen?

Die meisten Leute würden um eine chemische Formel oder eine wundersame Tablette bitten, die die Heilung herbeiführen sollen, und nicht um <u>Bewusstsein</u>.

Doch wenn die gesamten intellektuellen, finanziellen und energetischen Bemühungen in diese Frage investiert würden – und zwar von einem Standpunkt aus, dessen Motto fragt: »Wie erhöhen wir das Bewusstsein sowohl auf individueller als auch auf kollektiver Ebene?« –, dann würde sich das Rätsel von selbst lösen. In gewisser Weise ist es reine Ironie, dass die Bewusstseinsstufe, die die Frage gestellt hat, die eigentliche Antwort nicht auf derselben Bewusstseinsstufe empfangen kann. Dennoch – viele können es offensichtlich, denn viele von euch hatten Krebs und haben ihn überwunden. Manchmal scheint es, als hätten bestimmte Umstände den Krebs »geheilt«. Glaubt ihr, dass die Umstände irgendetwas heilen können? Selbst Vitamine »funktionieren«, weil ihr von ganzem Herzen daran glaubt, dass sie etwas bewirken. Manchmal schickt eine solch bahnbrechende Neuigkeit wie eine Krebsdiagnose die Seele natürlich auf einen neuen Pfad ihrer Lebensreise. Tiefe Selbstbeobachtungen und Reflexionen sind die Folge. Man verändert sein Leben. Man erwägt zum ersten Mal andere Möglichkeiten, und siehe da, man erlebt ein anderes Ergebnis. Es gibt bestimmte biochemische und elektromagnetische Modalitäten, die gewisse biologische und biochemische Funktionen beträchtlich verbessern; doch selbst die Erforschung solcher Behandlungsmethoden verlangt eine gewisse Bewusstseinsebene, die jenseits dessen liegt, was die Mehrheit augenblicklich als gegeben akzeptiert. Man findet solche Behandlungsmethoden vielleicht nicht unbedingt bei Ärzten mit konventionellem Ruf. Die Bereitschaft, die eigene Ernährung zu verändern, kann (muss aber nicht) ein Indikator für einen höheren Grad der Bewusstheit sein – im Gegensatz zum Unbewussten. Dies ist natürlich nichts Neues, doch das Heilmittel gegen Krebs ist das gleiche wie gegen Schlafwandeln. Wach auf, dann wirst du geheilt sein.

KAPITEL 12

Tiere und die Misshandlung von Vieh

Jahrelang brachen kurz vor einer Begegnung mit Außerirdischen all die typischen Phänomene über mein Schlafzimmer herein, als hätte jemand in einem Universal-Filmstudio einen Schalter umgelegt. Als Nächstes folgte unweigerlich ein ausgeprägtes Gefühl der Schläfrigkeit, obwohl rings um mich ein wahrer Wirbelwind von Aktivität losbrach. Als eines Sommerabends die Lichter, Geräusche und Schwingungen gerade begonnen hatten, konnte ich meinen kleinen Sohn sehen, der im benachbarten Bett schlief. Wir wohnten damals in einer Einzimmerwohnung, deshalb konnte ich ihm, gerade als die Begegnung anfing, einen Blick zuwerfen. Er hatte mit seinem Kätzchen gespielt, das spielerisch am Ärmel seines Pyjamas zerrte, doch plötzlich, nur wenige Sekunden bevor ich selbst innerlich ganz ruhig wurde, fielen sowohl er als auch das Kätzchen in einen offenbar tiefen Schlaf. In meiner Umgebung waren zu Beginn einer Begegnung oft Tiere, besonders Katzen und Hunde, und mir fiel auf, dass sie genau mit derselben Schläfrigkeit reagieren und ganz plötzlich einschlafen.

Ein überraschender »Nebeneffekt« meiner Begegnungen mit Außerirdischen scheint es zu sein, dass ich mich ausgezeichnet mit Tieren identifizieren und mich in sie hineinversetzen kann. Wie viele andere Leute habe ich immer ein enges Verhältnis zu Tieren gehabt, besonders zu meinen Haustieren;

doch nun »hörte« ich in periodisch wiederkehrenden Abständen die »Gedanken« der Tiere – zumindest kann ich es nicht besser beschreiben. Eines Tages begegnete mir ein offenbar streunender Hund ohne Halsband und ich überlegte, ob ich ihn retten sollte, damit er nicht überfahren wurde, doch stattdessen »hörte« ich den Hund plötzlich protestieren und er behauptete, er habe sehr wohl einen Besitzer und ein Zuhause.

Anscheinend öffnen Begegnungen mit Außerirdischen im Erfahrenden eine Tür zu allen möglichen umfassenden Fähigkeiten, wenn auch manche dieser Fähigkeiten mit der Zeit wieder verschwinden. Vielleicht sind sie in Wirklichkeit gar keine besonderen Fähigkeiten – vielleicht versetzt uns das Erleben der Initialphänomene wieder zurück in unsere wahre Natur, als Teilhaber am universellen Herzschlag. Jedenfalls scheint es, als würde man sich stärker mit Tieren identifizieren und sie stärker als Teil derselben Einheit empfinden, wenn man sich den scheinbar magischen Universalenergien aussetzt, die man während einer Begegnung mit Außerirdischen erlebt. Ich fragte mich, wie die Gruppe wohl Tiere empfand und was für ein Verhältnis sie zum Königreich der Tiere hatte.

Habt ihr Haustiere?

Wir teilen unsere Umwelt mit anderen Lebewesen, von denen ihr manche als Haustiere bezeichnen würdet, aber wir haben mit diesen anderen Wesen nicht so viele Probleme wie ihr, und zwar hauptsächlich deshalb, weil wir sie anders wahrnehmen. Unser Verhältnis zu ihnen ähnelt eurer Vorstellung von Gefährten; doch unserem Empfinden nach sind sie uns viel näher als euch eure Haustiere. Wie wir schon früher erklärt haben, empfinden wir sie zum Beispiel fast als eine Art Geschwister, da sie dieselbe Umwelt bewohnen wie wir; und wir können uns telepathisch mit ihnen verständigen. Das begann übrigens, als wir begriffen, dass sie nicht unter uns stehen oder uns untergeordnet sind, sondern dass sie ebenfalls Gottes Geschöpfe sind. Wir töten sie natürlich nicht und essen sie auch nicht – und sie töten und essen uns auch nicht. Wir leben in Harmonie zusammen und die Vielfalt ihrer Erscheinungsformen und Charaktere bereitet uns viel Freude.

Aufgrund der großen Vielfalt eurer Flora und Fauna könnt ihr kaum wahrnehmen, wie wundervoll die Erde eigentlich ist. Man könnte sein ganzes Leben damit zubringen, auf eurer Erde herumzureisen und Gottes Wunder zu bewundern. In gewisser Weise tun wir das auch, doch wir beschränken uns nicht auf einen Planeten. In unserer Eigenschaft als Anthropologen reisen wir viel und bewundern Gottes Vielfalt in der ganzen Galaxis. Doch nicht alle Lebensräume bieten die unglaubliche Vielfalt eurer Heimat.

Natürlich freut sich die Jugend immer besonders über eine Vielfalt von Völkern und Kreaturen, das ist bei euren jungen Leuten nicht anders. Manche unserer Tiere haben Eigenschaften, die ihr normalerweise nur einer bestimmten Tierart zuschreiben würdet und einer anderen nicht. Zum Beispiel fliegen die meisten eurer Vögel; doch es gibt ganz andere Tierarten, die ebenfalls fliegen oder sich durch die Luft bewegen können, dazu aber nicht auf Flügel angewiesen sind.

Zwischen den Existenzebenen gibt es interdimensionale Reisende. Ihr würdet nicht all diese Reisenden als intelligente Wesen bezeichnen, sondern manche würden euch vielleicht eher wie Tiere vorkommen. Zum Beispiel gibt es ein weißes, pelziges Wesen, das ein wenig wie eure Lamas aussieht und sich zwischen verschiedenen Ebenen bewegt und gewissen anderen Wesen, die mit ihm verbunden sind, Trost und Ermutigung gibt. Die

Verbundenheit zwischen euch und gewissen Tieren oder Wesen kann sehr persönlich sein, je nachdem, wo ihr lebt und welche anderen Wesen zu eurem Leben gehören. Oft finden sowohl dieser ständige Kontakt als auch die Kommunikation zwischen verschiedenen Ebenen im Schlaf oder zwischen den Leben statt. Dies erklärt zum Teil, welche Verhältnisse verschiedene Wesen selbst hier, auf eurem Planeten, miteinander haben. Manche unter euch fühlen sich zu Schlangen hingezogen oder sammeln Schlangen. Andere züchten Hunde und wieder andere haben ein enges Verhältnis zu Pferden. Andere beobachten Vögel und wieder andere arbeiten mit Aquarien. Jede Seele zieht Rassen mit denjenigen Eigenschaften an, die ihr bei ihrer Entwicklung helfen.

Außerdem findet in der »Zeit«, die ihr auf der anderen Seite zwischen den Dimensionen verbringt, eine Menge Kommunikation – sogar ein Zusammenleben und oft gemeinsame Reisen – mit einer Vielzahl verschiedener Wesen statt, je nach den Interessen der jeweiligen Seele. Manche von euch interessieren sich viel mehr für Tiere als andere, und ihr könnt sicher sein, dass im Zwischenleben, wenn ihr euch von einer Inkarnation in die nächste bewegt, eine Menge »Zeit« (falls ihr uns diesen Ausdruck gestattet) damit verbracht wird, sowohl mit dem Tierreich als auch mit dem Reich der Feen Kontakte aufzunehmen und mit ihnen zu arbeiten. Auch dies ist wieder ein Konzept, von dem euer Massenbewusstsein nichts wissen will, denn wenn ihr erkennen würdet, welch tiefe Beziehung zwischen allen Wesen besteht, würdet ihr andere Wesen, insbesondere eure Tiere, kaum so behandeln, wie ihr es tut. Um diese Verdrängung aufrechtzuerhalten, habt ihr oft Widerstände dagegen, diesen Bereich näher zu untersuchen, denn ihr könntet weder die Lebensbedingungen auf euren Hühnerfarmen oder in eurer Rinderzucht noch eure Essgewohnheiten weiterhin dulden, wenn ihr erkennen würdet, dass Tiere vom Standpunkt der Energie und der Seele viel enger mit euch verwandt sind, als ihr ahnt.

Die meisten eurer Kinder haben aufgrund ihrer Fantasie und der Geschichten über Zaubertiere mit besonderen Fähigkeiten spontan ein enges Verhältnis zu Tieren. Doch dies ist keine Fantasiewelt, sondern die Erfahrung des Universums, und eure Jüngsten erinnern sich aus anderen Leben an Beziehungen zu früheren Freunden aus der Tierwelt. Es gab auf eurem Planeten eine Zeit, in der ihr alle das erlebt habt. Es gab eine Zeit, in der eure Tiere besser auf euch eingestimmt waren und mit euch kommunizieren konnten. Manche unter euch haben diese Fähigkeit immer noch. Eure Seelen haben gemeinsam beschlossen, zu diesem Stadium der Verbundenheit zurückzukehren; und dieses Stadium existiert an manchen Ort im Universum immer noch und ist dem Zustand, der früher auf eurem Planeten herrschte, ganz ähnlich.

Es ist weder ein Versehen noch Zufall, dass sich kleine Kinder zu den kleinen Stofftieren hingezogen fühlen, die die Erwachsenen den Kindern so oft schenken. Irgendetwas in der Seele der Erwachsenen erinnert sich ebenfalls an diese Verbundenheit und daran, wie tröstlich und vergnüglich das Verhältnis zwischen euch und diesen Wesen einmal war. Deshalb berührt die Sitte, Kindern Stofftiere zu schenken, eine Sehnsucht und eine Erinnerung an die Kameradschaft, die einst herrschte. Zwar haben die meisten Erwachsenen den Aspekt ihres Selbst, der sich so eng mit dem Tierreich verbunden fühlt, abgeschnitten, doch in euren Kindern gönnt ihr euch das noch und habt somit eine Möglichkeit gefunden, mit euren Lieblingserinnerungen und eurem früheren Verstehen in Verbindung zu bleiben.

Die meisten von euch sind traurig, wenn sie erkennen, wie weit ihr euch von dieser natürlichen Kameradschaft, Liebe und gegenseitigen Hochachtung entfernt habt, da heute die eine Gruppe die andere gefangen hält und sogar versklavt – und das ist keine Übertreibung, denn ihr habt eure Tiere versklavt und züchtet sie nun als Nahrungsmittel. Ein Teil eurer Selbst spürt eine tiefe Traurigkeit darüber, denn ihr besitzt immer noch eine Resterinnerung daran, wie es einst war und wie weit ihr euch von dieser gesegneten Beziehung entfernt habt.

Aber ihr sollt wissen, dass das ganz in Ordnung ist. Ihr werdet auch dafür Heilung finden. Mutter Erde verkörpert die reinste vorurteilslose Liebe, denn sie hat ebenfalls eine Seele und wartet geduldig auf den Tag, an dem die Harmonie wieder zu ihren Ufern zurückkehren wird. Sie hat eine Zeit gesehen, in der die verschiedenen Rassen einander liebten und miteinander spielten, und keine Gruppe hat mittels Fleischfabrikation und Schlachthäusern über die andere geherrscht. Auch sie weiß, dass mit der Zeit alles Heilung finden wird.

Stellt euch eine Umwelt vor, die mit den Farben und der Vielfalt eurer lebenden Wesen angefüllt ist, ohne dass man je daran denkt oder das Bedürfnis hat, sie oder Teile ihres Körpers in irgendeiner Weise auszubeuten – und ohne dass man Vergnügen daran findet, sie zum Zeitvertreib zu töten und als Zielübung zu benutzen. Stellt euch das einen Augenblick lang vor, dann werdet ihr begreifen, wie weit ihr euch von eurem ursprünglichen Verhältnis zu diesen Wesen entfernt habt.

Stellt euch eine Zeit vor, in der ihr nicht so in eurer Arbeitswelt aufgeht, sondern euch dem kreatürlichen Vergnügen hingebt, einfach am Leben zu sein und alles zu genießen, was es zu genießen gibt, ohne dabei irgendetwas zu zerstören oder auszubeuten. Stellt euch vor, ihr würdet euch die Zeit gönnen, euch einfach an dem Wunder eines kleinen Elefanten zu erfreuen, statt den größten Teil eures Lebens mit allem anderen zuzubringen, nur nicht damit. Statt den Großteil eures Lebens auf der Autobahn zu verbringen, werdet ihr eure Lebensqualität wiederfinden. Ihr werdet zu einer Zeit zurückkehren, in der ihr genau wie früher wieder Freude daran habt, einfach die Muster eines Zebrafells unter euren Fingern zu spüren (und das Zebra wird euch diese Freude gern gönnen) und herauszufinden, ob ihr bei den unterschiedlichen Farben auch eine andere Struktur fühlen könnt. Auch das Zebra vermisst diese Berührungen.

Es gibt Orte, wo die Lebensqualität größer ist, als ihr es euch vorstellen könnt, und wo kein Wesen ein anderes als unterlegen betrachtet. Es wird eine Zeit kommen, in der ihr eure Kinder nicht dazu drängen werdet, erwachsen zu werden und von einem entspannten, planlosen Morgen in ein hektisches Leben der Konkurrenz zu eilen, in dem man immer das haben muss, was die Nachbarn haben; eine Zeit, in der ihr euer Leben schlicht und glücklich damit verbringen werdet, euch aneinander zu erfreuen und die Schönheit ringsum zu beobachten.

Im Universum gibt es Orte, an denen Seelen mit den Energien sämtlicher verschiedenen Rassen arbeiten. Viele Wesen und Kreaturen besitzen wundervolle Details. Stellt euch einen Schmetterlingsflügel vor, dessen Muster so kompliziert ist und dessen Schönheit jedes gerahmte Gemälde eurer großen Meister so weit übersteigt, dass diese Schmetterlingsflügel ebenso bewundert werden wie ein Picasso. Wie viele von euch haben sich einen Schmetterlingsflügel schon einmal als Bild von Matisse gedacht? Manche Orte werden von Seelen bewohnt und aufgesucht, die entweder große Schmerzen oder schreckliche Leiden durchlebt haben. Während gewisser

Inkarnationen suchen sie diese Orte auf, wo bestimmte Rassen ihnen heilende Energie geben; ihr würdet sie vielleicht Zufluchtsorte der Heilung nennen. Dies kann auch während eures Zwischenlebens geschehen.

Zum Beispiel haben einige von euch erlebt, welche Heilungsenergie und tiefe Freude einen erfüllen kann, wenn man Delphine bei ihrem Spiel im Wasser beobachtet; und für einige von euch ist es zur Heilung vielleicht sogar nötig, einige Zeit unter Wasser zu verbringen und einfach mit diesen Wesen zu kommunizieren. Das hängt ganz von euch ab. Niemand sagt euch, wohin ihr gehen sollt. Das entdeckt ihr, wenn ihr euer physisches Gefäß verlasst: Ihr fühlt euch nämlich wie ein Kind im Süßwarenladen, denn ihr könnt alles erschaffen und auch die Umgebung auswählen, die ihr wollt. Die einzige Begrenzung ist eure eigene Vorstellung dessen, was möglich ist. Und wie wollt ihr eure Zeit verbringen? Wir verwenden den Begriff »Zeit«, weil ihr dieses Wort versteht. Doch wenn ihr euch zwischen den Leben daran erinnert, dass ihr euch vollkommene Freiheit erlauben dürft, um euer größtes Vergnügen zu erleben, und wenn ihr tiefer in diese Erinnerungen eindringt, werdet ihr all die hektischen Geräte, die ihr erzeugt habt, immer weniger tolerieren. Wer fängt an und sagt: »Ich will dieses Affentempo nicht mehr mitmachen!«?

Das Schicksal des geliebten Max

Ich habe ein Hängebauchschwein als Haustier, das ich sehr lieb habe, doch sein Gesundheitszustand ist so schlecht, dass ich mich frage, ob es nicht menschlicher wäre, ihn jetzt einzuschläfern. Aber wenn er dann zur Seele eines Schweins in irgendeiner Nahrungsmittelfabrik wird und ein Leben der ständigen Folter führen muss, bevor er zu Schinken verarbeitet wird, dann weiß ich nicht, ob das wirklich besser wäre – denn dann würde ich ihn diesem Schicksal nur schneller entgegentreiben. Was passiert mit Tieren, wenn sie sterben? Was geschieht mit ihren Seelen? Wird Max wieder ein Schwein werden?

Wir können dir versichern, dass weder deinen Max noch irgendein anderes Tier auf der anderen Seite Leiden erwarten.

Na ja, ich weiß, dass es auf der anderen Seite keine Leiden gibt. Meine Frage war, ob sein nächstes Leben schlimmer sein wird als das jetzige.

Deine Frage lässt keinen Raum für das große Mosaik der Entfaltung jeder Seele – nicht einmal für die Entfaltung des Universums. Du hast Angst um dein geliebtes Haustier. Aber du hast vergessen, dass auch die Seelen der Tiere Teile des großen Musters sind. Du kannst sie ebenso wenig »beschützen«, wie du die Seele deines eigenen Kindes davor schützen kannst, das zu sich zu rufen, was sie rufen möchte. Du bist diejenige, die das erzeugt, was man als »gut« oder »schlecht« bezeichnet oder als »Leiden« und »Freude«. Aus diesem Grund ist der »schlechte Gesundheitszustand«, unter dem dein Schwein im Augenblick leidet, besser als der Zustand so mancher Bevölkerungsgruppen von Kindern und Erwachsenen in deiner Welt. Was also bedeutet Leiden? Es ist nichts als eine frei erfundene Definition.
    Es ist löblich, wenn man den Bedürfnissen anderer gegenüber mitfühlend und sensibel ist, was auch eure Haustiere einschließt, die häufig von eurer Freundlichkeit und eurer Sorge für ihr Wohlergehen abhängig sind.

Doch wie überall hat Gott auch in Bezug auf den Gesundheitszustand deines Haustieres – zusammen mit dem Haustier selbst – die Umstände so geschaffen, wie sie sind; und deshalb brauchst du dir keine Sorgen zu machen, dass du die Seele deines Tieres jetzt oder während irgendeiner späteren Erfahrung vor irgendetwas beschützen musst.

Und wird er wieder als Schwein auf die Welt kommen oder als Pferd oder als was? Wohin geht er, wenn er gestorben ist?

Er geht an den Ort, an den alle Seelen gehen und wo man sich der *einen Seele* zuwendet, die das Licht ist; und du wirst ihn wiedersehen, wie du sehr genau weißt, sobald auch du diese Inkarnation transzendierst. Du wirst ihn innerhalb eines Augenblicks wiedersehen.

Ich vermisse ihn jetzt schon. Ich weiß auch nicht, warum ich eine so starke Verbindung zu meinen Haustieren habe. Aber ich liebe ihn.

Er ist ein so sanftes Tier und du hast ihn als kleines Ferkel aufgenommen, nachdem man ihn übel zugerichtet hatte; außerdem war seine Jugend eng mit der Kindheit deines Sohnes verbunden, denn du hast ihn und deinen Sohn gemeinsam auf deiner geliebten Ranch aufgezogen, und zu dieser Zeit hast du dein Land heiß geliebt. Damals hast du gehofft, dass diese Lebensweise nie aufhören würde. Und insofern hatte dein kleines Haustier sehr viel mit der Erziehung deiner eigenen Seele zu tun, denn du hast deine Haustiere zu einem wichtigen Teil deines Familienlebens gemacht. Natürlich ist dir das Wohlbefinden deines Haustieres wichtig. Doch was den Ort angeht, zu dem er geht: Du weißt ja, wohin sein Körper geht. Du kennst die Antwort auf diese Frage bereits. Die Antwort auf die Frage, wohin seine Seele geht, ist, dass er zu Gott zurückkehrt; und Gott hat einen besonderen Platz und einen besonderen Rhythmus, ein besonderes Muster oder »Programm« für die Tiere. Sie müssen nicht auf diese Ebene oder auf die Erde zurückkehren. Auch sie können andere Erfahrungen in anderen Dimensionen und an anderen Orten im Universum erschaffen, je nach einer Vielzahl verschiedener Kriterien.

Eure Haustiere sind Familienmitglieder Gottes. Es ist verständlich, dass viele von euch so starke Beziehungen zu ihnen haben; sie bringen euch so viel Freude und Spaß und euren Kindern ebenfalls, die offenbar zu ihnen auch eine sehr enge Beziehung haben.

Wie wir euch schon früher sagten, lebten die Tiere zur Zeit von Atlantis in einer sehr engen Verbundenheit zu eurer Rasse. Sie waren noch nicht zur »tieferen« Stufe der Nahrungsquelle degradiert, wie es heute so oft der Fall ist. Sie waren Mitbewohner eurer Umwelt und ihr habt sie gewürdigt und ihre spezielle Lebensform und Verkörperung gefeiert. Ihr habt die Gaben gewürdigt, die sie euren Kindern und eurem Planeten schenkten. Ihr habt sie so ähnlich erlebt wie große Kunstwerke, denn sie »erfreuen« euren Planeten und eure Umwelt. Stellt euch eure Erde ohne Tiere vor, dann versteht ihr, welchen Standpunkt ihr damals vertreten habt und wieso ihr sie damals viel besser zu würdigen wusstet als heute. Denn jetzt betrachtet man sie so oft lediglich als wertvolle Nahrungsquelle.

Um dir bei deiner Entscheidung zu helfen, ob du dein geliebtes Haustier von einem Tierarzt einschläfern lassen solltest, weil du meinst, dass es vielleicht unnötig leidet, können wir dir nur sagen: Du wirst wissen, wann die

Zeit dafür gekommen ist. Vertraue darauf, dass du gegenüber seiner Aufgabe und seiner Mission ebenso sensibel und aufgeschlossen bist wie deiner eigenen; und falls das bedeutet, dass er noch jahrelang bei dir sein wird, dann bitte einfach Gott um seine Führung, genau wie in allen anderen Dingen auch, und vertraue darauf, dass die Antwort dir gegeben wird.

Viehverstümmelungen

Was habt ihr mit Vieh zu tun, mit Rindern und Schafen? Ich habe sie 1992 während meiner Begegnung mit euch gesehen. Ich sah Rinder und Schafe, die an nylonartigen Seilen frei in der Luft schwebten. Gibt es da irgendeine Verbindung zu dem, was man gemeinhin »Viehverstümmelungen« nennt?

Die Rinder und Schafe, die du während deiner Begegnung gesehen hast, hingen da, weil wir eine allgemeine Umweltstudie über die Verschlechterung ihrer Lebensbedingungen ausarbeiteten. Mit anderen Worten: Wir haben die Resultate der Veränderungen in der Physiologie einiger eurer Tiere katalogisiert. Die Tiere, die du gesehen hast, waren nicht mehr am Leben; aber mit Hilfe eines Prozesses, der ihren physischen Verfall aufhält, konnten wir weiterhin die Auswirkungen studieren, die eure Umwelt auf sie hatte. Das schloss die Nahrung mit ein: wie sie hergestellt und angebaut wurde und ob und welche Auswirkungen dies auf die Tiere hatte und auch, welche Auswirkungen dies auf die Menschen hatte, die diese Tiere essen.

Wir sind Anthropologen. Wir studieren Kulturen und interessieren uns sehr für Sozialwissenschaften. Uns interessiert, wie eure Kultur durch bestimmte Stimulationen beeinflusst wurde und wird. Schafe und Rinder gehören zu euren tierischen Nahrungsmitteln; ihr esst ihr Fleisch und fertigt Kleidung aus ihrer Haut und uns hat interessiert, wie es den Tieren selbst dabei ergeht und auch, wie es den Menschen geht, nachdem sie diese Tiere unzählige Jahre lang gegessen haben. Du hast sie überhaupt nur gesehen, weil du ohnehin in unserem Labor und Hospital warst. Wir haben sie nicht verletzt und sie mussten auch nicht leiden. Wir hatten sie völlig schmerzlos von Weiden auf der ganzen Welt entfernt, manchmal weil sie bald krank geworden wären oder bereits krank waren oder bald geschlachtet worden wären und manchmal auch wenn es ihnen gut ging, doch es geschah mit ihrer Einwilligung. Es wird euch vielleicht überraschen, zu hören, dass auch die Tiere Seelen besitzen und genau wie ihr an ihrer eigenen Evolution mitarbeiten. Es ist eine Ehre, Zugang zu ihrer physischen Erscheinungsform zu haben; und diejenigen Tiere, die gesund genug waren und uns erlaubten, ihre Körper in gesundem Zustand zu studieren, wurden unversehrt zurückgebracht; und in anderen Fällen haben sie sich einverstanden erklärt, ihr Gefäß auszuwechseln.

Wenn ihr uns nach Details fragt, wie zum Beispiel nach den so genannten »Viehverstümmelungen«, dann beantworten wir die Frage; doch wir möchten euch zugleich darauf aufmerksam machen, dass sich euer Intellekt bei dieser Gelegenheit gern in Furcht verbeißt. Bei dieser Gelegenheit vergesst ihr gern, dass sich vor euren Augen die göttliche Perfektion entfaltet, dass dies Gottes Universum ist und dass ihr von wohlmeinenden Wesen umgeben seid. Wir sagen euch das, weil es unter euch eine Tendenz gibt, unbewusst zu entscheiden, dass ihr in Gefahr seid, dass es Grund gibt, sich zu fürchten, und dass es Dinge gibt, die nicht perfekt sind – schließlich sehen viele unter euch auch gern Horrorfilme oder hören die Frühnachrichten, was beinah dasselbe ist, und die, die Zeitung lesen: eine wahre Litanei von Berichten über Dinge, »die schief gehen«.

Genau das sind die so genannten Viehverstümmelungen. Es handelt sich um Tiere, mit denen sich gewisse Individuen oder Gruppen in der Galaxis aus ihren eigenen Gründen beschäftigt haben. Außerdem gibt es unter den Menschen Individuen und Gruppen, die sich zu ritualistischen Zwecken mit Tieren befassen. Weder das eine noch das andere unterstellt übrigens, dass es im Universum nicht sicher ist. Natürlich wollt ihr mehr Details darüber wissen; genau wie der Autofahrer auf der Autobahn unwillkürlich den Kopf dreht, wenn er an einem Unfall vorbeikommt, obwohl er weiß, dass er wahrscheinlich Blut und Eingeweide sehen wird – oder zumindest traumatisierte Menschen. Deshalb wollen wir dieser Tendenz keinen Vorschub leisten, auch wenn ihr sie als Neugierde bezeichnet. Wir beantworten die Frage nur, um das Geheimnis zu lüften – obwohl ihr, genau wie bei den Kornkreisen, einerseits die Antworten offenbar schon kennt, uns andererseits aber deshalb nicht unbedingt bereitwilliger akzeptieren werdet.

Ihr seid in Sicherheit. Vielleicht ist eine Meile von euch entfernt, oder auch nur eine Straße weiter, ein Verbrechen geschehen – aber das bedeutet nicht unbedingt, dass es auf eurer Welt keine Sicherheit gibt; denn selbst wenn ihr euch aus eurem Körper entfernt, seid ihr dennoch »in Sicherheit«. Wir bitten euch: Achtet darauf, wie der Intellekt darauf besteht, das Universum als gefährlichen Lebensraum zu definieren und ständig nach dem geringsten Beweis dafür Ausschau hält, dass der Weltraum barbarisch ist. Wir möchten euch noch mal daran erinnern, welche Heuchelei es ist, dass ihr eure Tiere auf die Weide stellt und absichtlich zum späteren Schlachten züchtet, und nachdem ihr diese Tiere den entsetzlichsten Lebensbedingungen ausgesetzt habt, foltert ihr sie mit den entsetzlichsten Sterbensbedingungen im Schlachthaus – und dann behauptet ihr, das sei völlig in Ordnung. In manchen Fällen zieht ihr ihnen sogar die Haut teilweise ab, bevor sie tot sind. Und als ob das nicht genug wäre, steckt ihr euch Stücke von ihrem Fleisch in den Mund und esst sie. Und doch empfindet ihr das weder als barbarisch noch als Beweis dafür, dass *ihr* diejenigen seid, von denen Gefahr ausgeht. So funktioniert der Intellekt eben – doch dann konzentriert sich der Intellekt lieber auf eine Gruppe oder ein Geschehen in der Galaxis, wo anscheinend ein ähnliches Verhalten an den Tag gelegt wurde, und darüber entsetzt ihr euch. Deshalb wollen wir uns bei diesem Thema nicht länger aufhalten; doch falls ihr unser Verhalten abstoßend findet, möchten wir euch auffordern, eure eigenen Verhaltensweisen, eure eigene Kultur und eure eigenen Gewohnheiten unter die Lupe zu nehmen, wodurch ihr einen ähnlichen Grad der Barbarei feststellen werdet.

Wir wollen nicht mit euch auf die Suche nach Fehlern gehen, die von anderen Rassen gemacht werden. Dies ist eine wichtige Lehre, denn dies ist nur einer von mehreren Bereichen, in denen ihr von eurem eigenen Verhalten so entfremdet seid, dass ihr andere, die sich ähnlich verhalten, als barbarisch bezeichnet, dabei aber gar nicht bemerkt, wie grausam ihr selbst die Tiere behandelt.

Wir möchten euch für gewisse Phänomene einen neuen Blickwinkel öffnen. Dies ist einfach eine Umformulierung des Satzes: Wer ohne Sünde ist, werfe den ersten Stein – auch wenn es euch vielleicht anders erscheint. Durch unsere Lehre ermöglichen wir euch nun, unserer Einladung Folge zu leisten und zu wählen, statt zu verurteilen – und wenn ihr nicht mögt, wie andere Menschen die Tiere und das Vieh behandeln, dann solltet ihr alles in eurer Macht Stehende tun, um euer eigenes Verhalten entsprechend zu ändern.

Doch zumindest gehen wir nicht in fremde Häuser und stehlen Lebensformen, die jemand anderem gehören.

Wirklich nicht? Ihr seid in das Pflanzen- und Tierreich und bis in die Tiefen der Ozeane eingedrungen und habt alles erbeutet und geraubt, dessen ihr nur habhaft werden konntet – und wir sagen das, ohne euch zu verurteilen. Doch da ihr diese Feststellung gemacht habt, fühlen wir uns verpflichtet, euch eine Antwort aus höherer Quelle zu geben.

Kapitel 13

Der neue Mensch

Ihr habt das Sprichwort von dem Schuhmacher gehört, dessen Kinder zerfetzte Schuhe tragen, oder von dem Pastor, der eheliche Treue predigt, während er eine Affäre hat, oder von der Regierung, die ehrliche Steuererklärungen fordert und Lügen bestraft, aber ihre eigenen Machenschaften ständig verschleiert und keine Transparenz zulässt. Immer wenn ich andere verurteile, weil sie Heuchler sind oder einen Teil der Wahrheit verschweigen oder nicht nach ihren Grundsätzen handeln, erinnere ich mich an meine Unfähigkeit, meinem eigenen Ratschlag zu folgen, wenn es um Begegnungen mit Außerirdischen und Kindererziehung geht.

Ich habe das Gefühl, es ist Zeit für alle Erfahrenden auf der Erde, sich zu melden und Mut zu fassen und eine kulturelle Bewegung ins Leben zu rufen, damit immer mehr von uns ihre Erfahrungen zugeben können und wir endlich die Scham und Lächerlichkeit ausmerzen, die bisher mit derartiger Ehrlichkeit verbunden war. Doch immer wieder fällt es mir selbst schwer, meine eigene Wahrheit auszusprechen und sie so in die Praxis umzusetzen, dass sie keinen schädlichen Einfluss auf meinen Sohn hat.

Nein, ich bin nicht auf dem Selbstbespieglungstrip. Ich weiß genau, dass all unsere Seelen diejenigen Menschen und Ereignisse herbeirufen, die die jeweiligen Agenden der Seele am besten fördern, und dass es so etwas wie »Zufall« eigentlich nicht gibt und dass mein Sohn mich als seine Mutter »gewählt« hat usw. Aber, Gott helfe mir, in meiner elterlichen Funktion reißt mein Mutterinstinkt herrisch die Führung an sich. Man kann leicht den Kopf darüber schütteln, wie widersprüchlich Thomas Jefferson handelte, als er die Unabhängigkeitserklärung formulierte und zugleich Hunderte seiner Mitmenschen als Sklaven hielt; und wahrscheinlich habe auch ich die Vorurteile meiner Kultur gegenüber bestimmten Dingen geerbt. Dennoch, offenbar ist hier Charakterstärke gefragt und mir fehlt es oft noch an Rückgrat, und wenn es um Kinder geht, dann werde ich, was meine eigene Wahrheit angeht, oft völlig wischiwaschi und übervorsichtig. Ständig wäge ich die Inhalte gegen ihre gesellschaftliche Akzeptanz ab und meine, dass die reine Wahrheit unter gewissen Umständen zu viel Wahrheit bedeuten kann.

Als mein Verlag Hampton Roads zum ersten Mal mein neues Buch veröffentlichte, indem er ein paar Anfangskapitel auf seiner Website www.hrpub.com abdruckte, muss ich leider zugeben, dass ich meinen Sohn bat, niemandem in der Schule davon zu erzählen. Ich stellte mir vor, dass sich die ganze Atmosphäre im Computerraum verändern würde, sobald seine Klassenkameraden meine Website auf ihren Monitoren aufriefen. Ich sagte ihm, dass ich diese Art von Publicity nicht brauchte. Damit kompromittierte ich zwar mein neu erlangtes Selbstbewusstsein, doch ich veränderte meine Ausrichtung nicht. Ich nehme an, dass ich mich letzten Endes nur den vielen spöttisch gehobenen Augenbrauen auf den Lehrerkonferenzen nicht stellen wollte.

Eines Morgens gab ich in Los Angeles mein erstes Radiointerview. Während die Sendung lief, betete ich im Stillen, dass niemand, den ich kannte, meine Stimme oder meinen Namen erkennen möge. Ich hatte Angst, dass mein damaliger Arbeitgeber plötzlich die Sendung einschaltete oder dass meine Mut-

ter an ihrem Radio herumdrehte. Zur Zeit dieses Interviews hatte ich immer noch Probleme, mich zu outen.

Einmal, als mein Sohn in die erste Klasse ging, nahm mich die Lehrerin während eines »Tages der offenen Tür« beiseite und zeigte mir das neueste Bild, das mein Sohn gemalt hatte. Die anderen Kinder hatten nette Wachsmalstiftzeichnungen von Pferden und Drachen ausgestellt, doch mein eigenes Kind hatte das Porträt eines »Aliens« angefertigt. Aus meinen Geschichten hatte er das nicht. Im Gegenteil, während seiner ganzen Jugend verhielt ich mich vollkommen angemessen und überschüttete ihn keineswegs mit Details meiner Begegnungen. Doch er selbst hatte Dinge gesehen und erlebt, von denen er einige, als er noch sehr klein war, als »Albträume« abschrieb, offensichtlich weil er noch nicht in der Lage war, einige Dinge, die er mit angesehen hatte, zu akzeptieren. Bei dem Beispiel aus seinem Klassenzimmer hätte man doch eigentlich annehmen können, dass die Lehrerin sein Porträt als etwas abtun würde, zu dem ihn die Regenbogenpresse inspiriert hatte – aber das tat sie nicht. Sie fragte sich, was sich bei ihm zu Hause wohl abspielte.

Wie andere vor mir versuchte also auch ich, meinen Sohn durch mein Vorbild zu lehren, wie man seiner eigenen Wahrheit gemäß lebt und zum Takt seiner eigenen Trommel marschiert und vor allem, dass man selbstbewusst sein und seinem eigenen Moralkodex folgen soll – solange diese Wahrheit nicht zu viele Probleme verursachte, solange er noch minderjährig war.

Meine Erfahrung lehrt mich, dass es wichtig ist, in Diskussionen mit Kindern oder Teenagern ihrer Führung zu folgen, wenn es um solche Phänomene geht. Ich habe meinen Sohn weder mit meinen emotionalen Problemen belastet noch habe ich über jede Begegnung, die ich hatte, gleich anschließend mit ihm gesprochen. Doch ich spreche oft über Phänomene im Allgemeinen: dass man sie als furchterregend empfinden kann, aber dass sie eigentlich nichts Schlechtes sind. Ich hoffe, er wuchs in dem Bewusstsein auf, dass es kein Fluch, sondern ein Segen und ein Geschenk ist, außergewöhnliche Phänomene zu erleben. Ich habe versucht, allgemein darüber zu reden, wie wichtig es ist, die eigenen Erlebnisse in Freiheit zu verarbeiten, seien sie nun übernatürlich oder nicht. Doch wenn er mich nicht direkt nach meinen Begegnungen mit Außerirdischen fragt, war ich eher dazu geneigt, zu warten, bis er etwas älter wurde, bevor ich ihn mit meiner Achterbahnfahrt konfrontierte.

Doch manchmal frage ich mich, wie lange es noch dauern wird, bis Diskussionen über übernatürliche Phänomene regelmäßig in der Grundschule stattfinden. Ganz bestimmt machen überall auch Kinder solche Erfahrungen, genau wie ihre Eltern. Doch im Augenblick ist es meist weder für Kinder noch für Erwachsene eine gute Idee, so etwas im Büro eines psychologischen Beraters zu erwähnen, geschweige denn auf dem Spielplatz. Wenn unsere Kultur in ihrer spirituellen Erneuerung aufblüht und jegliche Erfahrung als Teil des Alltags akzeptieren kann, wird das wahrlich ein herrlicher Tag sein.

Wie soll die ganze Welt aufwachen, obwohl anscheinend gar nicht alle Menschen spirituell erwachen wollen? Viele Leute beschäftigen sich immer noch damit, wie man sich gegenseitig am besten umbringen kann.

Es gibt ein bestimmtes Phänomen, das immer während einer evolutionären Erweckung stattfindet, wie ihr sie übrigens im Moment durchlebt. Viele von euch können es kaum erwarten, den Weg zur eigenen Erleuchtung einzuschlagen; und ihr werdet andere dazu inspirieren, es euch nachzutun. Doch weil so viele von euch noch immer Bomben herstellen, während andere sich nach Erweckung sehnen, hat man manchmal nicht das Gefühl, dass sich je etwas tut. Doch die Erweckten werden die Bombenhersteller zu einer Massenerweckung führen. Ihr werdet die anderen fördern, genau wie wir euch fördern.

Man kann leicht den Mut verlieren, wenn man glaubt, dass im Zentrum der Materie nur eine roboterartige Maschine sitzt; dabei ist in Wirklichkeit jedermanns Zentrum Liebe und Licht. Zweifelt also nicht, ob ihr euch jemals spirituell weiterentwickeln werdet oder ob eure Nachbarn sich entwickeln werden – auch wenn ihre Entwicklung im Augenblick in die falsche Richtung zu gehen scheint. Ihr werdet euch weiterentwickeln. Wir haben uns entwickelt und bei euch wird es genauso sein.

Wenn eine Rasse sich bis zur Schwelle der Erweckung entwickelt, entsteht ein Gruppenbewusstsein, das Fragen stellt und Antworten verlangt. Zu diesem Zweck werden vielen von euch Bücher gegeben. Und genau zur rechten Zeit kommen gewisse Filme heraus. Obwohl im Vergleich zur Gesamtbevölkerung der Erde anscheinend nicht gerade die Mehrheit erleuchtende Bücher kauft oder erleuchtende Filme sieht – dennoch: Eure Wohltäter kaufen die Bücher. Und eure Wohltäter werden die anderen tragen. Das ist keine lästige Pflicht. Ihr selbst habt aus Liebe zur Menschheit und zu eurer augenblicklichen irdischen Heimat bestimmt, dass es so sein soll; ihr habt diese Pflichten herbeigerufen und sie haben euch gerufen. Das ist euer Weg. Ihr werdet wohl nicht allzu überrascht sein, das zu hören.

Wir operieren unter der Schirmherrschaft des Göttlichen, genau wie all eure Engel und Geistführer – und somit ist auch Gott für jeden von euch da. Selbst eure Fragen über eure Begegnungen mit Außerirdischen sind nicht so schwierig, als dass Gott sie nicht beantworten könnte; und Gott antwortet auf vielerlei verschiedene Weisen: in euren Träumen, in der Meditation, durch einen Artikel, den ihr vielleicht lest, oder während des Zusammenseins mit einem vertrauten Freund. Die *eine* Quelle – oder Gott, falls ihr diesen Namen bevorzugt – wird zu euch sprechen, zu euren Herzen. Ihr braucht also keine Angst zu haben, dass eure Fragen unbeantwortet bleiben. Wenn ihr eine Antwort sucht, werdet ihr sie ganz bestimmt bekommen. Dies ist übrigens ein universelles Gesetz. Was ihr euch vornehmt, das könnt ihr auch erleben. Das trifft überall zu, ob es nun um eine Lebensweise geht, die euch Freude macht, oder um die scheinbar ungreifbare Antwort auf eine Frage.

Wir bringen euch die Botschaft, dass »Außerirdische« zur göttlichen Quelle gehören, und vielleicht ist das eine Neuigkeit für euch. Wenn eine Seele bereit ist – sei es nun für die Antworten oder für Heilung oder dafür, zu begreifen –, dann erzeugt die Seele diese Heilung. Ihr werdet alle nötigen Erfahrungen und alles, was ihr für eure nächste Entwicklungsstufe braucht, zu euch rufen. Wenn ihr eine direkte Verbindung zur Gott-Quelle herbeiruft, werdet ihr alle zu eurer Heilung nötigen Werkzeuge bekommen, selbst wenn eure Erinnerungen durch Vergessen oder Verdrängung verhüllt waren. Seht nach innen, denn wir wollen keineswegs die Botschaft verbreiten, dass »wir die einzige Quelle sind«, sondern wir schöpfen aus derselben Quelle, die auch euch zur Verfügung steht. Alles Wissen steht allen Seelen überall zur Verfügung. Es stammt aus der Quelle, aus der zu schöpfen auch ihr eingeladen seid. Lasst euch also nicht verwirren und glaubt nicht, dass euer Dilemma noch ungelöst ist. Ihr habt die Fähigkeit, euch selbst Heilung und Frieden zu bringen.

Wenn ihr allmählich besser versteht, wie ihr Begegnungen mit Außerirdischen und andere Phänomene zu euch gerufen habt, werdet ihr bei der Erfahrung des erwachten Menschen eine größere Rolle spielen. Der erwachte Mensch wird ein Mitglied in der universalen Familie – in Wirklichkeit wart ihr das zwar schon immer, doch nun werdet ihr es in euer Begreifen integrieren; denn bevor ihr eure eigene Macht versteht, wird euer Erfahrungsbereich immer begrenzt bleiben.

Bisher habt ihr euch darin geübt, eure Ideen einer Inspiration Gottes oder des Göttlichen zuzuschreiben. Auf diese Weise lernt ihr zu begreifen, dass es auf all eure Fragen auch Antworten gibt. Sobald ihr diesen Pfad betretet und dies in eurem Herzen wisst, könnt ihr all eure Kreativität ausdrücken und werdet die Befriedigung vollkommener Selbstverwirklichung empfinden. Das wird eure nächste Erfahrung sein.

Als Erfahrende habt ihr vielleicht sehr vielschichtige emotionale Probleme und müsst Problembereiche heilen, mit denen andere im Moment gar nichts zu tun haben. Wenn ihr das Begreifen verinnerlicht, dass keine einzige Erfahrung – und schon gar nicht die Erfahrung übernatürlicher Phänomene – aus Versehen oder durch Zufall zu euch kam, dann werdet ihr allmählich verstehen, was für eine wichtige Rolle ihr zu diesem Zeitpunkt auf eurem Planeten spielt.

Könnt ihr euch vorstellen, euch an einen Planeten zu erinnern, der einst so isoliert war, dass seine Bewohner von keinen anderen Wesen außer sich selbst wussten? Genau das ist eure Gruppenerfahrung auf eurer Erde. Wir können euch versichern, dass diese Erfahrung sich verändern wird. Wie könnte sie sich auch nicht verändern? Wie könnte sie nicht evolvieren – ebenso wie alles andere auch?

Aber was ist, wenn wir uns vorher selbst zerstören?

Erschafft gemeinsam mit anderen eine wundervolle Zukunft – und zwar gleich jetzt – und fangt individuell in eurer eigenen Umgebung an. Kümmert euch in eurer unmittelbaren Umgebung um Probleme der Obdachlosigkeit und Armut. Fangt in eurem Intellekt an, findet die richtigen Worte und verkörpert durch eure Taten Frieden. Dann werdet ihr allmählich verstehen, dass ihr, indem ihr selbst erwacht, auch eure Mitbewohner oder eure Nachbarn fördern könnt, und zwar einfach indem ihr selbst daran glaubt, dass dies möglich ist. Bringt diese Führungsqualitäten in eine durstige Gruppe ein, dann werdet ihr Freude und Frieden verbreiten. Achtet darauf, wer sich von euch und eurer Gegenwart angezogen fühlt.

Welche Werte schätzen erleuchtete Wesen und was für Vorbilder geben sie ihrer Jugend?

Werte, die durch eine scheinbar selbstlose Hingabe an das Ganze ausgedrückt und verkörpert werden. Wir sagen scheinbar, weil man auf einer gewissen Bewusstseinsstufe begreift, dass das Wohl und die Gesundheit der Allgemeinheit auf ganz direkte und reale Weise dem Wohl und der Gesundheit des Individuums entsprechen und umgekehrt.

Ab einem gewissen Punkt ist man dem Streben nach Dingen, die weder das Individuum noch das Kollektiv spirituell bereichern, tatsächlich entwachsen. Wie das genau passiert, hängt von der Entwicklungsstufe des Individuums und der Kultur ab. In eurer Kultur gibt es eine Vielzahl von Gegenbeispielen. Zum Beispiel werden Individuen und Gruppen, die sich unermüdlich in Bereichen mühen, die die spektakulärsten Heilungen herbeiführen könnten, oft am wenigsten gewürdigt und anerkannt – denn um die Probleme, die am dringendsten gelöst werden müssen, weiterhin zu verdrängen und auszugrenzen, muss die Gesellschaft allen diesbezüglichen Projekten jegliche Förderung und Anerkennung verweigern, seien es nun finanzielle Belohnungen oder das Interesse der Medien.

Wir möchten das folgendermaßen illustrieren: Wenn ein physisches Wesen eine tiefe Wunde empfangen hat, besteht seine natürliche Reaktion darin, die Wunde mit einem Verband zu schützen und physische Anstrengung zu vermeiden, die die Wunde wieder öffnen und weitere Schmerzen verursachen würde. In dieser Metapher symbolisiert das Schutzbedürfnis die tiefe Verwundung eurer kollektiven Völker und eurer Kultur. Ihr habt tiefe, empfindliche Wunden, denn ihr wisst, was ihr einander und eurer planetaren Heimat antut, während ihr nach außen hin Golfbällen nachjagt. Solche Aktivitäten verschleiern die Hoffnungslosigkeit eines Individuums, das nicht begreift, wie man die Zahl der verarmten Senioren verringern oder den bedürftigen Obdachlosen oder den verhungernden Kindern auf der ganzen Welt helfen könnte. Mit Hilfe eines Schutzmechanismus grenzt sich der Intellekt davon ab und jagt seinem Vergnügen in denjenigen Unterhaltungen und Erfahrungen nach, die ihn vom Wissen um die Wunde am besten ablenken und den Schmerz und die eiternde Entzündung der Wunde nicht ins Bewusstsein dringen lassen. Ein weiteres gutes Beispiel hierfür ist die Tatsache, dass sich die Öffentlichkeit in Kriegszeiten immer zu leichten Komödien hingezogen fühlt und zu Geschichten, denen es an Tiefe mangelt, denn das Bewusstsein sucht verzweifelt nach einer Linderung für seine allem zugrunde liegende Angst. Diese Linderung findet sich oft in simplen Aktivitäten, die keinerlei spirituelle Reflexion zulassen und somit das nagende Gewissen der Gesellschaft ablenken.

Ein gutes Beispiel dafür ist auch die Tatsache, dass eure Mitmenschen von Ereignissen, bei denen es um einen entweder rollenden oder hüpfenden Ball geht, geradezu hypnotisiert werden. Das könnte ein Indikator für den unbewussten Versuch der Gesellschaft sein, den Schmerz einer immer größer werdenden Wunde zu betäuben, indem sie in den Bewegungen eines kleinen grünen oder eines großen braunen Balls Anlass zur Massenbegeisterung findet. Und diejenigen, die diese Bälle am besten prellen, schlagen, schießen oder dribbeln können, werden wie Halbgötter verehrt.

Das soll die individuellen Leistungen eurer Berufssportler keineswegs schmälern, doch es symbolisiert eure globale Tendenz, denjenigen Individuen und Gruppen, die zur Heilung eures Globus am meisten beitragen, Finanzen, Aufmerksamkeit und Anerkennung vorzuenthalten. Stattdessen konzentriert ihr eure Anerkennung, eure Aufmerksamkeit und eure finanziellen Mittel auf Aktivitäten und fixe Ideen, die euch von euren schlimmsten globalen Wunden ablenken. Dies ist ein zweischneidiges Schwert, wie viele eurer Umweltschützer bestätigen werden, denn wenn jemand einen Weckruf hinausschreit, neigt eure Gesellschaft dazu, ihn nicht nur zu ignorieren, sondern sogar zu bestrafen, indem sie die unterbewusste Wut, die sie auf sich selbst empfindet, unbewusst auf die Aktivisten projiziert – und auf all die anderen, die euch daran erinnern, dass ihr im Augenblick dazu neigt, euch selbst und euer Zuhause zu zerstören. Folglich werden diejenigen Individuen, die die höheren Ideale am direktesten in die Praxis umsetzen, von der Gesellschaft am brutalsten verleugnet und ausgeschlossen. Stattdessen greift ihr morgens als Erstes zur Zeitung und könnt es kaum erwarten, den neuesten Stand der mit einem hüpfenden Ball verknüpften Ereignisse zu lesen. Das soll nicht heißen, dass Sport an sich schlecht ist. Wir bitten euch nur, darauf zu achten, wie viel Aufmerksamkeit solchen Dingen *im Verhältnis zu euren globalen Problemen* entgegengebracht wird.

Auf dieser Waage der Verdrängung, mit der die Gesellschaft es vermeidet, sich ihrer Wunden bewusst zu werden, gibt es Gegengewichte, und zwar im Zusammenhang mit und in Form von Individuen und Projekten, denen es an Tiefgang fehlt und die in euch keine tiefe Trauer über eure wirkliche Lage auslösen. Dies ist jedoch kein hoffnungsloser Zustand; es ist einfach der Zustand, in dem ihr euch momentan befindet: am Kreuzweg. Vor dem Erwachen besteht die natürliche Tendenz, besonders verzweifelt nach dem sprichwörtlichen Loch im Sand zu suchen – genau wie in der Comiczeichnung eures Vogels Strauß, der seinen Kopf in den Sand stecken will und damit euren Widerstand symbolisiert, euch der Natur eurer Welt bewusst zu werden. Es ist kein Zufall, dass Sportler momentan das höchste Einkommen aller Zeiten haben, während gleichzeitig die Finanzierung eurer dringendsten umwelt- und sozialpolitischen Projekte gekürzt wird. Viele von euch zahlen bereitwillig für den Luxus, die Situation anderer Leute und diejenigen Ereignisse, die ein Gefühl äußerster Hoffnungslosigkeit und Machtlosigkeit auslösen könnten, verdrängen zu können. Deshalb ziehen die Spiele, bei denen es darum geht, Bälle zu prellen, zu rollen, zu werfen, zu treten oder zu schlagen, eine gewaltige Zuschauermenge an.

Kurz bevor der Süchtige oder der Alkoholiker sich seiner Gewohnheiten bewusst wird, die seinem Selbst schaden, gibt es oft eine Phase, in der seine Persönlichkeit verzweifelt die seichtesten Ablenkungen sucht. Auch tritt Schlafwandeln am häufigsten kurz vor dem Aufwachen auf. Errungenschaften, die von einer Kultur gefeiert werden, die sich in dumpfem Schlaf befindet, haben alle ganz bestimmte Eigenschaften. Meist ermöglichen diese Eigenschaften eine vorläufige Fortsetzung des Schlafwandelns am besten.

Früher fanden vor den Fenstern der königlichen Residenzen oft am Sonntag Hinrichtungen statt, während man im Gebäude wie üblich den Geschäften nachging – denn ein Blick aus dem Fenster hätte großes Unbehagen über die eigene Kultur hervorgerufen und über die eigene scheinbare Unfähigkeit, gegen Sinnlosigkeit einzuschreiten. Manche Leute spielten vielleicht in der Eingangshalle mit Murmeln und unterhielten sich fröhlich miteinander, während außerhalb der Mauern ihre Mitmenschen gefoltert wurden. Es ist wichtig, dass ihr euch des psychischen Schmerzes bewusst werdet, den ihr alle empfindet, während ihr täglich die fortschreitende Zerstörung eures Planeten und euren eigenen Beitrag vor Augen habt, den ihr trotz eurer besten Absichten sowohl individuell als auch kollektiv dazu leistet.

Je größer der kollektive Schmerz, desto größer wird das Potential für verschiedenste Unterhaltungsformen, die mit Hilfe verschiedener Methoden Erleichterung bieten, indem sie das Ausmaß der Katastrophe verleugnen, die sich auf vielen verschiedenen Ebenen abspielt – sei es nun in der Umwelt, im sozialen Umfeld, politisch, physisch oder spirituell.

Das heißt nicht, dass erleuchtete Wesen keine entspannenden Tätigkeiten ausüben oder keinen Hobbys nachgehen. Doch erleuchtete Wesen würden vor dem Pingpongspiel zunächst eine klaffende Schusswunde versorgen, sowohl bei sich selbst als auch bei anderen. Man würde zuerst die Wunde versorgen, denn sonst droht eine Blutvergiftung; und wenn man von der Wunde ablenkt, indem man die Gewinnchancen am

Pingpongtisch erhöht, ist das nichts als Verdrängung. Es ist also nicht falsch oder »schlecht«, sondern lediglich ein Beispiel für eine Kultur, die offenbar im Augenblick nicht in der Lage ist, sich gemeinschaftlich um ihre Wunde zu kümmern, da dies im Herzen der Menschheit einem Alarmsignal gleichkäme. Um eine lebensbedrohliche Wunde behandeln zu können, muss man sie zunächst einmal als solche erkennen und darf nicht so tun, als sei sie bloß ein Kratzer. Erleuchtete Wesen würden sich selbstverständlich auch dem vergnüglichen Pingpongspiel widmen, doch erst *nachdem* sie der Wunde genauso viele Finanzen und denselben Aufmerksamkeitsgrad gewidmet hätten wie dem Pingpongmatch und seinen Spielern. Wer andersherum verfährt, ist nichts anderes als ein Schlafwandler.

Der Vollständigkeit halber sei hier noch Folgendes erwähnt: Wenn ihr meint, dass die sozialen Interaktionen während solcher Spiele jetzt schon erfreulich und vergnüglich sind, dann stellt euch vor, mit welch gewaltiger Erleichterung und Freude eure Kultur ihre sozialen Zusammenkünfte erleben würde, wenn die klaffenden Wunden vorher versorgt worden wären. Wie die Dinge jetzt liegen, fallen eure finanziellen und von den Medien getroffenen Entscheidungen unverhältnismäßig oft zugunsten der Pingpongspiele aus.

Welch ein Segen ruht auf jenen Profipingpongspielern und allen anderen, die ihre Stellung als Champions dazu benutzen, die Aufmerksamkeit der Gesellschaft auf diese soziale Dynamik zu lenken. Nutzt euren Ruhm zur Heilung der Welt und bringt die Medien dazu, über wichtige Ereignisse zu berichten, die normalerweise vermieden werden, besonders solche Ereignisse, bei denen es als »unpopulär« gilt, sich dafür einzusetzen.

Anscheinend belohnen wir gewisse Leiden mit »Prestige«, andere Leiden jedoch nicht. Zum Beispiel: So schrecklich die Terroristenangriffe auf New York auch waren, gehört es doch auf der ganzen Welt zum Alltag, dass Kinder als Waisen zurückbleiben oder dass Familien es sich nicht leisten können, einen geliebten Verwandten beerdigen zu lassen, oder dass ein Kind keine Krankenversicherung hat oder dass Tausende durch Hunger oder Gewalt sterben.

Ja, deshalb ist es so hilfreich, wenn ihr euch einander weiterhin offenbart und dem Rest der Welt zeigt, was euch allen in diesem Augenblick zustößt und warum. Kümmert euch um die Bereiche auf eurem Planeten, in denen die größte Dunkelheit herrscht – nicht aufgrund von »Bosheit«, denn wir bringen dies nicht miteinander in Zusammenhang, sondern wo das Licht des Göttlichen am spärlichsten leuchtet. Habt ihr eine traurige Berühmtheit erlangt, dann zeigt euren Mitmenschen, was geschieht, während ihr alle schlaft. Widmet eure Aufmerksamkeit den Bereichen eures Planeten, die der Heilung am dringendsten bedürfen. Macht euch zum Sprachrohr für Produkte, die das größte Potential dazu haben, einen Paradigmenwechsel herbeizuführen. Unterstützt Produkte, die eure Welt verändern könnten, von den Medien aber bisher so gut wie überhaupt nicht beachtet wurden, da sie eure multinationalen Konzerne bedrohen.

Auf diese Weise kann man Berühmtheit hervorragend nutzen. Wenn euch die Kameras der Medien verfolgen, dann findet solche Bereiche und bringt die Kameras mit, bis von euren Mitbürgern ein Aufschrei aufsteigt, der sich nicht mehr zum Schweigen bringen lässt, weil eure kulturellen Vorbilder eure Jugend und eure kleinen Firmen zu einem Volksaufstand führen. Ein Erwachen des

Volkes ist auf eurem Planeten jederzeit möglich, und jeder, der auf kreative Weise diejenigen Konzepte, Produkte, Projekte und Unternehmungen fördert, die die eingefahrenen Normen herausfordern, die eure Erde bedrohen, kann es auslösen. Falls du ein Wesen bist, das mit einer hohen gesellschaftlichen Stellung und einer starken Persönlichkeit beschenkt wurde, dann kannst du diese Dinge wunderbar benutzen, um der Allgemeinheit die Praktiken, die euer individuelles und kollektives Überleben bedrohen, bewusst zu machen. So kannst du die multinationalen Konzerne dazu motivieren, ihre Entscheidungen mit dem Wissen zu treffen, dass eure Bevölkerung sie zur Verantwortung ziehen und ihr verantwortungsbewusstes Verhalten scharf im Auge behalten wird.

Das kann nur geschehen, wenn ihr diese Praktiken ins Licht der Öffentlichkeit bringen könnt, wo die ganze Welt sie sehen kann. Dies ist eine großartige Gelegenheit für Individuen in einer entsprechenden Position, sich mit anderen »Heilern« zusammenzuschließen und sich gegenseitig damit zu ermutigen, dass ihr und andere Bürger die Welt verändern könnt. Die Planungsbüros eurer gefühllosesten Multikonzerne können das nicht lange übersehen, denn zusammen seid ihr, die ihr mit der Stimme der Konsumenten sprecht, viel mehr als sie. Findet einander und erfindet vergnügliche kreative Möglichkeiten, das Scheinwerferlicht der Kameras auf diejenigen Individuen, Gruppen und Organisationen zu lenken, die eurer Umwelt und eurer Kultur den meisten Schaden zufügen und die die sozialen Bedürfnisse der Leidenden am brutalsten ignorieren. Hier geht es nicht um Bestrafung. Es geht darum, eure Kultur dazu zu bringen, dass sie eure augenblickliche Situation mit offenen Augen betrachtet und aus ihrer kollektiven Verdrängung erwacht.

Es ist nicht das Ziel, darüber zu jammern, wie dumm ihr doch alle seid, sondern einfach zu verkünden: »Wir wollen uns das nicht länger antun.«

Ihr könnt die Masse der Wahlberechtigten aufwecken, die verzweifelt über ihre Stummheit sind und alle Hoffnung aufgegeben haben, die Situation verändern zu können. In diesem Bereich gibt es zahllose Möglichkeiten für kreative Genies, und wenn ihr sie verfolgt, wird eine tiefe Freude in euch erwachen, denn ihr werdet den Heiler erweckt haben, und das tiefe Schuldgefühl, das ihr alle auf zellulärer Ebene empfindet, wird gestillt werden. Symbolisch gesehen, werdet ihr alle Tränen der Erleichterung vergießen, wenn ihr diesen Pfad eingeschlagen habt; und ihr werdet einander gratulieren, weil ihr endlich eure Wunden versorgt habt. Ihr werdet euch selbst verzeihen; denn da ihr wisst, dass die Zukunft eurer Kinder auf ihrer planetaren Heimat fragwürdig ist, richtet sich euer Hass gegen euch selbst und eure Verdrängung. Ihr wisst das zwar, doch ihr habt keine Hoffnung, daran etwas zu ändern, und meint, ihr seid hilflos und könnt nichts dagegen tun. Reicht einander mit euren kreativen Unternehmungen die Hände; und für diejenigen, die aufgrund ihrer individuellen Berühmtheit oder ihres Berüchtigtseins eine »Machtposition« bekleiden: Dies ist eure Chance, euren Mitmenschen Gelegenheiten zur Heilung zu bringen. Vielleicht habt ihr aus diesem Grund Berühmtheit erlangt. Sinkt nicht noch tiefer in den Schlaf und verfolgt den Weg der Vernichtung eurer Kultur nicht länger, sondern hört auf das Flüstern eurer Seele, die euch daran erinnert, wozu ihr euch diese Gelegenheit geschaffen habt – in diesem Augenblick, in dem Mutter Erde darauf wartet, dass ihr die Führung ergreift.

Ihr habt gesagt, dass es eigentlich nur sehr wenige »Böse« gäbe, sowohl hier auf der Erde als auch draußen in der Milchstraße. Da möchte der Intellekt einfach automatisch mehr darüber wissen. Ein einziger Verbrecher kann schließlich eine Menge, nun ja, Böses tun oder Schaden anrichten. Ihr sagt, wir sollen uns wegen des so genannten Bösen keine Sorgen machen, sondern es einfach ändern. Aber die Leute wollen mehr über »böse« Außerirdische wissen. Erzählt uns, wer die sind und was für eine Art »Böses« sie tun. Da wir uns nicht auf eurer Ebene der Erleuchtung befinden, können wir schließlich nicht umhin, uns Sorgen darüber zu machen, oder?

Selig sind diejenigen, die einer Wahrheit begegnen und einen Augenblick lang überlegen, wie es wäre, wenn sie sich diese Wahrheit zu Eigen machen würden. Wir verstehen völlig, dass ihr in vielen Fällen auf einer Ebene der Furcht existiert. Doch ihr erkennt nicht, dass ihr kurz vor einem Evolutionssprung steht; und deshalb legen wir euch diese Konzepte nahe, damit sie euch, wenn ihr den Sprung macht, zur Verfügung stehen.

Ihr werdet sozusagen während des Sprungs den Vorteil haben, über diese Konzepte bereits nachgedacht zu haben. Wenn wir euch also vorschlagen, dass ihr jemandem, der euch um irgendeines Besitzes willen umbringen will, den Besitz, den er sich wünscht, einfach überlasst, dann erscheint euch das von eurem augenblicklichen Standpunkt aus als eine völlig abwegige Ideologie, die ihr unmöglich praktisch anwenden könnt. Und vielleicht stimmt das von eurem augenblicklichen Standpunkt aus sogar. Aber wer Ohren hat, der höre. Denn wir bringen euch die großartige Nachricht, dass ihr auf der Schwelle steht und euch dazu bereitmacht, den Sprung in eure Zukunft als universelle Menschheit zu tun. Dieses universelle Wesen wird nicht nur seine Nachbarn kennen, sondern ihr werdet allmählich auch einige dieser evolvierten Konzepte selbst übernehmen.

Als Jesus von Haus zu Haus und von Dorf zu Dorf ging, warnte er da etwa seine Landsleute vor dem »bösen« Römischen Reich? Oder erklärte er, dass Furcht überflüssig ist und dass die größte Gabe, die man sich selbst und anderen geben kann, die des liebevollen gegenseitigen Annehmens ist? Im Kontext des gegenseitigen Annehmens ist Veränderung nicht nur möglich, sondern sogar effektiver. Sich gegenseitig anzunehmen beinhaltet, dass man sich um Veränderung bemüht; dass man weder wütend noch hämisch ist, sondern dass man sich schlicht dazu entschließt, einen anderen Weg einzuschlagen. Versteht ihr, welcher Unterschied in den Nuancen liegt? Und doch kommt ihr zu uns und wollt, dass wir euch vor jemandem warnen, der möglicherweise außerhalb steht. Aus welchem Grund? Damit ihr hinterher eure Gedanken mit Furcht füllen könnt und einen neuen Feind beim Namen kennt, ein Wesen, das ihr dadurch erst in eure Wirklichkeit ruft? Ihr könnt uns vertrauen: Wenn und falls eure Seelen eine Information benötigen, könnt ihr diese Information jederzeit abrufen.

Doch der tiefere Grund für eure Frage ist eure allgemeine Tendenz, zu glauben, dass es weder zu Hause noch draußen sicher ist. Schon gar nicht draußen im Weltall. Wie sollt ihr nur jemals das Konzept annehmen, dass das Universum friedlich und liebevoll ist? Wenn ihr mit eurer augenblicklichen Mentalität überhaupt irgendetwas »fürchten« müsstet, dann wäre es euer Bruder, der dicht neben euch steht – und selbst diese Brüder braucht ihr eigentlich nicht zu fürchten. Dennoch starrt ihr in die Weite des Universums hinaus und habt das Gefühl, dass es dort gefährlich ist, weil ihr es noch nicht in eure Definition eurer »Heimat« eingegliedert habt.

Wenn ihr über euer normales Denkschema hinausblickt, dehnt ihr euren Verstand aus. Genau darum bitten wir euch; und doch versucht ihr ständig, unser Gespräch auf eine Ebene zurückzubringen, auf der Furcht herrscht. Anscheinend bemüht ihr euch zwar um eine Konversation, bleibt aber dabei in der Sicherheit eurer egobestimmten Mentalität gefangen. Wir geben zu bedenken, dass allein die Tatsache, dass ihr dieses Gespräch überhaupt führt, bereits nahe legt, dass ihr dabei seid, zu jemand anderem zu werden – und dieser andere ist in Wirklichkeit euer eigentliches Selbst. Ihr erinnert euch allmählich daran, wer ihr seid, und im Lauf dieses Prozesses werdet ihr gewisse Denkmuster zum Vorschein bringen, die den furchtsamen Menschen symbolisieren. Der furchtsame Mensch evolviert. Es ist völlig in Ordnung, wenn man beschließt, auf andere Weise zu denken. Es ist auch in Ordnung, wenn man sich selbst dabei erwischt, dass man lauthals protestiert: »Aber da draußen gibt es doch ganz bestimmt jemanden, den man fürchten muss. Erzählt uns von ihm oder von ihr, damit wir wissen, was wir zu erwarten haben.« Doch eurer Frage fehlt das fundamentale Verstehen der Tatsache, dass man das, worauf man sich konzentriert, auch zu sich ruft.

Es gibt so viele Konzepte, über die noch nie diskutiert wurde. Es gibt so viele Wege, die noch nicht erforscht wurden. Die Furcht davor, dass es dort draußen eine Räuberbande gibt, über die ihr mehr wissen müsstet, führt zu eurer früheren Annahme zurück, dass ihr in Gefahr seid – und selbst wenn ihr in Sicherheit wärt, wäre diese Sicherheit nicht von Dauer. Wir fordern euch dazu auf, diese Denkweise auszumerzen und allmählich das

Konzept anzunehmen, dass es Frieden im Überfluss gibt; dass in Wahrheit Frieden herrscht. Macht davon Gebrauch und bewegt euch in diese Erfahrung hinein und entscheidet euch für sie. Dieses ständige Bedürfnis, sich auf die potentiellen Mängel, die potentiellen Fallstricke, die potentiellen Probleme, den potentiellen Übeltäter, den potentiellen Kriminellen zu konzentrieren, ist nicht gerade die Denkweise, die vom Meister verkörpert wird. Der Meister weiß einfach, dass alles in Ordnung ist, egal worum es sich handelt. Und wenn ihr euch mit dieser friedlichen Grundeinstellung bewaffnet, könnt ihr Ereignisse und Sitten in eurer Kultur, die eurem Überleben nicht förderlich sind, äußerst durchgreifend verändern.

Ist es euch wirklich unmöglich, so zu denken? Könnt ihr wirklich nicht über diese Furcht hinaussehen? Könnt ihr wenigstens erkennen, dass der Intellekt euch ständig davon abhält, euch über das zu freuen, was ist, und euch stattdessen dazu mahnt, euch auf das zu konzentrieren, »was alles schief gehen könnte«? Der Intellekt rechtfertigt dieses Verhalten, indem er dagegenhält, dass er wachsam bleiben muss, da euch sonst ein Unheil geschehen könnte, denn wenn ihr nicht wachsam bleibt, werdet ihr euch ganz bestimmt in sämtlichen Fallstricken des Lebens verfangen. Aber sagt euch eure Erfahrung, dass das wirklich stimmt? Reicht es nicht einfach, zu wissen, dass da draußen das Ganze existiert, symbolisiert durch Kontraste wie Berg und Tal, Ozean und Wüste, Sturm und Windstille? Und unter all den Erfahrungen und Ergebnissen übt ihr euch in der Mechanik des selbst gewählten Ergebnisses, das ihr *vorzieht*, während ihr gleichzeitig in aller Ruhe und ganz liebevoll registriert, was alles noch nicht funktioniert. Der Intellekt brüllt, dass das unmöglich sei; dass es Verdrängung sei. Falls das stimmt, hat Jesus sehr vieles verdrängt.

Genau wie unter Menschen auch gibt es Wesen, die Leute ausnutzen wollen, die sich solche Erfahrungen wünschen. Um eine negative Erfahrung zu erleben – und sie ist nur innerhalb eurer Definition »negativ« –, braucht man sich nur auf diese Art Energie zu konzertieren, dann wird man eine Menge solcher Erfahrungen anziehen, denn dann haben sie dieselbe energetische Schwingung wie man selbst. Wenn man seine Gedanken darüber erhebt und in Einklang mit der eigenen Freude bringt, dann, lebt man das Leben des Meisters. Dann, und nur dann könnt ihr allmählich begreifen, was es bedeutet, sich von der Sucht zu befreien, möglichen Treibsand im Voraus zu klassifizieren und zu kategorisieren.

Kleidet eure Vorstellung dessen, was dem *neuen* Menschen möglich ist, in ein neues Konzept.

Der *neue* Mensch wird vom Frieden bestimmt und sorgt dafür, dass unter allen Mitgliedern Frieden herrscht. Der *neue* Mensch ist weder darauf beschränkt, nach weniger als hundert Jahren zu sterben, noch lässt er sich zu heutigen kulturellen Vorurteilen herab. Der *neue* Mensch reist nicht nur ungehindert zu anderen Kontinenten, sondern verlässt auch ungehindert den Planeten und besucht vielleicht andere Raumschiffbewohner, die von fernen Buchten des Universums gestartet sind.

Der *neue* Mensch rechnet nicht mehr mit dem Auftreten gewisser biologischer Veränderungen aufgrund des von euch so genannten Alterungsprozesses – und somit treten diese fortschreitenden Verfallserscheinungen auch nicht auf. Ihr habt angenommen, dass sie stattfinden müssen, weil sie stattfinden; aber es ist genau andersherum. Sie finden statt, weil ihr davon ausgeht, dass sie stattfinden.

Der *neue* Mensch wird seine gesamte Auffassung dessen, was die Menschheit sein könnte, erneuern. Krankheiten werden der Vergangenheit angehören, denn sobald ihr euer Leben nach anderen Vorstellungen der besten Lebensweise ausrichtet, werden gewisse Symptome des begrenzten Bewusstseins wegfallen.

Wenn der *neue* Mensch dann allmählich länger leben wird als hundert Jahre, oder sogar länger als tausend Jahre, werdet ihr die Gussform zerbrechen und euch nicht mehr darauf programmieren, dasselbe zu tun, was ihr immer getan habt – denn ihr habt nur angenommen, es sei ein biologischer Imperativ.

Nehmen wir das Thema der Ernährung als kleines Beispiel, da die meisten eurer »Experten« sich zu einer bestimmten Ansicht darüber bekehrt haben, was Ernährung bedeutet. Ihr werdet nicht mehr davon ausgehen, dass bestimmte Nahrungsmittel für die Gesundheit wichtig sind. Denn wenn ihr, einige von euch, diese Auffassung fallen lasst und eine andere Vorstellung der Existenz in euren Gedanken tragt, dann werdet ihr dadurch bewiesen sehen, was ihr im Moment noch nicht glauben könnt. Wenn es erleuchtete Wesen gibt, die keine Nahrung verdauen, sondern all ihre Nahrung und Verpflegung aus Licht beziehen, dann ist es auch der Menschheit möglich, diese Evolutionsstufe zu erreichen. Überraschenderweise ist dazu nicht unbedingt eine gewaltige biologische Umstellung nötig, sondern nur die Einsicht, dass dies möglich ist. Eure gesamte Kultur basiert in weit größerem Maß auf Annahmen, als euch bewusst ist. Ihr erkennt noch nicht, wie nahtlos sich eure Annahmen in die Wirklichkeit umsetzen, denn ihr haltet sie für wahr. Und eure Erfahrungen folgen aus eurem Glauben. Einige unter euch haben eine Erfahrung gemacht, die sich von der allgemeinen Auffassung eurer Kultur unterscheidet, und verstehen deshalb, was alles möglich ist.

Es gibt auf eurem Planeten einige Wesen – menschliche Wesen –, die sich ausschließlich von Licht ernähren. Meint ihr, sie glauben, dass sie sterben müssen, wenn sie keine Nahrung verdauen? Wenn sie das glauben würden, dann würden sie auch sterben. Wenn ihr nun das Argument anführt, dass Magersüchtige an Unterernährung sterben: Was, meint ihr wohl, glauben sie im tiefsten Inneren? Ganz tief innen glauben sie genau wie die meisten von euch, dass zur Erhaltung eines gesunden Körpers gewisse Nahrungsmittel und Nährstoffe nötig sind, und indem sie diese Nährstoffe nicht mehr zu sich nehmen, folgt ihr Körper ihrer Glaubensrichtung. Wir wollen auch nicht dazu auffordern, nicht mehr zu essen. Wir weisen euch nur darauf hin, dass in jedem Bereich eure Annahmen die daraus resultierenden Erfahrungen bestimmen – von der Physiologie bis zur Natur des Universums.

Aber Essen ist auch ein soziales Vergnügen.

Wir haben uns weiterentwickelt und es bereitet uns kein Vergnügen mehr, in einer Gruppe unseren Mund in einer bestimmten Weise um eine bestimmte Substanz herumzubewegen. Wir brauchen diese Aktivität nicht mehr, weder als soziale Freizeitgestaltung noch als biologische Notwendigkeit. Das Ergebnis ist, dass wir andere Ausdrucksformen für unser Vergnügen gefunden haben und dadurch eine ganz andere Lebensweise für uns schaffen konnten.

Wir nehmen regen Anteil am Wachstum der Blumen und Pflanzen, einfach weil es uns großes Vergnügen bereitet, zu beobachten, welche Farben wohl entstehen werden. Unsere Jugend experimentiert mit der erfreulichen Erfahrung, *gemeinsam* mit den Blumen kreativ zu sein;

aber wir versuchen damit nicht, irgendetwas von ihnen zu bekommen, ebenso wenig wie wir versuchen, voneinander irgendetwas zu bekommen. Wie ihr seht, hat sich also unsere Liebe zu den Pflanzen und Tieren verlagert, genau wie die Liebe, die wir füreinander empfinden – und so wird es bei euch auch sein. Wenn sich euer Paradigma verändert, werdet ihr weder andere Lebewesen noch einander ausbeuten; und somit wird sich auch euer Geschmack weiterentwickelt haben – im wörtlichen Sinn.

Im Allgemeinen ruft ein Kollektiv, wenn es das Gefühl hat, es sei bereit, neue Ideen zu erwägen, einen Boten, der neuen Ideen den Weg bereitet, herbei. Ihr werdet euch vielleicht vom evolutionären Standpunkt aus nicht daran erinnern, aber wir sind genau zum vereinbarten Zeitpunkt erschienen. Wir bringen euch eine Botschaft und legen euch neue Konzepte vor, die euch vielleicht noch nie in den Sinn gekommen sind. Ihr könnt euch nicht vorstellen, wie es auf eurem Planeten aussähe, wenn keiner von euch zum Überleben Nahrung zu sich nähme. Ihr würdet eure Blumen und Pflanzen aus reiner Freude an ihrem Wachstum züchten. Ihr würdet euch um eure Tiere kümmern, nicht um sie letztendlich umzubringen, sondern aus Freude an ihrem Dasein, und ihr würdet sie auch nicht mehr in Fabriken züchten und foltern. Wenn ihr diese Gewohnheiten ablegen würdet, würde eure Luft- und Wasserverschmutzung allein schon dadurch beträchtlich verringert. Wenn sich euer Bewusstsein erweitert und ihr diese Konzepte für möglich haltet, werdet ihr als Kollektiv eine weitere Veränderung in Gang setzen, die in diesem Augenblick beginnt. Euer Erwachen beschenkt euch mit neuen Möglichkeiten.

Selbst wenn ihr also nicht sofort losstürmt und radikale Veränderungen herbeiführt, werdet ihr doch nie wieder dieselben sein, sobald ihr von gewissen Konzepten gehört habt. Denn sobald ihr einmal wachgerüttelt wurdet, könnt ihr nicht wieder in den Tiefschlaf zurückkehren; und ihr habt nun Konzepte gesehen oder von ihnen gehört, die euch dabei helfen werden, einen gewissen Grad der Bewusstlosigkeit für immer abzulegen.

Kapitel 14

Die neue Revolution

*E*ines Nachts erwachte ich davon, dass eine außerkörperliche Erfahrung mit voller Kraft einsetzte. Vor meinen Begegnungen mit Außerirdischen war mir nie irgendetwas Derartiges passiert, zumindest war ich mir dessen nicht bewusst gewesen; doch seit dem Beginn dieser Begegnungen waren außerkörperliche Erfahrungen und Phasen, in denen ich Dinge aus weiter Ferne wahrnahm, häufiger aufgetreten. Wie immer bei einer solchen Erfahrung trat auch diesmal wieder das übliche Knacksen und Blubbern auf, das die Trennung meines physischen Körpers von dem, was vermutlich mein Astralkörper ist, einläutete. Ich habe wirklich wenig Ahnung davon, was bei solchen Sachen genau passiert oder wie sie geschehen, zumindest vom wissenschaftlichen Standpunkt aus. Ich weiß nur, dass es passiert und dass es begann, nachdem ich die ersten Begegnungen mit Außerirdischen erlebt hatte.

Oft bin ich durch weiße Energietunnel »gereist«, ähnlich den Tunneln, von denen Menschen mit Todeserfahrungen berichten. Ich weiß nicht, wohin ich mich bewege, und manchmal verstehe ich nicht, was ich gesehen habe. Einmal kam ich, nachdem ich rasch eine Art Tunnel hinabgesaust war, zu einer wundervollen goldenen Stadt. Sie war unbeschreiblich elegant und schön und ich schwebte in meinem Astralkörper an einem Aussichtspunkt über der Stadt.

Ein andermal kam ich zu ein paar seltsam aussehenden Bewohnern, die anscheinend etwa neun Fuß groß waren, deren Gesichtszüge aber ansonsten der »Aliengruppe« ähnelten. Sie waren auch grau. Als ich wieder in mein Bett zurückgekehrt war, ärgerte ich mich wieder über mein begrenztes Erinnerungsvermögen, da ich mich nur an Bruchstücke erinnern konnte, die bis heute rätselhaft geblieben sind.

Obwohl mir eine komplette Erklärung fehlt, wächst doch mit jedem Jahr meine Bewunderung dafür, wie komplex und vielfältig das Universum sein kann. Man stelle sich vor, was uns alle erwartet, wenn wir uns von unserer begrenzten Auffassung dessen, was da draußen vor sich geht, befreien. Würde es nicht Spaß machen, einen gemütlichen Sonntag in einer anderen Dimension zu verbringen?

Ist die Erde der schönste Planet, den eure Gruppe je gesehen hat? Ich bin sicher, dass es eine Unmenge Planeten gibt, aber ich kann mir nicht vorstellen, dass viele eine solche Vielfalt besitzen wie dieser.

Es gibt mehrere Planeten, die dem blausten Blau und dem grünsten Grün eures Planeten nacheifern, und auf einigen gibt es sogar Farben, die euer Planet nicht hat. Wenn ihr könnt, dann stellt euch einen Ort vor, an dem ihr einen Regenbogen nicht nur sehen, sondern auch berühren und schmecken könnt. Könnt ihr euch so etwas vorstellen? Es gibt einen Planeten, auf dem man die Sinnesfreuden so richtig feiern kann. Er ist wunderschön anzusehen und es ist, als beträte man eins der Bilderbücher eurer Kinder, das ringsum in leuchtenden Farben, intensiven Düften und starken Empfindungen lebendig wird. Aufgrund ihrer Schwingungsessenz sind diese »Regenbogenzentren«, wie wir sie nennen, Heilungszentren. Wie ihr euch vorstellen könnt, ist eine solche Erfahrung außerordentlich belebend.

Erzählt mir mehr darüber.

Es gibt dort Tiere, über die ihr staunen würdet.

Ich würde sehr gern mehr über die Tiere hören. Bitte, erzählt mir mehr von ihnen.

Stell dir das weichste Bärenjunge vor, dessen Fell so seidig ist wie die Ohren deines gelben Labradors; und diese Bärenjungen sind nicht etwa in einem Zoo oder irgendwo in der Wildnis, sondern es gibt viele dieser entzückenden Wesen an Orten, an denen Kinder spielen. Unsere Kinder müssen sich nicht auf die Fantasie beschränken und mit Stofftieren spielen, denn sie haben echte Spielgefährten. Diese Wesen erfüllen das Spiel der Kinder mit Freude und Fantasie und es gibt solche kleinen Wesen bei vielen verschiedenen Rassen. Sie fühlen sich alle zu unserer Jugend hingezogen und die Jugend sich zu ihnen. Bei solchen Begegnungen und gemeinsamen Spielen gibt es starke Liebesschwingungen, reine und äußerste Freude und Zufriedenheit. Die meisten Eltern können sich ein solches Ereignis höchstens in ihren kühnsten Träumen vorstellen. Stellt euch vor, ihr seht eurem Kind beim Spielen zu und beobachtet, wie es das allerschönste Spiel mit anderen Kindern spielt, und diese spielfreudigen Tiere freuen sich ebenfalls daran, mit ihnen zu spielen und sie lieb zu haben. Das klingt wie ein Märchen, nicht wahr?

Ja, wie herrlich! Statt dass Kinder auf den Straßen von Kalkutta verhungern, beschreibt ihr, wie sie die wundervollsten Erfahrungen machen.

Stellt euch einen Ort vor, an dem sich Mütter treffen, um in regelmäßigen Abständen ihre Bindung an ihre Kinder zu stärken, ähnlich wie eure Kindergeburtstagsfeiern, bei denen ihr vielleicht zusammenkommt – doch in diesem Fall werden Erlebnisse für Familien arrangiert, damit sie Zeit miteinander verbringen und ihre speziellen Gründe für diese Inkarnation gemeinsam feiern können. Die Jüngeren können ihre Erfahrungen erneuern und diese mit der Gruppe zusammen feiern und sich dann überlegen, was sie nun außerdem noch für sich erschaffen möchten. Sie haben natürlich längst das Konzept verstanden und verarbeitet, dass jede Schöpfung mit der Imagination beginnt; und die Imagination spielt während der ganzen Kindheit und auch später noch in Diskussionen eine große Rolle.

Es gibt einen Planeten, auf dem Seelen leben, die sich danach sehnen, solche Erfahrungen zu machen, wie ihr sie auf der Erde bei den Tieren beobachtet und meint, sie seien auf Tiere beschränkt. Hast du schon einmal beobachtet, wie weiträumig ein Habicht seine Kreise zieht, wenn er auf den Thermalströmungen gleitet, und dir gewünscht, dass du bei ihm wärst und frei wie ein Vogel fliegen könntest?

So ziemlich jeden Tag; ich stelle mir das täglich vor.

Ja, das tun viele von euch, und auf diesem Planeten könntet ihr das erleben oder auch das Hochgefühl der Geschwindigkeit, der Muskulatur und der Kraft eines frei galoppierenden Pferdes. Ihr könntet erleben, wie sich das anfühlt, und könntet sehr schnell rennen, wie der Hengst in der Prärie.

Wahnsinn!

Hast du dir je überlegt, wie es wohl wäre, im blausten, wärmsten Ozean deiner Träume zu schwimmen, umgeben von bunten Fischen und wunderschön gefärbten Korallen und anderen Meereswesen?

Bestimmt haben viele Taucher erlebt, wie sich das anfühlt.

Ja, aber stell dir dasselbe vor, ohne dass ein Presslufttank an deinem Körper festgezurrt ist und ohne dass du dir Sorgen darüber zu machen brauchst, wie du unter Wasser atmen sollst. Warum, glaubst du, mögen eure Kinder so gern Filme und Cartoons über Wassernixen? Das kommt daher, dass ihr euch tief im Inneren daran erinnert, dass all dies möglich ist, und euch danach sehnt, es wieder zu erleben. Die Freiheit des Adlers zu erleben und fliegen zu können, eins mit dem Ozean zu sein und seine Tiefen zu kennen, mit der Prärie zu kommunizieren, indem man seine starken Beine über die Dünen rasen spürt und den Wind im Gesicht fühlt – das ist die Seelenversion eures Disneylands.

Und ich dachte, die Wild Country Safari (eine Attraktion in Disneyland, d. Übers.) sei schon aufregend.

Kommt mit, wir nehmen euch auf eine Reise mit und beschreiben euch die Wunder des Universums. Vielleicht steht ihr auf eurem Planeten nachts draußen und betrachtet die Sterne, die in der Ferne blinken, aber ihr habt keine persönliche Verbindung zu ihnen. Ihr habt nicht das Gefühl, dass eure Kusine Berta da draußen wohnt und dass die Eigenschaften, die ihr miteinander gemeinsam habt, die trennenden Eigenschaften überwiegen. Wenn ihr euch doch nur beim nächsten Mal wenn ihr in die Weite der Nacht blickt, vorstellen würdet, dass irgendjemand irgendwo genau dasselbe tut – dann würdet ihr begreifen, wie viel ihr gemeinsam habt. Stellt euch vor, ihr könntet in eine Raumfähre steigen und den Abend mit Berta verbringen. Würdet ihr das tun? Kinder verlassen ihren Garten nachts nicht oft. Sie bleiben lieber bei ihrem Zuhause. Wenn man sie fragen würde warum, dann würden sie antworten: »Weil wir nicht dürfen.« Doch wenn ihr als Eltern ihnen erlauben würdet, den eigenen Garten zu verlassen, weil es dort draußen keine Gefahren gibt, würden sie es dann tun? Ihr seid in dieser Hinsicht wie Kinder. Denn ihr habt immer noch Angst vor dem, was ihr vielleicht entdecken könntet.

Nein, sondern unsere begrenzte Technologie erlaubt uns keine größere Freiheit.

Wirklich? Es fällt euch ja schon schwer, mit anderen eurer eigenen Rasse auszukommen und sie zu akzeptieren, obwohl sie sich lediglich auf der anderen Seite eurer Erde befinden. Wenn ihr heute Nacht in eine Raumfähre steigen könntet – wenn wir euch eine zur Verfügung stellen könnten und ihr könntet damit in die Nacht fliegen, um eure fernen Nachbarn kennen zu lernen –, welche Ängste brächtet ihr dann mit? Was für Vorurteile hättet ihr?

Einige von euch tun das bereits in gewissem Maß; glaubt also nicht, dass diese Erfahrung noch 200 Jahre von euch entfernt ist. Diejenigen Menschen, die ihren Heimatplaneten verlassen und sich in die Ferne, weit jenseits ihres gemütlichen Wohnzimmers, gewagt haben, mussten oft unglaubliche emotionale Prozesse durchlaufen. Jedes Mal wenn Lisette ihr Bett verließ, hat sie sich gefragt, ob sie ihren Sohn je wiedersehen würde, denn das Unbekannte kann einen sehr nervös machen. Doch irgendjemand muss ein Pionier der universellen

Erfahrung sein. Diejenigen unter euch, die dies gewählt haben, erleben es auch.

Ich fände es herrlich, wenn wir unsere kollektive Erfahrung erweitern und unsere Nachbarn in der Galaxis kennen lernen könnten. Ich hoffe nur, dass wir die Erde nicht aus anderen Gründen verlassen müssen. Wie dicht steht dieser Planet eigentlich vor dem Punkt, an dem es keine Umkehr mehr gibt, was seine lebenerhaltenden Funktionen und die Erschöpfung seiner Ressourcen angeht?

Ihr habt bereits jetzt den Punkt erreicht, an dem Leben nicht mehr ausreichend erhalten werden kann, wie ihr am Aussterben eurer Tierarten sehen könnt. Welche Beweise braucht ihr denn noch?

Wie viel länger wollt ihr noch warten – du und du und du? Wie viel länger wollt ihr den Moment noch hinauszögern, in dem ihr erkennt, dass es Zeit ist, euer eingefahrenes System umzustürzen? Lasst euch von dem inspirieren, was sich vor eurer Zeit während der Kolonisierung Amerikas zugetragen hat, und benutzt es als Vorbild für die nächsten Schritte, nämlich ein Volksaufstand und die Fähigkeit, frei ins Universum vordringen zu dürfen. Diese neue »Boston Tea Party« wird die neuen Methoden, eure Angelegenheiten zu regeln, feiern, indem sie dem Universum euer neu erwachtes Selbstbewusstsein demonstriert. Ihr werdet mehr Hilfe zur Verfügung haben, als ihr euch vorstellen könnt, denn viele warten nur darauf, dass bei euch die Morgendämmerung kommt. Ihr habt schon immer das Selbst, die erleuchtete Seele in euch getragen; doch jetzt erkennt ihr das und erinnert euch daran, wer da in euch drinsteckt.

Macht dich diese Antwort fassungslos?

Nein, ich begreife nur nicht, wieso unsere augenblicklichen Regierenden nicht sehen, wohin sie uns führen. Schließlich ist es auch ihr Planet, den sie zerstören.

Ja, und genau das ist die Definition des Schlafens, denn sie wissen gar nicht, wie sich ihre Entscheidungen auf ihr eigenes Leben und das Leben ihrer Lieben auswirken. Doch die wichtigere Frage an diejenigen von euch, die sehr wohl erkennen, in welche Richtung ihr euch bewegt, lautet: Was könnt ihr noch tun? Wie viel effektiver könnt ihr etwas nachbilden und demonstrieren? Auf diese Frage könnte es eine Antwort geben. Denn ihr, die ihr wach seid und diese Dinge erkennt, seid die kommenden Anführer, verstehst du das nicht? Ihr wartet immer darauf, dass die Politiker aufwachen, damit sie euch der Heilung entgegenführen; aber wenn sie dazu im Moment in der Lage wären, hätten sie das längst getan.

Dies ist ein Teil deiner eigenen Ausflüchte, in deinem eigenen Selbst Vollmacht und Verantwortung zu übernehmen; denn du wartest immer noch darauf, dass andere das für dich tun. Auch hier habt ihr in gewisser Weise eure so genannten führenden Politiker zu einem Elternersatz gemacht, denn sie führen euch zwar, aber nicht in die Richtung, die ihr euch wünscht. Ihr habt sie zu einem Elternersatz gemacht, indem ihr sie als allmächtig empfindet; ihr seht sie immer noch als den einzig möglichen Weg in eure herrliche Zukunft. Ihr solltet damit aufhören. Wenn ihr diese Illusion aufgebt, wird ein gewisses Maß an Ärger und Emotion freigesetzt, denn dann müsst ihr einsehen, dass niemand anders es für euch tun wird. Ihr müsst selbst die Verantwortung übernehmen.

Ironischerweise wird sich erst eure Denkweise verändern müssen, bevor ihr erkennen könnt, dass die Leute, die ihr momentan als mächtig und effizient empfindet, gar nicht effizient sind. Was höhere spirituelle und universelle Konzepte angeht, befindet sich ihr Bewusstsein größtenteils im Tiefschlaf. Ihr müsst die Vorstellung aufgeben, dass sie die neue Stimme verkörpern, denn sie sind wie verkleidete Kinder, die von anderen verkleideten Kindern in diese Position erhoben wurden. Wir verwenden die Analogie von Kindern, denn sie haben ihr kindisches Ansammeln von Spielzeug in Form von vermeintlicher Macht noch nicht abgelegt.

Ihr, die ihr das bemerkt und in den Tiefen eurer Seelen Unbehagen und unstillbare Trauer empfindet, wenn ihr beobachtet, was rings um euch geschieht – ihr seid verantwortlich, wenn ihr euch dazu entschließt, eure Mitmenschen einer spirituellen Erneuerung entgegenzuführen.

Hat es euch in den sechziger Jahren überrascht, dass es eine so starke Opposition gegen die Hippie-Bewegung und die Proteste dieser Zeit gab? Das Konzept der Veränderung ist ansteckend und sehr, sehr mächtig und kann Systeme und Regierungen, die nicht funktionieren, zu Fall bringen.

Werdet wieder zu diesen idealistischen jungen Leuten. Tretet wieder mit derselben Hoffnung an die Öffentlichkeit. Viele von euch, die diese Ära erlebten, haben alle Hoffnung verloren, weil alles so unmöglich erscheint und diese Ideale so lächerlich erscheinen; doch genau das ist die Bewegung, die das Ruder herumreißen und die Veränderung bewirken wird. Es ist kein Zufall, dass so viele von euch aus dieser Zeit inzwischen einen Reifegrad erreicht haben, der es ihnen erlaubt, sich wesentlich effektiver zu organisieren. Ihr seid in Machtpositionen. Ihr habt die Weisheit, die Veränderung zu planen und herbeizuführen. Ihr habt die Fähigkeit und Weisheit, euren Kindern als Vorbild zu dienen und ihnen zu zeigen, dass es nicht richtig ist, die Unterdrückung und Gewaltherrschaft einer Minderheit über die Mehrheit hinzunehmen, wenn sie euch daran hindert, die Ziele zu erreichen, die ihr nach eurer eignen Aussage innerhalb der nächsten zwanzig Jahre erreichen wollt.

Seid ihr nicht traurig, wenn ihr mit euren Kindern einen Ausflug an einen Bergsee macht und euer Kind fragt: »Warum hat man zugelassen, dass dieses Wasser vergiftet wurde?«, oder wenn ihr in Kalifornien an die Westküste fahrt und am Strand ein Schild seht, auf dem steht: »Heute Badeverbot aufgrund hoher Schadstoffmenge«? Es tut euch weh, kleinen Kindern beibringen zu müssen, warum dies nicht verhindert worden ist. Ihr wisst, dass das stimmt, denn es ist schwer zu erklären, wieso Millionen von Menschen tatenlos zusehen, wie die Obdachlosen obdachlos bleiben oder wie eure Kinder verhungern oder wie eure Bäume im Namen gewisser Multis gefällt werden, während es andere Produkte gibt, oder wie eure Meere so vergiftet wurden, dass man krank wird, wenn man darin untertaucht. Wenn ihr eure Kinder daran hindern müsst, ins Wasser zu gehen, ist es schwer zu erklären, wieso Millionen von Menschen unter den Entscheidungen einiger weniger leiden müssen.

Das werdet ihr ändern. Und wenn ihr diese Veränderung einleitet, werdet ihr ungeheure Erleichterung empfinden.

Setzt Prozesse und Projekte in Gang, die noch zu euren Lebzeiten spürbare Veränderungen herbeiführen werden, dann werdet ihr es nicht bereuen, diese großartige Gelegenheit ergriffen zu haben und ein Teil eurer neuen Revolution zu sein.

Seit den Tagen der amerikanischen Revolution haben Thomas Jefferson und all die anderen, die nach denselben Zielen strebten wie die Gründungsväter, andere zu dem Glauben inspiriert, dass Veränderungen nicht nur möglich sind, sondern tatsächlich geschehen können – ob man nun dafür bereit ist oder nicht. Und das ist euer nächster Schritt, und zwar jetzt, in diesem Augenblick.

Die zweite Generation

Seit Anbeginn der Zeit wurde eine zweite Generation menschlichen Lebens auf dem Planeten Erde vorausgesagt. Das ist das große Erwachen, an dem ihr teilhaben werdet. Ihr seid an diesem Erwachen beteiligt; doch ihr wart außerdem schon von Anfang an beteiligt und habt sowohl die Phase vor eurem Erwachen als auch den Prozess des Erwachens und schließlich den Zustand des Erwachtseins »geplant«. Ihr alle wolltet das erleben: ihr, die ihr in diesen Tagen zugegen seid. Das alles gehört zu einer großartigen Theateraufführung. Ihr alle spielt eure Rollen. Ihr dachtet, es würde Spaß machen, Jahr für Jahr den tödlichen Lärm des Unbewussten zu hören, viele Jahrtausende lang; und nun gehört es zum Ablauf, dass ihr eure Flucht aus dem Unterbewusstsein plant. Wir haben dasselbe auf ähnliche Weise geplant, wir alle, die wir zusammen irgendwelche Rollen spielen. Es ist kaum Zeitvergeudung zu inkarnieren, zu leben und dann die tiefe Freude zu erleben, wenn man erwacht und die eigene wahre Göttlichkeit im Inneren erkennt, obwohl man nur ein paar Augenblicke vorher noch schlief und in den fast tödlichen Klauen des Komas gefangen war.

Also los, fangt an, nehmt euren Platz ein! Ihr beginnt ja gerade erst mit dem ersten Akt. Jahrtausende der Vorbereitung sind dem vorausgegangen, doch die wichtigsten fanden während der letzten dreißig Jahre statt. Und nun warten viele darauf, bei dieser Produktion mitzuarbeiten. Noch nie in der gesamten Menschheitsgeschichte hat es eine Zeit gegeben, in der so viele Zeichen eure Auffassung dessen, was ihr eigentlich seid, erweiterten. Diese Zeit wird sich durch eine Vertiefung eurer Erkenntnis auszeichnen; doch ihr werdet nicht nur euch selbst tief im Inneren erkennen, sondern auch andere. Das ist förderlich, denn sobald ihr euch auf einer tieferen Ebene daran erinnert, wer jeder Spieler in diesem und in anderen Leben ist, werdet ihr leichter verzeihen können und mehr Geduld haben und dennoch eure Vorstellungen davon, was ihr dieses Mal erreichen wollt, direkter verwirklichen.

Bevor ihr auf globaler Ebene erwacht, erwacht ihr individuell und bemerkt, dass sich Kleinigkeiten in euch verändern. Vielleicht ändert sich allmählich eure Diät. Vielleicht neigt ihr weniger dazu, individuelle Konflikte mit Kollegen oder Verwandten vom Zaun zu brechen oder fortzusetzen. Vielleicht habt ihr die verzweifelte Jagd nach materiellen Zielen aufgegeben oder vielleicht befindet ihr euch nicht mehr im Wettstreit mit anderen und seid damit zufrieden, einfach zu leben und zu atmen und andere leben und atmen zu lassen.

Das Zeichen der zweiten Generation eurer Rasse ist es, einander entgegenzukommen. Anstatt eure Ideen, euren Reichtum, euren Namen oder euren guten Ruf eifersüchtig zu hüten, wird eure Hauptmotivation darin bestehen, freundlich zu anderen zu sein, wo ihr nur könnt. Jesus wählte seine Jünger sowohl aus bescheidenen Fischern als auch aus gebildeten Menschen, denn weltliches Ansehen ist dem Göttlichen weniger wichtig als der Entschluss, freundlich und liebevoll zueinander zu sein und jeden anderen als das erleuchtete Wesen zu empfinden, das ihr alle tief im Inneren seid. Man findet die Voraussetzungen für ein solches Verhalten nicht in Ehrentiteln, akademischen Titeln oder Bankkonten, sondern in den einfachen Sehnsüchten des Herzens. Dies sind die Eigenschaften, die das Universum verherrlicht: Freundlichkeit, Geduld, Hilfsbereitschaft und die Fähigkeit, andere nicht zu verurteilen und nicht den ersten Stein zu werfen. Möge eine Trompetenfanfare jede gute Tat und jedes freundliche Wort begleiten. Möge das Spiel einer Violine eure sanften Gedanken und Gebete und eure Hilfsbereitschaft begleiten. Denn auch das ist ein Teil des Planes: das, was ihr während der Reinkarnation gesät habt, zu ernten und dennoch anderen gern in ihren Prüfungen beizustehen, während dieser Prozess seinen Lauf nimmt.

Ihr könnt euer Leben mit einfachen Freuden verbringen und zu einer Lebensweise zurückkehren, die durch den Garten Eden symbolisiert wird, einer Lebensweise, in der ihr euch nicht darüber beklagt, dass ihr nicht noch mehr Dinge kaufen könnt, sondern stattdessen alles voller Vergnügen vereinfacht und helft, wo ihr nur könnt, um in eurer selbst gewählten Rolle eure Bewusstheit zu erhöhen, während die Erde erwacht.

Wir möchten euch die herausfordernde Frage stellen, ob ihr in euren Gedanken und Taten noch mehr tun könntet, um das erwünschte Ergebnis herbeizuführen, das ihr übereinstimmend für diesen Tag, diese Zeit und diese Ära geplant habt. Lasst euch nicht verwirren. Erwachen ist einfacher, als ihr dachtet – denn ihr erwacht in Liebe, nicht in Trauer. Ihr erwacht näher am Göttlichen. Ihr müsst euch nicht noch mehr verschließen.

Euer Verhalten in diesem Augenblick bestimmt, wie die Menschheit das zukünftige Leben von diesem Punkt an auffassen wird. Dazu gehört auch, was euer nächster Schritt mit außerweltlichen Wesen wie uns sein wird –

mit den »Außerirdischen«. Einige von euch hatten und haben bereits tägliche, regelmäßige Kontakte, während andere sich fragen, warum ihnen das nicht auch passiert.

Warum nennt ihr das die »zweite Generation«? Das klingt, als gäbe es nur zwei Generationen, und dabei gibt es doch Hunderttausende, da seit dem Beginn der Menschheit so viele Jahre vergangen sind.

Ja, natürlich, im wörtlichen Sinn gab es seit der Entstehung eurer Rasse mehr als zwei Generationen; doch in dieser jetzigen Epoche wird es so viele bedeutsame Veränderungen geben, dass alles, was vor dieser Generation war, die erste genannt werden wird, und alles, was danach kommt, die zweite. Dabei handelt es sich nicht nur um intellektuelle Veränderungen, sondern auch um physische, emotionale und natürlich spirituelle. Alle werden zu einem verschmelzen. Bis jetzt bestand euer Problem darin, dass ihr immer nur die Aspekte eines einzigen Körpers zu verbessern oder zu verändern versucht habt, also nur einen oder zwei von all den emotionalen, physischen, spirituellen und intellektuellen Körpern – doch jetzt versteht ihr allmählich, dass ein Mensch, wenn er mit sich im Reinen ist, alle diese Aspekte vereint und sie zugleich zu einer höheren Schwingung erhebt.

Das Ende der Vorherrschaft eurer Regierungsparteien lässt sich mit dem Ende der Vorherrschaft der Krone über die Bewohner des neuen Amerika vergleichen. Eure heutige Demokratie hat damit große Ähnlichkeit, obwohl ihr das nicht wahrhaben wollt. Ihr habt euch weit von all dem entfernt, was ihr nach der Kolonisierung erschaffen und durch die Unabhängigkeitserklärung erreicht habt. Langsam, aber beständig wurden eure Freiheiten eingeschränkt, sodass einige von euch kaum fassen könnten, wie weit ihr euch von den Dokumenten der Gründungsväter entfernt habt. Wenn ihr euch darauf einlasst, einfach den Status quo wahrzunehmen, dann könnt ihr euch auch eher dazu entscheiden, Veränderungen eurer Wahl herbeizuführen.

Ihr Amerikaner seid in vieler Hinsicht ein Beispiel für eure Geschwister rund um den Globus. Wenn die Bürger eures Landes der Nötigung durch die Reichen, der Korruption und der Machtergreifung der Großkonzerne tatenlos zusehen, dann wird das als einflussreicher Präzedenzfall empfunden und gibt nicht gerade ein leuchtendes Beispiel für eure Freiheit und eure Rechte, für die ihr einst in den Tagen der Revolution Gesetze erlassen habt. Falls ihr es wagt, daraus zu schließen, dass hier noch eine Menge Arbeit auf euch zukommt und dass ihr kein Heimatland wollt, in dem eure Kinder unter einer Regierung aufwachsen, die nur ihre eigenen Interessen vertritt, dann entschließt euch gemeinsam dazu, eure Kräfte zu vereinen, und seht nicht länger tatenlos zu.

Das neue Jahrtausend fördert auf allen Ebenen neue Ideen. Eure politische Situation ist nur ein Symbol dafür, wie weit ihr euch von eurem eigenen Ausgangspunkt entfernt habt. Doch das kann sich ändern; das kann sich wieder verschieben. Wenn ihr an der Fähigkeit eurer Mitmenschen zweifelt, einen ganzen Planeten zu schaffen, auf dem das Leben für euch und eure Kinder sinnvoll ist, dann nehmt ihr gleichzeitig hin, dass das augenblickliche System unverändert bleibt. Zweifel und scheinbare Hürden, bei denen man dann ausruft: »Wie in aller Welt sollen wir das nur verändern?«, schließen die Erkenntnis neuer Möglichkeiten aus, wie man nun eigentlich von hier nach dort gelangen könnte. Diejenigen, die euch unter ihrer Fuchtel haben, möchten euch lieber weiterhin voller Zweifel sehen. Manche ziehen es vor, das System unangetastet zu lassen, wie es ist, ohne es je herauszufordern; und solange ihr keine Hoffnung habt, dass viele Millionen von Menschen die Veränderungen herbeiführen können, die ihr euch wünscht, wird das immer so weitergehen.

Es ist viel einfacher, als ihr denkt, ein System umzustürzen und mit einem anderen System zu ersetzen, das spirituelle Konzepte einschließt. Dazu braucht es nur eine gemeinsame Anstrengung gleich gesinnter Individuen, deren Herzen dasselbe fühlen und die gemeinsam beschließen, dass es bis hierher und nicht weiter geht. Stattdessen habt ihr zugelassen, dass die Entwicklung euch eurem möglichen Ende immer näher und näher bringt; und ihr könnt es nur ertragen, indem ihr hofft, dass ihr alle eines zukünftigen Tages im Namen eurer Freiheit einen Aufstand beginnen werdet. Tja, dieser Tag ist gekommen. Wartet nicht länger.

Können wir das wirklich? Können wir wirklich eine evolvierte Gesellschaft werden?

Wir schicken euch Ströme von Liebe, denn alles ist möglich und auch dies kann geschehen. Wir möchten euch mit derselben Liebe und Hoffnung ermutigen, die ihr vielleicht empfindet, wenn ihr eure Kinder anseht. Wenn ihr sie beobachtet, seid ihr von tiefem Glück erfüllt und die reine Freude an ihrem Dasein zerreißt euch fast. Genauso empfinden wir in diesem Augenblick für euch. Und zwar, weil euch und anderen gar nicht klar ist, welches Potential eure nahe Zukunft birgt und wie ihr eure Gegenwart zu eurer eigenen, herrlichsten Evolution führen könnt. Wir hören und beobachten, wie ihr eure Identität ausdehnt und zum Bewusstsein eines neuen, universalen Wesens macht und wie jeder von euch zu der

Erkenntnis und der Fähigkeit erwacht, dass ihr in der Lage seid, einfach alles zu erschaffen.

Ihr werdet allmählich erkennen, dass ihr euch auf der Straße der reinen Kreativität immer näher zu einem Ort bewegt, der keine Grenzen kennt. Wollt ihr älter als neunzig Jahre werden? Dann entscheidet euch dazu und macht das zu eurer Absicht, und sorgt dafür, dass es so kommt – und zwar auch in allen Diskussionen darüber, wie man das wohl erreichen könnte. Genau das tut ihr, und zwar nicht nur individuell, sondern immer mehr auch kollektiv. In diesem Stadium, das »nichts voraussetzt«, dürft ihr auch keine Grenzen voraussetzen. Ihr dürft in diesen Bereichen nicht einmal von eurem Erbe ausgehen – wobei mit Erbe hier eure Vorstellung davon gemeint ist, was Menschen möglich ist und was nicht. Tausende von euch sind Außerirdischen begegnet. Vor nicht allzu langer Zeit hätte man solche Konzepte für kompletten Irrsinn gehalten.

Es gibt Planeten, deren Bewohner sich darin üben, Sterne und lebende Organismen zu erschaffen; nur um sich darin zu üben; nur weil evolvierte Wesen so etwas können. Ihr würdet vielleicht sagen, dass man dort das erste Buch Mose praktisch umsetzt. Das ist integrierte Schöpfung auf der seelischen Ebene. Dabei lässt man sich nicht nur vom Intellekt leiten, sondern von einem komplexen Prozess; und wenn man so vorgeht und eine Verbindung zum Göttlichen sucht, erhält man Führung. Fürchtet euch nicht vor entsetzlichen Folgen. Vertraut dem Göttlichen, das euch nach Hause führen wird – zueinander und zu euch selbst.

Wenn ihr die starre Form dessen, was akzeptabel ist und was nicht, zerbrochen habt und innerhalb eures Selbst auf Widerstand stoßt, dann tut euch selbst einen Gefallen und beschäftigt euch genau damit. So etwas zeigt eine Blockade an. Man braucht diese Dinge nicht zu verurteilen. Man braucht sie nur zu registrieren und zu lieben; und wenn man es wagt, sollte man darüber sprechen und sagen: »Hmm, mir ist das und das bei mir aufgefallen und ich hoffe, dass dieses Gespräch mir dabei hilft, in diesem oder jenem Bereich sensibler zu werden.« So löst man Blockaden auf. Die Seele ruft alle relevanten Erfahrungen zu sich – und dazu gehören Gespräche und forschende Dialoge und Erfahrungen. Als universeller Mensch seid ihr nicht auf eine einzige Heilmethode beschränkt. Es gibt einen großartigen Plan, der es der Seele ermöglicht, die Spinnweben hinauszufegen und die emotionale Klarheit und Heilung zu bringen, die die Seele von euch verlangt. All die Synchronizitäten, die euch zu jeder einzelnen Erfahrung führen, auch zu dieser, wurden von euch selbst herbeigerufen. Denkt darüber nach.

Die Art, wie ihr miteinander umgeht, wird sich entscheidend verbessern, wenn ihr es euch selbst und eurem Partner erlaubt, ganz offen miteinander zu sein. Auf der ganzen Welt vertrauen Patienten in Krankenhausbetten ihrem Bettnachbarn ihre tiefsten Sehnsüchte, ihre wildesten Zukunftsträume und ihre tiefsten Ängste an, weil man, wenn man so verletzlich ist, dringend eine Verbindung zu jemand anderem braucht und die wichtigsten Gespräche seines Lebens führen muss. Wenn ihr allmählich in euren Beziehungen einen solchen Freiheitsgrad zulasst, dann bereitet ihr damit dem Wachstum und der Heilung einen einzigartigen, fruchtbaren Boden – von der zarten, emotionalen Verknüpfung zweiter Menschen gar nicht zu reden.

Eure Seele möchte den Druck der Blockaden und der Bereiche, deren ihr euch vielleicht nicht einmal bewusst seid, gern loswerden. Dieses Phänomen gleicht in vieler

Hinsicht einer Flasche voll Sprudelwasser mit verschlossenem Deckel: Der Innendruck steigt, und indem euch eure Seele gewisse Gespräche und Erfahrungen zuführt, gibt sie euch die Gelegenheit, den Deckel endlich zu öffnen. Wenn das geschehen ist, gibt es eine schiere Gefühlsexplosion. Eine solche Explosion ist der Beweis dafür, dass eine Blockade vorhanden war, die jetzt durch den Engpass des Flaschenhalses hinausdringt. Freut euch über dieses Gefühl, denn ihr habt euch selbst endlich diesen Moment ermöglicht und könnt nun die Blockade heilen und lösen.

Ihr selbst habt solche Momente, solche Möglichkeiten und Gelegenheiten, das Leben zu feiern, zu euch gerufen: kleine Zeitschnipsel und Anlässe für einen wundervollen Ausdruck zarter Verbindungen.

Die neue Revolution

Jenseits eurer Zeit und eures Raumes haben wir uns zu einer natürlicheren Resonanz des größeren Potentials eines Lebewesens entwickelt; womit wir sagen wollen, dass wir als physische Wesen nicht dieselben Einschränkungen haben wie ihr und dass unsere Emotionen unsere Erfahrungen nicht so stark beeinflussen. Doch unsere Liebe ist noch immer tief und wir empfinden Freude, genau wie ihr – doch wir haben es geschafft, unsere Ängste und unsere angstgetriebenen Motivationen zu heilen, und uns entschlossen, bewusst zu leben. Wer bewusst lebt, kennt die Wurzeln all seiner Verhaltensweisen.

Charlottesville in Virginia, der Geburtsort Thomas Jeffersons, ist angefüllt mit Erinnerungen an die revolutionären Anfänge eures Landes; man kann dort die Erinnerungen an das Erwachen und die Manifestation eurer *neuen* Welt anfassen und berühren. Das ist wichtig, denn vom Standpunkt des Intellekts aus scheinen diese Ereignisse sehr weit zurückzuliegen: von der Protestaktion der »Boston Tea Party« bis zur Geburt der neuen Regierung, als eine mächtige Elite vom einfachen Volk und seinen inspirierten, visionären Anführern besiegt wurde.

Worauf wartet ihr – spielt diese Szenen wieder nach! Es ist wirklich so einfach. Ihr braucht euch nur daran zu erinnern, wie es war, als ihr das schon einmal getan habt. Doch diesmal wird sich euer ganzer *Planet* an der Tea Party und der Bemühung des Volkes beteiligen, die Tyrannei der mächtigen Elite abzuschütteln, die so oft von allem anderen motiviert wird, nur nicht von den Interessen und dem Wohl eures ganzen Kollektivs.

Eure *neue* Welt kann auf die gleiche Weise entstehen; mit inspirierten Visionären am Ruder, die euch dazu aufrufen, die Unterdrückung abzuschütteln und ohne jede Strafandrohung das »anbeten« zu dürfen, was ihr möchtet. Doch in diesem Fall ist der Ausdruck eurer »Anbetung« das Stillen eurer gemeinsamen Bedürfnisse, nicht nur der Bedürfnisse von einigen wenigen. In eurer neuen Anbetung sind die umweltpolitischen und sozialen Fragen wichtig, die euch alle angehen – und zwar ohne dass ihre Wichtigkeit gering geschätzt oder lächerlich gemacht wird. Diese Geringschätzung seitens der Großkonzerne, der Regierung und all jener, die die Bedürfnisse der Heimatlosen und Verhungernden eurer Welt noch nicht verinnerlicht haben, ist eure moderne Version der Unterdrückung und der drohenden Vergeltung – wie man deutlich an der Reaktion dieser Institutionen auf jegliche Form des Aktivismus erkennen kann.

Es gibt im Augenblick mehrere erstaunliche Parallelen zwischen der Jetztzeit und der Zeit der amerikanischen

Revolution, denn auch jetzt sehnt ihr euch nach Selbstverwirklichung und der Freiheit eurer eigenen Glaubensbekenntnisse: die Freiheit, das zu wählen, was euch wichtig ist, ohne dass eure Gesetzgeber für euch wählen und ihre Wahl auf dem Wohl derer basieren, die den meisten Reichtum angesammelt haben. Achtet auf diese Ähnlichkeiten, während ihr diese Phase erlebt; begreift, wie viel Mut und Engagement man in den Tagen Thomas Jeffersons und John Adams' brauchte, als die Erwachsenen sich schlichtweg weigerten, weiterhin von der Krone »erzogen« zu werden und die ständige Unterdrückung und Beeinflussung durch eine Minderheit weiterhin hinzunehmen. Sie waren bereit, alles zu riskieren, um eine *neue* Welt zu schaffen, eine neue Lebensweise, die auf einer Philosophie der Freiheit basierte. Ihr seid nicht frei, wenn ihr nicht mitbestimmen könnt, wie der Planet behandelt wird. Ihr seid nicht frei, wenn ihr offenbar keinerlei Kontrolle über den Raubbau an euren natürlichen Ressourcen habt oder über die Ausgrenzung eurer Außenseiter. Wir erzählen euch hier nichts, was ihr nicht selbst bereits wisst – doch ihr solltet darauf achten, in welchen Bereichen ihr nach Freiheit lechzt und wo diese Bewegung anfangen könnte.

In der Politik der amerikanischen Revolution ließ sich eine neue Stimme vernehmen. Die »Beamten« der Krone machten sich über diese Stimme genau so lustig, wie sich jetzt die führenden Firmenchefs und Politiker über die Stimme des New Age lustig machen. Die Beweise dafür sehen wir in euren Medien, Zeitungen und Berichten über die Arbeit, die von Aktivisten und spirituellen Menschen geleistet wird.

Zufällig ist Charlottesville, Virginia, auch der Sitz meines Verlages und in unmittelbarer Nähe dieses Verlagshauses steht Monticello, das Haus, in dem Thomas Jefferson lebte. Insofern ist es sehr interessant, dass ihr die Zeit der amerikanischen Revolution erwähnt und dass wir uns auch jetzt wieder in einer solchen Zeit der »Revolution« befinden. Das Buch »Die Rückkehr der Revolutionäre«, das Hampton Roads 2003 herausbringen wird, geht sogar so weit, zu behaupten, dass dieselben Seelen, die einst durch die Visionäre der amerikanischen Revolution verkörpert wurden, heute wieder reinkarniert sind und unter uns leben.

Der Autor, Dr. Walter Semkiw, identifiziert nicht nur, wer sie heute sind, sondern vergleicht auch ihre Porträts von damals mit ihren heutigen Fotografien. Er vertritt die Theorie, dass körperliche Merkmale, insbesondere der Aufbau des Gesichts, sowie individuelle Eigenheiten und sogar das persönliche Schriftbild von einem Leben zum anderen beibehalten werden und somit dazu dienen, die Identitäten dieser Menschen zusammenzufügen. Die physischen Ähnlichkeiten sind in der Tat geradezu unheimlich und es ist eine aufregende Vorstellung, dass wir uns wieder gemeinsam organisieren und die Veränderungen herbeiführen können, von denen wir alle träumen. Das, was ihr gerade gesagt habt, und die Aussagen in Semkiws Buch implizieren eine Menge. Befinden wir uns wirklich im Augenblick in einer solch »geschichtsträchtigen« Phase – stehen wir wirklich kurz davor, die Entwicklung der Zukunft zu verändern?

Selbst damals, in der Zeit, als die neue Unabhängigkeitserklärung und die amerikanische Verfassung geschrieben wurden, hatten eure »Gründerväter« den Verdacht, dass ihr Vorhaben weit reichende Konsequenzen haben würde; und ebenso erkennen auch heute viele von euch, dass in der jetzigen Zeit etwas ganz Besonderes geschieht. Entweder macht ihr so weiter wie bisher und müsst dann mit den Folgen fertig werden oder etwas wird sich ändern. Solltet ihr euch also verändern und einen Weg der tieferen spirituellen Einsicht einschlagen, wird euer Alltag zwangsläufig von einer weiter reichenden, praktischen Umsetzung eurer Spiritualität geprägt sein. Von der Sicht eurer Kultur aus könnte man es sogar schon »revolutionär« nennen, wenn ihr euch nur darauf einigen könntet, dass das Überleben eurer Rasse bedroht ist. Was könnte eine wichtigere Schlagzeile sein als diese Erkenntnis? Was könnte im Geschichtsbuch eurer Rasse einen wichtigeren Platz einnehmen als dies?

Kollektiv gesehen werdet ihr allmählich erwachsen. Ihr werdet auf diese Zeit zurückblicken und stolz auf eure Teilnahme sein, ihr alle – denn welche Rolle ihr auch spielt, ihr habt eure Seele dazu verurteilt, hier und jetzt da zu sein, und seid deshalb an der Revolution beteiligt, welche Rolle ihr auch spielt. Selbst während der Revolution von 1776 gab es hinter den Kulissen viele gemeinsame Anstrengungen. Selbst die Hausfrauen und Sklaven waren an dem, was man später das Erwachen eurer Nation nennen sollte, beteiligt. Genauso nehmt auch ihr alle jetzt am neuen Erwachen eurer *Rasse* teil. Im Vergleich zu dem, was heute geschieht, könnte man die damaligen Ereignisse bloße »Kinkerlitzchen« nennen. Worauf, glaubt ihr, habt ihr euch eigentlich vorbereitet? Jetzt werdet ihr euch über eine Revolution, die nur in einem einzigen Land stattfindet, hinausentwickeln und auf planetarer Ebene eure ganze Vorstellung dessen, was Menschsein bedeutet, revolutionieren.

Ja, ihr befindet euch in einem Stadium der Revolution, denn ihr wollt nicht länger in eurem Dauerschlaf verharren. Ihr revolutioniert die Vorstellung, dass ein Erwachen nicht nur notwendig ist, sondern dringend stattfinden muss, wenn ihr dieses Paradigma eurer Rasse fortsetzen wollt. Jeder, der will, kann sich daran beteiligen. Selbst die Schlafwandler nehmen daran teil, denn sie schaffen den Kontext für diejenigen, die sich danach sehnen, sich selbst als Licht zu erleben – und als eine Stimme im Getöse des Vergessens und im Lärm der Welt.

Öffnet euren Sicherheitsgurt. Erhebt euch vom Tisch eurer vorgefertigten Meinungen. Stellt die Rückenlehnen eurer Sitze senkrecht, denn jetzt könnt ihr euch frei durch eure Galaxis bewegen. Dies wird durch eure augenblickliche Revolution eingeläutet, denn eine erwachte Menschheit nimmt zunächst ihre Heimat wieder in Besitz, bevor sie sich in die erweiterte Heimat ihres Universums aufmacht. Und wir sind bereit, euch während der Übergangszeit zu helfen, wie es jeder gute Nachbar tun würde.

KAPITEL 15

Videokonferenzen

Während eines Wochenendes auf der aufwendigen Buchmesse in Chicago, auf der Verleger, Autoren und andere Profis der Buchindustrie zu einer gewaltigen Konferenz zusammenkommen, fielen Bob und ich am Ende eines Tages glücklich, aber erschöpft in unsere Sessel. Als das Kribbeln auf meiner Kopfhaut begann, ergriff ich das Aufnahmegerät und legte eine neue Kassette ein. Seltsamerweise bildete sich allmählich auch ein Bild vor mir. War es der Umschlag des Time Magazins? Es hatte einen roten Rand. Ich konnte weder das Umschlagfoto noch die Titelzeile erkennen, aber ich wollte sehr gern herausfinden, was das Bild mit meiner bevorstehenden Kommunikation zu tun hatte.

Während meiner vorhergehenden Kommunikationen war das Thema »Videokonferenz« angeschnitten worden; nicht zwischen Kunden und Börsenmaklern der Wall Street, sondern zwischen allen Leuten auf den Straßen Amerikas und dem ganzen Rest der Universums. Aber ich hatte Probleme mit dem Konzept. Was meinten sie mit »Videokonferenzen«? In welcher Steckdose würden wir – oder sie – ein Gerät anschließen? Und was würde man darüber hinaus an elektronischen Geräten brauchen? Einen Videomonitor? Ein Tonmischgerät? Einen Fernseher? Ich gab Bob das Aufzeichnungsgerät, damit er die Aufnahme überwachen konnte. Nach *einem kurzen Test der Ausrüstung und nachdem er den Monat, den Tag und das Jahr eingegeben hatte, drückte Bob den Aufnahmeknopf und allmählich kam eine Kommunikation durch.*

Zugegeben, für mich hört sich das alles spanisch an, doch vom wissenschaftlichen Standpunkt aus scheint es allzu vereinfacht zu sein. Und ich bin mir nicht einmal sicher, ob ich ihre Kommunikation genau empfangen habe. Doch spaßeshalber haben wir sie hier mit aufgenommen, nur um uns weiterhin im Leben am Abgrund zu üben; und außerdem dachten wir, falls doch alles akkurat sein sollte – und somit möglich – dass Sie sich gern an unserem nächsten Abenteuer unserer fortwährenden Reise des Gespräches mit Außerirdischen beteiligen möchten.

Mit unserer Aussage, dass wir per Videokonferenz mit euch in Verbindung treten können, meinen wir, dass wir uns mit Hilfe einer Methode, die eine Verbindung zwischen unserem und eurem Verstand gewährleistet, mit euch vereinigen können. Das schließt jedoch die physische Wahrscheinlichkeit nicht aus, dass ihr euch mit uns auf eine greifbarere, physische Weise in Verbindung setzen könnt, etwa durch eure elektronischen Verfahren mit Hilfe eines Leiters. Ein Leiter kann ein Erfahrender sein, der diese Energien von der einen oder anderen Ebene bezieht, genau wie es auch während des Channelings geschieht. Der Vorgang, unsere Bilder und Energien mittels einer Videokonferenz zu übermitteln, ist auch nicht komplizierter als das Konzept, das hinter unserer augenblicklichen Kommunikation steckt. Wenn ihr das für kompliziert haltet, versteht ihr diesen Kommunikationsprozess nicht. Das Wort »Channeling« impliziert eine Menge. Es kommt in eurem Sprachgebrauch zwar manchmal vor und viele von euch verstehen es auf Anhieb; aber nur wenige unter euch verstehen, welch komplexe Bedingungen erfüllt werden müssen, damit wir und andere bis zu euch durchdringen können. Der nächste Schritt erscheint euch nur deshalb so gewaltig, weil ihr nicht erkennt, welch komplexer Vorgang bereits in diesem Augenblick stattfindet.

Wenn ihr von einem Wolkenkratzer aus auf eine Straße hinunterblickt und die winzigen Autos von der Größe eines Stecknadelkopfes betrachtet, dann habt ihr aus der Entfernung keine Ahnung von der Komplexität eines Einspritzmotors oder von den Fasern, aus denen die Fußmatten des Autos bestehen, denn ihr seid von all diesen Details so weit entfernt. Obwohl dieser Kommunikationsprozess vielleicht direkt »neben« euch stattfindet, ist euer Verständnis für die Einzelheiten noch lückenhaft. Wenn ihr das besser verstehen könntet, würdet auch ihr, genau wie wir, die nächste Phase unserer Kommunikation freudig begrüßen. Ihr würdet sie nicht einfach abtun – das tut ihr zwar nicht ausdrücklich, aber wir erkennen, dass sich bei euch viele Augenbrauen skeptisch heben würden, wenn ihr so etwas ankündigen würdet. Erklärt unsere innovative Idee anderen und ladet sie ein, an dieser Reise teilzunehmen.

Die Fähigkeit der einen oder anderen Person, mit uns in Verbindung zu treten, wird am besten durch bestimmte Variablen begünstigt; genau wie ein olympischer Schwimmer bestimmte körperliche und psychologische Variablen mitbringen muss. Wir haben euch oft darin bestärkt, anderen mitzuteilen, dass diese Kommunikation jedem offen steht, denn so ist es ja auch; und die hier bestehende klare, starke Verbindung mit uns ist das Resultat verschiedener Variablen, die hier gegeben sind. Und es ist uns allen eine Ehre, uns um diese Kommunikationsform und diese Verbindung zu bemühen, und zwar aufgrund der Abstammung und des »Gestern, Heute und Morgen«.

Bob, du trägst eine Menge dazu bei und deine Verbindung ist stark. Dein Beitrag lässt sich durch eine Art elektronischen Adapter symbolisieren. Bobs Energien und seine Anwesenheit ermöglichen mehr als die Dynamik dieser Kommunikationen. Er hat in etwa die Funktion eines Adapters, obwohl dies eine vereinfachte Erklärung ist. Wenn du versuchen würdest, eine Komponente in ein Gerät einzubauen, bräuchtest du eine Art Überbrückung, und diese Überbrückung ist der Adapter und beschreibt deine Funktion. Im traditionellen Channeling-Prozess würde man deine Rolle als »Leiter« bezeichnen. Durch deine Teilnahme können die Energien auf allen Ebenen bessere Verbindungen eingehen und sich besser materialisieren und folglich ist dies eine magische Verbindung: nämlich ihr beiden und die anderen, denn damit sind alle Teile des Puzzles vorhanden. Ihr wundert euch, warum wir diese Kombination bestärken. Aber wie könnten wir eine solch wundervolle Synergie nicht bestärken?

Eure gemeinsame energetische Teilnahme, deren Einzelheiten ihr selbst in Telefongesprächen und im ständigen Austausch festgelegt habt, ist zu einem hohen Grad der Grund für den bisherigen Erfolg. Dazu gehört Bobs positive Einstellung; doch Bob kann diese positive Einstellung nur deshalb einbringen, weil er aus vielen Gründen dieses Material auf ideologischer Ebene genau versteht. Deshalb ist deine positive Einstellung nicht seicht, wie sie einmal vermutete, sondern basiert auf dem seelischen Begreifen dessen, was wir uns alle wünschen, und auch dessen, was möglich ist. Im Augenblick ist deine Teilnahme also lebenswichtig und deine Kraft ist überall zu spüren, trotz der Meilen, die zwischen euch liegen. Über diesem ganzen Arbeitsprozess liegt eine starke Aura deiner Gegenwart, wie sie bestätigen wird.

Und was kann man daraus in Bezug auf Videokonferenzen zwischen Menschen und Außerirdischen schließen?

Wenn ihr euch das vorstellen könnt, dann könnt ihr mit Hilfe von Experimenten und in spielerischer Selbstvergessenheit in der reinen, herrlichen Schöpfung weiter voranschreiten. Dabei wären die Verspieltesten unter euch gefragt, denn wenn ihr das, was möglich und unmöglich ist, durch vorgefertigte Unterstellungen einengt, könnte das euren Fortschritt behindern.

Aber muss nicht jemand, um das zu ermöglichen, erst eine Art elektronisches Gerät erfinden?

Das Muster der »Technologie« wurde bereits etabliert. Die Grundvoraussetzung ist gegeben. Entwickelt einfach diese Idee weiter und stellt euch vor, dass wir gar nicht da sind, wo wir sind, sondern dass wir nur ein kleines Stück von euch entfernt sind, dann wird es euch nicht mehr so unmöglich erscheinen. Denkt ausführlich über die Dinge nach, die während des Channelings und in diesen Kommunikationen vor sich gehen, und untersucht die bemerkenswerte Ähnlichkeit zwischen einer Videokonferenz und solchen Channeling-Kommunikationen – besonders in diesem Fall, in dem die Energien aus dem Schädel gezogen werden. Man könnte sagen, dass ihr mit gewissen Modifikationen, wie hier bei Lisette, als »Testobjekte« diese Funktion sehr gut ausüben könnt. Manche Individuen tragen Geräte in ihren Herzen, mit deren Hilfe sie besser funktionieren können. Durch solche Erfindungen wird die Bewegungsfreiheit des Patienten nicht eingeschränkt, sondern erweitert, denn es ist der Wissenschaft gelungen, sein Leben zu verlängern.

In ähnlicher Weise entsteht auch hier mehr Freiheit, nicht weniger. Der Empfänger eines Herzschrittmachers hat beschlossen, dass er mit Hilfe eines Mechanismus, der ihm eingepflanzt wird, den Rest seines Lebens besser dazu nutzen kann, seine erklärte Mission zu erfüllen. Ebenso hat sich auch Lisette entschlossen, einen Weg einzuschlagen, auf dem sie mit Hilfe eines Mechanismus als eine Brücke zwischen unseren Welten dienen kann. Ihr werdet erleben, was alles daraus folgt, wie es weitergeht und was sich daraus entwickelt. Es ist wie ein wunderschöner Tag im Park; als ob die Kinder vor Freude über den langen, schulfreien Tag, der vor ihnen liegt, herumhüpfen; denn einige dieser Konzepte ermöglichen euch dieselbe sorglose Selbstvergessenheit, während ihr auf der seelischen Ebene über die kreativen Möglichkeiten staunt und das Wunder erlebt, das wir alle sind. Das Wunder, das wir alle sind, besteht darin, über die Tatsache zu staunen, *dass* wir alle sind. Wir über euch – und ihr über uns. Es ist eine außergewöhnliche Gelegenheit.

Die Menschheit ist beim bloßen Gedanken an mögliche »Manipulationen« der menschlichen Rasse durch Außerirdische sofort bereit, Furcht und Ablehnung zu empfinden; und doch sind die Menschen jederzeit bereit, anderen Menschen in einer Weise zu helfen, die als förderlich und evolutionär empfunden wird, ohne das als »Manipulation« zu bezeichnen. Wenn ihr etwas gegen unsere Teilnahme an eurem Schicksal habt, dann drückt sich darin die Selbstgerechtigkeit eurer Furcht aus, denn der Intellekt sagt: »Aha, der nächste Schritt ist dann manipulative Kontrolle und das haben wir schon immer gewusst. Der Feind wartet da draußen nur darauf, uns zu kontrollieren. Ich habe schon immer geahnt, dass es im Universum nicht sicher ist.«

Wie lange dauert es noch, bis wir diese Videokommunikation ausprobieren können?

Unsere Antwort wird dir nicht gefallen. Für uns existiert die Zeit nicht. Für euch und eure Ebene ist die Zeit relevant; aber eins solltet ihr wissen: So, wie ihr euch entwickelt, werdet ihr auch sein; und wenn wir nun sagen würden, »Diese Dinge werden in fünf Jahren geschehen«, dann könnte der Intellekt darauf antworten: »Na gut, dann werden wir in vier Jahren und zwei Monaten anfangen, darüber nachzudenken, und in vier Jahren und neun Monaten werden wir in einen Elektronikladen gehen und eine technische Ausrüstung kaufen.« Verstehst du, warum es schwierig für uns ist, solche Fragen nach Zeiträumen zu beantworten? Der Grad eurer Fähigkeit, aus nichts etwas zu erschaffen, wird deine Frage beantworten. Wir können euch nur dazu ermutigen, das zu erschaffen, was ihr euch wünscht, sobald ihr es in eurer Realität erleben möchtet. Manche von euch können eine Idee entwickeln und sie schon kurze Zeit später in die Wirklichkeit umsetzen. Andere brauchen etwas länger dazu. Hier kommt es darauf an, das Konzept neu zu überdenken, die Verwirklichung kreativer Ideen hinauszuschieben. Wenn ihr euch dazu entschließt, euch in eine bestimmte Richtung zu bewegen, dann bewegt euch in diese Richtung. Zieht diese Erfahrung aus der potentiellen Wirklichkeit zu euch.

Wer könnte an der Entwicklung dieser Videokonferenzen beteiligt sein?

Bitte verlier nicht die Geduld mit uns, wenn wir dich daran erinnern, dass sowohl zum kreativen Prozess selbst als auch zur Koordination der kleinsten Details eine wundersame Synchronizität nötig ist, die einfach geschieht und nicht mehr Anstrengung braucht, als einen Bleistift zu heben. Wenn ihr mit einer Absicht vorwärts geht, ist nichts unmöglich. Die Namen der Mitspieler stehen bereits auf eurer Liste. Die Antwort bezieht sich auf alles. Wie bei allen anderen Ereignissen stellen sich auch hier die Mitspieler genau zu der Zeit ein, die ihr innerer Terminkalender ihnen vorgibt – und das ist hierbei nicht anders.

Ob du nun eine Videokonferenz zwischen uns »erfinden« oder den idealen Herausgeber und das ideale Team für ein Buchprojekt wie dieses finden willst – die zugrunde liegenden Prinzipien sind dieselben. Es ist nicht komplizierter als die Dinge, die du bereits getan hast. Es ist nicht schwieriger, als von einer Straßenseite zur anderen zu kommen oder von einem Ende der Stadt zum anderen oder von der einen Hälfte des Globus zur anderen oder von einem Ende des Universums zum anderen. Alles beginnt mit der Absicht, es zu tun. Genau da existieren Wunder. Dieses Buch bringt die Botschaft, dass alles möglich ist; und dazu gehört auch die Möglichkeit, uns zu kennen. Und die Beziehung zwischen uns ist nicht auf eine bestimmte Art des Kontaktes beschränkt; ebenso wenig wie die Beziehungen zwischen euch eingeschränkt sind.

Wer unter denjenigen von euch, die über solche Konzepte, einschließlich der Idee einer Videokonferenz mit uns, nachzudenken beginnen, hat wohl die potentiell größte Erfahrung mit derartigen Ergebnissen – du oder jemand, der noch nie über diese Idee nachgedacht hat? Die Namen der Beteiligten sind nur Einzelheiten. Die

Herausforderung liegt in der *Entscheidung*, etwas Großartiges zu erschaffen. Für diese Entscheidung ist Vertrauen, Glaube und eine Absicht vonnöten und dazu bräuchte man eine wirklich grandiose Vision.

Manche bestehen darauf, dass »die Grauen« böse sind und uns manipulieren wollen, und sie halten an diesem Vorurteil gegen euch fest.

Die spanischen Konquistadoren ritten marodierend durch das Land und plünderten manchmal sogar ihre Landsleute aus, weil sie nicht begriffen, dass im tiefsten Inneren alle Völker frei sind und dass sie im tiefsten Inneren eins sind. Viele von euch sehen in uns eine Art galaktischer Konquistadoren. In gewisser Hinsicht seid ihr Imageberater. Das ist keine einfache Aufgabe. Manche Kreise werden euch bei jeder Gelegenheit eine Abfuhr erteilen. Um das Image eines kulturellen Vorurteils gegen gewisse Konzepte zu verändern, muss man kreativ denken und darf keine Möglichkeit ausschließen. Als Imageberater wendet ihr euch gegen ein kulturelles Vorurteil und nennt es als solches beim Namen. Ihr bemüht euch um unsertwillen, das Image von Konquistadoren und Plünderern in ein Image einer Rasse von erleuchteten, sanften Wesen umzuwandeln. Für viele Schichten eurer Bevölkerung ist das bestenfalls ein Sprung ins Unbekannte; doch es ist der notwendige erste Schritt, um die in diesen Kreisen herrschende Furcht anzusprechen und zu heilen. Einigen von euch ist dieser Glaube nicht einmal bewusst. Wir werden ganz allmählich durch diese Kommunikationen und durch Videokonferenzen bei euch eingeführt; zunächst erscheinen wir zwar noch als Konquistadoren, aber mit etwas Abstand kann die Kultur dadurch die Vorstellung, dass wir gute Nachbarn sind, verinnerlichen. Es ist eine sanfte Annäherung, die zunächst nur langsam um sich greift, wenn man es vom globalen Standpunkt aus betrachtet und bedenkt, welcher Prozentsatz eurer Gesamtbevölkerung Bücher liest und kauft. Aber solche Zahlen brauchen euch nicht zu kümmern.

Ihr alle solltet euch eurer strategischen Position auf dem Planeten und der strategischen Umstände eurer Geburt bewusst sein; und ihr solltet erkennen, wie weit ihr es schon gebracht habt, damit ihr dieses vergnügliche und spaßige Spiel spielen könnt. Ihr werdet die ideale Methode finden, eure Rolle in diesem Schachspiel zu erfüllen. Freut euch einfach an dem Vorgang selbst, denn ihr habt diesen Genuss selbst herbeigerufen und solltet deshalb auch die verschiedenen Erfahrungen genießen, die ihr auf diesem Weg macht.

Telekonferenzen und Videokonferenzen ermöglichen eine Verbindung elektrischer Frequenzen; das eine in visueller und das andere in akustischer Form. Wenn ihr die Beteiligung von Lisettes energetischer Sendefähigkeiten ausnützt, könnt ihr mit Hilfe eines Prozesses mit uns eine Verbindung herstellen, der es euch erlaubt, ein optisches Display unserer vokalen Frequenzen zu empfangen. Das optische Display wird unsere von euch aufgefangenen vokalen Frequenzen zeigen. Doch das sind visuelle Daten, nicht nur akustische. Das ist der erste Schritt zu dem, was wir Videokonferenz nennen, denn so könnt ihr eine optische Spur unserer Kommunikation empfangen. Auch das Bild unserer Gesichter kann übertragen werden – aber eins nach dem anderen. Die erste Phase könnte ein visuelles Display und Ausdruck unserer Frequenzen sein, die von unserem Aufenthaltsort zu eurem übertragen werden. Wenn ihr eure energetischen Frequenzen an ein Gerät anschließt, das dies lesen kann, ist der Empfang gewährleistet – messbar und zählbar.

Natürlich werden einige diese Technik ablehnen und als billigen Trick bezeichnen; doch dies sind nicht die Leute, die ihr anfangs erreicht. Wo Zweifel und Verdrängung herrschen, entsteht manchmal »Zement«, das die Vorstellungen mancher Leute fest zementiert, bis sie sich auf eigenen Wunsch verändern. Kümmert euch nicht um diese Kritiker. Macht einfach weiter und zögert nicht, denn ihr wisst nicht, was zu welchem Ergebnis führt. Ihr könnt nicht sehen, welche einleitenden Prozesse und Prozeduren die nächste Stufe hervorbringen.

Es gibt auch eine akustische Komponente, die sich an ein optisches Display anschließen lässt. Sie sind miteinander verbunden. Ihr müsst zwischen den Dingen unterscheiden, die ihr im Herzen und in der Seele wisst und die euch möglich erscheinen, und den Dingen, die euer Intellekt als lächerlich ablehnt. Haltet euch an die Seele. Kümmert euch nicht um den Intellekt. Lasst ihn ablehnen und verleugnen, so viel er will, und treibt eure Projekte weiter voran. Wir sind der Auffassung, dass ihr alles erreichen könnt, was ihr kraftvoll angeht; und wir sind bereit, euch bei diesem Prozess zu helfen. Glaubt daran, dass nichts für euch unerreichbar und nichts unmöglich ist. Warum sollte *das* auch der Fall sein? Glaubt an die inneren Mechanismen des Glaubens und an die anderen Teilnehmer im Kosmos – und wisst, dass das Göttliche euch und uns dazu inspirieren wird, eine Kameradschaft zwischen uns zu erzeugen. Man könnte dies für einen der Zwecke des Universums halten.

Wenn ihr über diese Idee lieber nicht nachdenkt, weil sie euch lächerlich und unmöglich erscheint, dann lasst es bleiben. Es wird keinerlei Vergeltung geübt. Man muss kein großer Gelehrter sein, um zu sehen, dass messbare Kommunikation zwischen uns möglich ist. Ist euch nicht aufgefallen, dass es einigen eurer Verhaltens- und Tierforscher sogar gelungen ist, die Zeichen und die Sprache der Gorillas zu entschlüsseln?

Ihr spielt auf die unglaublichen Fähigkeiten des Gorillaweibchens Koko an, das schon seit den siebziger Jahren mit Hilfe einer Zeichensprache mit Menschen kommuniziert.

Darüber gibt es Aufzeichnungen, und eine richtige Sprache ist entwickelt worden, mit der sich die eine Rasse mit der anderen verständigen kann. Was, meint ihr wohl, ist zwischen uns erst alles möglich? Ihr unterscheidet euch scheinbar von einem Gorilla durch die Andersartigkeit eurer Rassen und gehört in gewisser Hinsicht auch verschiedenen »Welten« an, nicht wahr? Was wäre wohl die Reaktion gewesen, wenn man vor hundert Jahren die Vermutung ausgesprochen hätte, es würde einst eine Kommunikation zwischen Gorillas und Menschen geben? Denkt darüber nach, bevor ihr das Potential und die Möglichkeiten verwerft, die wir zwischen uns anregen.

Wenn ihr irgendetwas entwickelt, dann entwickelt eine tiefere Akzeptanz des erfreulichen Ergebnisses und konzentriert euch darauf, anstatt zu versuchen, die Methode zu verstehen. Mit *Methode* meinen wir die Einzelheiten und Details und die Wie und Warum eines Vorgangs, der vielleicht funktionieren könnte. Schlagt den Weg in diese Richtung ein und habt Glauben und Vertrauen an eure gemeinsame Fähigkeit, dies zur Realität zu machen. Wenn ihr vom Standpunkt der reinen Wissenschaft aus nach einer Antwort sucht, werdet ihr sie nicht finden, denn ihr *erschafft* diese »reine Wissenschaft« in eurem Garten und in eurer Garage. Ihr *schreibt* die Definition der Wissenschaft *neu*. Sucht also nicht in euren Lehrbüchern nach Erklärungen. Sucht lieber in der Natur des Göttlichen. Sucht in der Natur des Universums. Sucht in den bestmöglichen, großartigsten Konzepten, dann werdet ihr wissen, woher Technologie kommt.

Eine Fortsetzung könnte die Einzelheiten des Prozesses beschreiben, mit dessen Hilfe ihr vorgeht. Dokumentiert eure Reise, denn ihr macht nicht einfach Aufzeichnungen über einen mechanischen Vorgang, sondern erinnert eure Mitmenschen daran, wie man vorgeht, wenn man nur mit einer aberwitzigen Idee bewaffnet ist. Ihr braucht keine NASA, um uns zu finden.

Nach all dem, was ihr über das Erschaffen aus der leeren Luft gelesen und verlegt habt, braucht ihr nun nicht weiterzulesen. Nun könnt ihr es demonstrieren. Wohin, glaubt ihr wohl, haben euch all diese Bücher geführt?

Nun könnt ihr in spielerischer Selbstvergessenheit loslegen. Ladet eure Spielkameraden ein, alle, denen so etwas Vergnügen macht, und führt diese Experimente weiter, ohne dass ihr uns um spezielle Führung bittet, denn dadurch würdet ihr euch als unfähig und von uns abhängig empfinden, sondern wisst einfach, dass wir da sind und euch leiten wollen. Wir werden euch auf eurem Weg helfen, doch auch ihr seid universelle Wesen. Bitte demonstriert den anderen diese Dinge. Zapft euer eigenes Wissen ebenso an wie das unsere. Wir sind bei euch und ihr seid bei uns, mitten in eurer eigenen Umwelt – und wir verbinden uns durch den Kosmos, um anderen diese wundervolle Vorführung zu zeigen. Dokumentiert euer Vorgehen und eure Entdeckungen und wundert euch nicht, wenn ihr eines Tages auf eure bescheidenen Anfänge in eurer »Garage« zurückblickt und erstaunt darüber lächelt. Große Projekte haben oft mit solch glutäugiger Naivität begonnen, denn ihr und euer Team seid nicht von dem eingeengt, was ihr nicht tun könnt.

Auf dieser Ebene des Denkens, das alles für möglich hält, kann sich das »Tagesgeschehen« eurer Welt für immer verändern.

KAPITEL 16

Was kommt als Nächstes?

Vor einigen Wochen beklagte sich eine gute Freundin bei mir darüber, wie sehr eine ihrer Verwandten sie nervt, die sie als lächerlich sparsam beschrieb. Sie meinte, die Sparsamkeit ihrer Kusine sei so extrem, dass man sie schon als Funktionsstörung beschreiben könnte. Meine Freundin erzählte dann, wie sehr sie sich immer ärgerte, wenn sie mit ihrer Kusine zusammen war, und dass sie sich selbst darüber wunderte, wie extrem wütend sie wurde, sobald die beiden zusammenkamen. »Es macht mich wahnsinnig, nur in ihre Nähe zu kommen!«, rief meine Freundin verzweifelt aus.

Für mich war das ein Anlass zum Nachdenken, denn ich habe hierbei nicht zum ersten Mal beobachtet, dass jemand bei anderen genau dieselben Charaktereigenschaften kritisiert, die ihn oder sie selbst am besten beschreiben. Im Fall meiner Freundin brachte ich es nicht übers Herz, ihr zu sagen, dass sie selbst auch eine aussichtsreiche Kandidatin für den Vorsitz der Vereinigten Geizkragen sei – schließlich benutzte sie nun schon seit vollen sieben Jahren denselben Terminkalender, in dem sie die Wochentage ausstrich, damit sie den Tagen des laufenden Jahres entsprechen. Trotz ihres Einkommens war sie regelrecht geizig und deshalb fiel mir auf, dass ausgerechnet sie sich über jemand anderen beschwere, ohne zu bemerken, dass sie dieselbe Charaktereigenschaft hatte; und ich begann darüber *nachzudenken, dass die Dinge, die uns am meisten stören, vielleicht einen besonderen Bezug zu uns haben. Insbesondere überlegte ich, wie sich diese Tatsache wohl im Zusammenhang mit Phänomenen des Kontaktes zu Außerirdischen bemerkbar machen würde.*

Ich habe mir überlegt, dass die Dinge, die mich bei anderen am meisten stören, eigentlich ein Defizit in meinem eigenen Charakter anzeigen.

Diejenigen, die dich am meisten irritieren und die du am meisten ablehnst, repräsentieren dich selbst oft am genausten – sie verkörpern genau die Wesenszüge, die du ebenfalls besitzt und die du aufdecken, durchdenken und somit heilen solltest. Diese Struktur ist allen Seelen überall gemeinsam. Diejenigen, die du am erbittertsten verurteilst und ablehnst, berühren deine eigene schmerzhafte Wunde am direktesten; es ist deine defensive Erkenntnis, dass du hier einen Teil deiner Selbst wahrnimmst, von dem du auf einer gewissen Ebene weißt, dass er am dringendsten der Verbesserung bedarf. Wenn diese Eigenschaften bei jemand anderem auftreten und diese Reaktion bei dir hervorrufen, dann danke dem anderen dafür, denn er schenkt dir die Gabe der Selbsterkenntnis. Wie sollte ein Schlafender aufwachen, wenn ihn nicht die Gefühle, die du als Irritation, Ablehnung, Kritik und Selbstgerechtigkeit empfindest, aus dem Schlummer reißen? Natürlich seid ihr euch meistens der Gaben, die andere euch schenken, nicht bewusst und bemüht euch stattdessen, denjenigen, die ihr nicht leiden könnt, aus dem Weg zu gehen.

Wie sollen wir dieses Paradox denn vermeiden, dass wir denjenigen aus dem Weg gehen, die unsere Seelen anziehen?

Zunächst zieht die Seele in anderen das an, was euch ähnlich ist, aber dann übernimmt der Intellekt die Kontrolle über die Ablehnung, denn die Seele hat keine Feinde, nur der Intellekt. Der Intellekt führt genau Buch über diejenigen, die euch eurer Meinung nach Unrecht getan haben; doch auf der höchsten Ebene eures Selbst habt ihr gegen niemanden etwas. So verurteilt also der Intellekt, er lehnt andere ab und hält sie für dumm, er zeigt die Fehler der anderen auf und wehrt sie ab, er findet sie abstoßend und schreckt vor ihnen zurück, er verachtet sie – und inzwischen wartet die Seele geduldig und ruft wieder einen neuen Menschen an einem anderen Ort und zu einem anderen Zeitpunkt zu sich, um euch erneut herauszufordern, bis ihr den anderen in euch selbst wiedererkennt. Auf diese Weise kümmert ihr euch um die verdrängten Aspekte eurer Selbst, sobald ihr dazu bereit seid.

Aber es ist doch bestimmt nicht immer so, dass alles, was wir in anderen abstoßend finden, dieselbe Eigenschaft in uns selbst widerspiegelt? Nehmen wir das Beispiel eines Alkoholikers, der mit einer Frau verheiratet ist, die seine Trinkerei ablehnt. Wenn sie selbst überhaupt nicht trinkt, wie kann er sie dann widerspiegeln?

Wenn euch im Leben eines anderen »irritierende« Charakterzüge auffallen, auf die ihr reagiert, indem ihr sie verurteilt, kritisiert, ablehnt oder euch über sie erhaben fühlt, dann bedeutet das, dass die Seele irgendetwas damit vorhat. Zugegeben, solche Konzepte sind nichts für Angsthasen, aber wenn in eurem Leben alles in Ordnung ist und ihr meint, dass ihr in die nächste Liga aufsteigen könnt, dann denkt daran, dass der Meister durch niemanden und unter keinen Umständen irritiert wird und deshalb in der Lage ist, jedwede Erfahrung zu durchleben, ohne andere zu verurteilen oder sich selbst als überlegen zu empfinden.

Oft ruft die Seele in Form von Freunden, Mitarbeitern, Mietern, Angestellten, Kindern oder Nachbarn Charakterzüge und Eigenschaften zu sich, die sie mit den anderen teilt, die aber in den anderen in einer anderen Verkleidung aufzutreten scheinen. Auch wenn man die gewissen Charakterzüge und Eigenschaften gemeinsam hat, sind doch die Details nicht unbedingt identisch. Die Ehefrau aus deinem Beispiel fragt sich vielleicht, in welchen Bereichen auch sie zu Suchtverhalten neigt oder die Kontrolle verliert oder eine ganz bestimmte Schwäche hat. Wenn diese Suchende nach innen blickt, wird sie überlegen, auf welchen Gebieten auch sie sich exzessiv verhält, sei es nun in Bezug auf Essen oder auf Sex, oder vielleicht ist sie süchtig danach, andere zu dominieren oder über andere negativ zu urteilen. Mit dieser Botschaft berühren wir sehr persönliche Dinge, also bleib bitte dran. In deinem Beispiel fragt die Seele, wieso man den Alkoholiker so vehement verurteilt, während man doch selbst dieselben Charakterzüge hat – wenn auch auf andere Dinge bezogen. Umgekehrt verkörperst du selbst auch oft genau die Charaktereigenschaften, die du bei anderen am meisten liebst und bewunderst; zumindest bis zu einem gewissen Grad. Mit anderen Worten: Achte darauf, mit wem du es zu tun hast und wer welche Reaktion bei dir hervorruft, denn so lernst du Aspekte deines eigenen spirituellen Wachstums kennen, die sich nach Beachtung und Heilung sehnen.

Aber was ist mit dem mürrischen, cholerischen Geschäftsmann, den die unbedachten Eskapaden der Teenager in der Nähe nerven und aufregen? Behauptet ihr etwa, dass die Teenager gewisse Charakterzüge mit ihm gemeinsam haben?

Wenn jemand anders in euch eine Reaktion hervorruft, sei es nun Wut oder Irritation, Ärger, Ablehnung oder Eifersucht, dann erkennt ihr vielleicht in euch selbst ähnliche Charakterzüge wieder, die Heilung brauchen – oder vielleicht habt ihr auch Charakterzüge herbeigerufen, von denen euer höheres Selbst möchte, dass ihr sie entwickelt, und die ihr im Augenblick noch nicht habt. Im Fall des Geschäftsmannes bittet ihn vielleicht seine Seele darum, alles ein bisschen »leichter« zu nehmen und die Freude, das Lachen und die Ausgelassenheit wiederzufinden, die diese jungen Leute verkörpern. Je strenger er ist, desto stärker wird seine Reaktion auf diejenigen sein, die fröhliche Ausgelassenheit verkörpern – und desto häufiger wird er sie in seiner Umgebung antreffen. In seinem Fall können sich diese Charakterzüge bei anderen vielleicht sogar als Verantwortungslosigkeit äußern, denn seine Seele möchte seine Strenge entspannen und durch Spielfreude ausgleichen. Deshalb heiratet jemand, der immer überpünktlich ist, oft jemanden, der ständig zu spät kommt. Gegensätze ziehen sich aus wundervollen, seelischen Gründen an.

Na gut, aber zurück zu eurem Beispiel des Alkoholikers, der in einer Abstinenzlerin Abscheu hervorruft. Bestimmt ist doch Fresssucht nicht so schädlich für den Süchtigen und seine Umgebung wie Alkoholsucht. Warum sollte die Seele also diese Heilung so nachdrücklich fordern?

Vom spirituellen Standpunkt aus kann man unmöglich feststellen, welche »Besessenheit von etwas Bedeutungslosem« »schlimmer« ist als andere. Egal auf welche Illusion du deine Konzentration gewohnheitsmäßig fixierst, sie wird dich daran hindern, dich dem Hier und Jetzt voll und ganz zu widmen. Nur der Intellekt, der jeglicher Erinnerungen an seine eigene Neigung, in Bedeutungslosigkeit zu flüchten, aus dem Weg gehen will, wird seinen Geschwistern verschiedene Grade von Schuld zuweisen, weil sie eine andere Illusion bevorzugen als er selbst. Unbewusstheit ist immer Unbewusstheit; aber wir verstehen, dass deine Antwort von der diesbezüglichen Sichtweise und den Gesetzen und Regeln deiner Kultur geprägt ist. Aber wir reden mit dir vom Standpunkt eines angestrebten Zustands des Erwachens aus; und von dieser Perspektive aus gibt es keine Abstufungen der Schuld, wie deine Kultur behauptet. Im Gegenteil – eine Lebensweise, in der du relativ gut funktionierst und dennoch keine Berührung mit deinem höheren Selbst hast, würde dich wahrscheinlich weniger stark dazu motivieren, Heilung zu suchen, während sich der Alkoholiker oder der Süchtige, der rascher und tiefer »abstürzt«, gerade deshalb schneller auf das Erwachen zuentwickelt. Natürlich ist auf der höchsten Ebene nichts bedeutungslos, da alle Ereignisse und Umstände zu einem Teil der großen Entfaltung der Seele werden. Doch wir sprechen im Augenblick davon, wie ihr alle eure Geschwister verurteilt.

In jedem Fall werden Aspekte, die Heilung brauchen – also jede Art von Fixiertheit oder Besessenheit –, zu Freudlosigkeit führen. Wer soll beurteilen, welche Besessenheit »schlimmer« ist als die anderen? Es gibt genügend wütende, wenngleich »nüchterne« und saubere Menschen, die blitzartig Ärger und Wut verbreiten; und diese Gefühle breiten sich dann überall aus und erzeugen Freudlosigkeit. Ihr könntet also einer launischen, empörten Abstinenzlerin begegnen, die eine Beziehung zu einem Süchtigen oder Alkoholiker zu sich gerufen hat. Über einen betrunkenen Autofahrer regen sich zwar eure Medien mehr auf; aber die Seele der Welt bittet euch darum, allen Verhaltensweisen und Charakterzügen Aufmerksamkeit und Heilung zu widmen, die euch daran hindern, euer vollkommenstes, freundlichstes, mitfühlendstes und liebevollstes Selbst zu sein. Ihr solltet damit aufhören, anderen ihre Sucht vorzuwerfen, wenn ihr selbst süchtig seid. Wenn du tief genug darüber nachdenkst – wozu, glaubst du, würde individuelle Heilung führen?

Zu globaler Heilung?

Ja, denn all diese Konzepte sind auch global anwendbar, indem nämlich die eine Kultur damit aufhört, die andere Kultur für ihr »Fehlverhalten« zu verurteilen.

Wenn eine Gruppe euch angreift und die Familien ihrer Opfer obdachlos macht, in Trauer stürzt oder sie sonst in irgendeiner Weise entrechtet, dann hat euer Land die Gelegenheit, sich zu fragen, ob euer Land selbst vielleicht jemals, ob früher oder zum jetzigen Zeitpunkt, durch sein Verhalten einer ähnlichen Entrechtung der eigenen Leute Vorschub geleistet hat – sei es nun durch aktives oder passives Verhalten und sei es nun innerhalb der eigenen Grenzen oder anderswo. Wer kann sagen, welcher »Angriff« andere schlimmer ausbeutet, terrorisiert und somit tödlich bedroht: die langsame, kaum merkliche Übernahme der Ressourcen und der Bevölkerung anderer Länder durch eine Supermacht, wozu auch die Entrechtung der eigenen Senioren und Armen gehört – oder ein plötzlicher, offener »Angriff«, ausgeführt von einigen wenigen?

Manche Leute würden eure Unterstellung als unverschämt bezeichnen, vor allem im Hinblick auf die augenblickliche Lage unseres Landes im Krieg gegen den Terrorismus.

Der Intellekt trickst euch immer aus, in euren individuellen Beziehungen ebenso wie in euren kulturellen, ethnischen und globalen Beziehungen – denn er erkennt im anderen nicht euch selbst, sondern beharrt darauf, dass ihr zu den heilungsbedürftigen Charakterzügen des anderen keine Verbindung und somit keine Gemeinsamkeit mit ihm habt. Und dann nennt ihr diesen anderen euren Feind und bemüht euch, ihn zu bestrafen. Das ist eine Illusion, denn wenn ihr keine Verbindung miteinander hättet, wäre der andere kein Teil eurer Erfahrung und könnte in euch keine derart explosive Reaktion erzeugen. Dieses Prinzip trifft sowohl individuell als auch kollektiv zu. Lasst den Intellekt nur für einen Augenblick fallen und denkt daran, wenn ihr das nächste Mal eure Freunde oder Verwandten verurteilt oder zu den Waffen greift und einen Krieg beginnt. Beide Verhaltensweisen können durch dieselbe veränderte Perspektive geheilt werden.

Die Botschaft, dass eine Heilung stattfindet, wenn wir einander lieben und das Unterschiedliche akzeptieren – und nicht, wenn wir anderen Schuld zuweisen und sie umbringen –, wurde längst verkündet. Es gehört zur Agenda der Seele, dass sie lernen möchte, anderen, die sich anscheinend hoffnungslos von einem selbst unterscheiden, mit Mitgefühl zu begegnen. Also haben unserer aller Seelen eine bemerkenswerte Lehrmethode gefunden, für andere, die nicht das Geringste mit uns gemeinsam haben, Mitgefühl zu empfinden. Wir alle sind Teil eines großartigen Plans, der es uns erlaubt, einander zu verstehen und das Wissen, dass wir alle eins sind, zu verinnerlichen.

Wie sollen wir verinnerlichen, dass wir alle eins sind? Das klingt nach einem äußerst erhabenen Konzept, das sich kaum praktisch umsetzen lässt.

Indem ihr mehr als ein Leben gleichzeitig lebt.

Meint ihr etwa zur gleichen Zeit? Wir sind zur gleichen Zeit auch andere Leute?

»Zeit«, wie ihr sie versteht, existiert nicht; aber: ja – und darin liegt die große Ironie: Du bist zu jedem Zeitpunkt mehr als nur das »Du«, das gerade diese Zeilen liest. Auf dem Planeten gibt es mehr von »dir«, die dieselbe Seele miteinander teilen. Durch diese Mechanismen lernt die Seele, zu »verstehen« und Mitgefühl für alle anderen zu haben. Wenn ihr meint, dass ihr jemand anderen absolut nicht versteht oder dass ihr andere ständig verurteilt, dann habt ihr damit praktisch dem Universum mitgeteilt, dass ihr die Betreffenden nicht versteht und dass ihr euch deshalb in ihre Lage versetzen müsst, damit ihr lernen könnt, sie zu verstehen. Und zwar *im wörtlichen Sinn*. Deshalb gibt es Reinkarnation. Deshalb wechseln sich gewisse Verkörperungen dabei ab, alles zu sein. Und deshalb leben einige eurer Politiker und Militäroffiziere, die im Augenblick den Angriff auf Afghanistan führen, tatsächlich gleichzeitig in Verkörperungen in diesem Land und vielleicht sogar als Mitglieder jener Organisation, mit denen sie sich im Krieg befinden.

Dieses Konzept würde kaum als politisch korrekt aufgefasst werden.

Beachte die Ironie in deiner Aussage, dass die Unterstellung, ihr hättet vielleicht ganz ähnliche heilungsbedürftige Aspekte und Charakterzüge wie eure meistgehassten Feinde, nicht politisch korrekt wäre. In einer evolvierten Kultur wird jedoch schon der Hauch jeglicher »Politik« – nämlich die Führerschaft – durch Weisheit verkörpert, die stets danach strebt, durch ihr Verhalten dem Frieden zu dienen.

Aber wir haben diesen Krieg nicht angefangen. Wir haben nur auf einen Angriff reagiert, damit wir Frieden haben, nicht noch mehr Gewalt.

Das scheint vielleicht kurzfristig der Fall zu sein; genauso, wie wenn man ein ungezogenes Kind physisch schlägt und das ungezügelte Verhalten des Kindes sich scheinbar augenblicklich bessert. Doch erleuchtete Kulturen würden hinter das offensichtliche, augenblickliche Resultat blicken und das höhere Prinzip sehen, das sich darin abzeichnet. Wenn man seinen Kindern ein Vorbild sein und ihnen vermitteln will, dass physische Gewalt keine Probleme löst, dann würde man selbst ein derartiges Verhalten vermeiden. Wenn ihr euch als die Weiseren empfindet, dann solltet ihr Verhaltensweisen und Taten wählen, die Weisheit verkörpern und die die langfristigen Ziele fördern, die ihr angeblich anstrebt.

Selbst Jesus sagte, dass man sich selbst das antut, was man anderen antut. Nun werden wir euch dabei helfen, den Kreis dieser Lehre zu schließen: Ihr habt nicht begriffen, dass dies im wörtlichen Sinn wahr ist. Diejenigen, die euch am meisten abstoßen, seid ihr in Wirklichkeit selbst – denn ihr zieht diejenigen an und reagiert auf diejenigen, die eure eigenen Charakterzüge am reinsten verkörpern.

Und jetzt kommt das Interessanteste: In eurer augenblicklichen Verkörperung »bluten« einige Emotionen und Ängste eurer gleichzeitigen Verkörperungen »durch« und werden zu euren eigenen. Deshalb sagt ihr, dass »ein Teil« von euch dieses will, ein anderer »Teil« jedoch jenes. Ihr beschreibt dies als inneren Konflikt, denn ihr seid euch der unterschiedlichen Aspekte des Selbst bewusst. Ihr habt aber nicht begriffen, dass euer Selbst vielleicht Dutzende von euch umfasst – und oft spürt ihr, welche Meinung diese anderen »ihr« von euch haben – und von anderen, die ihr kennt oder verurteilt, und von euren Plänen. Manchmal könnt ihr »fühlen«, was sie über das jeweilige aktuelle Geschehen denken und wann sie etwas dagegen einzuwenden haben. Eure Aufgabe ist es, diesen anderen Aspekten eurer Selbst in anderen zu »begegnen« und zwar mit Hilfe der Reaktionen, die andere in euch hervorrufen – sei es nun auf individueller oder auf globaler Ebene; und wo ihr einst Hass empfunden habt, stattdessen echtes Mitgefühl und Verständnis zu empfinden und nichts mehr zu verurteilen.

Auf diese Weise könnt ihr alle Aspekte eurer Selbst integrieren und *anhaltenden* Frieden erschaffen. Denn ihr versetzt euch in die Lage eures Feindes und seht die Dinge aus seiner Sicht. Ein solcher Standpunkt erzeugt das Bedürfnis, den Frieden zu erhalten. Denn wenn ihr euch daran »erinnert«, wie es ist, der Feind zu »sein«, dann könnt ihr den anderen nicht länger als Feind sehen. Vielleicht erinnert ihr euch daran, wie es sich anfühlt, ein armes Kind zu sein, das in einem Land der »Dritten Welt« aufwuchs und dessen Familie und Volk von den Supermächten ausgebeutet wurde. Im Fall eures augenblicklichen Krieges hat eure andere Verkörperung da drüben in Afghanistan gewisse Empfindungen über die Vereinigten Staaten; und ihr, die ihr euch an gewisse Dinge aus »allen Lagern« erinnert, seid nun dazu motiviert, eure Konflikte friedlich zu »bereinigen«. Euer Verständnis und euer Mangel an selbstgerechter Empörung hilft euch dabei, endlich eine innere Verbindung zu eurem Feind herzustellen – und nun könnt ihr euch auch eure Eigenheiten bewusst machen und verstehen, wieso diese Eigenheiten andere vielleicht erzürnt haben. Ihr seid erwachsen geworden. Ihr verkörpert nun alles, was man braucht, um Frieden zu erschaffen, selbst wenn andere versuchen, euch zu töten – denn ihr versteht das Ganze endlich auch aus der Perspektive der Tötenden.

Endlich versteht ihr die Bedeutung eines »fehlgeleiteten« Charakterzuges oder eines »Fehlverhaltens«, das in eurer Realität auftritt und euch tief beunruhigt, sei es nun innerhalb einer individuellen oder einer Gruppenbeziehung: nämlich dass ihr denselben Charakterzug verkörpert, sei es nun individuell oder kollektiv.

Das ist die Bedeutung des Sprichwortes, dass man das erntet, was man sät. Wie euer eigenes Urteil beweist, wird eure Unfähigkeit, den anderen zu verstehen, immer dazu führen, dass ihr für euch eine ähnliche Erfahrung und Verkörperung erschafft, damit ihr den anderen zu verstehen lernt. Was ihr ausgesandt habt, kehrt zu euch zurück; nicht als Strafe, sondern auf eine Weise, die euch die Gelegenheit gibt, überall und für alle Verständnis und Mitgefühl zu entwickeln; denn auch ihr werdet alle und überall gewesen sein – und zwar nicht nur mittels eines Lebens, das auf ein anderes folgt, sondern gleichzeitig. Jetzt erkennt ihr den grandiosen Plan, der alle Wesen vorbehaltlos akzeptiert. Wenn euer Vorurteil über jemand anderen euch daran hindert, diesen anderen zu lieben, dann werdet ihr eine Gelegenheit schaffen, selbst dieser andere zu sein, damit ihr es lernen könnt.

Deshalb schaffen eure persönlichen Beziehungen die Voraussetzungen für jegliche Meisterschaft. Die Seele weiß, was sie vorhat, und bemüht sich immer darum, von euch beachtet zu werden und die abgetrennten Teile des Selbst zu heilen.

Vielleicht hilft es euch, wenn ihr euch vorstellt, dass jeder von euch in Wirklichkeit ein ganzes Team ist, das teils hinter den Kulissen wartet und in dem jedes Teammitglied seine eigene Meinung und seine eigenen Ängste hat und sie auch »äußert« – was ihr dann als widersprüchliche Gedanken, Meinungen, Sorgen oder Ängste »erlebt«. Wenn ihr eine wichtige Entscheidung treffen müsst, würdet ihr sagen: »Ein Teil von mir fürchtet sich davor, das zu tun, aber ein anderer Teil von mir ist zuversichtlich und möchte das tun.« Ihr habt richtig verstanden: Auch das Superbewusstsein, das Bewusstsein und das Unterbewusstsein haben dabei mit zu entscheiden und das ist auch richtig so. Doch es gehört immer noch mehr dazu. Das Leben ist sogar noch komplexer. Ihr habt außerdem noch andere Verkörperungen; und all diese Persönlichkeiten paktieren in irgendeiner Form miteinander in eurer Gesamtpersönlichkeit. Ihr habt die anderen Aspekte eures Selbst bereits gespürt, ohne die Ursache dafür benennen zu können. Die Emotionen und Ängste dieser anderen, gleichzeitigen Inkarnationen dringen oft von einer Verkörperung zur anderen durch; und deshalb entscheidet sich ein Teil eurer Selbst für ein bestimmtes Resultat und hofft, dass es eintritt, während ein anderer Teil eurer Selbst das Gegenteil möchte.

Aber wer gewinnt? Welcher Teil von mir gewinnt die Oberhand?

Das kommt ganz auf deine Fähigkeit an, alle Aspekte deiner Selbst zu integrieren und Frieden mit ihnen zu schließen.

Wir könnten also tatsächlich unserer »Zwillingsseele« begegnen?

Normalereise interagiert man nicht direkt mit den anderen »Verkörperungen« der eigenen Seele, denn darin läge ein zu mächtiges Potential. Stattdessen begegnet man den symbolisierten Versionen der eigenen Seele, indem man sich mit anderen zusammenschließt – und das hat auf die Evolution des Bewusstseins *denselben Effekt wie eine Begegnung mit sich selbst*. Die Herausforderung entsteht, wenn der Intellekt dies ablehnt und die andere, symbolisierte Version eurer Selbst den »Feind« nennt. Dann ist es euch nicht nur misslungen, die abgetrennten Teile eures Selbst zu integrieren, sondern ihr habt diese Aspekte eures Selbst sogar noch mehr von euch entfremdet und die Kluft vergrößert, die euch von den anderen Ichs in eurem »Team« trennt. Mit einem Wort: Indem ihr denjenigen, den ihr am meisten kritisiert, verurteilt und ihm die Schuld zuschiebt, habt ihr die Schwierigkeit eurer Aufgabe verdoppelt.

Vergesst nicht: Allein die Tatsache, dass jemand in euch Ärger, Irritation, Ablehnung usw. hervorruft, bedeutet, dass *ihr dabei seid, euch mit euch selbst zu konfrontieren*.

Auf diese Weise werdet ihr dazu motiviert, zu lernen, eure Vorurteile schlichtweg aufzugeben; auf diese Weise könnt ihr euch plötzlich mit den Reaktionen des anderen »identifizieren«. Doch das Wichtigste ist, dass ihr gelernt habt, euch nicht zum Verurteilen der anderen verführen zu lassen; und dadurch vermeidet ihr es, die Erfahrung des anderen *erneut* in Form einer zukünftigen »Verkörperung« zu euch zu rufen, einer Verkörperung, die genau der Erfahrung entspräche, die ihr verurteilt und nicht verstanden habt.

Ich werde zu dem, den ich verurteile?

Im Prinzip ja; aber als Lernprozess, damit ihr verstehen lernt und andere nicht mehr verurteilt.

Dieses Konzept erscheint wunderbar einfach. Wir werden alle dazu motiviert, Mitgefühl füreinander zu empfinden, egal unter welchen Umständen, denn vielleicht wachen wir morgen in der Situation des anderen auf, ganz egal wo er sich befindet.

Jesus sagte, ihr und eure Brüder seid eins. Geografie hat er dabei nicht erwähnt.

Ob nun hier oder dort, in Amerika oder Afghanistan, auf diesem Planeten oder auf einem anderen – woher wissen wir, ob die Menschen oder die Außerirdischen, denen wir begegnen, »gut« oder »böse« sind?

Wenn ihr das Muster des Tanzes begreift, in dem wir alle mittanzen, dann bezeichnet ihr ein anderes Wesen nicht länger als »gut« oder »böse«, denn ihr begreift, dass alle Seelen zu eurer Erfahrung gehören und einem tiefen universellen Ziel dienen. Wenn ihr eine Beziehung, die ihr augenblicklich habt, verändern wollt, dann solltet ihr zu den von uns empfohlenen Maßnahmen greifen und feststellen, wo ihr euch selbst heilen könntet. Dann vergebt dem anderen, indem ihr die Gabe annehmt, die er euch schenkt – und dann kann das, was euch angeblich am meisten stört, auf wunderbare Weise transformiert werden. Deshalb ist die Antwort auf deine Frage irrelevant, denn in einem solchen Zusammenhang könnt ihr keinen Nutzen aus der Tatsache ziehen, dass diese Seele innerhalb eures Erfahrungsbereiches existiert. Wichtig ist, dass ihr aufhört, den anderen als das »Ungeheuer« zu verurteilen, das diese Stunde eures Lebens heimsucht, und dass ihr lernt, eure Eigenverantwortung anzuerkennen, da ihr ja sämtliche Erfahrungen eures Lebens selbst geschaffen habt – egal ob diese Erfahrungen nun in eurem »normalen« oder im »übernatürlichen« Leben auftreten. Es darf keinen Unterschied geben – ob ihr nun diese spirituellen Prinzipien dazu verwendet, eure Beziehung zu euren Kollegen, eurer Schwägerin oder eurem Partner zu heilen, oder dazu, die Natur eurer Begegnungen mit Außerirdischen und anderen übernatürlichen Phänomenen zu heilen. Der Prozess ist immer derselbe; ob man sich nun mit einem Verwandten, mit dem Chef oder mit seinen Nachbarn arrangiert und Frieden schließt – auch wenn der Nachbar graue Haut hat und am anderen Ende der Galaxis wohnt.

Nun gut, ich verstehe, wieso wir durch alle unsere Beziehungen die symbolisierte Version unseres Selbst zu uns rufen, nämlich damit wir unsere Beziehungen und somit auch uns selbst und den anderen heilen können. Wenn es also zu diesem Plan gehört, dass wir gleichzeitig andere physische Verkörperungen haben – und dass diese nicht auf geografische Grenzen beschränkt sind –, was würde es dann bedeuten, wenn man Außerirdischen begegnet? Dass man in Wirklichkeit ... sich selbst begegnet?

Nun bist du bereit, das Unakzeptierbare zu akzeptieren. Du bist weit gekommen und kannst nun Perfektion als solche erkennen. Ja, genau. Sobald du das Konzept begriffen hast, dass verschiedene Verkörperungen zur selben »Zeit« an einem allgemeinen Ort existieren, kannst du auch begreifen, dass gleichzeitige Verkörperungen anderswo im Universum existieren. Erfahrende werden sich schlichtweg dessen bewusst, dass sie selbst anderswo existieren. Es geht nicht nur darum, dass ihr

Menschen euch eurer universalen Nachbarn bewusst werdet, sondern dass ihr Menschen eure außerirdischen Nachbarn *seid* – nur auf einer evolvierten Stufe. Da es in Wirklichkeit »Zeit«, wie ihr sie bisher verstanden habt, gar nicht gibt, ereignet sich jede Erfahrung in diesem Augenblick; und deshalb habt ihr in diesem Augenblick die Ehre, euch selbst in einer möglichen »Zukunft« zu begegnen.

Deshalb sind diejenigen Erfahrungen mit Außerirdischen, bei denen ihr eurer fehlgeleiteten Auffassung zufolge Opfer oder »Entführungsopfer« seid, in Wirklichkeit gerade die Erfahrungen, die eure Seele zu sich gerufen hat, um mit einer symbolisierten Version eurer Selbst zu »interagieren«. Jetzt versteht ihr endlich, wieso wir wirklich alle eine universelle Seele miteinander teilen.

Wenn wir Außerirdischen begegnen, dann begegnen wir also in Wirklichkeit uns selbst, und wir sind aus unserer »Zukunft« zurückgekommen, um uns selbst zu begegnen?

Du wärst überrascht, wie viele Menschen, die Erfahrungen mit Außerirdischen gemacht haben, bereits eine tiefe Verbundenheit zu den Außerirdischen spüren.

Das ist unglaublich. Wir begegnen also tatsächlich jemandem, der wir selbst sein könnten.

Herzlich willkommen, du hast nun eine neue Einsicht in deine eigene, wahre Natur gewonnen – und in unsere wahre Natur – und du begreifst, was für eine wundervolle Stufe ihr nach eurem nächsten Evolutionsschritt erreichen könntet. Endlich fängst du an zu begreifen, dass alles möglich ist und dass auch alles geschieht – selbst während ihr schlaft. Doch für diejenigen, die es wagen: Schlaft nicht länger, wacht auf und tretet euer wahres Erbe an. Denn aus diesem Grund könnt ihr uns begegnen und wir sind nicht von euch getrennt, sondern verkörpern euch und ihr verkörpert uns.

Viele von euch, die dieses Buch gelesen haben, hatten Probleme mit dem ganzen Thema der Begegnung mit uns. Für euch wurde dieses Material gesammelt. Wir hoffen, es hat euch weitergeholfen. Andere unter euch, die uns noch nicht begegnet sind, *werden* uns eines Tages begegnen, denn was glaubt ihr wohl: Wie lange wird es noch dauern, bis ihr eurem Nachbarn über den Weg lauft?

Wir möchten euch allen sagen, dass wir mit ausgebreiteten Armen darauf warten, dass ihr bereit werdet, uns besser kennen zu lernen – und somit euch selbst besser kennen zu lernen. Jetzt könnt ihr anfangen, aus dem Kokon eurer Isolation auszuschlüpfen.

Das ganze Universum wartet nur auf eure Einladung.

Nachwort der Autorin

Vielen Dank, dass Sie sich mit mir auf dieses große Abenteuer eingelassen haben, auf dem ich Ihnen von meiner Kommunikation mit Außerirdischen berichtete. Es ist mein größter Wunsch, dass ich anderen dabei helfen konnte, ein positiveres Gefühl zu entwickeln, während auch sie den schwierigen Prozess durchlaufen, ihre außerirdischen Nachbarn kennen zu lernen. Ich möchte Sie gern unterstützen und Ihnen helfen, zu begreifen, dass man diese Übergangszeit, auch wenn sie uns manchmal tief beunruhigt, als eine bemerkenswerte *spirituelle* Reise betrachten und erleben kann – denn das ist sie tatsächlich.

Falls Sie ebenfalls Erfahrungen mit Außerirdischen gemacht haben, würde ich mich sehr freuen, von Ihnen zu hören, denn ich sammle zurzeit Geschichten über die Erfahrungen anderer, die ich dann in einem zukünftigen Buch herausgeben möchte. Wir sollten uns endlich zusammenschließen und dem Rest der Welt klar machen, wie viele von uns solche Erfahrungen machen. Bitte beschränken Sie, wenn möglich, Ihren Beitrag auf wenige Seiten, damit ich so viele in das Buch aufnehmen kann wie möglich. Erzählen Sie mir, wem Sie begegnet sind und was das Interessante daran war, was Sie gelernt haben und wie der Kontakt oder die Kommunikation Sie und die Menschen in Ihrer Umgebung beeinflusst hat. Sie können Ihren Beitrag auch anonym einreichen, doch in dem Fall bitte ich Sie, mir zu sagen, warum Sie anonym bleiben möchten.

Diejenigen von Ihnen, die sich momentan aufgrund ihrer Begegnungen mit Außerirdischen und ähnlichen Phänomenen in einer Phase des emotionalen Traumas befinden oder tief erschüttert sind, möchte ich gern ermutigen, jemanden zu finden, dem Sie Ihre Gefühle anvertrauen können. Ich weiß aus eigener Erfahrung, wie schwierig das sein kann, besonders wenn man um den eigenen Geisteszustand fürchtet – oder um den Geisteszustand der Menschen ringsum. Aus diesem Grund war es mir sehr wichtig, hier die Ermutigung eines Repräsentanten der »Fachleute« beizufügen, der stellvertretend für andere Erfahrende mein psychologisches Profil darlegt.

Die beiden folgenden Anhänge wurden von dem Psychotherapeuten Alan Ludington und dem UFO-Experten Joe Nyman verfasst. Zwar mag es so aussehen, als würden sie speziell meinen individuellen »Fall« behandeln, doch ich hoffe, dass auch Sie durch ihre Worte ermutigt werden.

Falls Sie sich bisher davor fürchteten, Ihrem Partner oder Ihrer Familie von Ihren Erfahrungen zu erzählen, und nicht wissen, wie Sie damit anfangen sollen, könnten Sie ihnen zunächst einmal Alan Ludingtons Essay zu lesen geben. Schlagen Sie einfach den Anhang dieses Buches auf, geben Sie es ihnen und bitten Sie sie darum, das zu lesen. Danach können Sie von Ihren eigenen Erfahrungen erzählen.

Wir planen die Gründung eines gemeinnützigen Vereins, um die Ideen und Inspirationen, die wir alle von

Außerirdischen empfangen haben, weiterzuverbreiten und in die Praxis umzusetzen. Wir hoffen, dass dieser Verein auch die Anmeldung von Patenten usw. ermöglichen wird, damit technische und ähnliche Konzepte erforscht, entwickelt und zum Wohl der Menschheit hergestellt werden können, statt im Besitz eines Individuums oder einer Regierung nur dazu zu dienen, Profit anzuhäufen oder Kontrolle auszuüben.

Vergessen Sie nicht, dass diese Kontakte von Natur aus spirituell sind. Deshalb wird Ihnen auch nie mehr zugemutet, als Sie ertragen können. Lassen Sie sich vom Geist führen und erkennen Sie vor allem Ihre eigene Rolle als bemerkenswerter Pionier an. Gemeinsam können wir unser augenblickliches Paradigma dramatisch verändern.

Besuchen Sie meine Website: www.talkingtoets.com. Kontaktieren Sie mich unter lisette@talkingtoets.com oder schreiben Sie mir an: Lisette Larkins, c/o Hampton Roads Publishing Company, 1125 Stoney Ridge Road, Charlottesville, Virginia 22902, USA. Bis dahin wünsche ich Ihnen viel Segen auf Ihrer aufregenden Reise.

ANHANG 1

**Eine UFO-Erfahrung aus Sicht
der klinischen Psychologie**

Von Dipl.-Psych. Alan Ludington

Ich habe eine Praxis als lizenzierter Ehe- und Familientherapeut und bin kein Experte für übernatürliche Phänomene. Meine Kollegen und ich haben Lisette Larkins lediglich mittels verschiedener Tests untersucht, darunter Beobachtungen und Untersuchungen in verschiedenen klinischen Situationen, über einen Zeitraum von fast sechs Jahren. Ich habe ihre Fähigkeit untersucht, die Lebensqualität und Lebensfülle zu erreichen, die sie sich wünscht. Lisette erfüllt sämtliche Kriterien – und sie hat Erfahrungen gemacht, die aus der üblichen Sicht der psychologischen Diagnose unerklärlich sind. Das Wichtigste ist jedoch, dass Lisettes Fall, was die psychologischen Profile anderer Erfahrender betrifft, einen neuen Standard setzt. Vielleicht können diese Menschen nun in größerer Zahl an die Öffentlichkeit treten, da meine Berufskollegen – sowie unsere gesamte Kultur – allmählich die Möglichkeit in Betracht ziehen, dass sie nicht verrückt sind.

Am 9. März 1990 kam ich ins Vorzimmer und begrüßte eine neue Patientin, mit der ich telefoniert hatte. Sie sagte, dass ein Freund mich ihr empfohlen habe und dass sie gern kommen und mit mir sprechen würde.

Lisette war eine intelligente, attraktive, rothaarige, normalgewichtige Frau von durchschnittlicher Größe. Ich führte sie durch den Korridor in mein Büro, wo wir die erste Sitzung einer Individualtherapie begannen.

Von Anfang an war Lisette unsicher, ob sie mir alles erzählen konnte. Sie schien auf die drohende Diagnose zu warten, dass sie »verrückt« sei. Sie war besorgt und fragte sich, wie viel sie mir wohl anvertrauen konnte. Ich spürte, dass sie sich gern besser gefühlt hätte und dass sie ihr Leben nach ihrer Scheidung wieder in den Griff kriegen wollte. Doch sie erwähnte häufig, dass ich sie bestimmt für verrückt halten würde, wenn sie mir wirklich alles erzählen würde. Sie hatte Angst, dass ich sie für emotional gestört oder geistesverwirrt halten und dass sie dann das verlieren würde, was in ihrem Leben das Wichtigste war – nämlich das Sorgerecht für ihren geliebten, damals dreijährigen Sohn.

Als Lisette allmählich Vertrauen zu mir fasste, bat sie mich um meine persönliche Meinung zu verschiedenen »übernatürlichen« Phänomenen. Manchmal blieb sie ziemlich vage, bis sie mich schließlich direkt fragte, ob ich glaubte, dass es Dinge wie Kontakte mit spirituellen Wesen, hellseherische Visionen, Clairvoyance und Begegnungen mit Außerirdischen gab. Später begriff ich, dass sie meinen Standpunkt ausloten und feststellen wollte, ob ich als Therapeut die Geschichte ihrer eigenen Erfahrungen würde tolerieren können. Sie fragte sich, ob sie es wagen konnte, mich mit irgendwelchem unwägbarem Hokuspokus zu belasten. Obwohl sie auf meine klinische Beurteilung ihres Falls gespannt war, schien sie sich bereits damit abgefunden zu haben, dass sie sich auf ein negatives Urteil oder eine pathologische Diagnose gefasst machen musste.

Allmählich begannen Lisettes Lebensgeschichte und die Einzelheiten ihrer übernatürlichen Erfahrungen Gestalt anzunehmen. Wieder stellte sie ihre Frage – ob ich nun glaubte, dass irgendetwas mit ihr nicht stimmte.

Als ihre überraschenden Erfahrungen ans Licht kamen, musste ich beurteilen, ob man bei Lisette irgendeine gravierende Störung diagnostizieren müsse, doch gleichzeitig musste ich verschiedene diagnostische Informationen in Erwägung ziehen. Während Lisettes gesamter Behandlung gab es verschiedene pathologische Funktionsstörungen und akute Diagnosen, die ich erwägen oder »ausschließen« musste. Wenn ein Patient zum Beispiel behauptet, es gäbe in seinem Leben Zeiträume, an die er keinerlei Erinnerungen hat, ist dies einer der sieben wichtigsten Hinweise auf eine Multiple Personality Disorder (MPD oder Dissoziative Identitätsstörung). In einigen der »Begegnungen«, die Lisette hatte, gab es solche Episoden »verlorener Zeit«.

Ich habe während der letzten fünfundzwanzig Jahre auch andere Patienten behandelt, die hellsichtig waren oder von ungewöhnlichen, übernatürlichen Erfahrungen berichteten – und sie waren weder funktionsgestört noch psychotisch. Keins der Kriterien, die eine pathologische Diagnose nahe gelegt hätten, traf auf Lisette zu. Eines der Kriterien für MPD, nämlich die verlorenen Zeitabschnitte, traf auf sie zu, aber das war alles. Um eine solch schwerwiegende Diagnose zu rechtfertigen, muss ein Patient mindestens fünf der sieben Kriterien erfüllen; so steht es im Handbuch der statistischen Diagnose. Lisette erfüllte keines der anderen Kriterien.

Als Teil meiner üblichen Behandlungsstrategie legte ich Lisettes Fall einem Team klinischer Psychologen am

Conjeo Counseling Center vor, einem vielseitigen Zentrum für geistige Gesundheit, das ich gegründet hatte und dessen Direktor ich war. Zu dieser Zeit gehörten sechsundzwanzig Fachleute zu unserem Stab, darunter Psychologen, Psychiater sowie Ehe- und Familientherapeuten. Einmal pro Woche leitete ich eine Konferenz, in der wir unsere Fälle miteinander diskutierten und wo wir auch regelmäßig über Lisettes Fall sprachen.

Trotz der seltsamen Zeitsprünge bestätigte mir das Feedback, das mir meine Kollegen während dieser Treffen gaben, dass man Lisette nicht mit Erkrankungen oder Funktionsstörungen diagnostizieren konnte, einschließlich MPS. Wir haben ihr zu keinem Zeitpunkt irgendwelche Medikamente verordnet. Außerdem demonstrierte Lisette im Lauf mehrerer Jahre zu viele andere stabile Persönlichkeitsmerkmale. Eine solche Diagnose könnte zwar vom klinischen Standpunkt aus ihre sonderbaren Zeitsprünge erklären, doch sie traf offensichtlich nicht auf Lisettes Fall zu.

Mir blieb nichts anderes übrig, als eine wesentlich interessantere und vielleicht auch verwirrende Möglichkeit zu erwägen: Waren Lisettes absurde Erfahrungen womöglich authentisch? Falls das stimmte, öffnete sich den Menschen hier eine ganz neue Ebene, bei der einem wahrlich der Verstand stillsteht.

Es wäre einfacher gewesen, Lisette einfach als nicht stichhaltig abzutun, statt sich ihre bemerkenswerten Erfahrungen durch den Kopf gehen zu lassen. Aber Lisette ist eine sehr funktionstüchtige Frau. Sie kann sich gut ausdrücken, ist eine sehr gute Mutter und beruflich erfolgreich. Damals wie heute hat Lisette ihr Leben gut im Griff. Das weist auf eine gut »geerdete« Persönlichkeit hin. Kranke und funktionsgestörte Patienten haben oft eine widersprüchliche, sprunghafte berufliche Laufbahn und ihre persönlichen Beziehungen zu ihren Freunden sind oft unstabil. Dagegen beweist Lisettes berufliche Laufbahn ihre beträchtliche, langfristige Kompetenz und sie unterhält zu vielen Freunden seit mehr als zwanzig Jahren gesunde, herzliche Beziehungen. Auf das Trauma ihrer ersten Erfahrungen mit Außerirdischen folgte eine Phase des emotionalen Aufruhrs, doch sie dauerte nicht lang und ist nicht bezeichnend für Lisettes Verhalten oder ihre Persönlichkeit im Allgemeinen. Die von diesen Begegnungen verursachte Qual wurde durch die zusätzliche Bürde intensiver Eheprobleme verstärkt, die sich während desselben Zeitraums abspielten. Wir mussten uns fragen, wie irgendein anderer Mensch wohl in derselben Situation reagiert hätte. Es ist nur menschlich, auf katastrophale Ereignisse emotional zu reagieren.

Nach etwa zwei Jahren Individualtherapie lud ich Lisette dazu ein, an einer meiner interaktiven Gruppen teilzunehmen, zu denen viele intelligente Erwachsene gehörten. Wäre Lisette krank oder funktionsgestört gewesen, dann hätte sich diese Psychopathologie während einer solchen intensiven Gruppentherapie unweigerlich deutlich gezeigt. Hätte Lisette zum Beispiel MPD gehabt, dann hätte sie unweigerlich irgendwo, irgendwann und irgendwie auf eine andere Persönlichkeit »umgeschaltet«. Vielleicht wäre es ihr möglich gewesen, während der gesamten Dauer ihrer Individualtherapie mit mir an einer bestimmten Persönlichkeit »festzuhalten« – doch wenn sie wirklich an MPD gelitten und mit den Herausforderungen einer sehr konfliktfreudigen Gruppe von acht oder neun Menschen hätte fertig werden müssen, dann hätte sie das nicht länger aufrechterhalten können. Lisette verbrachte weitere zwei Jahre in dieser Gruppe und während der ganzen Zeit entsprach ihr Verhalten dem in der Individualtherapie. Obwohl es in diesem Zeitraum in ihrem Leben äußerst herausfordernde Ereignisse gab, blieb sie stabil.

Ein anderer meiner Kollegen beobachtete Lisette ebenfalls auf individueller Basis. Darauf folgte ein zweiter, und schließlich lud ich einen dritten Therapeuten dazu ein, sich mir und meiner Gruppe anzuschließen, jemand, der Lisette ebenfalls während dieser zwei Jahre beobachtet hatte. Offensichtlich kam jeder klinische Psychologe, der mit Lisette eine durchgehende, existentielle oder klinische Erfahrung gemacht hatte, zu dem Schluss, dass sie geistig gesund war. Es gab nicht nur keinerlei Phasen, in denen andere Persönlichkeiten übernahmen, sondern Lisettes Verhalten zeigte in all den Jahren Charaktermerkmale, die für ein reifes, psychologisch gesundes Individuum typisch sind.

Meine Supervisionsgruppe und ich mussten all diese Faktoren sorgfältig von einem objektiven, diagnostischen Standpunkt aus abwägen. Nachdem wir Lisette sieben Jahre lang klinisch beobachtet hatten, schlussfolgerten wir, dass ihr psychologischer Kern trotz ihrer seltsamen Erfahrungen und der Episoden, in denen sie Zeitsprünge erlebte, im Wesentlichen so solide ist wie ein Fels.

Während der ersten Behandlungsphase erhielt ich interessanterweise von einem anderen Psychologen ein Minnesota Multiphasen Persönlichkeitsinventar (MMPI) über Lisette. Ein MMPI sucht nach Charaktereigenschaften einer Persönlichkeit, die auf mentale Störungen oder Probleme hinweisen. Einige der Erfahrungen, die Lisette im »übernatürlichen« Bereich gemacht hat, werden vom MMPI als »Abweichungen« bezeichnet. Das MMPI interpretiert Visionen (Clairvoyance), Zeitsprünge, außerkörperliche Erfahrungen, das Hören von Stimmen (Clairaudience) und die Empfindungen, »untersucht« zu werden, wie sie von Menschen mit UFO-Erfahrungen beschrieben werden, als mentale Störungen wie z. B. Multiple Personality Disorder (MPD), Schizophrenie, histrionische Persönlichkeitsstörung usw. Folglich entsprachen einige ihrer Antworten nicht der Norm. Wenn man davon ausgeht, dass Lisette von übernatürlichen Erfahrungen berichtete, könnte man all diese Antworten als ehrlich bezeichnen. Man darf nicht vergessen, dass ein Test nur so gut sein kann wie die Definition der Kriterien, nach denen er suchen soll. Dieser Test lässt keinen Spielraum für übernatürliche Erfahrungen. Ihre Behauptungen entsprechen nicht den Normen dessen, was wir untersuchen wollen. Somit lässt der MMPI-Test, dem sie sich unterzog, die Antworten, die ihre eigene Lebenserfahrung beschrieben, nicht zu.

Je mehr wir über Lisettes übernatürliche Erfahrungen lernten, desto mehr Sinn ergaben ihre Antworten auf dem MMPI-Test. Nachdem wir all unsere Resultate ausgewertet hatten, befanden wir weitere Tests für überflüssig. Lisette hatte nicht die Stimme Jesu gehört, die von ihr verlangte, den Präsidenten zu erschießen. Der Gesamtinhalt ihrer Erfahrungen war nachweislich lebensfördernd, niemals zerstörerisch. Doch aufgrund ihrer Erfahrungen waren ihre ehrlichen Antworten auf die Fragen eines Standard-MMPI-Tests »abnormale« Antworten.

Sechs Jahre nachdem Lisette sich dem ersten psychologischen Test unterzogen hatte, setzte sich ein anderer Psychologe mit ihr in Verbindung und bat sie, sich im Rahmen eines Forschungsprojektes über UFO-Phänomene einem weiteren Test zu unterziehen. Lisette war einverstanden. Wie es sich ergab, hatte sie seit über zwei Jahren kein traumatisches Erlebnis mit Außerirdischen mehr gehabt. Diesmal war das Testergebnis »normal«.

Interessant ist in diesem Zusammenhang, dass die Ergebnisse dieses zweiten Tests, dem sich Lisette unterzog, genau das zeigten, was wir beide bereits wussten: Sie hatte mit ihren ungewöhnlichen Erfahrungen Frieden geschlossen und mit ihrer Hilfe tiefe spirituelle Einsichten durch sie gewonnen – mit Hilfe derselben Erfahrungen, die einst in ihrem Leben das Unterste zuoberst gekehrt hatten. Falls sich Lisette irgendwann in der Zukunft einem weiteren Test unterziehen sollte und zur selben Zeit erneut unbegreifliche, übernatürliche Aktivitäten beobachtet, wird das Ergebnis vielleicht wieder »abnormal« sein, da dieser Test solche Ereignisse als »Abweichungen« auswertet.

Ob Lisette oder sonst irgendjemand nun ein angeblich »normales« oder »abnormales« Testresultat erzielt oder nicht – wenn man versucht, seine Schlüsse ausschließlich aufgrund von künstlichen psychologischen Tests zu ziehen, ist man recht eingeschränkt. Solche Tests wurden von meinen Berufskollegen aufgrund der kulturellen »Normen« entwickelt, die sich aus dem Blickwinkel der kaukasischen Rasse, der angelsächsischen Kultur und der westlichen Welt ergeben. Sobald ein Resultat von dieser Norm abweicht, wird es als Abweichung bezeichnet und mit dem einen oder anderen abwertenden Etikett versehen.

Die Geschichte wimmelt von Menschen, deren Leben von Erfahrungen gezeichnet waren, die viele von uns nie nachvollzogen haben. Einige dieser Erfahrungen waren so ungewöhnlich, dass sie als ausgesprochen psychopathologisch gelten müssten, wenn man versuchen würde, sie im Rahmen unserer heutigen psychologischen Tests zu definieren. Hätte ich Thomas von Aquin, den italienischen Philosophen des dreizehnten Jahrhunderts, einem psychologischen Test unterziehen können, dann wären seine Resultate sogar sehr stark von der Norm abgewichen. Seine Behauptungen, Visionen zu sehen und mystische Erfahrungen zu machen, beeinflussten den Rest seines Lebens sehr plötzlich und dramatisch. Dasselbe könnte man von Florence Nightingale, Gautama Buddha oder jedem anderen Mystiker sagen. Hätte sich Jesus von Nazareth einem MMPI unterzogen, hätte dieser ganz gewiss eine beträchtliche Abweichung von einer normalen Persönlichkeit aufgewiesen. Der reine psychologische Test hätte ergeben, dass sie »abnormal« waren – also nicht innerhalb der Norm –, aber waren sie alle verrückt?

Ist Lisette verrückt? Nein. Ist sie außerhalb der Norm? Absolut. Besitzen wir ein psychologisches »Etikett« für Menschen mit solchen Erfahrungen? Nein – aber wir könnten andere Patienten-Diagnosen anführen, um solche Erfahrungen wegzuerklären und zu behaupten, sie hätten nie wirklich stattgefunden. Wir könnten zum Beispiel behaupten, dass diese Leute Wahnvorstellungen haben und dass ihr Zustand durch paranoide Tendenzen kompliziert wird.

In manchen Fällen mag dies zutreffen. Als Gründer und leitender Direktor des ambulanten *Be-Free*-Programms für Süchtige habe ich oft gehört, dass Patienten akustische Halluzinationen und »Visionen« hatten, die eindeutig durch ihre Alkohol- oder Drogensucht verursacht worden waren. Bei einigen dieser Patienten kann die Sucht häufig als kausaler Faktor ihrer so genannten übernatürlichen Erfahrungen bezeichnet werden.

Aber Patienten, die emotional und mental behindert und gestört sind, wirken ganz anders als Lisette. Sie gehen mit ihrem Leben und ihren persönlichen Beziehungen anders um als Lisette. Sie sind ihren Kindern nicht so gute Eltern wie Lisette. Patienten mit einer Fülle von emotionalen und mentalen Diagnosen, darunter Drogen- und Alkoholsucht, gehen mit den Einzelheiten ihres Lebens einfach anders um als Lisette. Trotz ihrer außergewöhnlichen Erfahrungen besteht für Lisette keine pathologische Diagnose.

Während der letzten zehn Jahre neigte man auf dem Gebiet der Psychotherapie mehr und mehr dazu, die Integration von Geist, Verstand und Körper anzustreben, statt sich nur auf die mentalen Prozesse zu konzentrieren. Noch vor zwanzig Jahren neigten Psychotherapeuten dazu, vor spirituellen Themen geradezu Abscheu zu empfinden: Sie galten als Hokuspokus und Teil einer mittelalterlichen Weltanschauung. Zum Glück erweitert sich nun dieser eingeschränkte Blickwinkel. Meiner Erfahrung nach akzeptiert das klinische Personal auf dem wachsenden Fachgebiet der Psychotherapie heute viel eher, dass es Leute gibt, deren menschliche Erfahrungen sich nicht klinisch diagnostizieren lassen.

Zugegeben, manche Fachleute auf dem Gebiet der Psychotherapie gehen immer noch davon aus, dass alle subjektiv wahrgenommenen Ereignisse oder Eindrücke, die sich einer wissenschaftlichen Erklärung entziehen, lediglich rationalisierte dissoziative Störungen sind, die in der Kindheit aufgrund von Misshandlungen oder Traumata entstanden; doch wenn man versucht, eine diagnostische Schlussfolgerung zu ziehen, muss man das ganze Spektrum der eigenen Erfahrungen und Verhaltensmuster ebenfalls berücksichtigen, nämlich den Verstand, den Körper und den Geist. Auch professionelles klinisches Fachpersonal ist nicht vor der gesellschaftlichen Tendenz gefeit, das, was sich nicht messen, identifizieren und begreifen lässt, als schlecht, krank oder böse anzuschwärzen und zu brandmarken.

Was können wir also über Lisette sagen – und, wenn

wir schon einmal dabei sind, auch über andere Erfahrende, die übernatürliche Phänomene erlebt haben? Wenn sie und andere mit ähnlichen Erfahrungen mit »anderen« kommunizieren, die die meisten von uns nicht sehen oder hören können, sind sie dann auf dem falschen Gleis – oder sind wir es, weil wir unsere eigene wahre Natur nicht erkennen? Benutzen sie vielleicht nur ihre von Gott gegebenen Begabungen – Fähigkeiten, die wir ebenfalls besitzen sollten, aber irgendwie verloren haben? Haben Lisette und die anderen, die behaupten, einen Blick auf andere Dimensionen geworfen zu haben, einfach eine sensiblere Einfühlungsgabe? Welche Diagnose soll ich als klinischer Psychologe stellen? Wie sollen wir als Gesellschaft solche Behauptungen auffassen?

In biblischer Zeit hätte man sie eine Heilerin genannt. In einem Stamm der australischen Ureinwohner würde man sie Medizinfrau oder Schamanin nennen. Doch in der westlichen Kultur stecken wir ihre Behauptung in die Schublade der »befremdlichen Erfahrungen« und halten sie bestenfalls für leicht übergeschnappt.

Es ist erst etwa hundert Jahre her, dass Freud die neue Disziplin der Psychotherapie entwickelte. Aus der Perspektive historischer Abläufe ist der Beruf des Psychotherapeuten buchstäblich nagelneu. Das »Gebiet« der Spiritualität ist dagegen mehr als sechstausend Jahre älter als das formelle Studium der Psychotherapie. Ganz bestimmt steckt hinter den spirituellen Erfahrungen und dem spirituellen Potential des Menschen mehr, als die klinischen Psychologen innerhalb der letzten hundert Jahre anerkannt und kategorisiert haben. Wie kann ich als Therapeut mir anmaßen zu behaupten, dass die übernatürlichen Erfahrungen eines Menschen falsch sind oder nie stattgefunden haben? Ich kann nicht behaupten, dass Begegnungen mit Außerirdischen keine »wirklichen« Erfahrungen sind. Nur weil ich sie nicht ebenfalls habe, heißt das nicht, dass solche Erfahrungen nicht existieren.

Im Übrigen glaube ich nicht, dass viele Leute über ihre übernatürlichen Erfahrungen Lügen erzählen. Gewöhnlich werden Lisette und andere, die sich zu ihren Erfahrungen bekennen, zur »Belohnung« lächerlich gemacht. In Lisettes Fall könnte ihr öffentliches Bekennen ihrer Erfahrungen peinlich, entwürdigend und potentiell sogar gefährlich sein. Es ist sehr mutig von ihr, sich zu ihren Erfahrungen zu bekennen. Es ist viel einfacher, nie jemandem von seinen Erfahrungen mit Außerirdischen zu erzählen.

Es ist interessant, dass Lisette und andere Erfahrende sich oft schmerzhaft darüber bewusst sind, wie stark ihre ungewöhnlichen Erfahrungen von denen ihrer Freunde und Verwandten »abweichen«. Als Lisette ihre Erfahrungen bekannte, bestand ihre erste Herausforderung darin, ein überwältigendes Gefühl der Scham und Peinlichkeit zu überwinden.

Meinen Beobachtungen nach sehe ich Lisette als eine Frau und Mutter, die innerhalb der Norm des menschlichen Lebens lebt, zugleich aber von Erfahrungen berichtet, die sich außerhalb der Norm befinden. Ihre Geschichte macht mir keine Angst und ihre Erfahrungen zwingen mich auch nicht dazu, sie als »krank« abzustempeln, nur weil ich solche Erfahrungen weder verstehe noch teile. Ich weiß, dass die menschlichen Erfahrungen – die spirituellen Erfahrungen – umfassender sind, als wir mit standardisierten Tests oder anderen vom Menschen hergestellten Messinstrumenten erfassen können. Die Geschichte ist voller Beispiele dafür, wie eingeengt das Bewusstsein einer Gesellschaft sein kann, wenn es darum geht, neue Ideen zu akzeptieren. Wir haben die Boten allzu oft umgebracht oder lächerlich gemacht.

Ich möchte Sie alle, die Sie dieses Buch lesen, ermutigen. Es wurde von einer Frau geschrieben, die Ihnen eine Tür zu neuen Gedanken und Gefühlen geöffnet hat. Es erinnert uns an unser vollstes Potential, in dem die Vereinigung von Verstand, Körper und Geist zu ungewöhnlichen menschlichen Erfahrungen führen können, die sich nicht erklären lassen.

Während der letzten fünfundzwanzig Jahre hat Alan Ludington an der Pepperdine-Universität in Cal State Northridge und an der Cal-Lutheran-Universität Patienten behandelt und Kurse gegeben. Seine Ideen wurden in verschiedenen Journalen und Illustrierten veröffentlicht und er führt momentan eine Privatpraxis. Sie können ihm an folgende Adresse schreiben: 875 S. Westlake Blvd., Suite 211, Westlake Village, CA 91361, USA.

ANHANG 2

Die Theorie eines UFO-Experten zur Natur des UFO-Begegnungen-Phänomenes

Eine Alternative zum »Entführungs«-Modell

Von Joe Nyman, UFO-Forscher

Meine Ansicht über Begegnungen mit UFOs ist das Resultat von über dreißig Jahren aktiver Untersuchungen von angeblichen UFO-Sichtungen und verwandten Erfahrungen. Früher war ich zwar UFO-Forscher für das Mutual UFO Network (MUFON), doch ich arbeite lieber persönlich mit Menschen und deshalb untersuche ich heute nicht mehr angebliche UFO-Sichtungen, sondern angebliche ungewöhnliche Phänomene, die mit UFOs und ihren Auswirkungen auf die Berichtenden zu tun haben.

UFO-Forschung war schon immer ein kompliziertes und frustrierendes Gebiet. Die Behauptungen sind bizarr, es gibt keine Beweise und der Lärm der Medien ist sowohl ohrenbetäubend als auch potentiell verunklärend.

Seit 1947 wurden Hunderte von Büchern und zahllose Artikel über das UFO-Phänomen geschrieben; zahlreiche Individuen haben sich an die Medien verkauft oder wurden von diesen im Namen der »Beweise« ausgebeutet, Filme und Fernsehsendungen haben schamlos aus nur teils oder gar nicht untersuchten Behauptungen Kapital geschlagen, Revolverblätter haben wundervolle Fotos von »Aliens« gedruckt, die den Präsidentschaftskandidaten die Hand schütteln, usw. Wenn man es nicht beweisen kann, dann kann man es zumindest verkaufen. Je sensationeller, desto besser.

Vom Sensationellen abgesehen – unser trauriger Mangel an Wissen um die Natur des UFO-Phänomens wird durch die vielen Schachteln bewiesen, in die ganze Horden von »Experten«, Schreibern und Kommentatoren sie zu stopfen versuchten. Da gibt es Feen, Elfen, Engel, Teufel, Außerirdische, Zeitreisende, Besucher aus anderen Dimensionen, uns selbst, die wir aus der Zukunft zurückkehren, die Geister unserer Ahnen, transformierte sexuelle Traumata und gefälschte Erinnerungen, die von Therapeuten und Rechercheuren gepflanzt wurden – die Liste ist so lang wie die Anzahl der Ideen und kulturellen Kategorien.

Das am häufigsten in den Medien auftretende Thema ist das der Sciencefiction-Außerirdischen – Wesen, die auf einem anderen Planeten ganz ähnlich evolvierten wie wir Menschen hier auf der Erde, die aber technologisch weiter fortgeschritten sind als wir und nun hier herkommen, um uns so ziemlich genau dasselbe anzutun, was wir ihnen gern angetan hätten, wenn wir zuerst dorthin gekommen wären. Dieses Thema beinhaltet die Beschreibung fliegender Untertassen, offenbar maschinell hergestellte Raumfahrzeuge, in denen diese fremden Wesen mit Hilfe außergewöhnlicher Funktionen transportiert werden. Als Erklärung fügt sich das nahtlos in die Richtung ein, die die menschliche Technologie im einundzwanzigsten Jahrhundert eingeschlagen hat. Leider fehlt für solche Ideen in den Augen der Zweifler und Nörgler und Skeptiker, die so etwas fordern, jeglicher Beweis.

Persönliche Begegnungen sind der aufregendste Aspekt des UFO-Phänomens. UFO-Erfahrende – Menschen, die ihr Leben lang latente Bilder von Begegnungen mit Wesen aus den UFOs in sich tragen und die, wie Lisette, auch im eigenen Leben anormale und bizarre Episoden erlebt haben – stellen vielleicht einen Großteil unserer Bevölkerung dar. Laut meiner Forschungen liegt die Zahl bei fünfzehn bis zwanzig Prozent. Unglücklicherweise wurden die Betroffenen bisher stur als Opfer hingestellt, und zwar aufgrund stark emotional geprägter Offenbarungen, die unter Hypnose ans Licht kamen. Darüber hinaus fehlt auch hier unglücklicherweise wieder jeder Beweis, es sei denn, man hält es für einen »Informations«-Beweis, wenn man seine Geschichte den Medien erzählen darf.

Forscher, die mit dieser Beweis-durch-Publizität-Prämisse gearbeitet haben, hatten keinen nachhaltigen Einfluss: Das Thema befindet sich fest in den Händen der amerikanischen Popkultur – die wahre Wunder wirkt, wenn es um öffentliche Anerkennung und andere potentielle Einnahmequellen geht –, und das hat die Meinungen über die Natur der Begegnungen mit Wesen aus den UFOs scharf und vielleicht unüberbrückbar geteilt. Glaubwürdige Individuen mit höheren akademischen Graden, die mit Hochschulen oder Universitäten zusammenarbeiten, scheuen das Risiko, sich in den Augen ihres Institutes lächerlich zu machen, indem sie ihr Interesse für UFOs öffentlich bekunden.

Diese beiden Hindernisse – die Hürde des Stereotyps aus den Medien und der Mangel an bildungsbewussten, wissenschaftlichen Untersuchungen – hatten einen dritten, weniger augenfälligeren, aber viel gravierenderen Effekt. Die Arbeiten von »Therapeuten« und »Forschern«, die das UFO-Phänomen als eine Art Vergewaltigung abgestempelt haben, sind meist oberflächlich und unvollständig. Die Erfahrenden, nämlich die Patienten und zu untersuchenden Objekte dieser »Experten«, sind hinterher meist wütend und fühlen sich ausgenutzt. Sie durften lediglich das bestätigen, was sie wahrscheinlich längst gelesen oder im Fernsehen gesehen hatten – dass sie die Opfer von gefühllosen Außerirdischen sind und misshandelt wurden.

Früher habe ich oft überlegt, ob das Studium und die Behandlung von angeblichen UFO-Erfahrenden nicht in die Hände von geschultem Fachpersonal für Geistesgesundheit gehören. Ich muss zugeben, dass die Zeit mich inzwischen gelehrt hat, diese vage Meinung zu ändern.

Ich habe keinerlei Ausbildung auf dem Gebiet der Geistesgesundheit und tue auch nicht so, als sei ich ein Therapeut. Ich bin zwar ein pensionierter Softwareingenieur, aber meine Autorität auf dem Gebiet der UFO-Begegnungen ist das Resultat der fünfundzwanzig Jahre, die ich mit solchen Erfahrenden gearbeitet habe. Nach über fünfhundert Sitzungen mit Erfahrenden habe ich einen Bezugsrahmen erarbeitet, mit dessen Hilfe diese Individuen sich das, was sie für unsere gemeinsamen Bemühungen für relevant halten, ins Bewusstsein bringen können. Ich weigere mich, sie mit Vorschlägen oder Erklärungen darauf vorzubereiten. Stattdessen sage ich ihnen, dass sie selbst daran arbeiten müssen, die Dinge ans Licht zu bringen, die sie wünschen. Ich weiß, dass ich mit meiner Weigerung, vorher irgendetwas zu erklären, viele Leute wütend gemacht habe. Die Leute werden zwar durch die Medien mit Bildern von Außerirdischen-Begegnungen überflutet und kommen deshalb unweigerlich mit vorgefertigten Vorstellungen an, aber zumindest wissen sie, dass ich nicht von ihnen erwarte, sich in einer vorgeschriebenen Weise zu verhalten.

Ich weiß zwar nicht, was mit ihnen geschehen ist, aber ich weiß genug über die Grundstruktur von UFO-Begegnungen; deshalb kann ich Leuten dabei helfen, sich innerhalb vorgegebener Stufen an Einzelheiten zu erinnern. Der Vorgang der individuellen Erinnerung und Auswertung des Erlebten bleibt dem Individuum selbst überlassen und kann so lange dauern oder so schnell gehen, wie das Individuum es am besten verkraftet. Für etwa fünfzehn Prozent findet dieser Prozess überhaupt nie statt. Bei ihnen kommt kein einziges belangvolles Bild einer Begegnung mit Außerirdischen jemals ans Licht. Beinah hätte Lisette zu ihnen gehört.

Als ich Lisette 1993 kennen lernte, zeigte sie mir, wie offen und vertrauensvoll sie war. Sie war für eine Woche an die kalifornische Küste gereist, um jemanden zu treffen, den sie kaum kannte, und um an einem unzureichend beschriebenen Prozess teilzunehmen in der Hoffnung, sich Bilder ins Gedächtnis rufen zu können, die vielleicht mit einigen eindrucksvollen und verstörenden Ereignissen in ihrer Vergangenheit zu tun hatten.

Ihre Beschreibung der Einzelheiten hatte ich schon oft gehört. Solche Details assoziiert der Wahrnehmende nun einmal mit UFO-Begegnungen. Lisette wusste das natürlich auch. Sie hatte zumindest einige UFO-Literatur gelesen, Konferenzen besucht und mit anderen darüber gesprochen. Ich hatte auf ihre Briefe ein paar bestätigende Antworten gegeben.

Ich muss zugeben, ich hegte ein gewisses Misstrauen über den Zweck ihrer Reise, denn sie hatte angekündigt, dass sie ein Buch schreiben wollte, und deshalb versuchte ich im Gespräch ihre Motivation festzustellen. Wie auf jedes andere Gebiet auch stürzen sich mindestens drei hässliche und unzerstörbare Dämonen auf die Ufologie: Übertreibung, Arroganz und Heuchelei – wobei man Letztere am besten an ihrem Gefährten, dem Eigennutz, erkennt. Ging es Lisette um Publicity? Meinte sie, der Menschheit eine große Wahrheit zu offenbaren? Wollte sie reich werden, indem sie sich als Wohltäterin hinstellte?

Ich gebe gern zu, dass ich äußerst fehlbar bin. Doch als ich ihr zuhörte, spürte ich dieselbe Vorsicht, dieselben Selbstzweifel und dasselbe Bedürfnis danach, Glauben geschenkt zu bekommen und ernst genommen zu werden, das ich schon Dutzende von Malen bei anderen beobachtet hatte. Als wir in einem Restaurant gegenüber ihrem Hotel beim Mittagessen saßen, war ich von ihrer beachtlichen Entschlossenheit beeindruckt, die sich auf Intelligenz und Aufgewecktheit gründete. Sie wollte wissen, Rechenschaft ablegen und erklären; wenn sie verrückt ist, so dachte ich, dann ist es jeder. Mein Urteil lautete, dass hier ein unabhängiger, produktiver Mensch saß, der aktiv und zu normalen zwischenmenschlichen Beziehungen fähig war und sich entschlossen hatte, den ungewöhnlichen Bildern, die auf ihre Wahrnehmung einstürmten, auf den Grund zu gehen.

In Lisettes Fall gab es keine blumige Erzählung, reich mit außerweltlichen Abenteuern und Einzelheiten ausgestattet – während unserer sechswöchigen Exploration erlebten wir genau das Gegenteil.

Suchte sie in unserer Arbeit vielleicht einen positiven Kontext für ihre Erfahrungen – hoffte sie, dass ich ihr dabei helfen würde, ihn zu finden? Ich hatte erwartet, dass sie zumindest eine komplett strukturierte Erfahrung erleben würde; mit Aspekten aller vier Stufen der üblichen Begegnungsstruktur: Erwartung, bewusster Übergang, Untersuchung und Kommunikation/Tour/Reise. Meine Erwartungen wurden nicht erfüllt. Weder zeigte sich die Grundstruktur, die ich gewohnheitsmäßig erwartete, noch gab es überhaupt irgendeine Struktur – nur Fragmente, die mit verschiedenen Phasen ihres gesamten Lebens zusammenhingen. Die Ironie dabei war, dass Lisette anscheinend klarere Bilder von ihren wachen Erfahrungen erhalten hatte, als sie unter Hypnose je sammeln konnte.

Aber unsere vierte Sitzung am Morgen des 4. November 1993 brachte schnell fundamentale Einsichten, die bei Lisette eine tiefe spirituelle und emotionale Reaktion auslösten. Anscheinend gab es da eine Milchstraße (... »sehr viele Sterne« ...) und eine weibliche außerirdische Persönlichkeit (»Es fühlt sich an wie meine Mutter«). Dann berichtete sie mit stärkerer Emotion: »Ich bin traurig ... ich möchte, dass sie wiederkommt. Ich möchte sie jetzt sehen.« Dann verblasste das Ganze, es folgten scheinbar unzusammenhängende Bilder eines klinisch kalten Nasenimplantats und sie selbst lag auf einem Tisch. Die unzusammenhängenden Bilder setzten sich fort: Durch die Augen eines Neugeborenen erblickte sie Köpfe von Außerirdischen und gab danach zu, dass sie ihre Gefühle für die Außerirdischenmutter aus Rücksicht auf die Gefühle ihrer leiblichen Mutter unterdrückt hatte.

In diesem Augenblick begriff Lisette, dass sie sich nach dieser Mutter gesehnt hatte, deren Form ihr als der klassische Birnenförmige erschienen war.

Lisettes Akzeptanz der Außerirdischen-Verbindung war relativ verhalten – nicht die emotionale Erschütterung, die man rasch wieder ins Unterbewusstsein zurücksenden muss und die ich bei anderen gesehen hatte. Ich fragte mich, ob sie dem Außerirdischenkopf heimlich mentale Seitenblicke zugeworfen hatte – oder ob sie schon längst den Verdacht hegte, dass während der letzten beiden Jahre eine Verbindung zu diesen Wesen bestanden hatte, ohne das mir gegenüber zuzugeben.

Dann wandten sich Lisettes Gedanken ihrem Leben

zu. Sie hatte das Gefühl, dass sie eine Arbeit leisten und eine Aufgabe erfüllen musste; und sie hatte das Gefühl, ihre Wurzeln lägen anderswo.

Wieder erschien das Bild einer Außerirdischenmutter. »Ich habe das Gefühl, ich kann das akzeptieren.« Dann empfindet sie emotionalen Abstand und darauf folgen Trauer, tiefe Demut, die Vorahnung künftiger Freude und die unmittelbare Gegenwart eines »Christus-Bewusstseins«. Ich fragte, ob dieses Christus-Bewusstsein mit unserer Untersuchung zusammenhing.

»Ja, absolut. Es ist die Vereinigung der beiden im Bewusstsein – dieser Wesen und der Menschen. Doch das Bewusstsein muss erweitert werden.«

Lisette spürte, dass der Eintritt in das eingeschränkte menschliche Bewusstsein ein notwendiges Gegengewicht bildete, sodass ihr der Kontrast zum Außerirdischen-Bewusstsein bewusst wurde. Begleitet wurde dieser Vorgang von Gedanken darüber, dass das Trauma des menschlichen Lebens ihr dabei geholfen hatte, sich in einer Art Losgelöstheit zu entspannen und sich ihres anderen Selbst allmählich bewusst zu werden. Während unserer letzten Sitzung benutzte ich eine Technik, die Lisette jeweils ein Jahr in die Vergangenheit führte, damit sie ihre Begegnungserfahrungen bis zu ihrer Kindheit zurückverfolgen konnte. Am Ende der Sitzung war Lisette glücklich.

Das Ergebnis von Lisettes Lebensrückblick, ihr spontanes Begegnungs-Bewusstsein und ihre Arbeit mit dem Therapeuten Al Ludington und mir hatte ihre Grundeinstellung nur verstärkt, dass es zwischen »ihnen« und uns eine tiefe und fundamentale Verbundenheit gibt. Als sie im Gesicht der Außerirdischen ihre eigene Abstammung erlebte, löste das eine tränenreiche Emotion in ihr aus. Obwohl es auch Aspekte der Furcht, des Entsetzens und der Selbstzweifel gab, blieb die Zusammenfassung des Lebensrückblicks doch insgesamt unerschütterlich positiv. Trotzdem: Wenn sie irgendetwas Positives über ihre Erfahrungen schreibt, werden die Kritiker ihr vorwerfen, ihre »Opfertraumata« zu rationalisieren, sei es als Ergebnis einer »Alien-Gehirnwäsche« oder aus dem Bedürfnis heraus, die verstörende Natur dieser Bilder vor ihrem normalen Alltagsbewusstsein zu verbergen – das weiß ich aus Erfahrung.

Wie soll ich die positive Färbung ihrer Begegnungserfahrungen kommentieren? Vom Standpunkt eines Forschers – also von meinem Standpunkt aus – fehlt für eine solche Überzeugung auf der normalen, materiellen und beweisbaren Ebene jegliche Grundlage. Doch für den Erfahrenden ist das eine sehr persönliche, sehr prägende Überzeugung. Man erlangt sie nicht so ohne Weiteres; doch wenn man sie erreicht hat, ist sie stärker als alle Opfervorstellungen.

Es wird zum Verknüpfungspunkt zwischen der Phänomenologie und der Ontologie der Begegnungserfahrung. Als langjähriger Forscher weiß ich, wie leicht es ist, die Erfahrenden mit einem Opfergefühl sich selbst zu überlassen, und wie schwer es ist, sie dazu zu bringen, sich einer »Verbundenheit« bewusst zu werden, ohne dass man es ihnen vorgibt oder sie dorthin leitet. Doch es ist meine tiefe Überzeugung, dass man solche Begegnungen mit der unausgesprochenen Absicht erforschen muss, den Erfahrenden zur »Dualität« zu führen – damit meine ich das Gefühl des Erfahrenden, dass eine tiefe und fundamentale Verbundenheit zu diesen Wesen besteht –; ob der Erfahrende dieses Stadium nun erreicht oder nicht. Hat der Forscher dies nicht auf seiner Agenda, schadet er dem Erfahrenden erheblich.

Lisette sagt mir, dass sie ihre Geschichte schreiben will, um zu jenen Erfahrenden, denen man suggeriert hat, sie seien bestenfalls Opfer von Sciencefiction-Außerirdischen, einen alternativen Standpunkt zu vertreten – nämlich dass sie an einem fortwährenden, positiven Prozess teilhaben. Nochmals gesagt: Als Nichterfahrender und als hoffentlich objektiver Forscher kann ich mir über eine solche Schlussfolgerung kein Urteil erlauben, doch wenn es darum geht, dem Erfahrenden dabei zu helfen, mit seinen Erlebnissen klarzukommen, ist sie auf alle Fälle viel besser als die Opferauffassung.

Ich wünschte, ich hätte objektive Beweise für diese Synthese der Erfahrenden. Doch ich habe lediglich die Beobachtung gemacht, dass der Erfahrende, wenn er zu dieser Auffassung kommt, einen Großteil seiner Ängste und Selbstzweifel verliert.

Den Kern dieser Veränderung der Perspektive, die Erfahrende erleben, wenn sie ihre Begegnungserinnerungen erforschen, nenne ich »duale Referenz«. Per Definition ist das die Erfahrung, dass man sich selbst sowohl als Mensch als auch als Außerirdischer erlebt, während man bei einer Forschungssitzung die Erinnerungsbilder der Begegnung nochmals durchlebt.

Überraschenderweise haben mir meine Kollegen auf dem Gebiet der UFO-Forschung mitgeteilt, duale Referenz sei »nur eine Theorie«. Das ist schlichtweg nicht der Fall. Die gesammelten Fakten weisen ein gemeinsames Muster auf. Immer mehr Erfahrende kommen von sich aus zu demselben Schluss und entdecken ein Gefühl tiefer Verwandtschaft mit den Außerirdischen. Die Schlussfolgerungen dessen, was duale Referenz impliziert, sind hypothetisch.

Ich möchte hier klarstellen, dass die »Opferrolle« ebenfalls nur eine Theorie ist, die sich auf gewisse Muster in Begegnungserinnerungen stützt – Muster, die sich durch Begriffe wie Wut, Angst, Kontrollverlust und unerwünschte physische Traumata ausdrücken lassen. Unglücklicherweise basiert diese Theorie auf unvollständigen Untersuchungen und ist oft publiziert worden.

Die Lösung der traumatisierten Phase kommt, sobald die Gefühle einer Verbundenheit und einer gemeinsamen Herkunft, die in der Erfahrung der Dualität wurzeln, dem Erfahrenden einen neuen Zusammenhang geben.

Kurz gesagt habe ich folgende Schlüsse aus meiner Arbeit gezogen. Regressive Erinnerungsbilder in dualer Referenz können in vier Kategorien eingeteilt werden: vormenschliche Bilder einer Geburt als Außerirdischer; Erinnerungsbilder einer Dualität, die dem eigenen Leben entspricht; allgemeine Erinnerungsbilder einer Verbundenheit mit Außerirdischen, denen die duale Natur des Erfahrenden inhärent ist; und Erinnerungsbilder, die die Möglichkeit einer freiwilligen Rückkehr zu den eigenen außerirdischen Wurzeln implizieren.

Viele dieser Erinnerungsbilder implizieren eine »Verbundenheit« mit außerirdischen Wesen. Auch Lisettes gehören in diese Kategorie. Zu vielen dualen Referenzbildern gehört es, sich selbst in einer außerirdischen Form vor der Geburt zu erleben, während man sich darauf vorbereitet, menschliche Form anzunehmen. Seltener treten Erinnerungsbilder auf, in denen man sich selbst in einem Außerirdischenkörper erlebt, zeitgleich mit einer Begegnung in einem UFO. In der seltensten Erinnerungsbildreihe muss man sich entscheiden, ob man den menschlichen Körper verlassen und zu einer außerirdischen Form zurückkehren soll.

Nun möchte ich so deutlich wie möglich betonen, dass man die Bilder der eben erwähnten vier Kategorien genauso erlebt wie alle anderen Bilder, die als Begleiterscheinungen einer Begegnung mit Außerirdischen auftreten. Es handelt sich um aktive Bilder; im Gegensatz zu den passiven Bildern, die entstehen, wenn man fernsieht oder einem jemand etwas »erzählt«. Sie sind ebenso gültig wie jedes andere aktive Begegnungsbild – zum Beispiel die Bilder von Tischen, von denen der Erfahrende berichtet, er habe auf einem Tisch gelegen, wo ihn die Außerirdischen unerfreulichen physischen Prozeduren unterzogen. Und dieses Bewusstwerden der Dualität löst in den Betreffenden starke Emotionen aus. Da ich über dieses Material seit Jahren Stillschweigen bewahrt habe, gab es in den Medien auch nichts Derartiges, was die Erfahrenden unbewusst hätten nachahmen können.

Manche möchten die »Entführungshypothese« gern »bewahren«, nach der die Außerirdischen einfach eine Gelegenheit ergriffen hätten und Menschen dem zum Opfer fielen – dass sie von Sciencefiction-Außerirdischen zufällig und zu verschiedenen Zwecken geschnappt wurden, egal wie alt sie sind. Deshalb hat man die Dualität als bloße Variation des Stockholmsyndroms abgelehnt – ein Phänomen, bei dem ein Entführungsopfer anfängt, sich mit seinen oder ihren Entführern zu identifizieren und sie sympathisch zu finden. Wer dieser Auffassung zustimmt, hat entweder keine Ahnung vom dualen Referenzmuster, oder er hat es total missverstanden.

Das Stockholmsyndrom unterscheidet sich von der dualen Referenz in vieler Hinsicht. Hier sind fünf Beispiele:

1. Beim Stockholmsyndrom, wie man es nach einem Krieg oder bei Entführungsopfern wie der berühmten Erbin Patty Hearst untersucht hat, gewöhnen sich die anfangs verängstigten Opfer allmählich aufgrund von Freundlichkeit an ihre Situation. Dagegen verschwindet die Angst der Erfahrenden selten, bevor sie die

duale Referenz erleben. Darüber hinaus wird die Perspektive der dualen Referenz oft gar nicht von den Außerirdischen initiiert, sondern entsteht aufgrund eines Bewusstseinsprozesses, den der Erfahrende ohne jede Anregung seitens der Außerirdischen von sich aus durchläuft.
2. In Fällen mit Stockholmsyndrom findet bei den Opfern ein allmählicher Wechsel von ihrer eigenen kulturellen Identität zu der ihrer Entführer statt. Dagegen setzt im Fall der dualen Referenz ein plötzliches Gefühl des Begreifens einer Verbundenheit mit den Außerirdischen ein, und zwar ohne Verlust der menschlichen kulturellen Identität.
3. Bei dualer Referenz wird das nichtmenschliche Stadium als ursprünglicher Zustand erlebt, doch Entführungsopfer mit Stockholmsyndrom erinnern sich deutlich an die Zeit vor ihrer Entführung; und das Leben, das sie nach dem Stockholmsyndrom führen, wird nie als Ursprung erlebt.
4. Menschen mit dualer Referenz erleben ihre Form als identisch zur Form der Außerirdischen in ihrer Umgebung und empfinden ihren Kontext als außerirdisch. Demnach müssten auch Entführungsopfer mit Stockholmsyndrom sich augenblicklich im Kontext ihrer Entführer erleben, was jedoch nie der Fall ist.
5. Menschen mit dualer Referenz empfinden nie einen Konflikt ihres Wertsystems, wie das so oft bei Opfern mit Stockholmsyndrom geschieht. Menschen mit dualer Referenz fühlen sich nach dem Erlebnis der Dualität in ihrem Leben als Menschen wohler als vorher.

Wer die Entführungstheorie »retten« will, mag einwenden, dass die fünf erwähnten Punkte das Resultat einer Gehirnwäsche durch die Außerirdischen sind – dass diese Gefühle aufoktroyiert wurden, um aufsässige Opfer zu besänftigen. Gegen diesen Standpunkt gibt es zwei Einwände. Erstens: Wenn es so einfach ist, diesen mentalen Zustand der Unterwerfung zu erzeugen, warum ist er dann nicht bei allen Erfahrenden, die sich melden, vorherrschend? Warum ist es so schwierig, dieses Stadium der Dualität zu entdecken, wenn es als Tarnung der Opfererfahrung gedacht war? Sind die Außerirdischen letztendlich inkompetent?

Zweitens: Man beachte einen vorher bereits erwähnten Punkt – nämlich dass der Zustand der Dualität aktiv erfahren wird, und somit ist es logischerweise unmöglich, eine objektive Trennungslinie zu ziehen und zu sagen, dass man die traumatischen Ausdrucksformen als »real« und die positiven als »induziert« erlebt. Man muss alle Bilder insgesamt in ein und demselben Kontext akzeptieren; man kann sie nicht je nach den eigenen Vorurteilen oder Theorien über die Natur der Begegnungen aufteilen.

Und schließlich gibt es noch das Problem der Rationalisierung. Der Vorteil, das Phänomen der dualen Referenz so lange nicht bekannt zu machen, ist nun sonnenklar. Die meisten Patienten, die innerhalb der Untersuchungen zum ersten Mal duale Referenz erleben, ohne dass sie je zuvor in den Standardausgaben der UFO-Literatur darüber gelesen haben, fühlen sich überwältigt und können sie nur schwer akzeptieren. Da gibt es keine aalglatten Bemerkungen wie: »Ja, natürlich, das muss es sein. Jetzt geht es mir besser.« Stattdessen wurden Bemerkungen gemacht, die Angst um die eigene geistige Gesundheit ausdrückten. Wie es ein Individuum einmal ausgedrückt hat: Es war sicherer, sich selbst für verrückt zu halten, als zu glauben, dass das Erlebnis der eigenen Identität als nichtmenschliches Wesen wahr sei. In den UFO-Büchern gab es dafür keinerlei Bestätigung.

Kritiker der dualen Referenztheorie wollen uns glauben machen, dass die »Angst vor dem Wahnsinn« auf irgendeine verschrobene Weise eine »vollmächtige Rationalisierung« sei.

Außerdem möchte ich darauf hinweisen, dass die Implikationen der »dualen Referenz« bestimmten Erkenntnissen über die Begegnungen Raum geben, mit denen die »Entführungstheorie« Probleme hat. Erfahrende glauben häufig, dass sie schon ihr ganzes Leben lang so waren und nicht erst vom zufälligen Alter ihrer so genannten Entführung an. Diese Tatsache zeigte sich in einer ganzen Reihe von Begegnungsuntersuchungen, deren Struktur einer Sitzung mit Lisette ähnelte.

Wenn es sich hier um eine Rationalisierung handelt, das heißt um den Versuch, eine plausible, wenn auch künstliche Erklärung zu finden, dann handelt es sich dabei eigentlich um den Versuch, die »Entführungstheorie« zu retten. Das duale Referenzmuster widerspricht dieser Hypothese und impliziert als Grundlage der UFO-Begegnungen etwas ganz anderes.

Dennoch, zugegeben, es gibt für keine der aufgestellten Behauptungen objektive, unumstößliche Beweise; im Gegenteil: Bei genauerer Prüfung entpuppten sich die vorgeblichen Beweise als »nicht schlüssig« und unhaltbar.

Die Menschen, die Erfahrungen mit UFO-Begegnungen gemacht haben, bleiben voller Ärger zurück und fühlen sich verletzt und missbraucht – doch ich fürchte, sie sind mehr die Opfer der UFO-Forscher, Therapeuten und Medien als der Außerirdischen, die angeblich daran beteiligt waren. Das liegt zweifellos daran, dass ungenügend erforschte Begegnungen unweigerlich am Muster der Massenmedien gemessen werden – am Muster des Entführungsopfers.

Die Autorin dieses Buches möchte eine Tür zu einem

größeren Verständnis für die Gefühle öffnen, die UFO-Erfahrende über die Natur ihrer Begegnungen haben. Diese Perspektive geht über die stereotype Sichtweise der Sciencefictionwelt hinaus. Selbst innerhalb der Kreise, die sich für UFOs interessieren, ist es für eine alternative Meinung zur Natur dieses Phänomens nicht einfach, sich gegen den Chor der Medien durchzusetzen. Selbst wenn man riskiert, damit zu diesem Chor beizutragen, ist es doch wichtig, dass diese spezielle, alternative Sichtweise gehört wird.

Sollen die Leser also das, was hier geschrieben steht, weniger skeptisch betrachten als alle anderen Veröffentlichungen? Gewiss nicht. Nichts, was hier steht, sollte ohne ein kritisches Urteil und einen misstrauischen Intellekt hingenommen werden. Doch falls der Leser jemals erwogen hat, dass in irgendeiner anderen Veröffentlichung über UFOs ein Körnchen Wahrheit steckt, dann sollte dieser Leser auch erwägen, dass diese Möglichkeit auch im vorliegenden Werk besteht.

Lisette schreibt, um zwei Dinge darzulegen. Erstens, dass sie durch dasselbe traumatische Erwachen gegangen ist, das so viele UFO-Erfahrende beschrieben haben, und zweitens, dass sie wie viele andere auch über die Natur der Erfahrungen eine ganz andere Auffassung hat als die Sciencefiction-Grundmuster der Vergewaltigung und Schikanierung – sogar eine gegenteilige. Auch verkündet sie keine absolute Wahrheit, denn die könnte niemals bewiesen werden – aber ihre Auffassung deckt sich mit dem, was ich in jahrelanger Untersuchungsarbeit mit UFO-Erfahrenden festgestellt habe.

Es ist die Geschichte einer Frau. Die Leserschaft wird sich mit dem identifizieren können, was Lisette zu sagen hat, denn ihre Erfahrungen könnten leicht die unseren sein.

Register

Absicht 38, 52, 83, 95, 142, 340f.
Abweichler 57, 59
Adoption 182f.
Afghanistan 355, 357, 361
Ahnen 46
Angst 40f., 57–60, 78, 80, 138, 154, 292, 314
Annahmen 305f.
Astralkörper 229, 309
Atlantis 46, 181, 278
Augen 74f., 84
Außerirdische 20, 31, 33, 38
– als Anthropologen 54, 57, 270, 279
– Anthropologische Studien 116
– als Förderer Förderung 117, 288
– Licht 15f., 18, 306
– Lichtempfindlichkeit 73
– Mission 59, 104f., 146
– Sprache 42, 118, 120

Beethoven 32f., 36, 38
Begegnung (-en) 29f., 34, 43, 50, 60, 68–72, 85, 142
Begegnungsphänomene 85, 105, 180
– Clairaudience 374
– Clairvoyance 370, 374
– Fehlfunktion Geräte (Haushalts-, elektronische) 17, 85–88
– Hellsichtigkeit 162
– Hellhörigkeit 162
– Schweben 227f.
– Schwingung (-en) 15ff., 86f., 89, 157, 170, 199
– verlorene/verschwundene Zeit 17, 371
– Vorahnung 162f., 249
Bewusstsein 34, 39, 49, 58f., 110, 115, 136, 139, 142f., 146, 153, 169, 171, 173–176, 178, 236, 265ff., 307, 360, 389

Bewusstseinszustand, veränderter 28, 30, 38, 45
Buckley, Arthur 163–166

Delphin 41, 73, 84, 275
Diagnose, psychologische 639ff.
Dokumentation 158

Edison, Thomas 37ff.

Ego 119, 206ff., 238, 244
Eine Quelle, die 289
Eine Seele, die 100
Einstein, Albert 32f., 36, 38
Energie 45, 62, 85, 88f., 93, 119, 120, 229, 259f., 274., 304
Energiefeld (-er) 154f.
Energiewellen 61
Engel 32f., 59, 148, 152, 288
Entführungen, Entführungsopfer 18, 23, 50, 103, 130, 222, 363
Entführungstheorie 393f., 396
Entschlüsselungsprozess 118
Entwicklung, spirituelle 124, 145
Erbe 97, 204, 213, 325
Erde 38, 110, 171
Erfahrende (-r) 61, 106, 142, 180, 222f., 231, 236, 248, 269, 284, 290, 334, 362, 384f., 390f., 396f.
Erinnerungen 145, 147, 166, 191, 226, 242, 327f.
Erleuchtung 35, 47, 49, 109, 174ff., 178, 185, 234, 255ff., 287
Erleuchtete Wesen 20, 22, 51, 79, 175, 208, 235, 250f., 295f., 305, 320
Erweckung, erweckt 176, 186, 209, 287f.

Evolution 51, 56, 63, 136, 181f., 234, 324, 360

Fähigkeiten 18, 30f., 79, 177, 339
Familie 42, 48, 54, 59, 112, 122, 147, 153, 201, 290
Fasten 120
Föten 69, 180, 182
Fotosynthese 73f.
Frequenzen 62, 86f., 118, 120, 157, 165, 342
Frequenzen, elektromagnetische 61, 64, 119, 260
Freude 95f., 100, 201, 252f., 291, 304
Frieden 20, 51–54, 61, 247, 252, 289, 291, 303f., 365f.
Führung, führen 18, 20, 128, 197, 199, 299, 325

Gedächtnis 68, 71f., 167
Geist-Führer 33, 239, 288
Genetisch (-en) Ebene, verbunden auf der 29
Geschlecht, Geschlechter 212, 258
Geschichte 56, 63, 109, 147, 179
Glaube 95, 100, 154, 343
Göttliche, das 33, 38f., 49, 152, 194, 198, 204, 206, 235, 242f., 245, 288, 290, 320, 325, 343, 345
Göttlichkeit 38, 97, 99
Gott 33, 45, 47, 60, 110, 112, 203, 289f.
Grau 15, 310
Gruppe, die 44, 55f., 60, 68, 175ff., 255

Haut, graue 41, 72, 84
Heilung 45, 79, 82, 87, 94, 141,150, 198, 235, 246, 289, 293, 296f., 299, 316, 326, 351–354
Himmel (im Sinne des Paradieses) 202

Hölle 200
Illusion 53, 60f., 127, 136, 139, 164–167, 175, 239, 316, 351f., 354
Implantate 34f., 36
– Modifikationen 34, 337
– Verbesserungen 34f.
Inkarnation (-en) 60, 104, 110, 120, 122, 124, 181, 184, 251, 261, 264, 271, 275, 277, 312, 359
Inspiration 33, 36f., 39, 134, 152, 290
Integrität 31, 38, 83, 181, 209
Integration 153
Intellekt 33, 38f., 70f., 81, 92f., 95, 109, 119, 138f., 145,f., 150f., 176, 178, 191f., 208, 218, 238f., 244, 282, 291f., 303, 328, 338f., 343, 349, 354, 360
– Verstand 41f., 50, 191, 213f., 258, 302, 334

Jefferson, Thomas 285, 318, 327, 329f.
Jesus 20f., 92, 159, 161, 301, 303, 320, 356, 361, 377

Kanalisieren, traditionelles 29f., 32
Klonen 168, 176, 178, 185
Kommunikationen 20, 28–33, 36ff., 47f., 55, 59, 61, 76f., 103, 109f., 116, 118, 120f., 123, 138, 140, 146, 150, 212, 219f., 223, 225, 234ff., 271, 333–337, 341, 343
Kontakt, Kontakte 20, 25, 36, 45, 47, 58, 63–66, 76, 96, 108ff., 113f., 116, 142, 144, 157, 225, 235f.
– Chanelling 334, 336f.
– physische (-r) 20, 27, 97
Kornkreise 66, 211ff., 216, 218ff., 228
Krankheit (-en) 35, 56, 176, 186, 257, 261, 304f.
Krebs 186, 265

Krieg 353, 356
Künste/Kunst 100
Künstler 150f.
kulturell 34, 58, 166, 234, 341

Langlebigkeit 176, 261
Lebensformen 206
Leiter 334, 336
Liebe 38, 47, 52, 59, 79, 82, 88, 92, 134, 177, 188, 198, 202, 246f., 250, 254ff., 258f., 324

Macht 128, 141f., 148
Magie 164–168
Manifestation (-en) 161, 195, 259, 328
Manipulation, genetische 169f.
Materialisation 18
Meister 20, 49, 59, 110, 112, 159, 197, 241f., 244, 303f.
Mitgefühl 38, 47, 177, 354f., 357, 361
Multi-Phänomene 217f.
Multis 117, 143, 172, 174, 242, 298, 318

Nachbarschaften/Nachbarn, universelle 42, 105, 108, 111, 122, 146, 363
Nachkommen 178f., 181f., 184, 255ff., 259
– Erziehungsmethode 111f., 130, 182ff., 257
– In Vitro 180, 182, 256
– Zeugen 255
– Zeugung 260
NASA 24, 129, 140, 142, 345
Neue Mensch, der 105, 304f.
Neue Welt 192, 328f.
New Age 21, 223, 329
Norm, kulturelle 23, 91

Paradigmenwechsel 137, 139, 297
Phänomen (-e) 17, 19, 62, 85, 95, 110, 163, 165f., 211, 217f., 229, 248, 268f., 286f., 289f., 366, 379, 382ff., 397
Pluterous 44

Quelle, göttliche 32f., 289

Raumschiff (-e) 24, 41, 44, 55, 66, 148, 225
Realität 55, 164f., 191, 358
– Wirklichkeit 125, 164, 166
Regenbogen-Zentren 310
Regierung 19, 58f., 128, 141f., 148, 161, 171, 186, 238, 241, 246, 316f., 322f., 328
Reise, reisen 45, 46, 54f., 85, 114, 116, 154ff., 230f., 309, 313, 345, 365
– interdimensional (-e) 270
– intergalaktische 45
– transportieren 155
Religionen 110, 124
Rückkehr der Revolutionäre, Die 330
Revolution 239, 309, 318, 327–332
Roswell 158, 237
– Leichen 161

Schamane, Schamanin 379
Schwarze Projekte 240
Schwarze Gruppen 58
Schwingungen 90,157, 170, 304, 310, 322
Selbst, höher (-es) 115, 119, 168, 248f., 351
Seele 35, 37, 61, 92, 104, 110, 119, 139, 180f., 192, 198, 212f., 225, 251ff., 261, 271, 289, 326f., 349–352, 355, 358f., 363
Seelen 106, 127, 138, 159f., 185, 221, 274, 277, 284, 289, 348, 354, 361
Seelenplan/Plan der Seele 37, 159, 161, 197, 237
– Agenda der Seele 104, 284, 354

seelische, seelischen 325
Sehnsucht deiner Seele 62
Sehnsucht der Seele/Seelensehnsucht 66f., 166, 248
Semkiw, Walter 330
Sicherheit 53, 55, 281, 302
– böse Außeriridische 300
– das Universum als gefährlicher Lebensraum 281
Sichtungen 225
Spiel, spielen 81f., 88, 94, 252
Spielfreude 311, 351
Spiritualität 42, 49, 171, 331, 379
spirituell 149f., 169, 173, 176f., 186, 203, 365, 367
– spirituelle Entwicklungsstufe 145
– spiritueller Entwicklungsstand 157
– spirituelle Führer 152, 166
– spirituelle Meister 123
Stimme, Eine 33, 239
Synchronizität (-en) 136, 201, 326, 340

Technologie 44, 102, 109, 136, 174f., 177, 208, 216f., 220, 314, 337, 345
Telepathie 29f., 118, 120
– telepathische Kommunikation 24, 29f.
– telepathische Stimme 29
Tiere 18, 97, 174, 204f., 268–283, 311f.
– Haustiere 268f., 275–278
– Schafe 69, 279f.
– Seelen der Tiere 213, 276f., 280
– Vieh 279–283
– Viehverstümmelungen 279ff.
– Wiedergeburt 277
Todeserfahrung 37, 309
Toleranz 111ff., 130, 185
Trance 28f.
Transformation 57, 144, 176, 178f., 215, 224

Trauma 61, 103, 249, 366, 373, 389, 392
Träume 109, 192, 195

Übergangszeit 107, 332, 365
UFO 22f., 91, 210, 180, 231f., 382–386, 391f., 396f.
– UFO-Experte (-n) 20, 42, 63, 80, 382
– UFO-Forscher 382, 396
– UFO-Phänomene 24, 105
Umwelt 53, 72, 143, 172, 178, 181f., 191, 203ff., 261
Umweltvergiftung 174, 182
Unabhängigkeit 143
Universelle Eine Seele 100, 240, 277
Universeller Mensch, universelle Menschen 19, 100, 149, 300, 326
Universum 50, 55, 108, 110–114, 117, 125f., 128, 146, 153f., 166, 179f., 192, 198, 206, 274, 313, 321, 343, 345, 364
Unterstützung 71, 256
Verdrängung 58f., 66, 109, 170, 184, 213f., 235, 247, 271, 294, 296, 298f., 303, 343
Vergebung 59, 92, 241, 246f.
Vergiftung 180ff.
Verkörperungen 203, 348, 351, 355–360, 364
–, gleichzeitige 355f., 362
Verschwörungen 240f.
Vertuschungen, Vertuschungsmethoden 59, 231f., 237, 240
– der Regierung 232
Videokonferenzen 333f., 337, 339–342
Visionen/Visionäre 192ff., 198f., 251, 328, 330
Vorurteil, Vorurteile 24, 35, 39, 48ff., 83, 111, 130, 153, 314, 360

Waffen 51ff., 55
Wahrnehmung 42, 138, 147, 216, 242
Wesen, physische 29, 31f., 106, 168f., 171f., 175, 186, 292, 327
Weisheit 113, 128f., 138, 141, 255, 257, 317, 355f.
Werte 291
Wissenschaft 82, 101ff., 167, 176, 178, 344
Wissenschaftler 101, 177f., 180, 218, 236
Wunder 20, 25, 99, 129, 152, 166, 168, 194f., 213f., 217, 313

Zauberei 164ff.
Zellengedächtnis 146, 165, 167
Zentren, geistige 99
Zweite Generation 319f., 322
Zwillingsseele 359